企业全流程法律顾问

128个风险点总梳理

胡松松　施　周　冯咪咪
胡碧莹　姚玉芳　梁吕晋
—— 著 ——

ALL-PROCESS LEGAL COUNSEL FOR THE CORPORATE

A GENERAL ANALYSIS OF 128 RISK POINTS

法律出版社
LAW PRESS·CHINA
北京

图书在版编目(CIP)数据

企业全流程法律顾问：128个风险点总梳理／胡松松等著. -- 北京：法律出版社，2021(2022.10重印)
ISBN 978-7-5197-5800-4

Ⅰ. ①企… Ⅱ. ①胡… Ⅲ. ①企业－法律顾问－基本知识－中国 Ⅳ. ①D926.5

中国版本图书馆CIP数据核字(2021)第150666号

企业全流程法律顾问:128个风险点总梳理
QIYE QUANLIUCHENG FALÜ GUWEN:
128GE FENGXIANDIAN ZONGSHULI

胡松松 等 著

责任编辑 李 群 翁潇潇
装帧设计 汪奇峰

出版发行 法律出版社
编辑统筹 法规出版分社
责任校对 陶玉霞
责任印制 耿润瑜
经　　销 新华书店

开本 710毫米×1000毫米 1/16
印张 25.5 **字数** 420千
版本 2021年6月第1版
印次 2022年10月第2次印刷
印刷 三河市兴达印务有限公司

地址:北京市丰台区莲花池西里7号(100073)
网址:www.lawpress.com.cn
投稿邮箱:info@lawpress.com.cn
举报盗版邮箱:jbwq@lawpress.com.cn
销售电话:010-83938349
客服电话:010-83938350
咨询电话:010-63939796

书号:ISBN 978-7-5197-5800-4
定价:78.00元
凡购买本社图书,如有印装错误,我社负责退换。电话:010-83938349

序 Preface

企业经营中涉诉或准涉诉[①]现象普遍存在，极大地消耗了企业的财力和精力。同时，涉企民商事案件多发，给经济发展和社会稳定带来的负面影响日益显现。如何帮助企业防范和化解法律风险，已成为当前保障经济平稳健康发展的重要议题。[②] 这也是本书的出发点，希望通过对企业实务涉及的经营行为中的风险点进行分析，能够为企业如何具体防范法律风险提供建议。

一、风起何处

对症方能下药。想要帮助企业化解法律风险，必然首先要了解法律风险的来源。

法律风险和违法风险不同。违法行为虽然也会带来法律风险，但导致法律风险的不只包括企业违反了法律的直接规定的行为，还包括行为的不规范、因疏忽大意导致本该预见却没有预见行为后果，最后给企业带来损失。比如，在合同签订过程中，未进行尽职调查，后因合同主体不适格而导致合同无效；抵押未经登记未取得抵押权；企业管理中股权激励错误；等等。依据法律风险产生的原因，可分为外因型和内因型两类风险，即为法律风险的来源。前者由外因所致，后者由内因所致。

（一）企业法律风险之外因

外因型法律风险，顾名思义，其是由企业外部因素所致，包括政治、经济等外部环境和法律制度变化等。

1. 政治和经济等外部环境

政治风险主要是针对跨国企业和外贸型企业而言的。国家安全、主权、经济利益等各方面的因素，会反映在各国的政治以及国家交往政策之上，还会反作用于经济政

---

① 准涉诉，非法律用语，笔者仅表达企业在各类纠纷中可能涉及诉讼，后以妥协、和解等方式自行解决的情形。

② 夏群佩、应万荣：《关于中小企业法律风险防范的思考——以浙江省温岭市法院商事审判为切入点》，载《上海市经济管理干部学院学报》2018 年第 5 期。

策，如税收政策的变化。企业在合同条款拟定时应考虑设置防范条款，若出现风险该如何处理合同，包括继续履行还是解除合同等。

国内企业，因为金融大环境变化，再加上自2020年以来的新冠疫情的影响，融资问题依然突出，尤其是中小微企业。政府虽出台很多税收优惠、金融宏观政策等措施以应对危机，但仍然难以解决全部问题。诸多涉企案件反映出中小企业在抗击市场环境变化方面能力不足，应对法律风险的能力不足。

2. 法律变动风险

法律变动风险是所有企业都需要面对的风险。合同的履行过程可能是一个较长的阶段，而签订之时和履行之时的法律可能会发生变化。比如，我国《民法典》出台，保证责任这一部分内容的变化较多。比如，未明确保证人为连带保证的，在《民法典》之前保证人要承担连带保证责任，而现在则承担一般保证责任。同样，司法裁判规则或理念也会根据实际情况不断发展变化。如2019年最高人民法院印发《九民纪要》的通知，对企业的合同以及各类纠纷带来较大的影响；《民法典》实施开始，相关司法解释发生变化，对民商事领域无疑会带来震动性的变化，企业必然深受影响。

3. 相对人或第三人行为风险

企业对外活动，签订合同，履行合同，以期达到合同目的，并非只要自己单方面努力即可，同时还需要相对人的配合。若是相对人偿债能力降低，或者破产，或有第三人对相对人的财产保全等行为，均会给企业带来法律风险，最终带来经济损失。

虽不能完全防止这类不幸的事件发生，但企业在合同签订之前可以对相对人的信用状况、交易实力等进行认真评估；对其相关债务人尽可能进行评估，如应收账款会直接影响到债务人的债权实现。相对人的诚信、经济状况决定了合同是否会被违约，合同履行是否可能会被延迟，是否会出现履行瑕疵，等等。

4. 意外事件和不可抗力

意外事件因具有突发性与不可预测性，故难以预防。不可抗力则更难预测。例如，2020年新冠疫情的发生，给企业的合同履行带来难以预估的法律后果。但是，一旦发生，如何控制损失进一步扩大，却是可以有相应的法律对策的。

（二）企业法律风险之内因

综观各级人民法院的判决文书，法律风险大部分是来源于企业的内部。

1. 缺乏法治意识支撑的企业家和经营者精神

现代企业经营，除了投资的企业家，即股东之外，很大一部分是经营者在企业经营中起到了核心作用。而且，我国的职业经理人市场正在不断壮大。但从股东到高管，中小企业管理者的法律风险敏感度不够；对法律，甚至对合同风险缺乏概念，经常以口头约定形式进行交易,一旦发生纠纷,无法找到相关书面依据;做事凭经验,很少从具体事件判断分析并发现口头约定的法律风险;凭人情关系互保,或为获取一定的利益为他人作保,无风险意识,侥幸地认为不会出事,以至于不关注对方的经营状况以及可能给自己企业带来的严重后果。更有甚者,公司的决策人和执行人可能为了一己之利而违规行事,企业的法律风险就会随之产生。

若企业家和经营者法治意识缺乏,则其企业在法律风险防范上可能处于较少或零投入的状态。其主要表现在:一是很多中小企业无专职法务人员;二是很多企业不聘请法律顾问,即使聘请了法律顾问,大部分企业也没有理解法律顾问的作用,把律师万能化,即希望自己的所有行为都能够通过法律顾问的操作变得合法,否则就不是好的法律顾问;三是绝大多数企业未遇诉讼就不愿意在法律事务上支出,未考虑事前请法律专家进行法律风险评估。

2. 法治意识缺失下的企业员工不规范行为

企业的法律风险靠所有员工共同努力来防范,根据法律规定,工作人员的职务行为对外责任由雇主承担。员工生产中的行为,可能导致产品有质量问题;签订合同中不注意规范,可能导致合同无效;等等。对员工进行法律培训未引起很多企业的重视。

3. 不重视企业内部风险防控

企业内部风险防控机制包括知识产权管理制度、合同管理制度等。产品的名称、包装、广告等各个方面,均会涉及是否侵犯其他主体的知识产权,若未予注意,则容易引起讼争。有些侵权人并非主观恶意,而是没有意识到。但讼争之时,法院只看是否有侵权事实,而不关注侵权者是否具备这方面的法律知识。合同管理,从签订到履约,每一步均存在法律风险。一旦疏忽管理,便容易产生隐患。比如,接受的标的物不属于可抵押之物,相对人在合同上只有未授权代表的签字而没有盖章等。但很遗憾的是,企业不重视内部法律风控制度,或者有制度又不能很好地履行的情况仍是比较多的,包括一部分应该比较规范的大型企业和上市公司。

4. 忽略现代企业治理制度

受我国"家天下"的传统文化影响,很多私营中小企业采用家族式的管理方式,无意引进现代管理制度,不重视公司章程的作用。这种管理方式在企业的初创时期有其优势,但随着企业的发展,其与现代企业制度相比所存在的不足逐渐显现。比如,股东和公司之间法律地位独立,未被管理层发自内心地认可;认为公司的财产就是股东的个人财产,所以股东随意为了自身利益让公司为自己做担保,侵犯公司利益;等等。这类诉讼大量发生,均反映了现代化的公司治理未受重视。

二、树欲静则风可止

从法律风险产生的原因分析便可窥见，企业内因引发的风险大部分可以控制，或者可以预防。外因引起的法律风险，可以通过合同条款设置等方式及时止损或减少损失。

（一）控制法律风险的动因

没有一个企业在经营活动中希望自己涉诉，或者遭遇损失。任何一个企业都希望在市场竞争中获胜，并希望企业基业常青。这便是企业控制法律风险的最重要动因。

1. 企业参与国内外市场竞争的需要

市场逐渐成熟，企业竞争处于法治化背景之下，是当下中国市场经济发展的现状。通过市场优胜劣汰的规则，谁在竞争中能够胜出，由企业自身的实力说了算。该实力包括遵守市场竞争规则，其中最重要的便是对法律的敬畏。一个企业不重视法律风险防范，说明其对企业经营风险没有充分的敬畏，难以决胜千里。

同时，在我国不断深化的改革开放中，参与国际市场竞争也是企业当下的重要课题。对我国企业而言，不仅其产品要走向全球，很多企业还要到其他国家的资本市场中融资。如果不遵守法律，包括资本市场所在国法律，中概股便可能成为"骗子"的代名词。

2. 企业整体权益保护和发展的需要

保护企业盈利是商事法律的基本原则，但是企业盈利不等于股东或投资者的个人利益集合，甚至不是企业短期的利益。"当企业以股份公司形式渗透到所有产业部门，企业已不再是纯粹为其所有者追求个人利益的手段，它在某种意义上从个体独立出来，有了与所有者不完全密切相关的独立的存在的价值；企业不仅要对其成员、从业人员、产品的消费者负责，还必须对全社会承担责任。"①

因此，企业盈利已经不是一个个人私利的概念，而是包括职工、股东、债权人等共同体利益之总和的概念。企业不能着眼于短期利益，而应从长期利益出发防范法律风险。

3. 建立现代企业治理制度的需要

法律风险防范归根结底是企业管理的一部分。现代公司治理制度要求防止大股东运用手中权利从公司为自身谋取更多利益，要求制度设计考虑小股东的利益。② 企业的发展，应是立足于现代企业治理制度之上的健康发展。

---

① 范健、王建文：《商法的价值、源流及本体》，中国人民大学出版社2004年版，第9-11页。

② ［英］保罗·戴维斯、莎拉·沃辛顿：《现代公司法原理》（第9版），罗培新等译，法律出版社2016年版，第665页。

(二)企业法律风险的可控性

企业一旦发生法律风险,将严重损害其竞争力,危及信用链条以及信用环境。那么企业法律风险是否可控?答案是显而易见的。前文所述,法律风险主要来源于不规范的操作。从企业涉诉及准涉诉案件中,可以发现企业引发法律风险的案件主要有以下几种情形。

1. 合同签订前未充分尽调

企业涉诉中,以原告或被告身份出现。成为原告的原因,在企业看来是对方未履行合同,或者由于对方侵权。实际上,对方未履行合同仍然和企业自身法律风险意识不强直接相关。表面上看企业因为对方不履行合同而被迫涉诉属于无奈,但也和企业前期调研不充分,或者在合同履行过程中未尽到注意义务,未充分行使有关权利。

如果企业天生以追逐利润为终极目标,便必然以企业利益作为行动的核心考量要素。但是,利益和利润之间并非直接等同。在利益评估中,很多企业签订合同未着眼于可持续发展,未在合同签订之前理性地回答问题,比如:当下还是长远?可见还是预测?侥幸还是确定?正因为放过了这些问题的答案,才会在合同一开始就埋下了风险种子,使最后的违约成为必然。

2. 合同签订不规范

企业在市场中运作,不稳定的外部生存环境带来不可控事件或因素,这些因素往往会使企业的一定时期内的目标与现实出现差距,给企业带来一定范围内的各种损失,企业风险也就由此产生。很多企业对财务风险内部控制较为重视,但对公司的各种其他行为,如合同的签订与履行、投资经营、并购重组等,若不遵守法律法规,也存在各种法律风险。

企业涉诉及准涉诉案件与合同签订不规范关联度最大。比如,对方违约,却因为合同未采用书面形式,涉诉企业在法庭中难以提供证据;或者由于合同条款拟定不清晰,双方在合同的解释上相互扯皮,最后给自己带来极大的不利。正如有些基层人民法院法官认为:"从涉企案件类型分析,一般合同纠纷案件的数量占涉企案件总数的69.1%,发展型涉诉企业案件占比不到5%。这说明企业在经营方式、范围等方面与现代企业制度存在差距,这个差距既反映出企业发展落后的一面,也说明企业发展仍有很大提升空间。"①

金融借款、买卖合同、民间借贷、承揽合同等案件所涉企业,其从事的产业绝大多数是低小散产业,如普通的货物买卖(鞋业、水泵业居多)、加工承揽、装饰合同(个体户

---

① 夏群佩、应万荣:《关于中小企业法律风险防范的思考——以浙江省温岭市法院商事审判为切入点》,载《上海市经济管理干部学院学报》2018年第5期。

店面装修居多)等,这些产业科技附加值含量相对较低,企业发展后劲不足、竞争力缺乏,抗风险能力差。在合同签订中关于产品质量、付款方式、违约责任、争议解决方式等方面常出现约定不明的情形,形成讼争;其中部分产品质量存在问题,涉企买卖合同、承揽合同案件中超过90%的案件中买受人、定作人对产品质量提出异议,并且这也是买受人、定作人拒付货款、定作款的主要原因。诉讼中却因当事人不懂法律使证据灭失,或者过了质量异议期。当然也有少数买受人、定作人是因其本身不诚信,借口产品质量有问题故意拖欠货款、定作款。

3. 对担保法律理解有误或未充分发挥担保的价值

中小微企业普遍面临融资难是企业困境之一,这在一定程度上与企业未能很好地利用担保制度,挖掘自己拥有的担保优势有关。

当然,由于从银行金融机构获得融资难,企业从民间借贷市场获得资金成为更便捷的方式。在民间融资过程中,出现企业之间相互担保的情形。有时候为了获得银行贷款,企业相互之间担保也是常态。但是,部分企业替其他企业担保时,没有理解担保的法律后果,以为可以侥幸地免于承担担保责任,但最后却害了企业。这些风险本可以在签订担保合同时就避免。

除此之外,还包括享有担保权的另一方企业。企业对担保合同过分信赖,当担保人为公司时,因为对公司担保制度了解不透,实务中常有担保人的法定代表人未经股东会决议而签订担保合同,最后担保合同归于无效,主债权人因此蒙受损失。

4. 违法违规经营导致的法律风险

企业在经营活动中,由于经营行为违反法律法规承担法律后果,对企业经营发展造成影响。在不同时期的发展阶段,企业所面临的法律风险不同。首先,在成长阶段,运行不规范导致违规风险的发生;其次,在并购过程中,由于涉及面较广且法律约束因素较多,企业在程序操作上存在违规风险,导致法律风险的发生;最后,在经营发展中,企业用工风险的发生尤为普遍。企业与职工签订劳动合同,但合同不规范或是流于形式,这为用工风险的发生埋下隐患。并且,违规风险的发生,会对企业日常经营管理形成负面影响,可能会增加经营成本,影响企业经营效益的创设。

除了违规风险之外,企业还要面临违约风险,即不履行约定。履行约定是市场经济发展的重要基础,现代企业在经营发展中,不履行约定会承担相应法律责任,对企业经营发展不利影响。企业在合同生效之后,由于诸多因素的影响(如资金、市场问题等),导致企业难以履行约定,进而形成违约风险。在当前的市场环境中,违约风险的增加不利于企业良好社会信用的建立,对经营发展造成负面影响。因此,企业要规范经营管理行为,在合作发展中,应以法律法规为导向,建立良好的合作关系,规避违约风险。要利用一切法律制度，如情势变更原则、抗辩权制度等来维护自己的权利，防止损失发生，而不是简单违约。

企业在经营中还可能因为违反法律发生侵权事件。企业在经营管理中行为不当，发生侵权，原因主要有两方面：一方面，企业对侵权理解不够，在经营发展中发生知识产权侵权等问题，造成企业技术创新风险，不利于企业的创新发展；另一方面，以经济利益为导向，在经营发展中采取不当行为，以获得短期经济效益为目的却导致企业进入诉争，不利于可持续发展。因此，企业在经营管理中，如何规范经营行为，养成良好的法律意识，直接关系到企业的发展。

在很多涉企知识产权纠纷中，大多是本地经营者侵犯外地企业知识产权而被诉的案件，本地企业因知识产权而提起诉讼的案件非常鲜见。权利人集中维权的关联案件较多。如在近年来的知识产权纠纷案件中，中小零售商、个体经营户为获取不当利益，销售侵权假冒产品。涉诉后，他们无法理解和接受权利人的维权行为，对法院依法审理和判决的结果存在不满情绪。这些情况说明小企业缺少自主知识产权，同时又缺乏知识产权保护意识，漠视他人知识产权的现象普遍存在。在推进社会诚信体系建设的同时，应该采取措施使企业形成依法使用他人知识产权的意识，并且鼓励企业走创新发展之路、鼓励企业拥有自主知识产权。①

5. 专项经营项目的法律知识欠缺

在多元化的市场环境之下，企业法律风险因素增加，规范化、制度化法律风险管理体系的构建，是企业提高法律风险防范的重要基础。尤其是对于专门项目，涉及法律制度较多，一旦引发法律风险，则具有群体性特点。但企业常常过于自信，以为凭借经验可以解决问题。最为显著的就是建筑行业。“建筑企业法律风险管理的第一步就是进行法律风险识别。如果由于主客观原因不愿识别或无法识别，就无从谈起法律风险管理。”②

建筑行业企业违法经营现象较为严重。建筑行业涉诉纠纷主要存在建筑工程名为建筑企业承建，实为个人承包施工。实际施工人违法挂靠建筑企业、建筑企业违法出借企业资质、工程承包人非法分包转包工程等违法经营行为所导致的直接后果就是建设工程量问题。施工人起诉主张工程款后，建设单位就以工程量存在问题进行抗辩，工程量抗辩案件占建设工程案件的90%以上。这类案件往往会因当事人申请鉴定而导致办案周期拉长，个别案件经过一审、二审、再审，甚至长达若干年。对于建筑材

---

① 参见夏群佩、应万荣：《关于中小企业法律风险防范的思考——以浙江省温岭市法院商事审判为切入点》，载《上海市经济管理干部学院学报》2018年第5期。

② 沈明宇：《建筑企业法律风险防控策略》，中国社会出版社2015年版，第5页。

料销售商、建筑设备出租人而言，实际施工人一旦拒付材料款和租金，他们就找不到付款人，建筑企业和实际施工人互相推诿，致使货款和租金长期无法收回，以致拖垮企业。案件的类别可以看出法律风险的可控性。

建筑企业随着当前社会经济发展的需求而逐渐增多，其中出现的问题也逐渐增多。企业应当致力于保证工程的安全质量，坚持以国家建设工程安全标准为前提，相应地产生建筑企业法律风险管理。怎样积极预防、应对潜在的问题，法律均有明确规定，完全可以把风险转变成有利因素，减少存在其中的损失，最终实现为我所用。合同法律风险，普遍存在于建筑企业中，合同难以很好地履行，造成很多合同签订不合理，缺乏相应的法律保护，合同双方利益均受损；业主方风险，要保证投资资金，他们作为建筑的投资者，提供建筑施工所需资金，当出现拖欠工程款行为，将给施工方带来极大的考验，影响整个工程进度；财务风险，造成资金不足情况的产生，预计和所需资金存在差异性，造成建筑工程进展缓慢。

三、风止于法律之林

树欲静，而风不止；但前文说，风可止。如何止？将树置于法律之林，遵守法律秩序，风止波宁。

（一）撰写本书的目的：企业活动防患于未然的参考价值

撰写本书的目的不言而喻，便是团队以多年的律师经验，对企业商事活动中的主要风险点作了细致的梳理，供企业在商事活动中参考。企业建立一套事前、事中、事后法律风险防范制度。

1. 重视法律风险管理投入带来的显著效益

企业法律风险管理，要求企业要强化投入力度，为风险管理的推进，提供有力保障。在实际中，企业对法律风险管理的重视程度不够，风险管理工作落实不到位。首先，企业在法律风险管理领域要有足够的投入，特别是在人才培育、机构设置等方面，形成良好的风险管理效能，满足企业发展所需；其次，企业法律风险管理流程应完善，流程设置应有效率，与快速发展实际情况相适应；最后，企业在风险管理人才培养等方面，应建立完善的培养制度，人才不足会成为法律风险管理的显著问题。因此，企业要重视法律风险管理，从内外条件的优化建设中，推动企业法律风险管理建设，适应新的市场环境。

为适应新的市场环境、新的发展要求，现代企业要重视法律风险管理，建立完善的风险防范体系，为企业经营发展创设良好环境。企业经营发展要审视发展环境，同时要科学防范法律风险。企业法律风险管理的科学构建，着力点在于优化法律风险管理环境，建立风险防范机制，在动态监督体系的实践中，提高企业法律风险管理效能。

2. 促使企业形成良好的法律风险管理意识

面对日益激烈的市场竞争，企业一方面要提高市场竞争力，另一方面要遵守法律法规，在合法范畴之内，激发企业发展活力，创设良好的风险管理环境。首先，企业要提高思想认识，强化法律风险管理的重要地位，通过常态化、制度化管理，有效发挥法律风险管理的重要作用；其次，企业要强化宣传教育引导，形成良好的管理内部环境，企业要重视法律风险管理建设，通过积极有效的管理措施，落实法律风险管理工作；最后，企业要提高主观能动性，能够主动适应环境，科学作出事前风险防范，有效减少法律风险对企业经营发展所形成的影响。因此，新时期下的企业，要形成法律风险管理意识，在科学管理中，优化企业发展环境。

3. 提示企业建立健全风险防范机制

法律风险管理制度机制建设，是法律风险管理工作的重要内容。为此，一是要建立健全法律风险防范机制，通过事前、事中、事后工作的开展，为企业法律风险的科学防范，提供有力保障；二是完善法律风险管理制度，形成制度化管理机制，这是有效落实风险管理措施，提高管理效力的重要基础；三是要认识风险预警的重要性，建立完善的风险预警机制，能够做到风险预警，为法律风险的科学规避创设良好条件；四是建立健全内部监督管理机制，对法律风险管理工作实现有效监管，确保法律风险管理工作全面而有效落实；五是完善规章制度，规范经营管理行为，特别是在经营发展中，要强化对相关法律内容的了解，科学做好法律风险规避方案，提高企业应对法律风险的能力水平。

（二）本书的特点：专业律师的经验总结和理性分析

本书由具有丰富经验的商事律师团队完成，分别就实务中的风险点，以案例形式呈现风险发生的原因及后果，进行法理分析，进而作出法务提示，以法条链接为企业提供参考的法律依据。

1. 案例选取具有典型意义

本书的案例大部分是全国有典型意义的相关案例。大部分案例以最高人民法院的案例为参考，理论水平高，并具有极高的实践参考价值。部分风险点由于最高人民法院没有案例，尽可能地选取各地高级人民法院的案例。考虑到我国商事活动的活跃度在各地区之间有差异，因此诉争的发生在发达地区相对来说更为集中，判决也更具有参考价值。故以北京、上海、深圳等商事活动发达地区的案例为首选。

当然，有些诉讼虽然在理论上争议不大，却发生频率很高。对于我国很多中小企业来说，其大部分在当地基层人民法院和中级人民法院参加诉讼。因为案例在风险体现上具有典型性，专著也选取了部分基层人民法院和中级人民法院的判决书内容。

2. 体现律师经验积累及对法律风险防范的价值

本团队长期为企业提供诉讼、法律顾问、专项活动等法律服务，积累了丰富的经验。故法务提示主要从自身经验积累出发，从对法律的理解和体会出发。

这些法务提示可以让企业窥见法律顾问和律师的作用，看到律师对化解企业法律风险的价值：

第一，有利于加强企业法律风险管理。随着经济全球化趋势的发展，企业之间的竞争加剧，企业的经营风险也不断扩大，跨国贸易使企业须遵守不同国家的法律规定，企业的生存与发展时刻处于高风险的社会环境之中；能否有效防范与化解风险已成为影响企业发展的关键因素。近几年，企业法律风险管理越来越受到人们的关注，在学者们加大研究力度的同时，企业在其内部逐渐推行风险管理理念与制度。但是，目前，企业更多地倾向于构建和发展内部控制进行风险管理。这样的风险管理体制更适用于企业财务风险的管理。现阶段企业法律风险的存在越来越广泛，亦亟须有效地防范与化解，才能确保企业的可持续发展。

第二，有利于完善企业法律风险监测预警。遵循法律法规是对市场主体的基本要求，一些企业为此设立了法务部门。法务部门的存在对于企业的合法性运作具有极大的好处，但同时法务部门作为企业内部机构，运作时往往受到其他部门及人员的干涉，因此也就难以保障其独立作出判断并提出意见。这样往往导致对企业法律风险存在判断的滞后性，也就难以实现监测预警，难以最大程度地保护企业的利益。此外，还有大量企业并没有设置法务部门，这样的企业没有自己的专业法律人才，就更难以通过自身发现并防范、化解法律风险，维护自身的权益。

第三，有利于实现企业利益最大化。企业法律风险的存在具有普遍性，任何企业在生存与发展的过程中，都不可避免地面对各种法律风险。一旦法律风险真实发生，企业必然要遭受一定的损失，而这些损失是否能够得到足额的弥补具有大量不确定因素；即便企业通过诉讼的途径去维护自己的权益，诉讼时间长、成本高；加之，法律风险发生后，企业员工的猜测、社会的评价都会给企业本身带来负面影响，甚至会影响将来一定时期内的企业的经济效益与社会效益。因此，处理法律风险最好的态度就是积极面对，处理法律风险最好的时间就是发生之前，处理法律风险最好的手段就是防范与化解，这些都依赖于专业人士对企业法律风险的监测预警。

企业法律风险的监测预警应当融入企业的日常管理之中，无论是企业的经营活动还是管理活动，真正贯彻实行之前均应由律师进行风险评估，存在风险的，应按照律师提出的建议进行整改，取得律师的认可后才能够实施；同时还应由律师主持召开企业风险监测预警联席会议，每年至少两次，要求各部门将本时期内的数据和信息全部上报，由联席会议的全体成员对信息进行核实、分析、汇总，综合审核各项工作。

化解法律风险为律师的本位职业特点决定了律师的介入制度应当以企业法律风险的评估、控制、监测与处理为己任，律师的介入制度应是涉及企业法律风险化解的系统工程。因此对于涉及企业法律风险的事项，律师有权全程参与该项目的论证、决策、安排、实施等所有程序，并有权排除所有程序中存在的风险隐患。律师应以防范、化解如企业本身行为的合法性分析等企业法律风险为主，以防范、化解其他风险如信用风险为主，交易对手无力偿还贷款或恶意倒闭致求偿无门的风险为辅，从而建立全过程、全方位的律师介入企业风险监测预警体系。

第四，有利于企业法律风险文化的创设与建构。企业的法律风险文化建设是一个长期的过程，应当由律师进行参与，甚至主导，如大多律师有讲课、培训的能力，由此建立由律师负责的企业的法律培训，促使参加培训人员尽快形成依法获取权利、行使权利和保护权利的思维方式，可以使管理者形成依法经营的思想观念，使员工养成按章操作的行为习惯。因此，参与企业法治文化的培养也是律师对企业法律风险管理的应有之义。在竞争激烈的生存环境中，企业如何有效地化解风险已经引起了人们的深度关注与研究；对于企业法律风险的防范与化解的研究与实践仍未达到完善的状态，仍面临许多问题。为了企业能够在竞争中实现可持续发展，应尽快构建适合我国国情的律师介入企业法律风险监测预警制度体系。

3. 法条链接的民法典时代性

本书在风险点分析时还为企业附上了法条链接，主要是为企业经营活动中的合法合规行为提供法律依据。《民法典》于 2021 年施行，其成为企业合同行为和其他经营活动的主要依据。故本书的法条链接体现了民法典时代特色。

（三）本书的主要内容

本书共分九个专题：

专题一是合同签订的风险点分析。针对所有合同，从一般性意义上，围绕合同签订中可能产生法律风险的问题展开讨论，试图将合同签订需要关注的要点、难点等进行梳理，总结出一套合同签订的基本法律流程。

专题二是典型性合同签订的风险点分析。主要以企业典型性合同签订为例，列出典型性合同的法律关注点，并提供框架式的合同范本。主要以买卖合同、承揽合同等较为常见的合同中容易出现的风险为切入点，较为细致地为企业进行风险提示。

专题三、四、五、六是关于担保合同的风险点的分析，也是本书的最难点，其涵盖了我国担保合同签订和履行中的较为常见的风险点。《民法典》在担保制度上变化较多，实务中也是很多企业的难点和痛点,涉及的内容很广,风险点较多。故根据保证合同、抵押合同、质押合同和特殊合同四个专题分别进行分析。四个专题分别从担保合同的特殊性出发,分析担保合同签订需要特别关注的风险点。另外,为了拓宽企业融资以及交易中充分利用担保权利这一法律工具,本书介绍了各类担保物权和担保权利,为企业的交易提供法律参考。

专题七是合同履行中的风险点分析。围绕企业在合同履行中面临的各种法律问题展开讨论,以法律知识点介绍为中心,涉及合同履行中债权债务转让、合同解除权(包括情势变更和不可抗力背景下的解除权)、违约之后的法律后果承担等内容。

专题八是企业法律专项中的风险分析。从法律实务着手,将企业专项事务分为三大类:项目投资、危机事件和应收账款,针对专项提出法律顾问的专业意见方案。

专题九是企业内部治理——人事法律关系的法律风险分析。从企业内控入手,目的是帮助企业解决内部人事关系,提高企业经营效率,减少用人风险,防范因为高管等违规给公司带来的法律风险。

当然,企业法律风险管理体系是一个涵盖了法律风险识别、法律风险评价、法律风险控制、法律风险机制测评等几个方面的动态循环体系。

法律风险,重在防范。企业法律风险防范,是一个宏大的课题。

是为序。

赵意奋

2021 年 1 月于宁波大学

法律、司法解释缩略语表

全　称	简　称
一、法　　律	
《中华人民共和国民法典》	《民法典》
《中华人民共和国合同法》（已被《民法典》废止）	《合同法》
《中华人民共和国物权法》（已被《民法典》废止）	《物权法》
《中华人民共和国担保法》（已被《民法典》废止）	《担保法》
《中华人民共和国民法总则》（已被《民法典》废止）	《民法总则》
《中华人民共和国民法通则》（已被《民法典》废止）	《民法通则》
《中华人民共和国民事诉讼法》	《民事诉讼法》
《中华人民共和国保险法》	《保险法》
《中华人民共和国商业银行法》	《商业银行法》
《中华人民共和国公司法》	《公司法》
《中华人民共和国招标投标法》	《招标投标法》
《中华人民共和国劳动合同法》	《劳动合同法》
《中华人民共和国劳动法》	《劳动法》
《中华人民共和国社会保险法》	《社会保险法》
《中华人民共和国企业破产法》	《企业破产法》
《中华人民共和国合伙企业法》	《合伙企业法》
《中华人民共和国建筑法》	《建筑法》
《中华人民共和国刑法》	《刑法》
《中华人民共和国反不正当竞争法》	《反不正当竞争法》
《中华人民共和国电子签名法》	《电子签名法》
《中华人民共和国民办教育促进法》	《民办教育促进法》
《中华人民共和国城市房地产管理法》	《城市房地产管理法》
《中华人民共和国食品安全法》	《食品安全法》

续表

全　称	简　称
二、司法解释及文件	
《最高人民法院关于适用〈中华人民共和国合同法〉若干问题的解释(二)》(已被法释〔2020〕16 号废止)	《合同法解释(二)》
《最高人民法院关于审理建设工程施工合同纠纷案件适用法律问题的解释》(已被法释〔2020〕16 号废止)	《建设工程施工合同解释》
《最高人民法院关于适用〈中华人民共和国担保法〉若干问题的解释》(已被法释〔2020〕16 号废止)	《担保法解释》
《最高人民法院关于适用〈中华人民共和国民法典〉有关担保制度的解释》	《担保制度解释》
《最高人民法院关于适用〈中华人民共和国公司法〉若干问题的规定(二)》	《公司法解释(二)》
《最高人民法院关于适用〈中华人民共和国公司法〉若干问题的规定(三)》	《公司法解释(三)》
《最高人民法院关于审理建设工程施工合同纠纷案件适用法律问题的解释(一)》	《建设工程施工合同解释(一)》
《最高人民法院关于审理商品房买卖合同纠纷案件适用法律若干问题的解释》	《商品房买卖合同解释》
《最高人民法院关于适用〈中华人民共和国仲裁法〉若干问题的解释》	《仲裁法解释》
《最高人民法院关于适用〈中华人民共和国民事诉讼法〉的解释》	《民事诉讼法解释》
《最高人民法院关于审理买卖合同纠纷案件适用法律问题的解释》	《买卖合同解释》
《全国法院民商事审判工作会议纪要》	《九民纪要》

目录 Contents

专题一

商事合同签订

随着市场经济的快速发展，各种私有经济日渐活跃，企业与企业之间在日常运营中，时常会运用到合同。但是，在开始签订合同之前，双方都需要对签订过程中存在的法律风险问题，进行明确且详细的了解。与此同时，针对实际情况，采取有效措施对潜在风险加以防范，唯有如此，才能确保企业在履行合同时，不会因为合同的法律风险问题而影响到企业未来的发展。因此，了解商事合同签订中需要关注的风险点，并对其进行有效防范就显得尤为重要。

风险点1-1
合同主体无资质及资信较差

【案例】

2016年2月26日，四川达辰建筑工程有限公司与业主雷波县罗山溪乡大坳村村民委员会签订了罗山溪乡大坳村通村通畅公路工程。2016年5月18日，李大迁、王强将该工程部分转包给张正万，双方签订了雷波县罗山溪乡大坳村公路硬化工程协议书。双方约定：一、质量要求。1. 该工程总长3.5公里，砼厚不得低于20厘米，按C25砼配料，宽4.5米，每300米左右设置错车位，错车位道长20米，宽6.5米，全线内边设置水沟0.2×0.02三面光，全线不安全地段外边需设防护墩，每公里达到100个左右。2. 工作内容：路基找平，砼的搅拌、运输、两边架木挂线、机械捣实、路面磨光刻纹。以及权利及义务内容。张正万随后组织人员施工，但未按照约定完成3.5公里工程，仅实际施工3.3公里，有200米未施工。且在实际施工的3.3公里中，有2个点经四川省凉山州公路工程检测中心钻芯取样报告单显示第10、14两个点不合格，小计400米。李大迁要求张正万返工未果，2017年6月28日，李大迁与曲比拉者签订了罗山溪乡大坳村公路硬化工程600米返工协议，由曲比拉者组织人员就罗山溪乡大坳村公路硬化工程600米设置防护墩进行了施工，协议约定，价款为300,000.00元，由曲比拉者负责相应的材料、施工资料等。涉案工程返工后于2017年8月16日通过竣工验收合格，李大迁与曲比拉者经计算，总应支付450,525.00元，实际支付的价款为391,500.00元。该价款包括材料费、资料费、业务费、劳务费等。另查明，涉案工程系李大迁、王强借用四川达辰建筑工程有限公司的资质承包。因涉案工程系李大迁、王强借用四川达辰建筑工程有限公司的资质将工程承包后，将工程分包给了张正万，但张正万属于自然人，无承包资质。根据《最高人民法院关于审理建设工程施工合同纠纷案件适用法律问题的解释》第1条“承包人未取得建筑施工企业资质或者超越资质等级的，建设工程施工合同无效”的规定，并参照四川省高级人民法院《关于审理建设工程施工合同纠纷案件若干疑难问题的解答》第1条“下列情形下建设工程施工合同无效：承包人未取得建筑施工企业资质或超越资质等级的；转包、违法分包建设工程的”的规定，上述合同无效。①

【法理分析】

少有合同是一蹴而就的，特别是公司企业，在合同签订之前大多都需要一段时间的磋商，以便彼此了解、衡量得失。在磋商过程中，双方秉持互利互惠、诚实信用原则进行信息交换。在这其中我们需要尽力得到有用的信息来规避将来履行合同时容易遇到的风险。

主体资格符合法律规定是合同有效的必要条件。行为人在签订合同时，应当具有相应的民事权利能力和民事行为能力。即在合同关系中，不仅要求行为人具有普通民事主体的权利能力和行为能力，还需要双方均应具有签订某种特殊合同的相应能力和资质。如签订施工合同或分包合同等，均需要具备相应的能力和资质，否则即为非法分包，对合同将来的履行也会造成很大的困难，致使合同目的很难达到。

【法务提示】

在磋商过程中对对方的能力和资质进行调查，是合同风险控制的第一步。同时，了解对方的基本情况，也有助于在正式签订合同时，对于供货、付款条件等方面采取相应的对策，避免风险的产生。对合同相对方的主体资格审查范围包括审查对方是不是符合法律规定的合同主体，是否具有签订合同的资格，是否具有履约能力，在审查过程中需要进行综合审查，不可顾此失彼。

【法条链接】

《最高人民法院关于审理建设工程施工合同纠纷案件适用法律问题的解释(一)》

第一条 建设工程施工合同具有下列情形之一的，应当依据民法典第一百五十三条第一款的规定，认定无效：

(一)承包人未取得建筑业企业资质或者超越资质等级的；

(二)没有资质的实际施工人借用有资质的建筑施工企业名义的；

(三)建设工程必须进行招标而未招标或者中标无效的。

承包人因转包、违法分包建设工程与他人签订的建设工程施工合同，应当依据民法典第一百五十三条第一款及第七百九十一条第二款、第三款的规定，认定无效。

---

① 参见张正万与四川达辰建筑工程有限公司、李大迁劳务合同纠纷一审民事判决书，(2019)川3437民初212号。

风险点1-2
冒名签订合同

【案例】

2011年4月9日,旨新公司作为乙方签订的《钢材购销合同》中,载明合同甲方为武汉新华夏公司,合同上加盖的印章为"福建新华夏建工有限公司协信·天骄名城项目经理部"。甲方指定的验收货物人员为兰德快和胡斌。2011年6月29日,中建三局二公司西部公司签订《建设工程劳务分包合同》,约定将涉案天骄名城项目工程劳务作业分包给福建新华夏公司。合同对方加盖的印章为福建新华夏公司印章及江年宗的私章,合同对方开户银行情况为武汉新华夏公司在中国银行湖北省分行所开账户。2013年5月20日,旨新公司签订的《付款协议》载明合同对方为福建新华夏公司。该协议简述了双方签订涉案购销合同及履行情况,并对欠付货款、还款期限等问题作出核对确认。协议书加盖了福建新华夏公司印章,胡家伟分别作为福建新华夏公司代表和保证人在协议上签名。2013年7月12日,林仁兴、林金海、胡家伟、郭明全签署《协议书》记载,武汉新华夏公司注册至今,公司经营、资金的使用支配实际均由胡家伟运作,所有债权债务均由胡家伟承担。胡家伟于2014年12月9日出具《承诺书》称,胡家伟、林金海、林仁兴三人合作承办涉案工程项目,私刻福建新华夏公司公章用于签订与中建三局二公司劳务合同。以上事实足以表明,武汉新华夏公司及胡家伟等人冒用福建新华夏公司名义签订并实际履行涉案合同文件。故法院认定福建新华夏公司并未签订涉案相关合同文件。合同如系假冒他人名义签订,相关当事人依法可以请求人民法院判决予以撤销或宣告无效,当事人不请求撤销或宣告无效的,冒用人应当自行承担因相关合同签订与履行引发的法律责任。就本案而言,在对方当事人未依法请求人民法院撤销涉案合同或宣告合同无效的情况下,武汉新华夏公司及胡家伟等人作为冒用人应当自行承担合同相关责任。涉案《建设工程劳务分包合同》与《钢材购销合同》属于相互独立的合同。合同当事人依法应当就其各自订立的合同行使相应权利并承担相应义务。旨新公司对于依约供应钢材后未获清偿的货款,依法应向实际购买方武汉新华夏公司及胡家伟等人提出主张。在旨新公司所签涉案《钢材购销合同》中，对方指定兰德快为验收货物人员。中建三局二公司在其他合同中亦指定兰德快为材料员，兰德快因而具有双重身份。但旨新公司在其依约所供钢材已由合同指定验收人员兰德快签收的情况下，依法应向合同相对方提出货款清偿请求，而不能基于兰德快亦为中建三局二公司在其他合同中指定的材料员而向其提出清偿主张。原审判决依据兰德快系中建三局二公司在其他合同中指定的材料员而认定其系代表中建三局二公司验收涉案钢材，依据显然不足。从在案支付款项证据情况看，协信房地产公司开出汇票票面记载的收款人为中建三局二公司。按照汇票流转规范，即使汇票最后转给了旨新公司，但如无证据证明汇票系由中建三局二公司直接背书让与旨新公司，亦不能证明其直接向旨新公司支付货款的事实。2012年8月28日、9月11日，中建三局二公司虽曾将150万元、100万元分别支付至长沙市雨花区铭东建材经营部的账户，但没有进一步证据证明此款项确系属于受旨新公司指示而支付的涉案钢材货款。原审判决关于中建三局二公司曾向旨新公司直接支付钢材货款的认定，缺乏足够证据证明。在当事人之间缺乏合同关系的情况下，钢材是否实际用于涉案工程，不能成为旨新公司向中建三局二公司提出货款清偿主张的当然依据。另外，中建三局二公司对于他人冒用福建新华夏公司订立《建设工程劳务分包合同》虽然未尽足够审查义务，但与旨新公司基于其他合同所售钢材货款不能及时获偿之间，没有必然关联。因此中建三局二公司不承担欠付货款的清偿责任。①

【法理分析】

冒名签订合同是合同欺诈中比较常见的一种形式，因部分当事人不愿承担合同中的责任或者没有履约能力、无资质但想从中获利，进而冒用他人身份进行交易。

上述案例造成旨新公司重大损失的主要原因是旨新公司在签订合同之前缺乏风险意识，未对武汉新华夏公司的授权情况进行审查，草率签订合同。在冒名的情况中，合同一方多为没有注册资本的贸易行、商行，或者是没有独立法人资格的办事处，甚至是一个根本不存在的公司，通过以无资格者冒充有资格者、以无某身份者冒充有某身份者、伪造名片、虚构地址等方式来制作假证明签订合同，一旦收到货款或货物后便宣告破产或逃之夭夭，导致合同另一方主体无法追回损失。除了上述案例的情形外，还有以下表现方式需要企业谨慎审查：

(1)虚构合同当事人

在订立合同时虚构单位，或冒充有某种资格。往往表现为不能提供法人资格、注

---

① 参见中建三局第二建设工程有限责任公司、福建新华夏建工有限公司买卖合同纠纷再审民事判决书，(2018)最高法民再23号。

册资本及法人地址的证明或公证书,仅能提供个人名片。这类当事人一般是没有资质的自然人、无权代理人,对这类当事人的身份一定要调查清楚,对无资质的当事人,不管合同条件如何优惠均建议不要交易。

(2)无签约主体资格

部分当事人虽可能得到授权,或为合法的民商事主体,但是就签约的该业务并无经营资格。我国很多商事经营活动因涉及公共利益或专业性强,一般有准入资格。故,若无经营资格,则为无资质的交易主体,其签订的合同会因其无资质而无法履行。

另外,实务中很多企业不区分母子公司之间的关系,将子公司当然地视作母公司。法律上,母子公司仅存在投资关系,对外从事商事活动,均以自己的名义进行并承担后果。换言之,和自然人一样,父母和成年子女在法律上为独立人格,父债不子还,子债亦不父偿。子公司的偿债能力由其注册资本、净资产决定,和母公司的资产没有关联,除非母子公司存在关联交易或者违反《公司法》的其他行为。若子公司所依赖的母公司的知名度很高,就会存在子公司打着母公司的招牌承接超过自身承受能力范围的大宗业务的情况,但母公司或许并未授权子公司从事相关业务或虽授权但该子公司暂达不到承办该类业务的实力。面对这类交易对象,需要事先对其授权经营范围及相应经营资质、业务承受能力做相应评估,尽量不与此种交易对象进行合作。与此类交易对象合作,如标的额特别大,超过了子公司的承受能力,就可能引起巨大的风险。

(3)当事人属职业诈骗

合同当事人纯属商业骗子,制作假名片、假地址、假证明,利用各种关系,采取行贿等手段,招摇撞骗,收到货款即溜之大吉,或宣告破产,从而给企业造成很大损失。在此种情况下,损失能被追回的可能性极小,因此对于交易对象提供的各项证明文件,都需要进行详细的核实,以防有伪。

【法务提示】

针对以上风险,我们在签订合同前需对合同主体的缔约主体资格进行认真审查,合同主体的缔约主体资格,关系到合同是否有效,因此在磋商阶段我们需要尤为注意。

(1)自然人身份的仔细核查

公司与个人之前签订合同较少,若对方为自然人,那么需要对方提供具有身份证明效力的文件,如身份证、护照等。在可能的情况下请保留复印件,并在合同上注明身份证号等可以起到识别作用的标志。

(2)法人或者非法人组织的工商信息查询

当交易相对方为法人或非法人组织时,需要对方提供营业执照等主体资格证明,对于分支机构还需要审查其总公司的相关情况以及授权情况。主要审查:该企业或组织是否合法存续；名称、地址、法定代表人以及企业的注册地；企业的性质，是否具备法人资格。在与法人或非法人组织签约时，应要求对方提供主体资格证明，并保留其主体资格证明之复印件。同时需要注意，在全国工商企业信息查询系统对该企业的相关信息进行查询，确认该企业是否真实存在，对其经营范围等进行核查，若为分支机构等还需要核验其授权书，明确其授权范围及授权期限。

(3)法定代表人身份的工商登记核实

法定代表人，是依法代表法人行使民事权利，履行民事义务的主要负责人。因此法定代表人签订合同无须另外授权，并且其超越权限签订的合同，除相对人知道或应当知道的外，该合同是有效的。但必须防范与假冒的法定代表人签约的情况，这就需要查验能够证明对方身份的证件，如身份证、护照等。此种情况下还应当注意在全国工商企业信息查询系统对该企业的相关信息进行查询，注意其法定代表人是否已经发生变更。注意以该信息为准，若对方主张法定代表人刚刚发生变更，工商登记信息尚未来得及去变更，此种说辞需谨慎考量，建议到其公司进行核验，若因此发生纠纷仅以工商登记为准。

(4)代理权核实

在签订合同的过程中，当事人往往亲自参与，进行谈判磋商，议定合同的内容，但由于当事人能力和精力的限制，不可能事事亲自去做，因此往往委托他人来代替自己承办签约的具体事宜。签约人员代表当事人的意思，具体负责合同签订的事宜，并由当事人承担签订合同的法律后果。但是，在现实经济生活中，一些不法分子冒用和盗用他人名义签订合同进行诈骗活动，给合同当事人造成严重损失的现象，多有发生。因此，在签订合同时，仔细审查签约人员的资格，以防止受骗，十分必要。若对方仅为代理人员，则需要审查被代理人签发的授权委托书以确定代理人的代理身份和授权范围。必要时应当就授权文书进行公证。同时，对于代理人的身份进行核验，仔细比对代理人身份信息是否一致，以防冒充代理人进行代理行为。若对方是作为业务员等职务人员，则需要审查其职务代理是否属实、其签约行为是否符合该企业的业务经营范围、签约行为是否与其职务相称。

针对上述信息的核实，交易额如若较小则可自行对其进行核实，若交易额较大，建议委托执业律师对其进行尽职调查，以确保对方确实有缔结履行合约的实力。

【法条链接】

《民法典》

第一百一十九条 依法成立的合同，对当事人具有法律约束力。

第一百四十三条 具备下列条件的民事法律行为有效：

（一）行为人具有相应的民事行为能力；

（二）意思表示真实；

（三）不违反法律、行政法规的强制性规定，不违背公序良俗。

第五百零九条　当事人应当按照约定全面履行自己的义务。

当事人应当遵循诚信原则，根据合同的性质、目的和交易习惯履行通知、协助、保密等义务。

当事人在履行合同过程中，应当避免浪费资源、污染环境和破坏生态。

《刑法》

第二百二十四条　有下列情形之一，以非法占有为目的，在签订、履行合同过程中，骗取对方当事人财物，数额较大的，处三年以下有期徒刑或者拘役，并处或者单处罚金；

数额巨大或者有其他严重情节的，处三年以上十年以下有期徒刑，并处罚金；

数额特别巨大或者有其他特别严重情节的，处十年以上有期徒刑或者无期徒刑，并处罚金或者没收财产：

（一）以虚构的单位或者冒用他人名义签订合同的；

（二）以伪造、变造、作废的票据或者其他虚假的产权证明作担保的；

（三）没有实际履行能力，以先履行小额合同或者部分履行合同的方法，诱骗对方当事人继续签订和履行合同的；

（四）收受对方当事人给付的货物、货款、预付款或者担保财产后逃匿的；

（五）以其他方法骗取对方当事人财物的。

风险点1-3
离职人员签订合同

【案例】

被告独树成林旅游公司在勐海县××洛镇打洛口岸开发了综合集贸市场，由其分公司金象房地产公司负责出租该门面，被告玉书帕系金象房地产公司的员工，2016年6月5日，被告玉书帕向被告独树成林旅游公司递交辞职信。原告杨芳于2016年6月14日前将20,000元押金交给被告玉书帕，2016年6月14日，被告玉书帕与原告杨芳签订了《独树成林综合集贸市场租赁协议》，合同上加盖了被告独树成林旅游公司的公章，被告玉书帕于当天向原告杨芳出具了《备注》1份，并于2016年10月下旬在勐海县××洛镇司法所向原告补写了《收据》1份。法院认为，原告杨芳与被告勐海独树成林旅游公司之间形成合法、有效的租赁合同关系，应受法律保护。根据《合同法》第49条"行为人没有代理权、超越代理权或者代理权终止后以被代理人名义订立合同，相对人有理由相信行为人有代理权的，该代理行为有效"的规定，虽然被告玉书帕于2016年6月5日递交辞职信，但被告玉书帕持有加盖被告勐海独树成林旅游公司公章的合同与原告杨芳签订了租赁协议，原告杨芳有理由相信被告玉书帕有代理权，双方签订的合同依法成立并生效。根据《合同法》第93条第1款"当事人协商一致，可以解除合同"的规定，原告杨芳主张解除合同，被告勐海独树成林旅游公司亦同意，本院予以支持。根据《合同法》第97条"合同解除后，尚未履行的，终止履行；已经履行的，根据履行情况和合同性质，当事人可以要求恢复原状、采取其他补救措施，并有权要求赔偿损失"的规定，原告杨芳与被告勐海独树成林旅游公司签订的合同解除后，被告勐海独树成林旅游公司应当返还原告杨芳交纳的20,000元押金，故对原告杨芳要求被告勐海独树成林旅游公司返还押金20,000元的诉讼请求，本院予以支持。①

---

① 参见杨芳与玉书帕、勐海独树成林旅游开发有限公司租赁合同纠纷一审民事判决书，(2016)云2822民初1133号。

【法理分析】

玉书帕系金象房地产公司的员工，其在离职后利用手中的空白合同，仍以原公司的名义和杨芳签订合同，这样的合同并非当然无效。如本案中杨芳对于玉书帕已从独树成林旅游公司离职的事实不知情，该合同有效，即构成表见代理。表见代理，是指行为人没有代理权、超越代理权或者代理权终止后，仍然实施代理行为，相对人有理由相信行为人有代理权的，代理行为有效。表见代理也是无权代理，但是为了保护善意第三人的信赖利益与交易安全，法律强制被代理人承担其法律后果。表见代理制度是基于被代理人的过失或被代理人与无权代理人之间存在特殊关系，使相对人有理由相信无权代理人享有代理权而进行民事法律行为。该制度要求无权代理行为在客观上形成具有代理权的表象，而且要求相对人在主观上善意且无过失地相信行为人有代理权。本案中，玉书帕已从独树成林旅游公司离职，其在职期间有权代表独树成林旅游公司与其他公司签订合同，但其现已离职，那么其代理权现已终止。但这种终止对于杨芳来说若是完全不知情，其经过调查亦未发现玉书帕已经离职，且玉书帕持有加盖独树成林旅游公司公章的合同，那么杨芳有理由相信玉书帕依然是独树成林旅游公司的业务员，其所签订的合同亦属有效。

如若杨芳在签订合同时已经注意到玉书帕已从独树成林旅游公司离职，但假装不知道此事与玉书帕签订了该合同，则该合同无效。玉书帕的行为属于无权代理行为，其已从独树成林旅游公司离职，无权代表独树成林旅游公司对外签订合同，同时杨芳因为对玉书帕自独树成林旅游公司离职的事实已经知晓仍然与其签订合同，其行为不属于善意不知情，则不构成表见代理，该合同对独树成林旅游公司无效。

【法务提示】

离职人员在离职以后仍然利用其在职期间获得的权力外观，迷惑交易相对方，对外签订合同，致使交易相对方及原就职公司都遭受损失。对于此种情况我们需要如何应对？

（1）严格核查委托人的真实身份和授权事项

企业在业务经营中，特别是在大宗交易进行前，对相对人的委托人的真实身份和授权事项要进行严格的核实查证。如前所述，在与代理人员或职务人员签订合同时注意检查其身份信息，并核验其授权信息，注意了解交易相对方的重要人事变动。对于相关信息可以通过国家企业信用信息公示系统、天眼查、企查查等企业信息查询渠道，查找相对人的联系电话、公用邮箱、官方网站、公众号等信息，及时进行联系核实业务的真实性和授权事项的相关内容。若经过多方求证所得信息与委托人提供的委托材料不符的，不要轻易相信该委托材料，以免受骗。若已经对相关材料进行核验仍然显示其可以代表相对方的，则与其交易亦无妨，但发现对方已无代理权则不可再与其进行交易，以防合同无效，造成不必要的损失。

(2)强化企业授权管理及其变更公示、定期开展风险排查工作

企业要完善授权管理制度，尤其是对外部联系业务较多的部门要适当缩小授权人员范围，限制授权级别或事项。对企业授权的代理人发生变更时，要及时将变更情形送达相对人，同时通过公开媒介如企业公众号、官网等进行公示公开，便于不特定的相对人知悉。同时对于授权人员的代理事项要定期开展风险排查，确保不发生代理风险的事件。

(3)强化企业印鉴、证照使用管理，突出使用过程跟踪监管

企业要建立健全印鉴、证照使用管理制度并严格执行，完善印鉴、证照使用登记台账，确保借用人、借用部门、借用事项、借用期限、领导审批等登记台账要素完备。加强对印鉴、证照用途真实性的审核，必须在审批同意后方能使用印鉴、证照。严格落实印鉴、证照使用管理制度，防止印鉴、证照的冒用、滥用。对印鉴、证照的使用尽量安排两人一同前往，并且在当天工作时间内归还，尽量不过夜，不脱离跟踪。

【法条链接】

《民法典》

第一百七十一条 行为人没有代理权、超越代理权或者代理权终止后，仍然实施代理行为，未经被代理人追认的，对被代理人不发生效力。

相对人可以催告被代理人自收到通知之日起一个月内予以追认。被代理人未作表示的，视为拒绝追认。行为人实施的行为被追认前，善意相对人有撤销的权利。撤销应当以通知的方式作出。

行为人实施的行为未被追认的，善意相对人有权请求行为人履行债务或者就其受到的损害请求行为人赔偿。但是，赔偿的范围不得超过被代理人追认时相对人所能获得的利益。

相对人知道或者应当知道行为人无权代理的，相对人和行为人按照各自的过错承担责任。

第一百七十二条 行为人没有代理权、超越代理权或者代理权终止后，仍然实施代理行为，相对人有理由相信行为人有代理权的，代理行为有效。

第五百六十二条 当事人协商一致，可以解除合同。

当事人可以约定一方解除合同的事由。解除合同的事由发生时，解除权人可以解除合同。

第五百六十六条 合同解除后，尚未履行的，终止履行；已经履行的，根据履行情

况和合同性质,当事人可以请求恢复原状或者采取其他补救措施,并有权请求赔偿损失。

合同因违约解除的,解除权人可以请求违约方承担违约责任,但是当事人另有约定的除外。

主合同解除后,担保人对债务人应当承担的民事责任仍应当承担担保责任,但是担保合同另有约定的除外。

风险点 1-4
磋商中交易相对方的缔约过失

【案例】

在陈吾山与山东鲁杰建工集团有限公司(以下简称鲁杰建工公司)、山东鲁杰建工集团有限公司青海分公司建设工程施工合同纠纷案中,西宁市中级人民法院认为:因陈吾山在与鲁杰建工公司签订书面承包合同之前,就与鲁杰建工公司曾就大通的工程进行过协商,后双方又就民和的工程进行商定,并且签订了书面的承包合同,在鲁杰建工公司早已收取陈吾山巨额保证金的情况下,却因鲁杰建工公司的原因导致陈吾山无法实际施工,必然会造成陈吾山的经济损失,鲁杰建工公司应当给予赔偿。虽然陈吾山与鲁杰建工公司在 2014 年 11 月 18 日解除合同时约定了互不承担一切责任,但鲁杰建工公司并未按照约定及时足额退还保证金,并且在当日的补充协议中再次约定 2015 年时将互助的工程项目交由陈吾山施工,但实际并未将工程交由陈吾山施工。所以鲁杰建工公司从收取保证金开始,多次违背诚信,达到了长期占用陈吾山巨额资金而获益的目的,应认定鲁杰建工公司存在假借签订合同而恶意磋商的情形,亦应承担损害赔偿责任。①

【法理分析】

假借订立合同,恶意进行磋商,是指当事人在没有订立合同的目的的情况下,假借订立合同,与交易相对方进行磋商,借此套取商业信息或者谋取利益,而损害交易相对方利益的行为。如故意以优胜的价格或条件与对方谈判以致对方丧失与他人交易的机会;通过恶意磋商套取对方的商业信息、经营信息等。如果这些行为对交易相对方造成了利益损失,就应当承担缔约过失责任。《民法典》第 500 条规定:“当事人在订立合同过程中有下列情形之一,造成对方损失的,应当承担赔偿责任:(一)假借订立合

---

① 参见陈吾山与山东鲁杰建工集团有限公司、山东鲁杰建工集团有限公司青海分公司建设工程施工合同纠纷二审民事判决书,(2016)青 01 民终 1192 号。

同,恶意进行磋商;(二)故意隐瞒与订立合同有关的重要事实或者提供虚假情况;(三)有其他违背诚信原则的行为。”

【法务提示】

在日常交易中,双方为签订合同而进行相互磋商,直至合同有效成立。在此期间双方应当秉持诚实守信、互利互惠的原则,进行信息交换,利益平衡。但总存在一些缔约初期的不诚信行为。若我们在磋商过程中遇到这样的恶意磋商该如何维护自身利益呢?

(1)对交易相对方的诚信进行背景调查

对交易相对方进行背景调查,主要是了解其在与其他交易主体交易中的诚信问题。一个诚信的企业或交易人,会视自己的商誉为生命。相反,在交易中总是不遵守合同,或诉讼缠身,或执行合同拖三推四,便反映出其交易性格。这样的企业,若是能够从恶意磋商中获利,便会毫不犹豫地选择违反诚信,唯利是图。

(2)磋商中签订保密协议,约定违约责任

建议在磋商过程中,如涉及商业秘密,则应当签署保密协议并约定相关的违约责任。在和任一交易相对方进行磋商之前,即签署保密协议。该保密协议的签署使与其磋商的任何当事方首先能将商业秘密的保密义务的重要性了然于心,既为恶意磋商的人敲响了警钟,又为可能过失泄密的当事方提了醒。我们不能苛求于保密协议的万能,但是保密协议的签署无疑为界定各方的权利义务设定了标准和责任,可谓有百利而无一害。

【法条链接】

《民法典》

第七条 民事主体从事民事活动,应当遵循诚信原则,秉持诚实,恪守承诺。

第五百条 当事人在订立合同过程中有下列情形之一,造成对方损失的,应当承担赔偿责任:

(一)假借订立合同,恶意进行磋商;

(二)故意隐瞒与订立合同有关的重要事实或者提供虚假情况;

(三)有其他违背诚信原则的行为。

风险点 1－5
磋商中涉及商业秘密保护

【案例】

2016年5月，开源公司与创达公司商谈股权收购事宜，创达公司拟收购开源公司51%的股权，两家企业都是软件开发企业，属于同业并购。双方随后签订了《合作意向书》以及《保密协议》，协议签订后，创达公司对开源公司开展了尽职调查，开源公司根据创达公司的要求，提供了软件著作权登记证书、最近一期员工情况说明、大客户合同、员工手册等全部业务信息和人员信息的核心资料。2016年6月，创达公司与开源公司签订《软件外包合作协议》，约定双方在软件外包方面进行合作，合作模式为软件项目合作开发，根据创达公司的项目要求，开源公司及时组建研发团队进入创达公司的项目组，从事相关工作。开源公司指派其第二开发部部门经理王某，作为商务交流窗口负责与创达公司对接。双方履行合作协议期间，开源公司又先后派了25人前往创达公司工作。好景不长，2016年9月，创达公司发邮件给开源公司，明确投资并购计划取消，开源公司融资落空。2016年11月，之前开源公司派去创达公司开发软件的负责人王某正式向开源公司提出辞职。辞职后，王某与创达公司一起创办了晴宁公司。此后，开源公司的大批员工开始离职，一部分直接去了晴宁公司和创达公司。对于此种情况，开源公司向法院提起诉讼，状告创达公司侵犯商业秘密，但由于没有证据能证明软件著作权登记证书、最近一期员工情况说明、大客户合同、员工手册等是开源公司的商业秘密，因此败诉。①

【法理分析】

交易双方为缔结合同而接触或磋商，在磋商过程中双方秉持互利互信、诚实守信的原则，进行信息交换，涉及一些重大的项目如投资、收购等可能还需要进行尽职调

① 参见中科开元信息技术（北京）有限公司与杨新辉等不正当竞争纠纷一审民事判决书，(2018)京0108民初6669号。

查，在这其中不可避免会接触到或者被对方接触到商业秘密，如若对方对所获取的商业秘密加以利用，将会对公司造成很严重的后果。

本案中，开源公司因融资需要，接受了创达公司的尽职调查要求，但是创达公司利用其获取的开源公司的商业秘密进行不正当竞争，借机对开源公司进行打压。开源公司向法院起诉来保护自己的合法权益不受侵害，本身是有效的保护措施，但是关键在于开源公司无法证明哪些属于自己的商业秘密。那么什么是商业秘密呢？根据我国《反不正当竞争法》的规定，认定商业秘密的信息，有三个要素需要同时满足，分别是不为公众所知悉、有商业价值、已经采取相应保密措施。

【法务提示】

在交易相对方需要对我们进行尽职调查时，我们应该如何保护自己的商业秘密呢？

（1）信息传递出口的专人负责

我们要控制好信息传递的出口，尽量集中到一个点。即派专人来对接尽职调查事宜，内部的信息由专人根据对方要求，向内部收集，统一输出。这么做的好处是，提高效率，避免重复和信息前后矛盾。最关键的是，公司内部管理成本会大大降低。理论上，只需要这个对接的人掌握好商业秘密保护的技能，公司重点管理好对接人，就能达到商业秘密保护的良好效果。同时，在信息传递的过程中需要注意信息传递的方式，处处留痕很关键。在传递资料时，尽可能都通过电子邮件的方式来传递，然后将文件设置密码，告知对方此为保密文件，禁止转发。商业秘密从被侵犯开始到被发现，可能会经历很长的时间，相比纸质方式的传递，电子邮件方式追溯整理的效果要好很多。

（2）信息传递范围之明确

对于信息传递的范围需要明确。尽职调查有一个特点，就是交易相对方不会直接过来进行尽调工作，他们常常都是委托律师事务所、会计师事务所等中介机构来尽职调查，参与的主体一多，就会增加商业秘密保护的复杂度。所以，只要是直接和企业接触索要信息的机构，企业都应该单独与之签订《保密协议》。

【法条链接】

《反不正当竞争法》

第九条 经营者不得实施下列侵犯商业秘密的行为：

（一）以盗窃、贿赂、欺诈、胁迫、电子侵入或者其他不正当手段获取权利人的商业秘密；

（二）披露、使用或者允许他人使用以前项手段获取的权利人的商业秘密；

（三）违反保密义务或者违反权利人有关保守商业秘密的要求，披露、使用或者允许他人使用其所掌握的商业秘密；

（四）教唆、引诱、帮助他人违反保密义务或者违反权利人有关保守商业秘密的要求，获取、披露、使用或者允许他人使用权利人的商业秘密。

经营者以外的其他自然人、法人和非法人组织实施前款所列违法行为的，视为侵犯商业秘密。

第三人明知或者应知商业秘密权利人的员工、前员工或者其他单位、个人实施本条第一款所列违法行为，仍获取、披露、使用或者允许他人使用该商业秘密的，视为侵犯商业秘密。

本法所称的商业秘密，是指不为公众所知悉、具有商业价值并经权利人采取相应保密措施的技术信息、经营信息等商业信息。

风险点1-6
口头合同

【案例】

福鼎市天行健房地产开发有限公司设立于2004年1月8日，巨龙公司为唯一登记股东，注册资本为人民币21,300.63万元，折合2556.0756万美元；投资总额为人民币32,880万元，折合3945.6万美元。2007年12月7日，公司名称变更为天行健公司。2003年12月18日，巨龙公司出具《委任书》，委派刘智原为该公司的法定代表人兼总经理，姚义明为副总经理。2007年12月7日，公司总经理变更为姚义芳，执行董事为刘智原。2014年4月28日，公司执行董事及法定代表人由刘智原变更为邱慧彬。2010年1月19日，刘智原以天行健公司法定代表人身份，签署《授权委托书》，委托姚义明为其代理人，全权代理以下事宜：(1)在营业执照经营业务范围内代为履行公司法定代表人职责；(2)代为办理公司贷款合同、借款借据、抵押、合同、土地及在建工程抵押登记等相关手续；(3)代为办理其他相关事项。代理人在上述权限范围内所签署的一切有关文件和实施的法律行为，刘智原均予以承认。委托期限自2010年1月19日至2013年1月31日止。该委托行为经福建省福鼎市公证处公证。2013年4月21日，姚义明、姚义芳、刘智原三人签订《股东协议》，载明：兹有姚义芳向天行健公司借款1680万元及所产生的利息120万元共计1800万元。天行健公司三位股东，其中刘智原占50%股份，姚义芳、姚义明各占25%股份，现因姚义芳暂无力以现金还款，经三位股东协商一致，同意姚义芳将1800万元折成股份8%，增加至刘智原在公司原50%股份中。股权变更后，刘智原占天行健公司注册资本金的58%，姚义明占25%，姚义芳占17%。2013年9月3日，天行健公司作出股东会决议，出席该次会议的股东成员为：刘智原、姚义芳、姚义明，此次会议确认公司股东会成员为刘智原、姚义芳、姚义明。刘智原、姚义芳、姚义明在落款全体股东签名盖章处签字，并加盖天行健公司公章。同日，天行健公司作出董事会决议，确认公司董事会成员为：董事刘智原、董事姚义芳、董事姚义明，董事会决议任命刘智原为天行健公司董事长。刘智原、姚义芳、姚义明在落款全体董事签名盖章处签字，并加盖天行健公司公章。天行健公司《章程》载明：第11条，投资者决定公司的一切重大事宜，其职权如下：1. 修改企业章程；2. 调整公司注册资本；3. 转让本公司的股权；4. 将本公司的股权质押给债权人；5. 公司合并或分立；6. 抵押公司资产；7. 决定设立分支机构；8. 决定企业停产、终止与清算工作；9. 其他重大事宜。第12条，公司不设董事会。设执行董事一人，任期3年，由投资者委派；执行董事为公司法定代表人。执行董事对投资者负责。巨龙公司为在香港依据公司条例注册的有限公司。原公司董事为刘智原、联辉代理人有限公司（Linkfair Nominees Limited），刘智原担任巨龙公司董事直至2016年1月3日。巨龙公司《章程》第19条（g）款载明，除条款规定授予的一般权力外，董事有权："根据公司章程要求，以董事认为合适的方式投资、出借或其他方式处理公司的金钱或财产；并不时调整或释放此类投资。"现姚义明提起诉讼，要求确认股东资格，主要依据是其与姚义芳、刘智原代表的巨龙公司之间的口头协议及在此基础上形成的《股东协议》。本案的争议焦点是姚义明主张的口头协议及《股东协议》能否证明其已取得天行健公司25%的股权。

但在庭审中巨龙公司不承认口头协议的存在，即便认定口头协议存在，协议是否包括股权转让的内容以及是否产生股权变动的法律效果，也需要进一步核查确定，因双方为口头协议所以难以核查。最终导致姚义明败诉。①

【法理分析】

口头合同是与书面合同相对应的概念，即合同当事人没有采用书面的形式，而简单地以谈话、电话等口头形式达成合意。口头合同没有书面合同那么严谨、有载体可以真实再现，很多人也喜欢信口开河，那么，究竟口头合同有无法律效力呢？

我国《民法典》合同编规定了合同的订立形式，其中就包括口头形式，也就是说，我国口头合同是合法有效的，当然法律、行政法规强制规定要书面合同的除外。口头订立的合同也受法律的保护，其有效与否和书面合同的判断标准也是一样的。即订立口头合同的主体也要求有相应的民事行为能力、民事权利能力，口头合同的内容也要合法，合同双方的意思表示自愿、真实，不损害国家、集体、第三人利益，不违背法律强制性规定和我国社会公序良俗，没有以合法形式掩盖非法目的的情形，就是一个合法有效的合同。但口头合同也有着致命的缺陷，就是难以取证，当发生合同纠纷时较难证明合同内容。

合同采用口头的形式在实际交易过程中是非常普遍的，凡是当事人没有约定，法律也没有规定必须有特定形式的合同，原则上都可以采用口头的形式。只是在发生争

---

① 参见姚义明、福建省福鼎市天行健实业有限公司股东资格确认纠纷二审民事判决书，（2019）最高法民终21号。

议时，当事人证明口头合同的存在以及合同关系的内容就很有难度，往往要承担合同相对人否认合同成立、否认合同标的的法律风险。

【法务提示】

对于使用口头合同我们需要注意哪些风险，如何进行规避呢？

(1)在洽谈合同时注意对相关证据进行保存

在交易过程中，虽然订立口头合同比较方便，但是从风险防范角度来看，这种形式下订立的合同，当事人所要承担的法律风险往往是比较大的。所以，实践中，建议当事人谨慎采取口头形式订立合同。如因为特殊情况只能采用口头形式，那么我们需要注意对与合同相关的证据进行保存。如邮件、QQ或微信聊天记录以及约定合同时的录音、录像等证据，需要及时进行固定保存。尽量保证有充分的录音录像资料、邮件等证明口头合同的真实存在，口头合同毕竟没有有形的载体可以完整地再现协议，一旦一方矢口否认口头合同的存在，那是很难举证的。因此无论交易双方的关系有多密切，在一开始订立口头合同时就需要注意到证据收集的问题。

(2)注意搜集间接证据

口头约定的形式并不等于没有任何文件凭证，当关键证据是口头约定时，虽然难以将口头约定作为直接证据进行呈现，但我们却可以注重间接证据的搜集，并形成完整的证据。例如，证人证言、聊天记录可以作为间接证据使用，以证明双方达成了订立合同的意思表示。由于证人证言、聊天记录在证明意思表示时可能存在随意性，采信有难度，所以最好还能提供履行口头合同时的其他间接证据，以事实行为证明双方已成立事实合同关系，如往来的传真、发货单、支付款项票据等。

虽然口头合同方便快捷，但是口头合同容易死无对证。所以，我国《民法典》对一些特殊的合同也规定了必须书面形式，如借款合同、劳动合同、建设工程合同、技术开发合同、担保合同等。另外，涉外合同、涉及金额较大的合同，除非能够即时清结，都不适宜以口头形式订立，应当采用书面合同。

【法条链接】

《民法典》

第四百六十九条 当事人订立合同，可以采用书面形式、口头形式或者其他形式。

书面形式是合同书、信件、电报、电传、传真等可以有形地表现所载内容的形式。

以电子数据交换、电子邮件等方式能够有形地表现所载内容，并可以随时调取查用的数据电文，视为书面形式。

风险点1-7
宣传材料的合同效力

【案例】

袁雁军与广盈公司签订房屋买卖合同,约定了房屋建筑面积及价格,同时约定房屋附带一个不计入商品房建筑面积的下沉庭院,购房人对其有独立使用权,不享有所有权,下沉庭院的具体位置、面积等情况以交房时的状态为准。合同附图标注了下沉庭院的南北方向,但未标注尺寸。广盈公司交付房屋后,袁雁军认为下沉庭院的面积与其之前提供的宣传平面图中的面积不符,广盈公司的行为构成违约,故起诉请求判令:广盈公司重建下沉庭院,若无法重建,则向其支付面积差额款175万余元;广盈公司按每月4万元支付自交房至重建完毕期间的赔偿。诉讼中,袁雁军提交了买房时销售人员给其的一张宣传平面图,上面标注有下沉庭院具体尺寸,但广盈公司不予认可。袁雁军另提交房屋分户验收表附图及规划委备案的竣工图,显示下沉庭院的比例、结构、布局。

北京市高级人民法院认为:依据《最高人民法院关于审理商品房买卖合同纠纷案件适用法律若干问题的解释》第三条"商品房的销售广告和宣传资料为要约邀请,但是出卖人就商品房开发规划范围内的房屋及相关设施所作的说明和允诺具体确定,并对商品房买卖合同的订立以及房屋价格的确定有重大影响的,构成要约。该说明和允诺即使未载入商品房买卖合同,亦应当为合同内容,当事人违反的,应当承担违约责任"的规定,本案中,袁雁军提交的由买房时销售人员给其提供的标有下沉庭院完整尺寸的平面图亦应视为合同内容,且该图与朝阳区住宅工程质量分户验收汇总表和北京市规划委员会朝阳分局备案的竣工图一致,故原审认定应根据双方合同约定及该平面图综合确定广盈公司的交房义务并无不当。[①]

---

① 参见北京广盈房地产开发有限公司与袁雁军房屋买卖合同纠纷再审审查与审判监督民事裁定书,2018京民申3240号。

【法理分析】

宣传材料是我们日常生活中经常会接收到的，当我们有需求时会根据宣传材料向材料提供方发出愿意进行交易的信息。那么宣传材料到底是要约还是要约邀请呢？我国实务中宣传材料被视为要约而成为合同一部分是有条件的，即宣传广告内容必须确定，否则被视作为要约邀请而不作为合同的一部分。案例中，广盈公司的销售人员向袁雁军提供的宣传平面图中，对于下沉庭院的具体尺寸标注完整，内容具体确定，因此应当视作合同的一部分。

《民法典》第471条规定："当事人订立合同，可以采取要约、承诺方式或者其他方式。"原则上，成立合同，须经历要约与承诺阶段，对合同的主要条款达成合意时，合同成立。要约生效后并处于生效过程中，受要约人取得承诺的资格。受要约人作出的承诺生效时，合同成立（法律另有规定的除外）。成立的合同对当事人具有形式上的拘束力。所谓要约，是指当事人一方向对方发出的希望与对方订立合同的意思表示。发出要约的一方称要约人，接受要约的一方称受要约人。

要约是特定人的意思表示，向要约人希望与之订立合同的受要约人作出，具有订立合同的目的，并表明一经受要约人承诺，要约人即受该意思表示约束的意思，并且该要约内容具体而确定。

要约邀请是指希望他人向自己发出要约的意思表示，是当事人在订立合同的过程中的一种预备行为，但不是订立合同的一种必经程序。要约邀请仅仅在于促成对方发出要约。要约邀请在相对人发出要约以后，再经过自己的承诺，才能使合同有效成立。

《商品房买卖合同解释》第3条规定："商品房的销售广告和宣传资料为要约邀请，但是出卖人就商品房开发规划范围内的房屋及相关设施所作的说明和允诺具体确定，并对商品房买卖合同的订立以及房屋价格的确定有重大影响的，应当视为要约……"该条规定中的"商品房规划范围"应指经政府相关部门批准的商品房规划范围。

【法务提示】

宣传材料是否属于要约主要取决其是否满足要约的条件，关键点为其中的内容是否具体而确定。所谓"确定"是指内容明确，而非含糊不清。所谓"具体"是指包含合同的主要条款。因此在使用宣传材料时，若无意向不特定人群发出要约则需要注意宣传材料中的内容不能具体。

【法条链接】

《民法典》

第四百七十一条　当事人订立合同，可以采取要约、承诺方式或者其他方式。

第四百七十三条 要约邀请是希望他人向自己发出要约的表示。拍卖公告、招标公告、招股说明书、债券募集办法、基金招募说明书、商业广告和宣传、寄送的价目表等为要约邀请。

商业广告和宣传的内容符合要约条件的,构成要约。

《最高人民法院关于审理商品房买卖合同纠纷案件适用法律若干问题的解释》

第三条 商品房的销售广告和宣传资料为要约邀请,但是出卖人就商品房开发规划范围内的房屋及相关设施所作的说明和允诺具体确定,并对商品房买卖合同的订立以及房屋价格的确定有重大影响的,应当视为要约。该说明和允诺即使未载入商品房买卖合同,亦应当视为合同内容,当事人违反的,应当承担违约责任。

风险点 1－8
微信合同亦能有效

【案例】

从2016年7月6日开始，原告陈添凯与被告曙光公司的工作人员一直在对原告购买涉案车辆的事宜进行协谈，双方就车辆型号、生产年份、价格、先付多少款的问题多次进行沟通。直到2016年7月14日，曙光公司的工作人员问原告："如果有的高尔夫都是2015年生产的，没问题吧？"原告回复："没问题，但我喜欢灰色这个，帮忙找一下，如果实在没有就要白色吧，下午转订金过去，425,000元吗？"工作人员称："428,000元。"针对价格问题双方又进行了一番交谈。2016年7月14日下午，工作人员告诉原告："42.7，我等下发个合同给你。"工作人员随即向原告发送了一份合同的照片。原告表示："OK。"询问了加装配件的内容之后，原告又问："合同怎么签？"工作人员回复："陈生，你看看，没问题就行，不用签，你到时候过来看车的时候再签名就行了。""那个订金已经到了。"原告又随即表示："OK。"

虽然原告主张此处其回复的"OK"只是确认收到合同图片，而非对《车辆订购确认书》内容的确认，但是结合双方聊天上下文理解，如果原告对《车辆订购确认书》的内容有异议，其应当及时提出，但是原告并未对内容提出异议，而是接着问工作人员"合同怎么签"，并随即支付了50,000元。因此，在工作人员回复"陈生，你看看，没问题就行，不用签，你到时候过来看车的时候再签名就行了""那个订金已经到了"，而原告又随即表示"OK"的时候，应视为原告对于《车辆订购确认书》的内容以及双方补签书面合同的方式进行了确认。原告支付50,000元的行为，实质已是在履行《车辆订购确认书》的内容。因此，被告曙光公司主张双方已经在微信中确认《车辆订购确认书》的内容、合同关系已经成立，本院予以采信。①

① 参见陈添凯与王永龙、陈灿祺买卖合同纠纷一审民事判决书，(2017)粤1972民初469号。

【法理分析】

没有签订正式的合同,仅是双方通过微信进行约定,算合同成立吗?实务中,微信购物活动特别正常,包括企业之间的交易,业务员之间常常通过微信等方式沟通合同细节。疫情阶段更是如此。甚至是从买卖双方达成意思一致的买卖合同的订立至产品最终交付的合同履行,交易双方均是利用手机软件聊天工具,通过移动网络信息数据的交换进行交流。那么由此签订的合同是否会得到法院的认可呢?

2012 年修正的《民事诉讼法》在案件证据之中明确纳入了电子数据。2015 年《民事诉讼法解释》中提出,电子数据指的是通过电子邮件、手机短信、电子数据交换、网络聊天记录、微博、电子签名等产生或者保存在电子介质中的信息。电子介质中储存的录音和影像,也包括在电子数据的范围内。

通过微信聊天进行约定的合同虽然能够得到法院的认定,但是微信聊天记录属于电子证据,电子证据极易因人为操作更改、系统技术故障等人为或意外的原因而发生改变,因此,若想让微信聊天记录成为合法的证据,并且具有一定的证明效力并非易事,要将聊天截图、语音等电子证据作为诉讼证据使用,就必须满足三性,即合法性、真实性和关联性。

(1)合法性

以侵犯他人合法权益或者通过法律明令禁止的渠道取得的证据,无法成为证明案件真实性的凭证。所以,通过暴力手段、非法囚禁、欺骗等方式而得到的证据,根本不具有法律效力,而通过偷拍、偷录等方式得到的资料,在不能对他人的隐私造成侵犯的前提下,可以作为呈堂证供。在微信聊天中,语音是诉讼双方自愿采取聊天方式对交流内容的自然保存,双方明知且自愿选择语音聊天,并未涉及隐私侵犯,也不属于偷录的情形,符合合法性要求,可以作为诉讼凭证提交。

(2)真实性和关联性

由于微信聊天软件没有实名,无法认定该账号的使用者就是本人,那么在法律上,微信证据和纠纷案件之间的关联性特征无法证实,因此,必须对参与诉讼的当事人双方就是该微信账号的使用者加以证明。对账号的身份认证,主要通过以下方式进行:一是当事人自己承认,由当事人在法庭庭审活动中认可自己即为微信聊天的相对方;二是微信头像或微信相册照片的辨认,采用本人自拍照作为头像,清晰可分辨,和当事人特点相同;三是网络实名制、电子数据发出人身份资料认证;四是第三方机构辅助核查,提供证据。从上述方法可以看出,当事人若想以一己之力收集数据十分困难,技术方面和对方当事人的配合度方面是最大的难点。

【法务提示】

那么在实践中，若我们通过微信进行交易时，如何收集证据呢？

(1)应当善于应用微信的“收藏”功能保存原始证据

由于微信的聊天记录很容易损毁，如账号丢失、误删等。所以，在平时的聊天中应该将重要的聊天记录借助于收藏的功能妥善保存下来。对文字可以通过截屏，作为图像保存，对于语音可以通过收藏功能保存，避免因清理手机内存时不小心删除微信聊天记录导致聊天内容的灭失。

(2)聊天内容连续性

注意聊天内容的连接性，假若涉及语音信息，一定要保存原始语音，不加任何处理，保障真实性。

对微信语言聊天的截图也应当保证内容的连贯性，很多当事者为了快速存储，把相关资料存进U盘等工具当中，但是原始的聊天内容却没有保存下来，这是对自己不利的行为，只要对方不承认该内容，那么法院对证据的真实性无法认定。

(3)聊天内容明确

聊天内容方面，文字信息应该意思明确，双方对事件的态度确切，而语音信息则应该清晰。当对方对于约定内容表述比较含糊时，可以由己方对约定内容进行详细描述后，征求对方对己方的描述表示认同，以此来保证微信聊天内容的明确性。

(4)收集辅助证据

尽可能多地收集其他证据来作为聊天内容的辅助证据。通过微信聊天构成的合同与口头合同的性质较为相近，且都存在直接证据难以确定或保存的缺陷。而且电子证据很容易被修改或者破坏，较不稳定。所以，若要使这些证据满足上述“三性”，为司法机关所采用，进而证明事件的真实过程，如果有必要的话，可以通过公证机构和公证人员公证的方式对证据加以保全。

【法条链接】

《民法典》

第四百六十九条　当事人订立合同，可以采用书面形式、口头形式或者其他形式。

书面形式是合同书、信件、电报、电传、传真等可以有形地表现所载内容的形式。

以电子数据交换、电子邮件等方式能够有形地表现所载内容，并可以随时调取查用的数据电文，视为书面形式。

第五百零九条　当事人应当按照约定全面履行自己的义务。

当事人应当遵循诚信原则，根据合同的性质、目的和交易习惯履行通知、协助、保密等义务。

当事人在履行合同过程中,应当避免浪费资源、污染环境和破坏生态。

第五百七十七条 当事人一方不履行合同义务或者履行合同义务不符合约定的,应当承担继续履行、采取补救措施或者赔偿损失等违约责任。

《最高人民法院关于适用〈中华人民共和国民事诉讼法〉的解释》

第九十条 当事人对自己提出的诉讼请求所依据的事实或者反驳对方诉讼请求所依据的事实,应当提供证据加以证明,但法律另有规定的除外。

在作出判决前,当事人未能提供证据或者证据不足以证明其事实主张的,由负有举证证明责任的当事人承担不利的后果。

风险点1－9
电子合同的效力不确定

【案例】

2018年8月14日，新裕隆公司因资金周转需要通过博汇公司运营的博金贷网站申请金额70万元、期限6个月、年化利率为9.5%的融资服务，并提交《企业融资服务申请表》一份，同日又与该公司签订《居间服务协议》一份，约定居间服务费为融资金额的3.95%即27,650元。郑丽国、林素红亦于当日与新裕隆公司共同向博汇公司出具《保证担保书》一份，为新裕隆公司的债务提供连带保证人担保，保证期间为主债务届满之日起2年。当日郑丽国、林素红、新裕隆公司还分别出具《商业文件信函和法律文书送达地址确认书》各一份，确认通讯地址和联系方式；适用期间为《保证担保书》履行完毕或诉讼程序（一审、二审、执行）期间；变更地址、联系方式需提前5个工作日作出书面变更告知书；如有错误或变更未通知导致送达不能的后果自行承担，邮寄文书退回之日视为送达之日等。2018年9月22日，经居间服务，新裕隆公司（甲方）与居间人博汇公司（戊方）以及共同出借人南昌市红谷滩新区博能小额贷款有限公司（乙方、在自己作为出借人的合同中同时为乙方和丙方）、出借人王静等共26名（丙方）、担保人郑丽国（注明为丁方，但未签名）分别签订《借款担保协议》电子合同27份，共计借款70万元；借款期限6个月，自2018年9月22日起至2019年3月22日止；年化利率9.5%，到期日2019年3月22日；还款方式为按月还息，到期还本，期数6期；每月22日为还款日。《借款担保协议》第9.1条约定："在甲方未按本协议约定归还本金及支付利息的情况下，如有第三方愿意受让丙方（含丙方在博金贷网站债权转让至协议最后一位相对方，下同）对甲方的当期全部债权及相应担保权利，丙方在此同意并确认，授权戊方作为其代理人，代理其将当期全部债权及相应担保权利转让给该等第三方，同时以站内信的形式将该债权转让事宜通知甲方，并且丙方授权戊方代理其受领该等第三方受让当期的全部债权及相应担保权利所支付的债权转让对价，第三方在实际支付对价当日即取得丙方对甲方的当期全部债权（包括但不限于借款本金、利息以及由此产生的逾期罚息、其他违约金、费用债权等权利)及相应担保权利和主张,有权要求甲方偿还借款本金、利息、罚息,并有权要求丁方承担担保责任。"第9.2条约定:"在存在第三方受让丙方对甲方的当期全部债权及相应担保权利的情况下,丙方授权戊方向债权受让方出具相关证明文件(包括但不限于《收款证明》《债权受让证明》等)为该等第三方追偿债权及担保权利提供必要的协助,并且甲方应按第三方所支付债权转让对价2‰/日向该等第三方支付受让后的利息,直至所有款项清偿完毕之日止。若无第三方受让丙方对甲方的当期全部债权及相应担保权利,甲方应向乙方、丙方偿还的借款本金仍按照本协议第六条规定的利率计算罚息。"第12.1条约定:"乙方及丙方(含丙方在博金贷网站债权转让至协议最后一位相对方)在此同意并确认,授权戊方作为其代理人,代理其行使其在本协议项下之各项权利,包括但不限于受领甲方(或其他主体代甲方)偿付的借款本息并向乙方及丙方的电子账户进行划付、按照本协议第十八条规定宣布甲方未偿本息全部到期、向甲方进行借款的违约提醒及催收工作(包括但不限于电话通知、上门通知、发律师函、对甲方提起诉讼等);同时,丙方亦同时授权乙方可对甲方进行前述借款违约提醒和催收工作,在征得戊方书面同意后可代理接受甲方的提前还款申请;乙方、戊方均可以委托其他主体进行前述借款的违约提醒和催收工作。"上述合同签订后,出借人即于2018年9月22日依约委托博汇公司将借款70万元汇至新裕隆公司指定收款人王俐的江西银行账户62×××85。新裕隆公司出具《收据》确认收到该款。其后,新裕隆公司仅支付了2期的应付利息,每期利息5541.69元。2019年3月22日,南昌世祥公司作为委托人分别向被委托人博汇公司、南昌市世祥企业管理咨询有限公司出具《委托付款函》各一份,向借款人支付债权转让对价共计722,166.76元,并受让案涉全部债权及担保权利。债权转让后,南昌市世祥公司及博汇公司依《商业文件信函和法律文书送达地址确认书》的约定地址通过EMS向三被告发送了《债权转让通知书》,邮件因"收件不在指定地址"而退回。后,南昌世祥公司向法院提起诉讼。

法院认为,案涉《借款担保协议》为电子合同,虽未有证据表明各方电子签名已进行相关认证,但该合同能与线下签订的案涉《企业融资服务申请表》《居间服务协议》《保证担保书》等相互印证,故其签名应认定属实。据此,《借款担保协议》《企业融资服务申请表》《居间服务协议》《保证担保书》均系各方真实意思表示,未违反法律、行政法规的强制性规定,应认定合法有效。①

---

① 参见南昌世祥资产管理有限公司与江西新裕隆汽车零部件有限公司、郑丽国等借款合同纠纷一审民事判决书,(2019)赣0103民初4159号。

【法理分析】

电子合同最早应用于电子商务交易行为。与传统合同相比,电子合同具备便捷、高效、低成本的显著优势。互联网、金融以及其他新兴行业等的发展,更是为电子合同的诞生和发展奠定了良好的基础,电子合同在市场经济中广泛运用。那么没有书面签字的电子合同效力如何?这涉及电子签名可靠性。电子合同效力纠纷最常见案由即为借款合同纠纷,涉及的行业领域以金融、互联网为主。那么法院在处理相关案件时对电子合同的效力是如何认定的呢?

二十世纪九十年代,联合国国际贸易法委员会第85次全体大会通过《电子商务示范法》,在世界范围内首次就电子商务进行立法。作为中国第一部电子商务法律的《电子签名法》则是在2004年颁布、2005年施行并于2019年再次修正。2020年5月28日,《民法典》发布后又再次明确电子合同的地位,同时新增了关于数据电文意思表示生效规则、电子合同成立时间、网络合同交付时间等新规定。对于使用者来说首先要解决的问题是电子合同的效力问题:电子合同的生效要件如何,何为发生争议时的裁判标准。针对这一问题,我们可以从《电子签名法》《民法典》多部法律出发进行分析,首先我们来看一下电子合同的生效要件如何。

众所周知,书面合同通常是签字进行确认,有签字则表示接受该合同的约束,在电子合同中,表示传统合同成立的签字盖章方式就被电子签章所取代。但是,由于电子签章是一种电子数据,容易遭到仿制、抠挖等,随之需要面临电子签章的可靠性。《电子签名法》第13条第1款规定:"电子签名同时符合下列条件的,视为可靠的电子签名:(一)电子签名制作数据用于电子签名时,属于电子签名人专有;(二)签署时电子签名制作数据仅由电子签名人控制;(三)签署后对电子签名的任何改动能够被发现;(四)签署后对数据电文内容和形式的任何改动能够被发现。"凡是满足上述四个条件的即可认定为可靠的电子签名,起到和手写签名同样的效力。通过上述规定可知,可靠电子签名的特点在于:第一,专属性。所谓专属性指的是电子签名拥有人与电子签名的唯一对应关系,也即具有身份识别的能力,通过电子签名制作数据的归属可以判定电子签名的拥有人,两者之间具有唯一对应关系。第二,可控性。电子签名的适用由权利人控制,签名时电子签名制作数据由拥有人控制,即拥有人的自由意志通过电子签名的使用来体现,其他人未经授权不能使用电子签名。第三,不可篡改性(或者称为改动可发现性)。电子签名签署后包括对电子签名自身的改变和数据电文内容及形式的任何变动均可以被发现和识别。

《民法典》在总则编和合同编中,除了在《合同法》及《电子签名法》基础上进一步明确确认电子合同作为"书面形式"合同的属性外,对电子合同意思表示生效时间、合同成立时间、合同成立地点、合同交付时间等都作了更为详尽的规定。其中,针对意思表示生效时间,第 137 条规定了以数据电文方式作出的意思表示的生效规则采取到达主义,具体情形分两种:一种为相对人指定了特定系统接收数据电文的,则数据电文进入该特定系统时,意思表示生效;另一种为双方未约定特定系统的,相对人知道或应当知道该数据电文进入其系统时,意思表示生效。针对电子合同成立时间,第 491 条作了两种情形划分,如当事人约定了签订确认书环节,则自签署确认书时起电子合同成立;如为网络购物的买卖合同和网络服务合同,根据网络交易的特点,当消费者在网络上选择商品并提交订单,页面显示提交订单成功时,网络交易合同即成立。针对合同成立地点,由于电子合同没有明显的承诺生效地点,因此收件人的主营业地为合同的成立地点,如果收件人没有主营业地的,其住所地为合同成立地点。针对电子合同交付时间,第 512 条分别规定了快递物流方式、在线传输方式、其他方式情形下的货物交付时间认定标准。《民法典》则对电子合同自订立时的意思表示直至商品交付的全流程进行更为细致的规范。

【法务建议】

在司法实践中,法官在判断电子签名可靠性时,主要标准有:第一,线上签署的文件与线下签署的文件之间的相互印证,是否形成完整的证据链。第二,电子签名拥有者将相关签名数据及载体授权委托第三人情形下,法院结合电子签名的专属性和可控性予以判断授权行为的效力。第三,电子合同签署过程中绑定个人身份信息、银行卡、手机号等行为作为认定电子签名拥有者身份客观性和交易客观性的重要方法。第四,电子合同条款中载明“通过在线点击生成的合同具有法律效力”等合同生效条款的有效性。电子合同的效力与电子签名的可靠性之间有直接的联系,企业在使用电子合同的过程中,要从主体资格、授权文件、认证文件等多角度充分识别交易对手所拥有电子签名的可靠性,从而确保电子合同的效力,以降低不必要的经营风险与法律风险。

可以通过以下方式对有关法律风险进行防范:

(1)认真查验身份主体

优先选择与已经获得第三方电子认证服务提供者认证的电子签名拥有者合作,要求合作方提供电子签名认证证书以及其他相关认证材料,以供核查身份。

(2)线上与线下身份查验结合

除要求对方提供电子签名认证外,或在对方无相关电子签名认证情形下,需结合线下传统书面文件的签署及确认,保障对方主体身份的真实性。

(3)留意电子合同对合同生效条件的约定

合同签署过程中需留意合同中对生效条件的约定,并审慎操作相关流程。可考虑约定双方需签订确认书，合同自签订确认书时成立，从而为合同效力设置多重保障。

(4)电子合同中约定将相对方专属信息的获得作为合同生效条件之一

如要求对方提供加盖公章的营业执照扫描件、银行账户证明等文件，作为合同附件，并将该等文件的提供作为合同生效的条件之一。

(5)确保合同履行处处留痕

在合同实际履行过程中，应做好留痕管理，以便发生争议时有充分证据证明合同的实际履行行为。

【法条链接】

《民法典》

第四百六十九条　当事人订立合同，可以采用书面形式、口头形式或者其他形式。

书面形式是合同书、信件、电报、电传、传真等可以有形地表现所载内容的形式。

以电子数据交换、电子邮件等方式能够有形地表现所载内容，并可以随时调取查用的数据电文，视为书面形式。

风险点1－10
加盖部门印章的合同效力存疑

【案例】

2016年10月27日，沙河农商行向良友贸易公司出具《借款合同》，主要内容为“出借方：（空白）借款方：沙河市农村信用合作社联合社我联社因临时资金周转急需借现款人民币壹亿元。担保费千分之二，月利息为1.86%。借款方同意用发放的贷款归还。若不归还，便构成非法占有的故意，构成合同诈骗。出借方可在邯郸市公安局控告借款方诈骗或在邯郸市人民法院起诉。本次借款已经过借款方法人及全部股东同意。借款方保证有能力偿还，并且承诺无任何对外债务和经济纠纷。此借款合同出借方将款打到（沙河市万维商贸有限公司等共计8户）后生效。”借款方处加盖“河北沙河农村商业银行股份有限公司授信审批部”印章及经办人“王利江”（授信审批部主任）签名捺印，担保人处有“王利江”签名捺印。2016年10月27日，良友贸易公司通过河北省农村信用社网上银行转给万维商贸公司1000万元、转给明锦泰玻璃公司188万元、转给刘敏800万元；同日，瑞安达物资公司代良友贸易公司通过河北省农村信用社网上银行转给明锦泰玻璃公司1012万元。10月28日，良友贸易公司通过网上银行转给浩洋贸易公司12,808,250元；展拓物资公司代良友贸易公司通过中国光大银行转给朝申石英砂厂500万元；同日，文都商贸公司代良友贸易公司通过中国光大银行转给朝申石英砂厂各959万元、541万元，转给星辰玻璃公司2000万元、转给苍穹玻璃公司2000万元、转给旺家选矿厂4,099,000元。以上共计106,907,250元。2016年10月29日，沙河农商行授信审批部主任王利江向良友贸易公司出具《2016年10月27日借款合同补充说明》，载明截至2016年10月29日，抵消（销）原欠款后下欠本金壹亿元整。落款处沙河农村商业银行经办人“王利江”签名捺印。2018年1月9日，沙河农商行向良友贸易公司出具《还款计划》，主要内容为“我行欠本金壹亿元整（小写：100,000,000元），截至2017年12月31日欠利息壹仟陆佰捌拾陆万陆仟元（小写：16,866,000元）。计划每月万元，到月底还清以上结欠的利息。”落款处加盖“河北沙河农村商业银行股份有限公司授信审批部”印章及经办人“王利江”签名。2018 年 2 月 12 日，王利江在沙河农商行系统生成的“2018 年 2 月农村经济组织及中小微型企业收回明细”表上向代良友贸易公司催要借款的郝文庆出具“借郝文庆壹亿资金偿还以上明细占用，年后逐步发放归还，约 3 月底前归还出借人”。2018 年 2 月 24 日，王利江在 2016 年 10 月 27 日《借款合同》复印件上写下“这笔借款 2018 年 2 月继续使用，做过桥资金，保证按时结息”内容。经良友贸易公司多次向沙河农商行催要未果，良友贸易公司遂诉至法院，请求判如前述。

王利江作为沙河农商行授信审批部的负责人及沙河农商行的股东之一，专门负责沙河农商行的信贷工作，其以沙河农商行（原沙河市农村信用合作社联合社）的名义对外与良友贸易公司签订《借款合同》，借款 1 亿元用于该行贷款企业倒贷资金周转，并加盖沙河农商行授信审批部的印章，因未能按期偿还导致本案民事纠纷，在本院立案后送达起诉状等诉讼文书阶段，沙河农商行以王利江涉嫌合同诈骗为由向沙河市公安局报案，沙河市公安局立案侦查后向沙河市人民检察院提请对王利江批捕，沙河市人民检察院对王利江决定批准逮捕。

法院认为王利江以沙河农商行的名义与良友贸易公司于 2016 年 10 月 27 日签订的《借款合同》，系双方真实意思表示，该内容不违反法律、行政法规强制性规定，合法有效。虽然沙河农商行称王利江无权代表该行对外签订借款合同且本案《借款合同》加盖的是沙河农商行授信审批部的印章亦不构成表见代理，但王利江作为沙河农商行授信审批部的负责人及该行股东之一，其主要职责系主管该行的信贷工作，而本案借款的用途又系该行贷款户倒贷使用的周转资金，其对外代表沙河农商行与出借方良友贸易公司签订的借款合同，其行为应认定为履行的系职务行为，对沙河农商行发生法律效力。再者该笔借款发生后的最终受益人为沙河农商行，沙河农商行在该期间存在大量到期贷款，本案中，良友贸易公司按约将涉案借款转至沙河农商行指定的银行账户，款项到账后，王利江通过沙河农商行控制的在该行开户的 11 个关联企业账户进行周转，用于偿还贷款、敞口、交付承兑保证金等银行业务，以完成沙河农商行在信贷业务中形成的不良业绩。涉案资金在各关联单位的往来，正是为了满足沙河农商行借资补漏之目的，而并非沙河农商行所称的系王利江个人向良友贸易公司借款或偿还王利江个人借款，该借款的发生，最终获利方为沙河农商行，再次印证了王利江履行的系职务行为。王利江的身份系沙河农商行授信审批部负责人及该行股东之一，合同签订的地点是在该行王利江的办公室，合同约定的借款用途又是该行倒贷使用周转资金，这些足以让合同相对人良友贸易公司产生合理信赖，使良友贸易公司有足够的理由相信王利江是代表沙河农商行向该公司借款，本案亦构成表见代理，王利江的代理行为同样有效。综上,本案王利江的行为不管是属于职务行为还是构成表见代理,本着诚实信用原则及保护交易安全出发,沙河农商行均应承担本案借款的偿还责任。①

【法理分析】

合同管理尚不成熟的企业,由于对印章管理的不规范导致员工违规使用部门印章对外签订合同。此类合同风险较大。在上述案例中,若合同有效则沙河农商行将承担相应责任。部门为法人内设职能部门,不具有民事法律主体资格,其印章仅代表该部门,因此该部门印章不具有签订合同的资格,其对外签订的合同原则上应该无效,但特殊情况除外。

(1)若事先取得法人授权则合同有效

《民法典》第161条第1款规定:“民事主体可以通过代理人实施民事法律行为。”因此法人可以委托部门对外签订合同,此时,用部门印章对外签署的合同,其效力等同于法人对外签订合同,其效力及于法人,该合同有效。在上述案例中,沙河农商行并未授权给王利江所在的部门,王利江私自使用部门印章代表沙河农商行对外签订合同是无权代理,该合同原本应属无效,由此产生的责任由王利江自行承担。但本案中王利江的行为已构成职务行为、表见代理,故沙河农商行应承担本案借款的偿还责任。

(2)构成表见代理则合同有效

法人没有授权部门对外签订合同的情况下,部门对外签订合同属于无权代理,无权代理对被代理人无效。但是,若构成表见代理则对被代理人有效。无权代理行为构成表见代理有两个关键点:一是客观上存在无权代理人具有代理权的客观表象,诸如被代理人知道无权代理人以本人的名义订立合同而不做否认表示,无权代理人持有单位的业务介绍信、印章印鉴或盖有公章的空白合同书等;二是相对人主观上善意且无过失,表见代理本应由无权代理人自行承担后果,但由于被代理人的作为和不作为,造成了代理权存在的假象,并且得到了善意相对人的信赖,后者的利益关系到市场交易安全问题,故相对人可以基于表见代理对被代理人主张代理的结果。

【法务提示】

企业应建立印章管理制度。

(1)谨慎刻印部门印章

若无特别需要,对于部门印章尽量避免。

(2)建立印章专人保管制度

若因实际需要,确实需要刻印部门印章,印章应由专人保管,且建议设立合同审核

① 参见邯郸市良友贸易有限公司与河北沙河农村商业银行股份有限公司借款合同纠纷一审民事判决书,(2018)冀04民初72号。

人。在专人对合同审核同意后，由印章保管人加盖印章。保证印章的规范使用。

(3)明确印章使用的权责

企业内部明确印章使用的权限和责任。若是企业员工不当使用印章给企业造成损害，则可以根据内部印章管理规范追究其责任。

【法条链接】

《民法典》

第一百七十条　执行法人或者非法人组织工作任务的人员，就其职权范围内的事项，以法人或者非法人组织的名义实施的民事法律行为，对法人或者非法人组织发生效力。

法人或者非法人组织对执行其工作任务的人员职权范围的限制，不得对抗善意相对人。

第一百七十二条　行为人没有代理权、超越代理权或者代理权终止后，仍然实施代理行为，相对人有理由相信行为人有代理权的，代理行为有效。

风险点 1 – 11
倒签合同的效力

【案例】

2007 年 10 月 10 日，广西信托投资公司清算组委托广西公物拍卖行有限公司对广西信托大厦进行拍卖（不含 22 层、23 层），富业公司以 1.26 亿元竞得该大厦。广西公物拍卖行有限公司与富业公司签订《拍卖成交确认书》后，富业公司未能付清拍卖成交款。2010 年 1 月 10 日，富业公司与找到的合作竞买方柳港公司，签订《入伙合作协议书》，约定双方共同出资购买广西信托投资大厦，确认共同出资总额为 1.5 亿元。双方出资比例为：富业公司出资 1.05 亿元，柳港公司出资 4500 万元，富业公司占信托大厦的 70% 产权，柳港公司占信托大厦的 30% 产权。之后，富业公司与柳港公司为办理《拍卖成交确认书》变更手续和产权登记手续需要，倒签了落款日期为 2007 年 10 月 6 日的《合作协议》《授权委托书》。2011 年 5 月 9 日，大厦正式移交给柳港公司和富业公司。同年 8 月 29 日，南宁市中级人民法院作出（2004）南市民破字第 4 – 78 号民事裁定书，确认广西信托投资公司破产还债清算组将广西信托投资大厦（不含 22 层、23 层）拍卖给富业公司和柳港公司行为合法有效，富业公司和柳港公司可到有关部门办理房地产过户手续。富业公司与柳港公司在办理房地产过户手续过程中发生纠纷，富业公司遂以其与柳港公司联合竞买广西信托大厦名为合作关系，实为二次买卖关系，规避了再次过户的税费，损害了国家利益为由，于 2012 年 10 月 11 日向南宁市中级人民法院提起诉讼，请求：判决双方签署的《合作协议》《授权委托书》《入伙合作协议书》等无效；确认协议约定柳港公司支付 4500 万元可得的广西信托投资大厦（不含 22 层、23 层）的 30% 产权归富业公司所有。南宁市中级人民法院判决驳回富业公司的诉讼请求。富业公司不服，上诉至广西壮族自治区高级人民法院。广西壮族自治区高级人民法院认为，双方当事人通过倒签《合作协议》《授权委托书》等的形式虚构合作竞买事实，逃避国家税收，以合法形式掩盖非法目的，依法应认定无效。遂判决：富业公司与柳港公司签订的《入伙合作协议书》《合作协议》《授权委托书》等无效。柳港公司不服,向最高人民法院申请再审。最高人民法院改判撤销广西壮族自治区高级人民法院二审判决,维持南宁市中级人民法院一审判决。

最高人民法院认为,按照《合同法》的规定,合同是当事人关于权利义务的确定,要求必须是双方当事人的真实意思表示,但没有对倒签日期进行限制的条款。所以,倒签日期的合同只要是真实意思表示并且没有违反法律法规的效力性强制性规定,应当认定为有效。本案中,双方合作共同竞买广西信托大厦的事实并非虚构,是双方真实意思的表示,本案所涉文件是否倒签,并不因此影响共同竞买的客观事实。因此,案涉协议合法有效。[①]

【法理分析】

仅以倒签日期为由主张合同无效难以获得人民法院或者仲裁机构的支持,除非倒签日期的合同不是真实意思表示或者违反法律法规的效力性强制性规定。虽然倒签日期的事实不影响合同效力,但是倒签日期仍存在较大的法律风险。因为在订立合同时,双方权利、义务没有通过书面形式确定下来,此时极易发生争议,除非在补签合同中确认之前履行之内容。补签合同会产生下列不良影响:

(1)造成合同管理混乱的风险

通常公司的合同管理规定都是不允许补签合同的,补签合同会导致合同管理质量及效力下降,扰乱公司正常的管理秩序。补签合同使合同的生效时间迟于合同实际履行的时间,但其他条款内容与正常签订的合同一致,导致合同的生效日期、履行期限及有效期等与时间有关的规定产生逻辑上的冲突和混乱(如合同自双方盖章时生效,合同生效时,合同已经履行完毕),同时也可能使合同的交货、验收、付款的时间及条件出现前后矛盾的情况等,这些问题都给合同的管理和履行带来不良影响。

(2)造成财务信息失真的风险

如果不及时签订书面合同,则会影响财务部门的及时入账管理,在财务部门的成本、应收付账款、资产负债表等无法如实在会计报表上显示项目相关的费用列支情况,由此导致会计信息无法真实反映企业的经营状况和成本状况,形成企业会计信息失真,容易引发成本失控、决策失误等经营风险。

(3)造成腐败的风险

部分补签的合同,有可能是合同本身就存在一定的要件缺失或者法律上的瑕疵,若按正常的合同审批程序根本无法审批通过,如必须招投标的项目没有进行招投标、交易价格离谱等。但是经办人在明显不合理的交易条件下仍将项目付诸实施,让交易

---

① 参见柳州市柳港激光科技有限公司与广西富业世界资产投资开发有限公司买卖合同纠纷再审民事判决书,(2014)民提字第227号。

相对方实际履行了合同，形成了事实上的合同关系，若不履行支付义务就会构成违约，导致公司不得不在不利条件下补签合同。在整个过程中，很可能存在交易相对方对公司的相关人商业贿赂的情况，滋长腐败。这不仅会给公司造成经济损失，员工也可能因此要承担刑罚的风险。

【法务提示】

补签合同有如此多的风险，那么，在实践中我们要如何来防范补签合同呢？

(1)加强合同管理

严格执行内控制度和合同管理制度，内控制度规范了经营管理过程中的诸多环节，是规范管理、防范风险的重要手段，合同管理制度是合同管理操作环节中应遵循的基本制度，两者是相互支撑的制度体系，缺一不可。同时定期对业务部门进行检查考核，对合同管理工作中易出现纰漏失误的环节进行监督和指导，对随意补签合同的行为进行通报并给予一定的处罚，对规避监督管理的行为进行严肃处理。

(2)适当简化应急性项目合同的审批流程

在实践中，不可避免出现一些特殊情况，无法等待完成完整的合同审批流程，那么可以将合同项目划分为常规性项目和应急性项目。常规性项目必须严格按照公司内控制度和合同管理制度执行审批。对应急性项目可根据急需情况，适当简化合同审批手续，确保应急项目能在项目实际履行前合法、有效地签订合同，既保证了合同项目的按期履行又为其提供法律保障。

(3)加强对补签合同内容的审核和规范

如因特殊原因导致合同项目先于合同签订前履行或交易的，业务部门在补签合同时不能简单地以常规合同模板修订合同内容，应在合同文本中对合同项目进展情况、项目已履行部分双方的权利义务等进行明确约定，同时对未履行部分作进一步的约定和规范，确保实际履行部分和未履行部分都有书面合同条款进行约束和规范，而不是简单地倒签合同日期，避免可能出现的各种纠纷。

【法条链接】

《民法典》

第一百四十三条 具备下列条件的民事法律行为有效：

(一)行为人具有相应的民事行为能力；

(二)意思表示真实；

(三)不违反法律、行政法规的强制性规定，不违背公序良俗。

风险点 1－12
合同条款不明确

【案例】

香港恒加投资有限公司(以下简称恒加公司)与广州市城镇建设开发总公司(以下简称城镇总公司)签订《合作经营广州市恒城房产开发有限公司合同》,约定共同成立合作公司,对天河南住一区编号为 1－10、1－11 的建设地段进行开发、建设、销售及出租管理商住楼。《合作合同》第 24 条约定:"商品房建成后,其中所建裙楼中的第三层、第四层,由甲方(城镇总公司)出资兴建,产权归甲方所有,不属合作公司,不收乙方(恒加公司)土地开发费,由甲方负责。"后恒加公司成立广州恒城房地产开发有限公司(以下简称恒城公司),项目由恒城公司独自出资建设。项目竣工验收后,恒城公司取得项目房屋权属证书。恒城公司认为建总公司未履行支付工程造价款及土地开发费的义务,拒绝向城镇总公司交付项目裙楼第三层、第四层(以下简称讼争房产)。恒城公司并向法院起诉,请求确认讼争房产属于自己所有。本案经最高人民法院再审,确定讼争房产不属于恒城公司所有。①

【法理分析】

本案审理中,最高人民法院对当事人签订的《合作合同》第 24 条的解释是:合作双方约定该条的目的是把恒城大厦裙楼第三层、第四层的产权归属于城镇总公司,排除在恒城公司的销售、经营管理范围之外,同时明确该房产的造价款由城镇总公司负责,扣减恒加公司相应土地综合开发费,而并非约定城镇总公司取得讼争房产产权的条件。此外,最高人民法院认为,从该条约定来看,该权利和义务为并列关系,并无先后之分。因此,虽然城镇总公司应当承担支付工程造价款的义务,但该义务是否履行,并不影响其取得讼争房产的所有权,将履行出资义务解释为取得讼争房产所有权的条

① 参见广州市恒城房产开发有限公司与广州市城市建设开发集团有限公司所有权确认纠纷再审民事裁定书,(2010)民申字第 1301 号。

件,与合作双方的真实意思表示不符。因此,虽然城镇总公司按照《合作合同》第24条的约定应当承担出资兴建义务,但该义务是否履行并不影响其取得讼争房产的所有权。

本案争议的焦点是讼争房产应该属于哪方所有。在讼争房产的产权已经被登记在恒城公司名下的情况下,最高人民法院仍认定讼争房产不属于恒城公司所有,其主要理由在于《合作合同》中对讼争房产的权属已经作出了约定。虽然讼争房产被登记在恒城公司的名下,根据物权公示原则,恒城公司已经取得讼争房产的所有权。但是,如果有相反的证据证明的情况下,则人民法院需要对讼争房产的权属进行审查。本案中,《合作合同》第24条明确约定了讼争房产归城镇总公司所有,排除在恒城公司应得房产的范围外。尽管第24条同时约定了城镇总公司有出资建设的义务,但该约定与产权归属城镇总公司的约定处于并列地位,没有先后履行顺序,应当理解为并行独立的约定。城镇总公司没有出资,仅是对恒城公司负有债务,不影响其取得讼争房产。因此,最高人民法院作出了有相反证据证明讼争房产不属于恒城公司的认定。

【法务提示】

市场经济活动中,交易双方一般通过合同来对交易内容进行固化。合同条款是确定交易各方权利与义务的载体。但在现实生活中,许多当事人对如何准确地拟定合同条款并不重视。在协商合同条款内容时,没有准确地表达自己真实的意思,以致出现纠纷时,法院对合同条款作出对自己不利的解释,造成重大的经济损失。

签订合同过程中,协议各方应对自己的真实意思作出明确表示,并尽量使合同条款的措辞符合自己的想法,即准确拟定合同条款。

上述案例中仅仅因为文字的排序错误,就导致表达的意思与恒正公司的真实意思完全相反,恒城公司承担了巨额的经济损失。因此,在订立合同时,如果没有能力准确地拟定合同条款,那么应当请教法律专业人士,避免出现因合同条款内容约定不明或其他错误导致双方就合同本意发生纠纷的情形。

【法条链接】

《民法典》

第五百一十条 合同生效后,当事人就质量、价款或者报酬、履行地点等内容没有约定或者约定不明确的,可以协议补充;不能达成补充协议的,按照合同相关条款或者交易习惯确定。

第五百一十一条 当事人就有关合同内容约定不明确,依据前条规定仍不能确定的,适用下列规定:

(一)质量要求不明确的,按照强制性国家标准履行;没有强制性国家标准的,按照推荐性国家标准履行；没有推荐性国家标准的，按照行业标准履行；没有国家标准、行业标准的，按照通常标准或者符合合同目的的特定标准履行。

（二）价款或者报酬不明确的，按照订立合同时履行地的市场价格履行；依法应当执行政府定价或者政府指导价的，依照规定履行。

（三）履行地点不明确，给付货币的，在接受货币一方所在地履行；交付不动产的，在不动产所在地履行；其他标的，在履行义务一方所在地履行。

（四）履行期限不明确的，债务人可以随时履行，债权人也可以随时请求履行，但是应当给对方必要的准备时间。

（五）履行方式不明确的，按照有利于实现合同目的的方式履行。

（六）履行费用的负担不明确的，由履行义务一方负担；因债权人原因增加的履行费用，由债权人负担。

风险点 1－13
格式条款被认定为无效

【案例】

2019年6月19日，吴声威通过签订爱奇艺公司提供的《爱奇艺VIP会员服务协议》(以下简称《会员服务协议》)购买了一年黄金VIP会员，该会员具有"自动跳广告""热剧抢先看"等特权。2019年12月8日，爱奇艺公司自行更新了《会员服务协议》，增加了"付费超前点播"条款。后来吴声威在观看《庆余年》时，发现最新剧集竟然需付费3元才能观看，即上述的"付费超前点播"模式，且需观看贴片广告，手动点击"跳过"才能继续观影。吴声威认为爱奇艺公司的上述行为变相侵害了其作为VIP用户的合法权益，并指出爱奇艺公司提供的格式条款中多处存在违反《合同法》第40条规定的内容，应属无效，遂向法院提起诉讼。

法院认为，《会员服务协议》是爱奇艺公司基于"一对众"的网络服务平台上特有的产业模式，预先拟定并面向众多VIP会员重复使用的条款；吴声威在签订协议时只能"接受或走开"，而不能与爱奇艺"讨价还价"。因《会员服务协议》属于格式条款，故在"超前点播案"中，人民法院基于公平原则的考量，在承认爱奇艺公司依约享有单方变更权的同时，又认为爱奇艺公司在《会员服务协议》中自行增加的"付费超前点播"损害了合同相对方的合法权益，故"付费超前点播"对吴声威不产生合同效力。①

【法理分析】

格式合同是交易便捷的产物，格式合同中又不乏免责条款等格式条款。免责条款即当事人约定的用以免除或限制其未来合同责任的条款。免责条款市场被一方当事人运用在格式合同当中，作为明确或隐含的意思要约，以获得另一方当事人的承诺，使其发生法律效力。但是，免责条款最后是否有效，未必按照合同文本的外观确定。

---

① 参见吴声威与爱奇艺科技有限公司网络服务合同纠纷一审民事判决书，(2020)京0491民初3106号。

（1）格式条款的概念

在市场经济活动中，市场交易主体为了简化订约程序、提高交易效率，通常选择使用格式条款。然而，有时格式条款的提供方会利用己方信息及资源优势，迫使相对方接受未实际磋商的合同条款，致使格式条款背离了契约自由，冲击了契约正义。我们先来了解一下什么是“格式条款”。根据《民法典》第496条可知，格式条款的订入规则是指“提供格式条款的一方应当……采取合理的方式提示对方注意免除或者减轻其责任等与对方有重大利害关系的条款，按照对方的要求，对该条款予以说明”，从而使对方明确知悉并理解该条款的内容。

格式条款是当事人为了重复使用而预先拟定，并在订立合同时未与对方协商的条款。格式条款的设置目的是重复使用，若非重复使用，则不属于格式条款。格式条款并非经过合同双方协商交流后才固定下来的合同条款。合同相对方收到的是提供方在进入订约程序前就已经拟定好的合同条款。“相对方不能协商”是格式条款最重要的特征，合同相对方只能选择接受格式条款或者放弃合同缔约的机会，而不能提出修改要求。格式条款提供方有时利用自身信息优势，以烦琐至极的文字掩饰不公平格式条款之本质；又利用其资源优势，迫使合同相对方无奈全盘接受包括格式条款在内的合同。合同相对方并未参与到格式条款的实际磋商，这也是民法必须规制格式条款的原因。格式条款的表现形式多种多样，运用的场合亦相当普遍，虽难以周延列举，但以下类型的合同可能包含较多格式条款：与房产有关的合同，具体包括商品房预售/出售合同、房屋买卖合同、租赁合同、居间合同等；与消费有关的买卖及服务合同，如“一经售出，概不退换”之类的店堂公告、注册APP及平台网站的服务协议等；运输合同；供用水、电、气、热力合同；保险合同；贷款合同等。

上述案例中的《会员服务协议》是否属于格式条款？格式条款有三大法律要素，即“为了重复使用”“预先拟定”“未与对方协商”。其中，“为了重复使用”从字面意思理解是指使用两次或以上或面向多个对象时使用相同内容，只表明拟定格式条款的一方具有重复使用的目的，是格式条款通常的外在样貌；“预先拟定”是指预先拟定格式条款的内容；“未与对方协商”是格式条款的本质特征，是指非拟定格式条款的合同相对方不享有对条款内容作出变更、修改的权利，仅能表示接受或者不接受，这也是格式条款具有简便、省时特点的主要原因。该案判决时虽然《民法典》尚未生效，但法院判决也从侧面反映了《民法典》中关于格式条款的订立规则。“超前点播案”中因“付费超前点播”格式条款内容系属于对吴声威有重大利害关系的条款，爱奇艺公司未采取合理方式履行提示或说明义务的，吴声威可以主张“付费超前点播”不成为合同内容，不产生合同效力。

(2)格式条款无效的情形

根据《民法典》的规定,格式合同无效的情形主要有两类。

一是提供格式条款一方不合理地免除或者减轻其责任,加重对方责任、限制对方主要权利。"不合理地"因《民法典》中未就合理标准进行明确规定,因此届时发生争议,"免除或者减轻其责任、加重对方责任、限制对方主要权利"的格式条款是否具有合理性由法官自由裁量。根据《关于加强和规范裁判文书释法说理的指导意见》第7条,"……法官行使自由裁量权处理案件时,应当坚持合法、合理、公正和审慎的原则,充分论证运用自由裁量权的依据,并阐明自由裁量所考虑的相关因素"。其中提及的相关因素必然少不了对商业惯例及行业运营方式的考虑。如在"超前点播案"中,《会员服务协议》约定的爱奇艺公司享有单方变更权属于格式条款,允许爱奇艺公司对条款内容进行单方变更,但这也限制了吴声威的主要权利。对此,法院认为"互联网平台基于用户需求、技术发展、商业运营等因素,适时调整服务内容、更新服务模式,有其行业必要性和现实合理性……鉴于此,网络服务平台基于其服务模式的特点,以格式条款方式约定单方变更条款,形式上并无不妥"。故建议拟定格式条款一方可在"免除或者减轻其责任、加重对方责任、限制对方主要权利"的格式条款前增加拟定该条款的商业运营介绍及行业背景说明等内容,以增强该条款存在的合理性和有效性。

二是提供格式条款的一方排除对方主要权利。"限制对方主要权利"与"排除对方主要权利"如何区分?由上文可知,与排除对方主要权利不同,限制对方主要权利的格式条款只有在不合理时才会无效,那么如何区分便是关键。以货物买卖为例,若出卖人提供格式条款给买受人,格式条款中表明"货物只退不修",这仅是对对方主要权利的限制,并非排除,因为合同相对方仍然可通过退货来维护自己未获得质量合格商品的权益,并且若在通常情况下,此类货物的修理成本远大于退货成本的,"只退不修"虽限制对方要求修理的权利,但仍然有其合理性,为合法有效条款。但"货物出门,概不负责"明显系在免除自身责任、排除对方主要权利,往往无效。

(3)免责条款有效要件

格式条款中比较重要的一类是免责条款。免责条款旨在免除或限制当事人未来所应负的责任。基于不同的目的,免责条款可以分为两类:一是限制责任条款,即将当事人的法律责任限制在某种范围内的条款。例如,在合同中规定,卖方的赔偿责任不超过货款的总额。二是免除责任条款,如某些商店在其柜台上标明"货物出门,恕不退换",就属于免除责任条款。严格来说,限制和免除责任的条款还是有区别的。在一般情况下,法律对免责条款的有效条件比对限责条款的有效条件要求更为严格。但是,由于免责条款和限责条款都是为了排除当事人未来的责任,因此,对这两种条款在理论上并没有作严格区别，一般将其统称为“免责条款”。免责条款只是合同的一项条款，其设定的目的只是限制和免除当事人未来的责任，而并不影响合同本身的效力，也就是说，不会导致合同的生效或者解除。确认免责条款的效力，如同确认其他民事法律行为一样，必须具备一定的法律要件。一般情况下，只要经当事人协商确定的免责条款，不违及社会公共利益，法律是承认免责条款的效力的，否则就没有合同自由可言了。

确认免责条款有效，应具备以下法律要件：一是必须是双方当事人真实的意思表示。合同的本质是一种合意，合同的成立意味着双方当事人的意思表示达成一致。这个意思表示必须要明确且真实。合同中所约定的全部条款都必须是双方当事人经过深思熟虑后形成的真实的意思表示，否则无效。二是必须经双方当事人协商同意。双方的意思表示都是通过一定的条款表现出来的，意思表示一致应当表现为对合同全部条款和内容的协商一致。即使是格式合同，也必须对规定的条款（包括附加条款）达成一致，必须为对方当事人所接受才能缔约生效，否则无效。三是必须合理分配双方当事人之间的权益与风险。合理分配双方当事人之间的权益与风险是免责条款的主要功能，也是其合理性因素之所在。司法实践中，大多免责条款是在既有的价格、保险等机制的背景下合理分配风险的措施，是维护企业的合理化经营，平衡条款使用人、相对人乃至第三人之间利益关系的手段，它不是对国家强制性的否定，也不是对法律的谴责和否定违约以及侵权态度的藐视。如购销合同中，免责条款常起着分配风险的作用，并由此决定谁在实际上投保抵御风险，左右着合同标的价格。此类免责条款只要不违反法律强制性规定，均应属于有效。但不能合理分配双方当事人之间的权益与风险，限制或剥夺另一方当事人权益或故意加大另一方当事人风险的免责条款，就成了霸王条款，当属无效。

（4）免责条款无效的情形

第一，违反法律和社会公共利益的无效。我国《民法典》规定，民事活动应尊重社会公德，不得损害社会公共利益，破坏国家经济计划，扰乱社会经济秩序。因此，在签订合同时，不能违背社会公德，不能损害社会公共利益，也不能扰乱社会经济秩序。

第二，免除故意和重大过失责任的无效。如果允许当事人在合同中订立免除故意或重大过失责任的条款，则无异于鼓励当事人不履行合同或不负责任地履行合同，这就与《民法典》规定的诚实信用的原则相违背，且不符合合同订立的目的。因此，我们在使用免责条款时，要注意不能免除故意或重大过失责任，但对于一些轻微的过失责任可以设置免除。

第三，免除合同当事人的基本义务的无效。也就是说，免责条款的免责以合同的基本义务得到履行为前提。在一份合同中，通常是双方互相负担义务享受权利，若基本义务都不复存在，那么签订该合同的根本目的就不可能实现。如商品房销售商有将质量合格的、权属明确合法的房屋交付给购房者的义务，如果在合同中订立“销售方不对房屋质量承担责任”等条款，即属免除基本义务，当然无效。

第四，违反公平原则的无效。公平原则要求民事主体在承担民事责任上要合理，不能因己方处于强势地位就不断欺压对方的权利，就将所有风险都转移至对方。如在购房合同中订立“对由于施工单位和设计单位的过错造成的损失，售房方不承担责任”，即属显失公平的条款。如果合同一方凭借自己的优势，订立对另一方显失公平的免责条款，另一方可向法院或仲裁机关申请撤销。

【法务提示】

(1)格式条款提供方的风险防范点

作为开发商、商家、保险人等格式条款提供方，应合理运用格式条款以防止条款无效。在日常的经营活动中可以使用格式条款以节约交易成本、提高交易效率，但是在制定与提供格式条款时，尤其是合同风险审查中必须更加审慎、更加注意交易的公平：

一是在制定格式条款时，应当拟定具备合理性与公平性的格式条款，避免因内容不当致使格式条款无效；拟定格式条款时应语义明晰，避免可能产生歧义的表述，以防产生两种以上解释。

二是在提供格式条款时，要采用包括特殊字体、字号、符号、内容加粗等形式在内的显著方式，将需要提示、说明的条款予以重点标注，采取合理的方式提示对方注意。如对于对合同文本理解无障碍的合同相对方可采用大声朗读、“重复抄写格式条款”、另行签署合同条款的特别说明，或者采用加粗、加黑、加大等格式突出等方式进行提示；对于告示型的格式条款，可采用在醒目、必经位置悬挂等方式；对于对合同文本有阅读障碍的，也可以通过录音、录像并采用问答形式来直观记录整个提示及说明过程。

三是若所使用的条款并非格式条款，那么要注意保留双方在合同条款起草过程中对合同内容进行讨论、协商的书面记录、录音录像等证据，以避免出现经双方协商的合同条款被认定为“格式条款”从而无效的尴尬局面。

(2)格式条款相对方的风险防范

作为一般购房者、消费者、投保人，我们在现实生活中常常作为合同相对方，被动地接受开发商、商家、保险人提供的格式条款。那么我们在将来应当如何运用《民法典》的规定，来维护自己的权益呢？提出如下建议：

一是订立合同时，仔细阅读合同条款，要求提供方就重要条款(如以特殊字体、符号予以标识的条款)进行说明，尽可能地了解及理解合同信息，从而决定是否缔结合同。

二是合同签字后双方就格式条款产生争议时，首先，应当尽可能与提供方进行沟通协商，尽量通过协商解决纠纷，从而节省大量的时间及金钱成本。其次，在无法协商的前提下，如果发现产生争议的条款是有重大利害关系的条款且对方并未提示及说明时，应当及时向提供方主张不成为合同内容，并保留有关通知函及送达证明。最后，若发现格式条款明显不合理地免除或减轻提供方责任、加重相对方责任、限制相对方主要权利，以及排除相对方主要权利时，可以及时告知提供方该格式条款无效，同时准备好有关证据材料以便于救济自身权益。

【法条链接】

《民法典》

第四百九十六条　格式条款是当事人为了重复使用而预先拟定，并在订立合同时未与对方协商的条款。

采用格式条款订立合同的，提供格式条款的一方应当遵循公平原则确定当事人之间的权利和义务，并采取合理的方式提示对方注意免除或者减轻其责任等与对方有重大利害关系的条款，按照对方的要求，对该条款予以说明。提供格式条款的一方未履行提示或者说明义务，致使对方没有注意或者理解与其有重大利害关系的条款的，对方可以主张该条款不成为合同的内容。

第四百九十七条　有下列情形之一的，该格式条款无效：

（一）具有本法第一编第六章第三节和本法第五百零六条规定的无效情形；

（二）提供格式条款一方不合理地免除或者减轻其责任、加重对方责任、限制对方主要权利；

（三）提供格式条款一方排除对方主要权利。

第四百九十八条　对格式条款的理解发生争议的，应当按照通常理解予以解释。对格式条款有两种以上解释的，应当作出不利于提供格式条款一方的解释。格式条款和非格式条款不一致的，应当采用非格式条款。

风险点 1 – 14
争议解决条款模糊导致的维权高成本

【案例】

徐志明与张义华在蒙古国乌兰巴托市签订《股权转让合同》,该合同约定:"协议一经签订,双方不得反悔,如违约则可向蒙古国法院起诉,并有权申请查封 RICHFORTUNE 相关财产"。后双方因股权转让发生纠纷,许志明要求由中华人民共和国法院管辖,适用中华人民共和国法律。经最高人民法院审理认为本案属于股权转让合同纠纷。涉案《股权转让合同》在蒙古国乌兰巴托市签订,且合同约定转让徐志明持有在蒙古国注册的公司 RICHFORTUNE 的股权,本案具有涉外因素。本案争议的焦点是涉案合同中管辖条款的效力与排他性问题,直接影响一审法院是否应当受理本案。管辖与受理属于程序问题,一、二审法院适用法院地法律即中华人民共和国法律处理本案纠纷正确。《民事诉讼法》第 34 条规定:"合同或者其他财产权益纠纷的当事人可以书面协议选择被告住所地、合同履行地、合同签订地、原告住所地、标的物所在地等与争议有实际联系的地点的人民法院管辖,但不得违反本法对级别管辖和专属管辖的规定。"涉案《股权转让合同》第 7 条约定:"协议一经签订,双方不得反悔,如违约则可向蒙古国法院起诉,并有权申请查封 RICHFORTUNE 相关财产。"该管辖条款约定的管辖法院即蒙古国法院系合同签订地、股权转让义务的履行地法院,与本案争议有实际联系。至于双方当事人没有具体约定纠纷由蒙古国哪一个法院管辖,当事人可以根据蒙古国法律的规定向该国某一具体法院起诉,同样具有确定性。徐志明以协议选择的法院不唯一为由主张该管辖条款无效,缺乏事实和法律依据。双方当事人约定其有权申请查封 RICHFORTUNE 公司的财产,该项约定是否因损害第三人利益而无效,属于实体问题,不影响双方当事人约定蒙古国法院管辖的效力。涉案管辖条款没有违反《民事诉讼法》对专属管辖的规定,符合该法第 34 条规定的精神。一、二审法院认定涉案管辖条款合法有效,并无不当。

涉案管辖条款中的"可"字符合起诉系当事人的一项权利而非义务的实际。涉案管辖条款表明在当事人行使诉讼权利时可以向蒙古国法院起诉,但并没有表明当事人有权选择向蒙古国以外的其他国家法院起诉,涉案股权转让合同没有载明蒙古国法院对有关纠纷享有非排他性管辖权。双方当事人签订涉案《股权转让合同》时,徐志明持有 RICHFORTUNE 公司 100% 的股权,其拟将该股权全部转让给张义华,双方当事人在约定蒙古国法院管辖的同时,进一步约定"有权申请查封位于蒙古国的 RICHFORTUNE 相关财产",虽然在该两项约定中后者不影响前者的效力,但如果当事人依法可以申请法院查封 RICHFORTUNE 公司相关财产,约定蒙古国法院管辖显然是该项查封的一个重要便利条件,由此可以推断双方当事人当时具有选择蒙古国法院管辖的真实意思和特定意图,而难以推断双方当事人还具有可以向其他国家法院起诉的意思。在这种情况下,徐志明认为当事人还可以向其他国家法院起诉,没有合同依据。一、二审法院认定涉案管辖条款具有排他性,具有充分事实依据。当事人就涉案纠纷提起诉讼,应当遵守双方关于管辖法院的约定,向蒙古国法院起诉。二审法院裁定维持一审法院驳回徐志明起诉的裁定,驳回徐志明的上诉,并无不当。①

【法理分析】

合同纠纷发生前,交易双方通过合同约定争议解决方式已成为一种交易习惯。但很多当事人对合同争议解决条款的理解有偏差,容易滋生法律风险。正确约定合同争议解决条款,可以有效规避法律风险,减少合同纠纷解决成本,最大限度地保障和维护己方利益。

本案中,徐志明既有意由中国法院管辖适用中国法律,应当在磋商争议管辖条款时,进行明确约定。我国《民法典》共列举了四种合同纠纷解决方式:和解、调解、仲裁、诉讼。其中仲裁、诉讼是法定的纠纷解决方式,当事人在具体约定时应遵守法律的有关规定,如果约定不恰当,可能导致合同条款无效。在实践中,对争议解决条款的约定主要存在如下问题。

(1)同时约定仲裁和诉讼

一是同时约定可裁可诉。例如,约定"若因本合同产生纠纷,当事人双方可以选择仲裁或者诉讼方式解决争议",或者在签订格式合同文本时同时勾选仲裁、诉讼两种方式。《仲裁法解释》第 7 条规定,当事人约定发生争议可以向仲裁机构申请仲裁也可以向人民法院起诉的,仲裁协议无效。但一方向仲裁机构申请仲裁,另一方未在《仲裁法》第 20 条第 2 款规定期间内提出异议的除外。因此,在合同中约定"可裁可诉"条款,一旦发生合同纠纷,当事人一方想申请仲裁,而另一方提出异议,会导致仲裁协议

① 参见徐志明与张义华股权转让纠纷再审民事裁定书,(2015)民申字第 471 号。

无效，只能采取诉讼方式解决纠纷。二是约定先裁后诉。例如约定："若双方因为合同发生争议，可提交仲裁机构仲裁，若仲裁无果，可向法院提起诉讼。"此种表述属于"仲裁无果，可向法院起诉"的情形。在实践中，各地法院对该条款是否有效的认定并不一致，较为统一的观点是"先裁后诉"条款不符合《仲裁法》第9条关于"一裁终局"的规定，仲裁条款无效。

(2)仲裁条款约定不明确

与诉讼方式不同，《仲裁法》第4条规定当事人采用仲裁方式解决纠纷，必须自愿达成仲裁协议。没有仲裁协议，一方申请仲裁的，仲裁委员会不予受理。在实践中，仲裁条款的约定存在以下常见问题：

一是未约定仲裁机构或仲裁机构约定不明确。例如，经常出现"因本合同产生的争议，双方约定向仲裁机构进行仲裁""因合同产生的争议，双方约定向乙方所在地仲裁机构进行仲裁"等表述。《仲裁法》第18条规定，仲裁协议对仲裁事项或者仲裁委员会没有约定或者约定不明确的，当事人可以补充协议；达不成补充协议的，仲裁协议无效。上述合同条款的表述不符合规定，会导致仲裁约定无效。

二是仲裁事项不属于仲裁委受理范围。在我国，仲裁事项的范围法定，平等主体的公民、法人和其他组织之间发生的合同纠纷和其他财产权益纠纷，可以仲裁。但是，婚姻、收养、监护、抚养、继承纠纷，以及依法应当由行政机关处理的行政争议不能仲裁。因此，合同中若涉及上述事项，不能采用仲裁方式解决争议。

(3)诉讼管辖约定不恰当

一是约定违反地域管辖的规定。常见的错误表述如"发生争议，可向双方各自所在地法院提起诉讼""发生争议，双方一致同意向香港某法院提起诉讼"等。《民事诉讼法》第34条规定，合同纠纷可由当事人协议约定管辖法院，当事人可以书面协议选择被告住所地、合同履行地、合同签订地、原告住所地、标的物所在地等与争议有实际联系的地点的人民法院管辖。需要特别注意的是，当事人协商约定的管辖法院只能是法律明确规定有管辖权的法院并且只能约定一个。因此，如果约定两个以上法院管辖或约定不在法定范围内的法院管辖，会导致条款无效，只能按照法律关于管辖的其他一般规定选择诉讼法院。

二是约定违反级别管辖和专属管辖规定。常见的问题包括：不动产纠纷未约定由不动产所在地法院管辖等。《民事诉讼法》第2章及《民事诉讼法解释》第一部分对于级别管辖、地域管辖、专属管辖等作了具体详细的规定。因此，在约定具体管辖法院时不应违背法律强制性规定，否则约定无效。

(4)争议条款适用范围理解有误

一般来说,当事人在合同中约定争议解决条款,本意是适用于因合同产生的全部纠纷,但在起草争议解决条款时,"因合同履行产生的纠纷,由某法院管辖""因一方当事人违约产生的纠纷,由某法院管辖"等表述并不少见,一旦当事人因合同效力等非合同履行原因发生争议,则交易对方有可能以纠纷不属于争议条款适用范围为由提出抗辩,使约定争议解决条款的本意落空。因此,在起草争议解决条款时,需格外重视争议解决条款的适用范围,尽量表述周全,避免纠纷发生时被对方找到漏洞,并据此引发管辖权异议。

【法务提示】

争议解决方式的选择对于纠纷发生后当事人利益的保护非常重要,应该慎重对待。针对上述问题,笔者结合日常工作经验,提出如下建议,以规避合同法律风险,最大限度地保护当事人权益。

(1)仲裁和诉讼只能二选一

仲裁与诉讼作为两种法定的纠纷解决方式,各有优势。简单来说,仲裁实行"一裁终局"模式,程序简单灵活、保密性强、仲裁员选拔条件高、专业性强;诉讼程序公正严谨,受理范围广泛,受国家公权力保护。在选择争议解决方式时,应综合考虑业务实际情况、对时限要求是否紧迫、交易复杂程度、争议解决费用等因素,选择恰当的纠纷解决方式。

(2)仲裁协议约定要明确具体

《仲裁法》第16条规定,仲裁协议包括合同中订立的仲裁条款和以其他方式在纠纷发生前或纠纷发生后达成的请求仲裁的协议。仲裁协议应当包括下列内容:请求仲裁的意思表示、仲裁事项、选定的仲裁委员会。仲裁不实行级别管辖和地域管辖,因此仲裁机构的选择范围相当宽泛。但即便如此,也应综合考虑成本、仲裁机构实力等方面的因素,选择合适的仲裁机构。在合同中约定仲裁可采用如下示范条款:"因本合同引起的或与本合同有关的任何争议,均提请某某仲裁委员会按照该仲裁委仲裁规则进行仲裁。"此外,当事人还可在仲裁规则允许的范围内,为自己量身定做合适的仲裁程序,并在合同条款中进行明确。例如,可选择提起仲裁时现行有效的仲裁规则,或是选择签订合同时有效的仲裁规则;可在仲裁条款中就适用简易程序还是普通程序等作出约定;可协商选择最方便自己的仲裁开庭地点等。

(3)合理选择诉讼管辖法院

本着争取自身利益最大化、节约诉讼成本的原则,在不违反法律法规的前提下,在合同中约定管辖法院时,应尽量选择由己方所在地法院管辖。在起草合同时可采用如下示范条款:“因合同发生的任何争议,双方同意向(己方)所在地法院提起诉讼。”当然,在开展业务合作时,己方并不总是处于谈判优势地位,若有协商空间,应考虑诉讼成本、权利实现难度、司法环境等因素,尽量选择对自己最有利的法院管辖。我国《民事诉讼法》及相关司法解释对诉讼管辖的规定较多,包括级别管辖、地域管辖、选择管辖、专属管辖等,系统而复杂。因此,在选择由己方所在地法院管辖时,应确定选择己方所在地法院不违反法律关于管辖的规定。此外,在合同中约定管辖法院时,如果要明确具体的法院名称,如某市某区人民法院,应首先明确该法院对合同争议是否有管辖权。在实际操作中,如果业务双方属于不同区县但属于同一地级市,管辖法院应当明确到具体某区的法院。如果业务双方属于不同的地级市,合同可以直接约定为“某地级市有管辖权的法院管辖”,这样可以规避诸多因案件特殊等基层法院无权管辖的情形。

【法条链接】

《民事诉讼法》

第三十四条 合同或者其他财产权益纠纷的当事人可以书面协议选择被告住所地、合同履行地、合同签订地、原告住所地、标的物所在地等与争议有实际联系的地点的人民法院管辖,但不得违反本法对级别管辖和专属管辖的规定。

风险点 1－15
口头更改合同的效力不确定

【案例】

王立永于 2010 年 5 月 1 日与北京外企人力资源服务有限公司签订《劳动合同》，当日被派遣至恩梯梯公司。此后，王立永与恩梯梯公司直接签订了《劳动合同》，约定：期限为 2012 年 1 月 1 日至 2012 年 4 月 30 日；工资构成如下：基本工资 8200 元/月、职务补贴（技能补贴）4700 元/月、城市补贴 4000 元/月、特别补贴 7749 元/月，上述合计 24,649 元/月。2012 年 4 月 30 日，双方签订《续订劳动合同协议书》，约定：《劳动合同》续签至 2015 年 4 月 30 日；在上述期限内，原《劳动合同》的部分内容作如下变更：(1)基本工资 8200 元/月；(2)工作场所或岗位；(3)其他：……3. 原《劳动合同》的其余条款继续有效……王立永主张其工资标准为每月 24,649 元，《续订劳动合同协议书》也注明原劳动合同的其余条款继续有效，证明双方工资标准从未改变，但自 2012 年 5 月起，恩梯梯公司擅自降低标准，按照每月 18,500 元发放，每月少发 6149 元，其曾向总部提出异议及要求补足差额，并出示了上述《劳动合同》、《续订劳动合同协议书》、银行明细等予以佐证。恩梯梯公司主张公司确从 2012 年 5 月开始按照每月 18,500 元降薪后工资标准支付工资，但此已与王立永口头协商过，且王立永表示同意，其未曾就降薪一事要求公司补足差额；另外，王立永在担任企划部部长期间负责总务、人事及财务工作，其公司会与员工签订《工资明细签收单》，明确工资构成及标准，但王立永的签收单不见了，恩梯梯公司出示了与其他员工的《劳动合同》《续订劳动合同协议书》《工资明细签收单》等予以佐证。王立永表示从未与恩梯梯公司就降薪一事进行过口头协议，在签订相关合同时，其并不是人事部部长。

法院认为双方签订的《劳动合同》中明确约定了月工资为 24,649 元/月及相应构成，2012 年 4 月 30 日订立的《续订劳动合同协议书》亦明确基本工资 8200 元/月及原劳动合同的其余条款继续有效，由此可见，双方未就工资标准进行变更。在此情况下，双方再随即以口头协议的形式将月工资标准降至 18,500 元明显与常理不符；同时，王立永作为劳动者,属于工资报酬的被动接收方,即使其没有证据证明其曾要求恩梯梯公司补足工资差额,但也不能反推出双方存在过口头降薪协议及王立永已默认降薪的事实,且相关法律规定劳动报酬的仲裁时效可在劳动关系终止一年内提出。因此,恩梯梯公司所主张的降薪理由难以成立,法院以《劳动合同》约定的为准,恩梯梯公司应向王立永支付2012年5月至2015年4月工资差额。关于王立永要求支付拖欠工资50%赔偿金的请求不符合法律规定的支付程序,故法院不予支持。①

【法理分析】

合同正式签订后,合同双方当事人协商一致口头更改合同,可以变更合同。但其效力如何?

《劳动法》规定:劳动合同是劳动者与用人单位确立劳动关系、明确双方权利义务的协议。建立劳动关系应当订立劳动合同。订立和变更劳动合同,应当遵循平等自愿、协商一致的原则,不得违反法律、行政法规的规定。《劳动合同法》第35条规定:“用人单位与劳动者协商一致,可以变更劳动合同约定的内容。变更劳动合同,应当采用书面形式。变更后的劳动合同文本由用人单位和劳动者各执一份。”由此可见,劳动合同的变更要“协商一致”,这对于用人单位和劳动者来说,既是权利,又是义务。

【法务提示】

建议注意保留证据,避免纠纷时无法证明口头合同的存在。如主合同约定变更应采取书面形式的,应遵循主合同约定采用书面的形式订立变更补充协议,如果未作出明确的变更形式约定,口头变更也是有效力的。另外,需要注意的是,法律、行政法规规定采用书面形式的,应当采用书面形式,如房地产转让合同、长期的租赁合同、建筑工程合同等。当事人约定采用书面形式的,应当采用书面形式。对于必须采用书面合同的,口头更改则无效。

【法条链接】

《劳动合同法》

第三十五条 用人单位与劳动者协商一致,可以变更劳动合同约定的内容。变更劳动合同,应当采用书面形式。

变更后的劳动合同文本由用人单位和劳动者各执一份。

---

① 参见恩梯梯通信系统(中国)有限公司北京分公司与王立永劳动争议二审民事判决书,(2017)京03民终10265号。

风险点 1－16 合同涂改带来的效力争议

【案例】

姚东升是广州市卓阳服饰有限公司(以下简称卓阳公司)的法定代表人,2005 年 5 月 12 日姚东升以卓阳公司的名义与广州潍柴贸易有限公司(以下简称潍柴公司)当面签订《合同》,约定:卓阳公司购买潍柴公司出售的全新原装潍柴配斯坦福电机柴油发电机组 80kW(自切换装置 ATS)一套,机组型号为 80GFA－992,总价为 78,000 元;潍柴公司提供柴油机原厂说明书及合格证、发电机原厂说明书及合格证、随机技术资料及装箱清单;交货期为收到定金后 10 个工作日内,交货地点为卓阳公司厂内;签订合同后,卓阳公司支付潍柴公司定金 20,000 元,货到卓阳公司后支付货款 50,000 元,余款 8000 元在机组调试正常运转后立即付清;潍柴公司负责送货及调试,并保证设备调试及试运转后到达规定的技术指标,卓阳公司负责货物移交后的一切安全保管……庭审中,双方当事人对签订合同的事实予以确认,但卓阳公司认为由于该合同中没有明确约定发电机的型号,所以签订合同时就口头约定了发电机的型号,双方签订合同后以书面的形式向潍柴公司传真过去,以明确发电机的型号,后双方电话确认了修改的内容。潍柴公司对此进行否认。合同签订后,姚东升于 2005 年 5 月 16 日通过个人账户以银行转账付款的方式向潍柴公司支付 20,000 元定金。2005 年 5 月 31 日,潍柴公司将全新原装潍柴 80kW 发电机组 1 套送到卓阳公司厂内,送货单上注明送货人为"周文斌",并明确"货到支付 50,000 元,余款 8000 元调试后支付"。卓阳公司的员工黄德在潍柴公司提供的送货单所附收条上签收,并注明"经开箱清点,发现有 6 项问题,详见双方签字清单"。卓阳公司提交的开箱检查记录中,记录如下:"1. 缺 4:发电机备件清单;2. 缺 6:产品履历书;3. 控制柜清单中缺 3A 保险丝 1 个;4. 缺柴油发电机组随机文件清单中的 10 序号——其他外购随机资料 1 份;5. 缺控制屏、转换手柄;6. 来货柴油机型号为 TD226B－6,订货为 TD226B－6D。"周文斌与黄德在记录上共同签名确认。收到发电机后,姚东升于当日以其个人账户开具了收款人为潍柴公司的银行支票,支票金额为50,000元。2005年6月1日,潍柴公司持该支票在银行兑现货款时,银行以该账户已注销出具退票通知书不予承兑。2005年6月2日,潍柴公司向卓阳公司出具《关于柴油机型号的说明》,说明内容为潍柴公司已送货柴油机型号为TD226B－6,因卓阳公司所订购发电机组为自切换机组,须为电子调速,则柴油机型号为TD226B－6,原80kW发电机组为机械调速,则柴油机型号为TD226B－6D,另卓阳公司在2005年5月31日所支付的支票为已经销号的支票,金额为50,000元,请卓阳公司立即更换或支付现金。之后,卓阳公司、姚东升以潍柴公司提供的发电机货不对版,拒绝支付货款。潍柴公司遂诉至法院要求卓阳公司支付货款58,000元及逾期利息1680元。

潍柴公司向法院提供了双方合同的原件,合同原件只约定了发电机组的型号为80GFA－992,未约定发动机的型号。卓阳公司向法院提供了双方合同的复印件,该件手写加注了发动机型号为TD226B－6D。卓阳公司称是双方签订合同后再增加的合同条款,并得到对方的电话确认。法院认为潍柴公司提供的合同原件仅约定标的物为"全新原装潍柴配斯坦福电机柴油发电机组80kW(自切换装置ATS)一套,机组型号为80GFA－992",而并未约定发动机的具体型号为TD226B－6D。卓阳公司称合同修改后传真给潍柴公司并且双方已电话确认,但潍柴公司对此予以否认,由于卓阳公司对合同的补充系其单方行为,未得到潍柴公司的同意和确认,因此补充的内容不具有约束力。①

【法理分析】

合同签订后,若有个别条款或个别字句修改,为节约时间,可能直接在原合同处修改。虽当时双方均予认可,但事后却极有可能发生争议。

公司企业在进行交易行为并订立合同时,通常会在合同尾部条款中明确"本合同一式两份,甲乙双方各执一份,效力相同"。此种条款的目的就在于避免双方因对合同条款的内容本身意见不一致而发生纠纷。进入诉讼后,一方若认为对方提交的合同存在单方涂改添加,只需拿出己方持有的合同便一清二楚。双方缔约过程中,如就已打印好的合同文本的条款需要调整,可直接在一式两份的合同上作一致改动,改动之处加以双方签章即可。

【法务提示】

合同签订之后,任何一方想进行合同修改的,必须告知对方,经双方协商一致同意后,重新签订合同或在原合同相应条款作修改或补充,并在修改地方加盖双方公章(个人手印);尤其是重要条款,如货款支付节点等。

---

① 参见广州潍柴贸易有限公司与广州市卓阳服饰有限公司等买卖合同纠纷二审民事判决书,(2006)穗中法民二终字第1892号。

若只有口头答应但没有对合同做修改或者没有在任何一处有修改变动的地方盖章(手印),视为无效,合同维持原有内容继续生效。如单方对合同进行涂改,改变了原有合同约定的,则改变的部分无效,维持原合同约定内容。

【法条链接】

《民法典》

第五百四十三条　当事人协商一致,可以变更合同。

《最高人民法院关于民事诉讼证据的若干规定》

第七十五条　有证据证明一方当事人持有证据无正当理由拒不提供,如果对方当事人主张该证据的内容不利于证据持有人,可以推定该主张成立。

风险点1－17
违约金与定金同时适用

【案例】

2017年6月17日，唐铭与俞孜扬签订《房屋买卖合同》，合同约定“俞孜扬将位于兰州市城关区高新雁兴路44号1单元16层1602室的房屋出卖给唐铭；房屋成交价格为1,200,000元，该房屋设定抵押，抵押权人为中信银行，俞孜扬应于签署合同之日起至2017年11月15日内还清贷款，并办理抵押注销登记手续；定金交付后因唐铭原因使本合同无法履行或解除，已付定金不再退还；因俞孜扬原因使本合同无法履行或解除，俞孜扬应按唐铭交付的全额定金双倍返还唐铭；剩余房款唐铭向银行申请个人二手房商业按揭贷款支付给俞孜扬，预计800,000元；唐铭、俞孜扬于2017年11月30日之前到房屋所有权登记部门现场办理该房屋产权转移登记手续；俞孜扬于2017年7月30日交付房屋与唐铭使用；俞孜扬收取定金后如违反本合同约定或其他原因而无法将该房屋售与唐铭的，应当以唐铭支付的全额定金双倍返还唐铭；如俞孜扬未按本合同约定偿还贷款导致不能注销抵押登记，除应当返还唐铭已经支付的所有房款，还应按已付款的25%向唐铭承担违约金；由于一方违约，另外一方为追究违约责任而产生的律师费、诉讼费等均由违约一方承担等”。2017年5月24日，唐铭通过招商银行向俞孜扬转账50,000元，摘要为“转账”；2017年6月16日，唐铭通过招商银行向俞孜扬转账200,000元，摘要为“购房定金”；2017年6月17日，唐铭通过招商银行向俞孜扬转账150,000元，摘要为“转账”。合同签订后，唐铭向俞孜扬支付定金400,000元，俞孜扬将房屋交付唐铭使用，后俞孜扬未按合同约定时间还清贷款及办理抵押登记注销手续，亦未按合同约定时间到房屋所有权登记部门办理该房屋产权转移登记手续，致唐铭无法向银行申请个人二手房商业按揭贷款，实现合同目的，双方遂酿成纠纷。法院认为唐铭与俞孜扬在合法、平等、自愿、相互信任的基础上就涉案房屋的买卖事宜达成一致意见，签订涉案《房屋买卖合同》，除双方约定的定金数额超过合同标的额1,200,000元的20%不当外，其他内容真实有效，该合同对双方具有法律约束力。就俞孜扬以涉案房屋属于夫妻共同财产为由认为其出售行为属于无权处分的上诉意见是否正当的问题，根据《最高人民法院关于审理买卖合同纠纷案件适用法律问题的解释》第 3 条第 1 款“当事人一方以出卖人在缔约时对标的物没有所有权或者处分权为由主张合同无效的，人民法院不予支持”之规定，俞孜扬的该上诉意见于法无据，故不予采纳。关于一审判决确定俞孜扬双倍返还定金后承担违约金和律师费是否适当的问题。根据《合同法》第 116 条“当事人既约定违约金，又约定定金的，一方违约时，对方可以选择适用违约金或定金条款”的规定，合同当事人在约定违约金的同时又约定定金的，在主张权利时只能选择一项。结合本案已查明的事实，俞孜扬的行为构成违约，因双方在合同中既约定了定金条款又约定了违约责任，现唐铭主张适用定金罚则的同时亦提出违约责任的赔偿，并且在本案二审中还坚持同时主张该两项权利，依据前述法律规定，虽然在卷证据显示俞孜扬实际收到的定金是 200,000 元，但在俞孜扬认可双方约定定金及愿意承担定金的双倍返还及对一审判决确定的双倍返还定金 480,000 元不持异议的基础上，再由俞孜扬因违约行为承担违约责任的违约金 40,000 元和律师服务费 60,000 元于法无据，故俞孜扬认为不应支付违约金 40,000 元和律师服务费 60,000 元的上诉意见成立。①

【法理分析】

合同中同时约定了违约金和定金，若是一方违约，如何适用？

违约金是指合同当事人在合同订立时预先约定或法律规定的，当一方违约时向对方支付的一定数量的金钱。定金是指当事人双方为了保证债务的履行，约定由当事人方先支付给对方一定数额的货币作为担保。定金与违约金的区别在于，前者为担保方式，后者为违约责任。在我国，定金和违约金都是补偿性的，而定金与违约金在目的、性质、功能等方面都比较相似，如果同时适用，不仅将会给违约方强加过重的责任，而且责任后果与违约所实际造成的损失相比相差很大，也是不合理的。若当事人既约定了违约金又约定了定金，当一方违约时，对方可以选择适用违约金或者定金条款。

【法务提示】

若当事人既约定了违约金又约定了定金，当一方违约时，对方可以选择适用违约金或者定金条款。当然，定金不足以弥补一方违约造成的损失的，对方可以请求赔偿超过定金数额的损失。

---

① 参见俞孜扬与唐铭房屋买卖合同纠纷二审民事判决书，(2018)甘 01 民终 3841 号。

【法条链接】

《民法典》

第五百八十五条 当事人可以约定一方违约时应当根据违约情况向对方支付一定数额的违约金,也可以约定因违约产生的损失赔偿额的计算方法。

约定的违约金低于造成的损失的,人民法院或者仲裁机构可以根据当事人的请求予以增加;约定的违约金过分高于造成的损失的,人民法院或者仲裁机构可以根据当事人的请求予以适当减少。

当事人就迟延履行约定违约金的,违约方支付违约金后,还应当履行债务。

第五百八十七条 债务人履行债务的,定金应当抵作价款或者收回。给付定金的一方不履行债务或者履行债务不符合约定,致使不能实现合同目的的,无权请求返还定金;收受定金的一方不履行债务或者履行债务不符合约定,致使不能实现合同目的的,应当双倍返还定金。

第五百八十八条 当事人既约定违约金,又约定定金的,一方违约时,对方可以选择适用违约金或者定金条款。

定金不足以弥补一方违约造成的损失的,对方可以请求赔偿超过定金数额的损失。

风险点 1-18
回扣条款

【案例】

2014 年 10 月至 2019 年 7 月，被告人李某 2 为使某某公司成为华润（深圳）有限公司旗下君悦酒店菌类、海蜇头等食品原材料的供货商，经与时任该酒店行政总厨的徐某某商定，定期按照供货额给予回扣。经统计，某某公司向徐某某支付回扣共计人民币 7 万余元。2016 年 1 月至 2019 年 7 月，被告人李某 2 为使某某公司能够成为长春宏汇酒店管理有限公司凯悦分公司（以下简称长春凯悦酒店）菌菇、海鲜等食品原材料的供货商，经与时任长春凯悦酒店行政总厨的毕某某商定，定期按照供货额给予回扣。后毕某某担任上海月星环球家饰博览中心有限公司酒店管理分公司（以下简称环球港凯悦酒店）的行政总厨，经与李某 2 商定，由某某公司向环球港凯悦酒店供货并继续定期给予回扣。经统计，某某公司向毕某某支付回扣共计 33 万余元。2016 年 11 月至 2018 年 11 月，被告人李某 2 为使某某公司能够长期、大量向广州富力鼎盛置业发展有限公司富力君悦大酒店分公司（以下简称广州君悦酒店）销售菌菇等食品原材料，经与时任广州君悦酒店行政总厨的冯某某商定，定期按照供货额给予回扣。经统计，某某公司向冯某某支付回扣共计 8 万余元。2017 年 11 月至 2019 年 7 月，被告人李某 2 为使某某公司能够顺利向无锡苏宁凯悦酒店销售食品原材料，并能够长期、大量供货，经与该酒店行政总厨张某某商定，定期按照供货额给予回扣。经统计，某某公司向张某某支付回扣共计 11 万余元。2018 年 4 月至 2019 年 7 月，被告人李某 2 为使某某公司能够顺利向怡合置业（苏州）有限公司凯悦酒店销售菌菇等食品原材料，经与时任该酒店行政总厨的王某商定，定期按照供货额给予回扣。经统计，某某公司向王某支付回扣共计 6 万余元。2018 年 9 月至 2019 年 7 月，被告人李某 2 为使某某公司能够向华润新鸿基房地产（杭州）有限公司柏悦酒店分公司（以下简称杭州柏悦酒店）销售更多的菌菇等食品原材料，经派员与杭州柏悦酒店厨师长尉某某商定，定期按照供货额给予回扣。经统计，某某公司向尉某某支付回扣共计 2 万余元。

法院认为被告单位上海某某公司为谋取不正当利益，给予公司、企业工作人员钱款共计人民币67万余元，数额较大，被告人李某2系公司直接负责的主管人员，其行为已构成对非国家工作人员行贿罪，应予处罚。[①]

【法理分析】

约定回扣似乎被很多企业所认可，实务中有选择掩盖回扣，让回扣消失于无形。也有将其写入合同条款，因为有人认为其光明正大无须掩盖，写入合同可以约束对方。

法律上，回扣是指在商品或者劳务买卖中，卖方从买方支付的价款中退回给买方或者买方经办人的款项。不存在合法的回扣，收受回扣都是违法的，《刑法》第163条第2款规定，"公司、企业或者其他单位的工作人员在经济往来中，利用职务上的便利，违反国家规定，收受各种名义的回扣、手续费，归个人所有的"，以公司、企业、单位人员受贿罪论处。《刑法》第385条第2款也规定："国家工作人员在经济往来中，违反国家规定，收受各种名义的回扣、手续费，归个人所有的，以受贿论处。"

【法务提示】

在设置合同条款时，不可约定回扣条款。不仅不可约定，也不能收受回扣，否则该不法收入，一旦被发现，不仅应予收回，严重的还要承担法律责任。

【法条链接】

《刑法》

第一百六十三条 公司、企业或者其他单位的工作人员利用职务上的便利，索取他人财物或者非法收受他人财物，为他人谋取利益，数额较大的，处五年以下有期徒刑或者拘役；数额巨大的，处五年以上有期徒刑，可以并处没收财产。

公司、企业或者其他单位的工作人员在经济往来中，利用职务上的便利，违反国家规定，收受各种名义的回扣、手续费，归个人所有的，依照前款的规定处罚。

国有公司、企业或者其他国有单位中从事公务的人员和国有公司、企业或者其他国有单位委派到非国有公司、企业以及其他单位从事公务的人员有前两款行为的，依照本法第三百八十五条、第三百八十六条的规定定罪处罚。

第一百六十四条 为谋取不正当利益，给予公司、企业或者其他单位的工作人员以财物，数额较大的，处三年以下有期徒刑或者拘役，并处罚金；数额巨大的，处三年以上十年以下有期徒刑，并处罚金。

为谋取不正当商业利益，给予外国公职人员或者国际公共组织官员以财物的，依照前款的规定处罚。

---

① 参见上海某某公司、李某2对非国家工作人员行贿一审刑事判决书，(2020)沪0104刑初940号。

单位犯前两款罪的，对单位判处罚金，并对其直接负责的主管人员和其他直接责任人员，依照第一款的规定处罚。

行贿人在被追诉前主动交待行贿行为的，可以减轻处罚或者免除处罚。

第三百八十二条　国家工作人员利用职务上的便利，侵吞、窃取、骗取或者以其他手段非法占有公共财物的，是贪污罪。

受国家机关、国有公司、企业、事业单位、人民团体委托管理、经营国有财产的人员，利用职务上的便利，侵吞、窃取、骗取或者以其他手段非法占有国有财物的，以贪污论。

与前两款所列人员勾结，伙同贪污的，以共犯论处。

专题二

典型性交易合同

商事主体之间的经济往来经常通过合同形式进行,因此合同在商事交易中的重要性不言而喻,每个商事主体在经营过程中都离不开各种类型合同的签署。合同是交易双方就交易事项进行不断协商、妥协、利益博弈的过程,其最终目的是最大限度规避风险同时促成交易。因此合同条款是交易双方在交易各个环节博弈的结果,亦是对交易的具体安排。故,在合同设计时应充分考量交易双方的交易背景以及交易环节可能存在的风险点,并且针对风险点采取有效的解决措施或明确双方的责任分担方式,方可有效避免交易环节中潜在的风险或因约定不明而导致的责任不清。

本专题旨在以企业常见的典型性交易合同签订为例,将典型性交易合同的风险点以及潜在风险点列出,为商事企业防范典型性交易合同的风险提供参考意见。

风险点 2－1
买卖合同标的物约定不清晰

【案例】

韩国 KM 公司向我国 BR 土畜产公司订购大蒜 650 公吨，双方当事人几经磋商最终达成了交易。但在缮制合同时，由于山东胶东半岛地区是大蒜的主要产区，通常我国公司都以此为大蒜货源基地，所以 BR 公司就按惯例在合同品名条款打上了“山东大蒜”。可是在临近履行合同时，大蒜产地由于自然灾害导致歉收，货源紧张。BR 公司紧急从其他省份征购，最终按时交货。但 KM 公司来电称，所交货物与合同规定不符，要求 BR 公司作出选择，要么提供山东大蒜，要么降价，否则将撤销合同并提出赔偿。[①]

【法理分析】

本案是由于商品名条款所引发的争议，KM 公司的要求合理。从法律角度看，在合同中明确规定买卖标的物的具体名称，关系买卖双方在交接货物方面的权利和义务。按照有关的法律和商业惯例的规定，对交易标的物的具体描述，是构成商品说明的一个主要组成部分，是买卖双方交接货物的一项基本依据。若卖方交付的货物不符合约定的品名或说明，买方有权拒收货物或撤销合同并提出损害赔偿。

买卖是社会经济生活中最典型最基本的交易形式，因此买卖合同是所有交易合同中最典型的合同。买卖合同纠纷的产生大部分是由于合同约定不明、风险防范不到位等原因产生的。

交易标的物的规定，属于买卖合同的主要内容。关于交易的产品，一般要求明确清晰。买卖合同的标的物也即产品，合同条款都是围绕着标的物来进行约定的。很多人认为因产品的名称而出现纠纷的可能性比较低，对产品条款的约定不引起重视。但实务中，因买卖合同对产品条款约定不清晰引致的纠纷不在少数。一旦产品条款本身

① 参见《案例|中英文名称不一致引纠纷？海外经营风险防范有门道》，载新湖南网 2018 年 11 月 23 日，https://www.hunantoday.cn/article/201811/201811232336547810.html。

存在争议或约定不明，则关于产品的质量标准、验收标准均可能存在本质上的区别。

【法务提示】

（1）合同条款使用符合标准的产品名称

出卖人与买受人明确产品名称时尽量使用行业公认的产品名称，尤其是根据行业内标准的产品分类。在进出口中，商品名称不同，归类可能不同；归类在进出口活动中的地位极为重要，商品归类编码决定了货物的税负、贸易管制，对一些通过退税获取经营利润的企业而言，商品归类直接决定了退税率及出口贸易的可行性。

（2）无明确名称的采用约定俗称的产品名称

如无任何标准名称，则宜采用本行业约定俗成的产品名称。我国法律对商事交易中的习惯一般予以确认，但关于是否构成习惯，司法实务中法院极为谨慎。故通常忌用俗称或代称，若一定要使用，建议应当在明确产品名称的定义后备注使用，避免因产品名称约定不明而引发的纠纷。

【法条链接】

《民法典》

第五百九十六条 买卖合同的内容一般包括标的物的名称、数量、质量、价款、履行期限、履行地点和方式、包装方式、检验标准和方法、结算方式、合同使用的文字及其效力等条款。

风险点 2－2
交易产品规格和标准模糊

【案例】

在上诉人青海盐湖海纳化工有限公司诉被上诉人江苏远方电缆厂有限公司买卖合同纠纷案中，最高人民法院认为，本案中，盐湖海纳公司与远方电缆公司签订多份电缆采购合同，其对部分电缆质量提出异议，但不能明确这部分电缆的型号以及属于哪一份或哪几份合同的标的物。根据盐湖海纳公司一审中提交的几份电缆采购合同的内容可知，其内容基本一致，均在合同设置"第九条　质量与检验"条款，对货物的质量检验和相应责任进行了约定，其中第 9.1.2 款约定："货物到达目的地后，卖方应及时到现场，与买方一起根据运单和装箱单对货物的包装、外观及件数进行清点检验。如发现有任何不符之处，经双方代表确认属卖方责任后，由卖方按买方的要求立即处理解决。当货物运到现场后，买方应尽快开箱检验，检验货物的数量、规格和质量……如买方未通知卖方而自行开箱或设备到达现场六个月后仍不开箱，产生的后果由买方承担。"由此可见，双方在电缆采购合同上约定了检验期，即设备达到现场后的 6 个月内。本案的质量异议期首先应当适用 6 个月的检验期，而非盐湖海纳公司主张的质量保证期。在此期间内，盐湖海纳公司应当尽快开箱检验货物的数量、规格和质量，若超过 6 个月仍不开箱，相应的后果由买方盐湖海纳公司承担。此处的"后果"，结合《合同法》第 158 条第 1 款的规定，应当理解为，盐湖海纳公司怠于检验，应视为标的物的数量或者质量符合约定。且本案中盐湖海纳公司主张远方电缆公司交付的电缆存在胶皮粘连、开裂、铜芯直径不够、电缆线长度不够、跳码等问题，这些都属于开箱便能检验出的外观质量瑕疵，并非难以发现的隐藏性质量缺陷，只要盐湖海纳公司在合同约定的检验期内开箱检验便能发现。但至本案一审起诉前，距盐湖海纳公司接收最后一批电缆已近 4 年，其均未就电缆的质量问题提出异议，且远方电缆公司向其询证货款金额以及其于 2016 年 7 月、2017 年 7 月出具《还款承诺》时，盐湖海纳公司均未以质量问题进行抗辩，此后还主动履行大部分还款义务，应当视为其认可远方电缆公司交付的电缆质量符合合同约定……关于质量鉴定问题。自2010年年底至2015年,盐湖海纳公司与远方电缆公司陆续签订数十份电缆采购合同,合同金额上亿元,盐湖海纳公司针对其中价值21,541,660.76元的电缆提出质量异议并申请鉴定,但其并未提交货物清单,对诉争电缆的数量、型号、生产日期均不能明确,即鉴定标的物不明确,不具备鉴定基础。一审法院未予准许盐湖海纳公司的鉴定申请,并无不当。综上所述,盐湖海纳公司的上诉请求不能成立,应予驳回。①

【法理分析】

买卖合同中关于交易标的物,同样的名称却可能因为规格、型号或标准不同而价格大相径庭。对于买受人来说,能否最终实现合同目的,要取决于出卖人是否提供了合适的产品规格,不同规格的产品是不具有替代性的。

例如,因新冠疫情发生后爆发式增长的口罩买卖合同,买卖双方往往只约定购买口罩的数量,没有约定口罩的具体名称、规格及生产厂家等,则很容易出现出卖人认为按照合同提供了口罩,而买受人却认为出卖人提供的口罩不符合买受人要求的品质。因此合同条款关于口罩的名称明确是一次性医用外科口罩、一次性医用口罩还是某品牌的一般防护口罩或是N95口罩,还要注明是成人口罩还是儿童口罩。

在多份采购合同中,交易虽具有连续性,但每份合同均为独立的合同。且采购合同中,多份、连续的采购,产品名称或规格会因此有所不同。若是没有在每一份合同中明确,则因一份合同发生纠纷,容易造成像上述案例中出现的争议,其结果一部分原因是当事人在独立合同中对标的物的规格未一一列明所致。

【法务提示】

(1)明确产品规格

出卖人与买受人应当约定清楚产品的品牌、型号、生产厂家、生产厂地等,如果是材料类产品,还应当包括产品的主要成分及含量、杂质的成分及最大允许值等特征性要素,避免因约定不明引发的品质争议的风险。以上述口罩为例,最好约定清楚生产许可证编号、产品注册证编号、生产企业名称等口罩的相关规格要求。

(2)明确产品标准

出卖人与买受人约定的产品标准要明确具体,可以度量的标准,避免采用"质量合格"等笼统的表述。若有国家分类标准的,采用国家标准;无国家分类标准的,采用行业标准。避免因存在多个标准而引发的纠纷。

---

① 参见青海盐湖海纳化工有限公司、江苏远方电缆厂有限公司买卖合同纠纷二审民事判决书,(2019)最高法民终38号。

(3)以样品为标准的须明确说明或封样

若产品标准约定以样品作为参考标准的,需要对样品质量进行明确说明,或者采取封样保存的方式进行确定。封样保存的话建议交易双方对封样签字确认以及约定样品保存的条款,必要的时候采取公证的方式。

若有产品规格书的,可以将产品规格书作为合同附件用以明确产品的标准。上述产品标准作为产品验收的重要条件,避免因约定不明引发品质争议的风险。

(4)明确质量验收标准

首先,应当明确质量验收的标准(如产品标准)及质量验收方式(如设备质量验收方式为设备安装调试完成后运行一段时间);其次,在验收结果出来后如何反馈给卖方且卖方有哪些救济方式;最后,在买卖双方确认质量验收不合格后买卖双方分别享有哪些权利,需要承担哪些义务,从而解决质量不合格如何处理的风险。

(5)明确向第三人履行的检验标准

关于向第三人履行的检验标准问题,根据合同的相对性原则,出卖人根据买受人的指示,向第三人履行的,若买受人和第三人约定的检验标准不一致,仍然以出卖人和买受人约定的检验标准为准。

【法条链接】

《民法典》

第五百一十一条第一项 质量要求不明确的,按照强制性国家标准履行;没有强制性国家标准的,按照推荐性国家标准履行;没有推荐性国家标准的,按照行业标准履行;没有国家标准、行业标准的,按照通常标准或者符合合同目的的特定标准履行。

第六百三十五条 凭样品买卖的当事人应当封存样品,并可以对样品质量予以说明。出卖人交付的标的物应当与样品及其说明的质量相同。

风险点 2-3
产品包装方式、规格或标准未约定

【案例】

中远海运集装箱运输有限公司、宁波新桥化工有限公司海上、通海水域货物运输合同纠纷上诉案中，浙江省高级人民法院认为，中远公司主张涉案事故发生系因新桥公司采用了不符合要求的气密包装最终导致涉案事故的发生；新桥公司辩称，新桥公司在包装选择、包装物安全鉴定、货物托运申报和装箱作业均合法合规，涉案事故的发生系由于集装箱内EPS自然释放的污染气体通过集装箱密封不实处，释放到集装箱外部，在局部区域形成爆炸性混合气体，恰遇外部点火源引起的化学性爆炸。根据庭审调查，双方均确认出入境检验检疫局系负责鉴定出境危险货物包装的职能部门，就涉案货物出运，中远公司按照相关规定，进行了申报及检验，相关部门亦出具了包装性能及包装使用合格的鉴定结果单，故新桥公司作为托运人已依照有关海上危险货物运输的规定妥善包装货物，并及时向有关部门作出申报，履行了托运人的义务。虽然新桥公司使用的包装系柔性散装容器包装，属于Ⅱ类包装，而根据《国际危规》要求，运输涉案货物无须使用此包装，只需使用“防撒漏的并且防水的或带有防撒漏的并且防水的衬里”(《国际危规》IBC08 项 B3 项)的包装，且 B6 规定涉案编号为 2211 的危险货物运输无须做有关气密包装的试验，但《国际危规》并未禁止使用此包装，且根据一审法院向北仑区检验检疫局的调查笔录，新桥公司使用的该包装完全符合《国际危规》IBC08 项 B3、B6 的要求。且中远公司在起诉时主张的事故原因为包装在装箱时发生破损，与中远公司在庭审中主张的事故原因完全不一致，故涉案事故发生的原因，具有不确定性。综上，中远公司并未举证证明涉案事故的发生系因新桥公司的过失所致，对其主张，不予支持。新桥公司向中远公司委托运输危险品，其已经按照法律规定向中远公司申报危险货物并妥善包装，中远公司没有提供证据证明事故发生是因为新桥公司的货物包装不符合规定所致，故其要求新桥公司承担责任的上诉理由不能成立，本院不予支持。①

① 参见中远海运集装箱运输公司、宁波新桥化工有限公司海上、通海水域货物运输合同纠纷二审民事判决书，(2019) 浙民终 918 号。

【法理分析】

产品包装方式、规格或标准,亦是合同的主要条款。标的物的包装方式既可以指包装物的材料,又可以指包装的操作方式,它对于标的物品质的保护具有重要作用,尤其对一些易腐、易碎、易潮以及如化学物品等更是这样。对有些标的物来说,质量标准的一部分可能就通过包装本身来表现。

出卖人交付的标的物,应当符合合同约定的包装方式。没有约定或者约定不明确的,可以依照法律规定解决,《民法典》中主要是第510条。包装方式、规格或标准,国内买卖合同尤为重要,外贸交易中同样重要。《国际货物销售合同公约》第35条对此也作出了明确规定,即卖方交付的货物必须与合同所规定的数量、质量和规格相符,并须按照合同所规定的方式装箱或包装。除双方当事人业已另有协议外,货物除非符合规定,否则即为与合同不符。货物按照同类货物通用的方式装箱或包装,如果没有此种通用方式,则按照足以保全和保护货物的方式装箱包装。上述案例中,正是因为货物的包装符合规定,才使法院认定货物损失与包装没有因果关系,故新桥公司无须承担货物损失赔偿责任。那么,若是商品包装不符合约定或者法律规定,则需要向买受人承担赔偿责任。

在我国,为了保护消费者权益,《食品安全法》还特意对食品包装作出特别规定,《食品安全法》要求"直接入口的食品应当使用无毒、清洁的包装材料、餐具、饮具和容器";对食品包装,从第66条到第67条分别就进口产品、预包装产品以及散装产品作出了强制性的规定,任何企业不得违反,否则需要对消费者承担赔偿责任和惩罚性赔偿责任①,同时需承担行政责任。

---

① 黄宏河与广西利客隆超市有限公司南宁朝阳店、广西利客隆超市有限公司买卖合同纠纷案中,一审法院认为:原告在被告利客隆公司朝阳店处购买了"花之恋语"牌绿茶酥、释迦酥、哈密瓜酥,双方之间买卖合同关系成立,且合法有效。由于《食品安全法》是特别法,本案涉及食品安全问题的处理,故应当优先适用《食品安全法》及相关法律法规之规定。原告主张涉案产品为不安全食品,其提交涉案产品即实物外包装确未按有关规定标注代理商、进口商等信息,在此情况下,应由被告对涉案产品是否符合食品安全承担举证责任。两被告虽向本院提交了入境货物检验检疫证明以及海关进口货物报关单,但从本院分别向出具该两份文件的机关平潭检验检疫局、平潭海关核实的情况来看,该检验检疫证明及报关单以及相关附件中均未载明所涉货物的具体生产日期或批次,无法核实涉案产品是前述检验检疫证明及报关单中所涉及的进口货物,故本院对前述入境货物检验检疫证明以及海关进口货物报关单的关联性不予采纳,两被告亦未能提交其他关于涉案产品的合格证明,依据《民事诉讼法解释》第90条的规定,两被告应对此承担举证不能的不利后果,故本院对原告关于涉案产品属于不安全食品的主张予以采纳。依据《食品安全法》(2009年2月28日颁布)第39条的规定,被告利客隆公司朝阳店作为食品经营者,在采购食品时应当查验供货者的许可证和食品合格的证明文件,现被告利客隆公司朝阳店无法提供涉案产品有效的食品合格证明文件,即可推定其在采购涉案产品时,未尽到前述法定的查验义务,依据《最高人民法院关于审理食品药品纠纷案件适用法律若干问题的规定》第15条的规定,被告利客隆公司朝阳店的上述行为已经构成销售明知是不符合安全标准的食品,故原告要求被告利客隆公司朝阳店退还购物款846元并十倍赔偿原告8460元的主张,符合法律规定,本院予以支持。参见(2015)兴民一初字第1453号。

【法务提示】

(1)明确包装相关条款

买卖合同中,由于买卖标的的特殊性,不同的包装会给产品带来不同的影响。法律对产品包装规格并没有强制性规定,故需要当事人根据实际情况和需要在合同中予以约定。出卖人与买受人应明确产品包装的材料、包装方式、包装的程度、包装的费用承担等包装相关条款。避免因产品包装费用的承担以及因包装不善引发纠纷的风险。

(2)符合法律规定的包装方式

若是法律对包装有特殊规定的,即使合同没有约定,或者约定的包装标准低于法律强制性规定的,则出卖方仍需要根据法律规定执行。因为低于国家强制性规定的包装标准约定,可能无效。或者在买卖合同当事人之间是有效的,但对于消费者来说,仍需要承担法律责任,包括十倍惩罚性赔偿责任。

(3)足以保护标的物的包装方式

若是既无法律强制性规定,也无合同约定,甚至很难明确出包装规格,则采用足以保护标的物的包装方式。至于何为"足以保护标的物的包装方式",则需根据具体的买卖合同标的物作出判断。

【法条链接】

《民法典》

第五百一十条 合同生效后,当事人就质量、价款或者报酬、履行地点等内容没有约定或者约定不明确的,可以协议补充;不能达成补充协议的,按照合同相关条款或者交易习惯确定。

第六百一十九条 出卖人应当按照约定的包装方式交付标的物。对包装方式没有约定或者约定不明确,依据本法第五百一十条的规定仍不能确定的,应当按照通用的方式包装;没有通用方式的,应当采取足以保护标的物且有利于节约资源、保护生态环境的包装方式。

《食品安全法》

第六十七条 预包装食品的包装上应当有标签。标签应当标明下列事项:

(一)名称、规格、净含量、生产日期;

(二)成分或者配料表;

(三)生产者的名称、地址、联系方式;

(四)保质期;

(五)产品标准代号;

(六)贮存条件;

(七)所使用的食品添加剂在国家标准中的通用名称;

(八)生产许可证编号;

(九)法律、法规或者食品安全标准规定应当标明的其他事项。

专供婴幼儿和其他特定人群的主辅食品,其标签还应当标明主要营养成分及其含量。

食品安全国家标准对标签标注事项另有规定的,从其规定。

第六十八条　食品经营者销售散装食品,应当在散装食品的容器、外包装上标明食品的名称、生产日期或者生产批号、保质期以及生产经营者名称、地址、联系方式等内容。

第九十七条　进口的预包装食品、食品添加剂应当有中文标签;依法应当有说明书的,还应当有中文说明书。标签、说明书应当符合本法以及我国其他有关法律、行政法规的规定和食品安全国家标准的要求,并载明食品的原产地以及境内代理商的名称、地址、联系方式。预包装食品没有中文标签、中文说明书或者标签、说明书不符合本条规定的,不得进口。

风险点2-4
合同价款及结算约定有瑕疵

【案例】

大庆凯明风电塔筒制造有限公司(以下简称凯明公司)因与华锐风电科技(集团)股份有限公司(以下简称华锐公司)买卖合同纠纷二审中,最高人民法院经审查认为,凯明公司与华锐公司签订了《塔筒买卖合同》,其中价格条款约定,每套塔筒暂定305.75吨,每套塔筒总价3,711,805元,合同总价款为237,555,520元,最终总价以双方依据买方(华锐公司)图纸核定吨数为准(当板材、法兰市场价格浮动大于等于附件1中板材、法兰价格的5%时,供货价格据此调整)。合同附件1单套塔架报价构成第一项,名称:塔筒本体及基础环板;材料名称及规格:q345e;单位:吨;数量:261;按整套塔筒306吨计单价:5540;总价:1,695,240元;备注:按照图纸要求,筒体板材吨均价6042.6元(含6%消耗)。正如凯明公司在申请再审书中所称,板材消耗是指在订购板材原料时,为了保证产品精度要求而预先为生产加工过程中板材切割下料环节留出的一小部分加工余量。可见,在板材交易过程当中,购买的板材原料的多少是应当考虑到加工余量的。以实际购买板材原料支付的货款除以实际购买板材原料的总吨数,所得出的单价是包括了加工消耗的市场价格。原审已经查明确认的凯明公司实际采购塔筒板材17,350吨,共支付货款109,304,462.58元,每吨均价为6299.97元。这一价格就是将加工消耗考虑在内的实际采购价格。而合同附件1中的6042.6元是按照设计图纸的要求,将加工余量计算在内确定的合同预订价格。二审判决以含加工消耗的合同预订单价6042.6元与将加工消耗考虑在内的实际采购单价6299.97元进行对比,认定合同履行的实际上浮幅度为4.26%,小于合同约定的价格调整幅度上浮5%的比例,采用的对比标准是一致的。凯明公司以购买板材吨均价6300元与合同约定的5700.57元相比上涨了599.43元,上涨幅度为10.52%,超出了合同约定的5%标准,故对供货价格应予调整的理由不能成立。①

【法理分析】

价款及结算是合同的主要条款。价格对买卖合同的交易双方都比较重要,因此明确约定产品价格、付款方式、付款期限,有利于保护交易双方的权利。否则,对于出卖人而言,要求买受人支付全部价款再交付货物;对于买受人而言,则要求收到全部货物并验收合格后再支付货款。因此,若对产品价格、付款方式、付款期限不明确的话,很容易因约定不明而发生纠纷。

【法务提示】

(1)明确产品单价或总价款

明确产品的单价或产品的总价,注明结算币种,即人民币还是其他币种。

产品价格是含税价还是不含税价,税点是多少,税由谁承担,以及产品价格是否包括包装费、运输费、装卸费、管理费、利润、保险费等费用。

(2)明确货款结算

货款结算应明确支付金额、支付时间、支付方式,明确买受人在什么情况下以什么方式支付多少金额的货款。建议在合同中明确约定出卖人确认的收款账号,明确开户行及银行账号,并由出卖人承担因账户问题而产生的任何风险及责任。

(3)约定定期对账结算

若买卖合同的双方存在持续性买卖合同关系的,建议定期进行对账结算,由交易主体双方在对账单或结算凭证上加盖公章。另外,尽量通过银行转账方式进行结算,避免现金结算的方式,因为现金结算涉及经办人签收,签收效力的认定可能存在不必要的麻烦。

(4)应当确定产品数量或产品重量采用什么样的计量方式

出卖人与买受人应当确定产品数量或产品重量采用什么样的计量方式,以及产品数量或产品重量允许的误差范围,避免因买卖双方的理解不一致而引发争议的风险。另外,若采购的是设备,不能简单地约定采购一套设备,而是应该明确这一套设备的配套备品备件等辅助设施,必要时应当以清单的方式予以明确,若未注明则很容易引发争议。

【法条链接】

《民法典》

第五百九十六条　买卖合同的内容一般包括标的物的名称、数量、质量、价款、履

---

① 参见大庆凯明风电塔筒制造有限公司与华锐风电科技(集团)股份有限公司买卖合同纠纷民事裁定书,(2014)民申字第1592号。

行期限、履行地点和方式、包装方式、检验标准和方法、结算方式、合同使用的文字及其效力等条款。

第五百一十条 合同生效后，当事人就质量、价款或者报酬、履行地点等内容没有约定或者约定不明确的，可以协议补充；不能达成补充协议的，按照合同相关条款或者交易习惯确定。

第五百一十一条 当事人就有关合同内容约定不明确，依据前条规定仍不能确定的，适用下列规定：

（一）质量要求不明确的，按照强制性国家标准履行；没有强制性国家标准的，按照推荐性国家标准履行；没有推荐性国家标准的，按照行业标准履行；没有国家标准、行业标准的，按照通常标准或者符合合同目的的特定标准履行。

（二）价款或者报酬不明确的，按照订立合同时履行地的市场价格履行；依法应当执行政府定价或者政府指导价的，依照规定履行。

（三）履行地点不明确，给付货币的，在接受货币一方所在地履行；交付不动产的，在不动产所在地履行；其他标的，在履行义务一方所在地履行。

（四）履行期限不明确的，债务人可以随时履行，债权人也可以随时请求履行，但是应当给对方必要的准备时间。

（五）履行方式不明确的，按照有利于实现合同目的的方式履行。

（六）履行费用的负担不明确的，由履行义务一方负担；因债权人原因增加的履行费用，由债权人负担。

风险点2－5
“定金”和“订金”未予区分

【案例】

在高某某与荆某股权转让纠纷案中，二审法院认为：“本案二审的争议问题为：涉案300万元款项的性质能否认定为定金；荆某是否有权向高某某主张予以返还。”对此，法院的认定意见为：“本案高某某主张荆某向其支付的300万元款项为定金的理由为：在两人于上述款项支付当日所往来的短信中，荆某本人曾对该款表述为‘定金300万元’；而在两日后的2012年11月28日，荆某又通过电子邮件与其协商签订定金协议，且在此后的2013年1月荆某在所发短信中亦有过‘打定金给你’的表述。但上述事实，如原审判决所认为的仅能表明荆某曾单方将该款的性质表述为定金，以及双方曾经拟协商将该300万元作为定金以及签订定金协议。本案关键的问题在于，高某某于2012年11月30日正式出具款项收据时，并未明确将该300万元款项定性为定金而是实际书写为订金。对此，高某某的代理人在二审庭审陈述理由为高某某本人对于定金和订金的法律概念存在认识不清。荆某的代理人则表示，因当时还有案外第三方在与高某某等3名股东洽谈千岛湖公司股权收购及对应项目的开发事宜，故高某某基于不想承担定金罚则的原因考虑，才最终决定在出具收款收据时将所收款项的性质书写为订金，不存在高某某本人对于定金和订金的法律概念存在认识不清的事实。从高某某本人提供的经上海市卢湾公证处公证的荆某与其本人于2012年11月28日往来的电子邮件及作为附件的股权转让定金协议内容可以反映，在高某某出具涉案收据前，其与荆某已经在就涉案300万元款项是否可作为定金以及签订定金协议的事项进行磋商，且作为附件的定金协议中明确约定有定金罚则的内容。因此，高某某本人应该清楚定金和订金的法律概念，故涉案款项的性质在无其他证据证明已经各方一致另行达成合意为定金的情况下，应以高某某出具的收据内容为认定依据，即应为订金。关于荆某是否有权向高某某主张予以返还涉案300万元款项的问题。鉴于上述作出的涉案300万元款项为订金的认定意见，同时基于荆某与高某某、张某某、王某某等人亦均确认该300万元款项系荆某为签订涉案股权转让协议而支付的款项。因此，在各方最终未能签订涉案股权转让协议，且今后亦再无签订可能的情况下，荆某依法有权要求当时作为收款人的高某某承担返还责任。”①

【法理分析】

在法律上而言，“定金”与“订金”“保证金”含义均不同。在签订合同时，出卖人可能为了确保合同履行而要求买受人交付定金，“定金”具有特定法律含义。

通常而言，定金是指合同当事人约定的，为担保合同的履行，一方当事人预先支付给另一方当事人一定数额的款项。根据我国《民法典》的规定，定金是一种与抵押、质押、保证等同类的债权担保方式。其作用主要体现为“定金罚则”，即给付定金的一方当事人不履行约定债务的，无权要求返还定金；收受定金的一方当事人不履行约定债务的，应当双倍返还定金。定金分为订约定金、成约定金、证约定金、违约定金、解约定金。其中，立约定金是指双方当事人为保证以后正式签订合同而设立的定金，即以定金的交付作为订立主合同的担保，任何一方拒绝订立主合同的则应按定金罚则处理。

至于订金则一般可以理解为当事一方预付的一部分款项，是当事人的一种提前支付手段，而非当事各方单独的另有约定作用的款项。预付款交付以后，支付一方不履行合同，并不丧失返还预付款的请求权；接受一方不履行，也不发生双倍返还的法律后果，只是根据当事人的违约状况确定民事责任的承担，即运用违约责任的归责原则。

上述案例中，当事人一方单方面认定为“定金”不为法院所认可，充分说明，定金法则需要在合同中明确约定，是双方意思自治的体现，否则不会发生担保的效力。

【法务提示】

(1)将“定金”作为担保方式

因此，在签订合同时若想将预付款项作为债权的担保方式，请务必注明“定金”字样。如果使用了“订金”“保证金”等字样且在合同中没有明确表述一旦支付方违约将不予返还、一旦收受方违约将双倍返还的内容，法院将无法将其认定为定金性质，也就无法主张定金罚则。

(2)定金数额不宜超过标的额的20%

另外，定金的数额由当事人约定；但是，不得超过主合同标的额的20%，超过部分不产生定金的效力。实际交付的定金数额多于或者少于约定数额的，视为变更约定的定金数额。因此，在合同履行过程中也要特别注意实际交付的定金数额，要区别交付的是定金还是货款，建议在付款时注明。

---

① 参见高某某与荆某股权转让纠纷二审民事判决书，(2013)沪二中民四(商)终字第1242号。

【法条链接】

《民法典》

第五百八十七条　债务人履行债务的,定金应当抵作价款或者收回。给付定金的一方不履行债务或者履行债务不符合约定,致使不能实现合同目的的,无权请求返还定金;收受定金的一方不履行债务或者履行债务不符合约定,致使不能实现合同目的的,应当双倍返还定金。

风险点 2－6
预约合同未约定违约责任

【案例】

例 1:上海信博实业有限公司(以下简称信博公司)诉招商银行股份有限公司小企业信贷中心(以下简称招行小企业信贷中心)授信合同纠纷案中,江苏省苏州市工业园区人民法院经审理认为,信博公司与招行小企业信贷中心协商签订的授信协议成立有效。协议签订后,招行小企业信贷中心就信博公司授信期限内提出的贷款申请,负有依据约定审查,并在对方不违反授信协议各项约定的情况下与之订立贷款合同的义务。信博公司提出贷款申请后,银行无正当理由拒绝与之订立贷款合同,存在其他违背诚信缔约原则之行为,应承担相应法律责任。但鉴于信博公司起诉所主张的损失无法证明与招行小企业信贷中心行为相关联并属于相应责任范围,故对其诉请要求赔偿违约金的请求,法院不予支持。据此,法院判决:驳回原告信博公司的诉讼请求。①

例 2:陕西安同实业发展有限公司、张军杰与陕西安同实业发展有限公司、张军杰商品房预约合同纠纷申请再审案中,最高人民法院认为:“本案是商品房预约合同纠纷。根据安同公司的再审申请,本院重点审查以下问题:(一)涉案合同是否有效;(二)判令安同公司在支付违约金的同时赔偿利息损失,是否具有法律依据。

双方当事人签订的《西安市东大街安同国际生活城内部认购协议书》(以下简称内部认购协议书)尽管约定了房屋买卖合同的主要内容,但不仅其名称为内部认购协议书,而且明确约定还需另行签订正式买卖合同,二审法院认定该协议书为商品房预约合同,事实依据充分。安同公司未取得商品房预售许可证,不影响该预约合同的效力。安同公司关于二审判决认定合同效力存在错误的申请理由,没有事实及法律依据,本院不予支持。

---

① 参见上海信博实业有限公司与招商银行股份有限公司小企业信贷中心授信协议纠纷一审判决书,(2011)园商初字第 0018 号。

涉案内部认购协议书签订1年内,双方未能签订正式买卖合同,张军杰依照约定享有并行使了合同解除权。尽管双方2014年11月27日经协商订立了《退款承诺书》,对安同公司返还购房款的期限作出了新的约定,但该承诺书同时约定'房款分三次退完,退完房款后合同自行作废'。安同公司申请再审时主张已经返还60万元,但此项主张与其在一、二审中认可的该款为其他案件而非本案项下购房款的事实相矛盾。因安同公司没有按照承诺退还房款,因此原合同即内部认购协议书仍然有效。二审判决按照内部认购协议书中的约定,判令安同公司支付违约金,并无不当。"①

【法理分析】

预约合同使当事人负有将来按预约合同规定的条件订立主合同的义务,而不负履行将来要订立的合同的义务。

(1)预约合同不同于本约

上述两则案例均为预约合同纠纷案,但预约合同不同于本约。具体至案例1,预约合同与贷款协议的本约合同在法律上有着本质的不同。银行违反预约合同的法律责任,应当向申请人赔偿信赖利益损失;银行违反本约合同的法律责任,应当向申请人赔偿可得利益损失。银行负有在授信期间内,申请人不违反授信协议约定,且授信人资信、贷款风险较之授信时无重大变化的前提下,与申请人订立贷款合同的义务,而不负有依据客户申请直接发放贷款的义务。案例2,则是预约合同不等于商品房买卖合同,故开发商仅对违反预约合同承担责任,却不代表需要履行还未签订的商品房买卖合同的义务。

(2)违反预约合同可要求承担违约责任

预约合同是将来一定期限内订立合同,当事人一方不履行预约合同约定的订立合同义务的,对方也可以请求其承担预约合同的违约责任。

当事人基于预约而产生的权利是对将来订立本约的一种期待权,预约债权人有理由相信预约债务人将来会受此约束,并基于这种信赖而行事。如果预约债务人违反义务,则必将使预约债权人蒙受不利益。但损害赔偿的范围应是信赖利益,即预约债权人只能请求赔偿因此而遭受的损失,而不能按照预定的本约内容,请求赔偿其可预期的利益。

但是,若是预约合同中没有约定违约责任,法院没有依据要求违约方承担违约责任。上述两则案例形成鲜明对比,第一则案例中没有约定违约责任,银行虽违约,但因信博公司无法证明损失的关联性,银行无须承担违约责任;第二则案例中,则不仅构成

① 参见陕西安同实业发展有限公司与张军杰商品房预约合同纠纷再审民事裁定书,(2016)最高法民申181号。

违约,还需要根据协议承担违约责任。

【法务提示】

(1)保留能够证明预约合同成立的证据

预约合同的表现形式可能是认购书、订购书、预定书等,即没有明确表示为预约合同。实务中很少在文字中直接表明预约合同的性质,一旦发生争议,很难被认定为违约行为。

(2)明确违反预约合同的违约责任

明确约定违反预约合同须赔偿损失和承担违约责任。我国民事赔偿中的损失,多数指因为违约行为直接给守约方带来的损害。实务中签订预约合同之后,因为对相对人的信任,可能放弃其他合同机会。一旦预约合同违约,期待利益落空,该期待利益和放弃的机会利益均无法根据法律规定获得赔偿。若是预约合同中有违约责任条款,则可以根据该条款要求违约方承担责任。

因此,应在合同条款中明确预约合同的违约情形和对应的违约责任。因为预约合同是合同之一种,违反合同可以要求承担违约责任。若是没有设立违约条款,不明确违约责任,则根据违约给守约方带来的损失为标准,守约方要求违约方赔偿损失。关于损失赔偿,主要以直接损失为计算标准。

【法条链接】

《民法典》

第四百九十五条 当事人约定在将来一定期限内订立合同的认购书、订购书、预订书等,构成预约合同。

当事人一方不履行预约合同约定的订立合同义务的,对方可以请求其承担预约合同的违约责任。

风险点2－7

交付时间和方式未约定或含糊

【案例】

在中国铁路物资天津有限公司与唐山友发钢管制造有限公司、哈尔滨双利物资经销有限公司买卖合同纠纷再审案中，最高人民法院认为：友发公司和中铁物资天津公司签订的《工矿产品购销合同》约定“货物所有权自交付给第一承运人时起转移至需方”，该合同明确写明“需方：中国铁路物资天津有限公司”，因此货物所有权自交付给第一承运人时起转移至中铁物资天津公司。《工矿产品购销合同》对提货的约定为“需方或需方指定的其他人自提货物”，中铁物资天津公司可以指定双利公司提货，也可以自行提货，如果指定双利公司提货，货物所有权转移至中铁物资天津公司的同时转移至双利公司；如果自行提货，货物所有权转移至中铁物资天津公司，并不同时转移至双利公司。因此，二审判决关于无论货物是否出厂，中铁物资天津公司对该批货物均不享有所有权的认定错误。根据《工矿产品购销合同》《钢材销售合同》的约定，双利公司不能直接要求友发公司向其发货，中铁物资天津公司在双利公司交款后，向双利公司出具提货委托书，向友发公司出具发货通知单，友发公司在接到中铁物资天津公司的发货通知单才能发货，中铁物资天津公司通过这样的交易安排，避免承担双利公司不能支付货款的资金风险，但如遇双利公司不能支付货款，中铁物资天津公司另行销售的市场风险仍难以避免。在实际履行过程中，中铁物资天津公司对友发公司未接到发货通知单即发货的行为进行了追认，但并不意味着变更了合同的约定。二审判决关于中铁物资天津公司不承担任何风险的认定错误。《钢材销售合同》约定“买受人交款后，出卖人按买受人出具的提货申请书为买受人出具提货委托书，并安排生产厂家交货”，“生产厂家向买受人交付提货委托书约定的货物后，即视为出卖人向买受人履行货物交付义务”，“买受人交现款提货，款项到达出卖人账户视为收到货款”，根据该合同，双利公司负有向中铁物资天津公司交款的义务，中铁物资天津公司负有向双利公司交付货物的义务。因此，《钢材销售合同》无论是合同名称还是合同条款都体现了出卖人转移标的物的所有权于买受人、买受人支付价款的内容,符合买卖合同的特征。合同中“出卖人为买受人代订货物”的表述,不能改变该合同系买卖合同法律关系的性质。中铁物资天津公司关于本案所涉并非委托代理关系的申请再审理由成立。①

【法理分析】

(1)交付时间是确定标的物风险由谁承担的重要标准

交付时间是买卖合同的重要条款,其重要性在于因出卖人原因导致标的物不能按约定期限交付的、出卖人应承担逾期交付或提前交易的违约责任,以及因买受人原因致使标的物不能按约定期限交付的,买受人应自违反约定之日起承担标的物毁损、灭失的风险。

(2)不同的交付方式关系到运费及运输风险

交付方式一般包括买方自提、卖方代办运输和卖方送货上门三种方式,这三种交付方式的不同关系到运费的承担主体以及运输风险的承担主体的不同。在买方自提的情况下,买方是委托物流公司提货还是派自有车辆提货的风险也不同,这种模式下运输费用由买方承担,运输中风险就买卖双方而言由买方承担;在卖方代办运输的情况下,运输公司是买方指定或者卖方自主选定的风险也不同,要根据实际约定判断;而卖方送货上门,运输费用不仅由卖方承担,至买方收货前,货物的风险由卖方承担。故需要双方在合同中明确约定交付方式。

【法务提示】

(1)约定明确的交付时间

“交付”作为风险转移的分界点,即标的物风险交付之前由出卖人承担,交付之后由买受人承担。当然,当事人也可以在合同中明确约定交付的方式、时间,以明确双方对标的物风险的承担。交付时间是一个重要的时间节点,有必要进行明确约定以避免纠纷的产生。

(2)约定明确的交付方式

根据标的物是否需要运输以及标的物交付地点等情况,明确约定交付方式。如标的物需要运输的,是否以出卖人将标的物交付给第一承运人以运交给买受人为交付方式;标的物不需要运输的,出卖人和买受人应约定明确的交付地点交付标的物等,以避免买卖双方因交付方式不明确产生的纠纷。

(3)合同履行中卖方应保存交付货物的证据

实务中,卖方需要在合同履行中妥善保管对于证明双方之间合同具体内容具有证

---

① 参见中国铁路物资天津有限公司与唐山友发钢管制造有限公司、哈尔滨双利物资经销有限公司买卖合同纠纷再审民事判决书,(2015)民提字第201号。

明力的下述资料:与合同签订和履行相关的发票,送货凭证,汇款凭证,验收记录,在磋商和履行过程中形成的电子邮件、传真、信函等资料。实践中送货单、出库单或物流单等相关收据经常由买受人的业务员或者仓库人员等进行签收。若产生纠纷,卖方无法证实该签收人员身份时则可能承担不利后果。因此,建议在合同中约定一个或几个指定人员进行签收,避免因卖方无法证实该签收人员身份产生的风险以及每次要求买受人加盖公章而造成的不方便。

【法条链接】

《民法典》

第五百九十八条　出卖人应当履行向买受人交付标的物或者交付提取标的物的单证,并转移标的物所有权的义务。

第五百九十九条　出卖人应当按照约定或者交易习惯向买受人交付提取标的物单证以外的有关单证和资料。

第六百零一条　出卖人应当按照约定的时间交付标的物。约定交付期限的,出卖人可以在该交付期限内的任何时间交付。

第六百零二条　当事人没有约定标的物的交付期限或者约定不明确的,适用本法第五百一十条、第五百一十一条第四项的规定。

第六百零四条　标的物毁损、灭失的风险,在标的物交付之前由出卖人承担,交付之后由买受人承担,但是法律另有规定或者当事人另有约定的除外。

风险点 2-8
标的物交付地点不明确

【案例】

在广东省金属材料公司与江苏峻丰国际贸易有限公司、中天钢铁集团有限公司买卖合同纠纷案中，最高人民法院认为：关于峻丰公司是否已实际完成案涉买卖合同项下的交货义务问题。首先，对于第一单发货申请，根据承运人长生公司留存的承运物资调配单、杭州崇贤港出具的情况说明等证据，可以证明峻丰公司已经将与金属公司第一单发货申请一致的货物运至杭州崇贤港并交付。金属公司主张第一单交货地点是上海长耕码头，峻丰公司没有按照要求发货。但金属公司在第一单发货申请上并未注明交货地点，也没有提供其指定上海长耕码头为交货地点的证据。而中天公司依据金属公司第一单发货申请作出的内部发货申请上载明交货地点为杭州崇贤港，一、二审法院据此并结合常理及交易惯例认定第一单发货申请的货物交付地点为杭州崇贤港，峻丰公司履行了第一单发货申请项下的交货义务并无不当。一、二审法院认为即使不能确定货物交付地点为杭州崇贤港，依据《合同法》第 141 条和第 145 条的规定，也应认定峻丰公司将案涉货物交给第一承运人长生公司后，视为履行完毕交货义务。这是对认定峻丰公司已经履行了第一单发货申请项下交货义务的理由补强，并不存在矛盾之处。其次，对于第二单发货申请，金属公司在发货申请上注明船号为“徐州货5658、手机号 138××××1833”，根据一审法院对季连金所做的调查笔录，长生公司的承运物资调配单及中天公司的成品出库单等证据，可以证明季连金系徐州货5658 号船的船主，发货申请上的手机号码系其所有，其在中天公司的成品出库单上签名真实，峻丰公司已按照第二单发货申请要求将货物交由金属公司指定的承运人徐州货 5658 号船运输，履行了相应的交货义务。最后，对于第三单交货申请，金属公司的发货申请上注明到港码头“上海长耕码头(南蕴藻路)”，联系电话“135××××9778 廖”。长生公司留存的 5 张承运物资调配单的运输回单联可以证明，峻丰公司已将第三单交货申请项下货物运送至上海长耕码头，其中 2 张调配单上加盖了上海长耕内河装卸服务站的收货专用章；另 3 张调配单上加盖了上海金为实业发展有限公司的收货专用章。因为该调配单系承运人长生公司出具，其上已载明收货单位为金属公司及卸货地点为上海长耕码头，所注明的联系电话与金属公司发货申请上的联系电话亦相同，故应认定峻丰公司按照金属公司要求发货并交付，已完成相应的交货义务……驳回广东省金属材料公司的再审申请。①

【法理分析】

(1)交付地点是合同的重要内容

交付地点是合同的重要内容，按照约定的地点交付货物也是重要的合同义务。作为卖方的企业应根据合同约定的交付地点交付标的物，交付地点又与标的物毁损、灭失的风险承担息息相关。在法律或当事人没有约定的情况下，标的物毁损、灭失的风险，在标的物交付之前由出卖人承担，交付之后由买受人承担。若当事人没有约定交付地点或约定不明的，则容易在合同履行中发生纠纷。

(2)交付地点可根据合同或交易习惯确定

买卖合同如果没有约定交付地点或者约定得不明确的，当事人可以协商达成补充协议，不能达成补充协议的，按照合同有关条款或者交易习惯确定。如果这样仍然不能确定交付地点，适用以下规则：

第一，如果买卖合同标的物需要运输，无论运输以及运输工具是出卖人安排的，还是买受人安排的，出卖人的交付义务就是将标的物交付给第一承运人。即使在一批货物需要经过两个以上的承运人才能运给买方的情况下，出卖人也只需把货物交给第一承运人。这时即认为出卖人已履行了交付义务。因此，出卖人交付的地点也就是应当将标的物交付给第一承运人的地点。

第二，如果标的物不需要运输，即合同中没有涉及运输的事宜，这时如果出卖人和买受人订立合同时知道标的物在某一地点的，出卖人应当在该地点交付标的物。双方当事人知道标的物在某一地点，一般在以下情况中较为常见：买卖合同的标的物是特定物；标的物是从某批特定存货中提取的货物，如指定存放在某地的小麦仓库中提取若干吨小麦作为交付的货物；标的物是尚待加工生产或者制造的未经特定化的货物，如买卖的定货将在某地某家工厂加工制造。

第三，在不属于以上两种情况的其他情况下，出卖人的义务是在其订立合同时的营业地把标的物交付买受人处置。出卖人应当采取一切必要的行动，让买受人能够取得标的物，如做好交付前的准备工作，将标的物适当包装，刷上必要的标志，并向买受

---

① 参见广东省金属材料公司与江苏峻丰国际贸易有限公司、中天钢铁集团有限公司买卖合同纠纷再审民事裁定书，(2014)民申字第 1868 号。

人发出通知让其提货等。

【法务提示】

(1)应根据标的物是否需要运输、明确约定交付地点

无论标的物是否需要运输,作为买受人来说,明确标的物在买方处或买方指定交付地点更为稳妥,以规避标的物在运输途中发生毁损、灭失的风险。

(2)买受人根据约定收取标的物

作为买受人来说,出卖人在交付地点交付标的物后,买受人应按合同约定及时收取标的物,如果买受人违反约定没有收取标的物的,则标的物毁损、灭失的风险自违反约定时起由买受人承担。

【法条链接】

《民法典》

第六百零三条 出卖人应当按照约定的地点交付标的物。

当事人没有约定交付地点或者约定不明确,依据本法第五百一十条的规定仍不能确定的,适用下列规定:

(一)标的物需要运输的,出卖人应当将标的物交付给第一承运人以运交给买受人;

(二)标的物不需要运输,出卖人和买受人订立合同时知道标的物在某一地点的,出卖人应当在该地点交付标的物;不知道标的物在某一地点的,应当在出卖人订立合同时的营业地交付标的物。

第六百零八条 出卖人按照约定或者依据本法第六百零三条第二款第二项的规定将标的物置于交付地点,买受人违反约定没有收取的,标的物毁损、灭失的风险自违反约定时起由买受人承担。

风险点 2 - 9
买卖合同所有权保留未经登记

【案例】

在中国石化燃料油销售有限公司福建分公司、广东正泰能源有限公司第三人撤销之诉再审案中，涉案 5 号、9 号、13 号油罐油品已在正泰公司诉盈昌公司的案件中被采取保全，随后中石化福建公司向福建省高级人民法院提起案涉油品归属于中石化福建公司的买卖合同纠纷，福建省高级人民法院作出(2014)闽民初字第 83 号民事判决书(以下简称 83 号案件)，确认存放于盈昌(鹤山)重道路沥青有限公司盈昌工厂厂区燃料油 13,023.21 吨的所有权归属于原告中国石化燃料油销售有限公司福建分公司(具体的油罐号为 1 - 6 号、8 - 9 号、12 - 16 号)。

最高人民法院认为：关于 83 号案件确认案涉油品归属中石化福建公司是否正确。中石化福建公司与盈昌公司签订《货权确认书》将原销售合同中关于所有权转移的条款变更为盈昌公司付款之后案涉油品所有权才发生转移。因案涉油品在没有采取专门入库管理措施的情况下，储存在盈昌公司厂区油罐内，中石化福建公司亦未实施有效占有，很难与盈昌公司厂区内其他供货商陆续交付的油品区分。故原判决认定中石化福建公司在 83 号案件中提交的证据不足以证明案涉油品归属于中石化福建公司，并不缺乏证据证明，适用法律亦无不当。如上所述，中石化福建公司并不享有案涉油品的所有权。在盈昌公司存在众多债权人且案涉油品已被多家法院查封的情形下，83 号案件判决案涉油品归属于中石化福建公司所有，减少盈昌公司财产和降低其清偿能力。因此，原判决认定 83 号案件侵犯其他债权人利益并依法撤销盈昌公司厂区内油罐油品归属中石化福建公司，并无不妥。①

① 参见中国石化燃料油销售有限公司福建分公司、广东正泰能源有限公司第三人撤销之诉再审审查与审判监督民事裁定书，(2018)最高法民申 5197 号。

【法理分析】

(1)所有权保留有担保功能

所有权保留是指在移转财产所有权的商品交易中,根据法律的规定或者当事人的约定,财产所有人移转标的物的占有权给对方当事人,但仍保留其对该财产的所有权,待对方当事人支付部分或全部价款,或完成特定条件时,该财产的所有权才发生移转的一种法律制度。

(2)所有权保留的有效要件

在没有特别约定的情况下,标的物的所有权自标的物交付时起转移。如果标的物交付后,价款尚未支付完毕,而买方债务较多,卖方的风险将大大增加。卖方可在合同中约定标的物交付后所有权保留条款以防范风险,即约定买受人未履行完毕支付价款或者其他义务的,标的物仍属于出卖人所有。

所有权保留是一种通过延缓所有权移转的方式来担保出卖人货款债权获偿的担保方式。因此,依其自身要求看,其设立应该具备以下几个要件:作为担保目的的债权的有效存在;产生该债权的买卖或赠与合同中附有所有权保留条款;标的物已由保留所有权人移转与相对方占有。缺失任何一个要件均不能有效设定所有权保留。在这三个要件中,最关键的问题是产生债权的合同中是否订有所有权保留条款。

(3)未经登记不得对抗善意第三人

当事人可以在买卖合同中约定买受人未履行支付价款或者其他义务的,标的物的所有权属于出卖人。但出卖人对标的物保留的所有权,未经登记的不得对抗善意第三人。这说明我国对所有权保留采取登记对抗主义,主张当事人为所有权保留之约定,除有当事人合意外,还必须以一定的方式进行登记方能产生对抗效力。上述案例充分说明所有权保留的有效和能否对抗第三人不是绝对对等的。

【法务提示】

(1)合同中约定所有权保留条款,即明确约定买受人未履行支付价款或者其他义务的,标的物的所有权属于出卖人。

(2)尽快完成登记以对抗第三人。

【法条链接】

《民法典》

第六百四十一条 当事人可以在买卖合同中约定买受人未履行支付价款或者其他义务的,标的物的所有权属于出卖人。

出卖人对标的物保留的所有权,未经登记,不得对抗善意第三人。

第六百四十二条 当事人约定出卖人保留合同标的物的所有权,在标的物所有权转移前，买受人有下列情形之一，造成出卖人损害的，除当事人另有约定外，出卖人有权取回标的物：

（一）未按照约定支付价款，经催告后在合理期限内仍未支付；

（二）未按照约定完成特定条件；

（三）将标的物出卖、出质或者作出其他不当处分。

出卖人可以与买受人协商取回标的物；协商不成的，可以参照适用担保物权的实现程序。

第六百四十三条　出卖人依据前条第一款的规定取回标的物后，买受人在双方约定或者出卖人指定的合理回赎期限内，消除出卖人取回标的物的事由的，可以请求回赎标的物。

买受人在回赎期限内没有回赎标的物，出卖人可以以合理价格将标的物出卖给第三人，出卖所得价款扣除买受人未支付的价款以及必要费用后仍有剩余的，应当返还买受人；不足部分由买受人清偿。

风险点 2-10
验收或检验标准约定存在争议

【案例】

在上海艾为电子技术股份有限公司诉上海旭丰硅电子有限公司买卖合同纠纷案中，艾为公司是否对系争设备进行过检验，艾为公司能否以系争设备验收不合格为由拒付系争款项？针对此争议焦点，二审法院认为：首先，对系争设备检验标准进行分析，基于系争合同的约定，系争设备的检验标准为该合同附件《硅麦设备技术协议》所记载的技术要求，而旭丰公司法定代表人在双方签订系争合同前与艾为公司工作人员的往来邮件中并未对艾为公司的需求说明予以确定性回复，在其后签订的系争合同约定中对相关需求说明也未予涉及；与此同时，双方当事人在就系争设备调试过程中亦未确定新的检验标准，故本院认定系争设备检验标准为系争合同中附件所记载的技术要求。其次，对艾为公司是否对系争设备进行调试的事实进行分析，审理查明的事实表明，艾为公司虽然通过电子邮件形式与旭丰公司工作人员就系争设备调试事宜进行过多次沟通，但从该些电子邮件内容中并不能反映出艾为公司对系争设备进行过检验，系争设备的实际检验人均为旭丰公司，且旭丰公司亦举证证明系争设备已调试完备，而艾为公司未能提交证据对其主张予以举证证明，故艾为公司应对其主张承担举证不利的后果。最后，本院注意到艾为公司提出对系争设备予以鉴定的申请，本院对此认为，旭丰公司在本案中所提交的证据足以证明系争设备已经达到了系争合同附件所记载的技术要求，旭丰公司就其主张已经予以了充分举证，故本院认定无须再对系争设备是否符合技术标准予以鉴定，对艾为公司所提出的鉴定申请不予准许。鉴于此，本院认定艾为公司应向旭丰公司支付系争款项。①

① 参见上海艾为电子技术股份有限公司与上海旭丰硅电子有限公司买卖合同纠纷二审民事判决书，(2016)沪01民终6152号。

【法理分析】

合同中关于产品或标的物的检验标准约定是重要条款，一般需要在合同中予以明确约定。验收则是按照一定标准进行检验而后收下或认可。实务中，一般验收标准作为合同附件，一旦发生争议，则主要根据该附件所列标准明确是否违约。

我国《民法典》明确如不符合验收标准，则需要承担违约责任。

【法务提示】

(1)合同中明确约定验收标准

实务中有企业对于验收标准约定比较笼统，导致发生争议时，合同条款无益于争议的解决。上述案例中，验收标准作为合同附件却并无详细规范，使旭丰公司的请求获得法院的支持。

(2)应以正式补充协议明确验收标准的修改

对于验收标准的修改，因为实际情况的变化，也是合理的。该标准的修改，本质上是对合同重要条款的修改，故应该拟定补充协议。案例中艾为公司对验收标准提出异议，用一系列证据证明双方沟通中已经就原合同的验收标准进行修改，但因证据证明力存疑，未能获得法院的支持。该案例为很多企业提供了经验教训。

【法条链接】

《民法典》

第六百一十五条 出卖人应当按照约定的质量要求交付标的物。出卖人提供有关标的物质量说明的，交付的标的物应当符合该说明的质量要求。

第六百一十六条 当事人对标的物的质量要求没有约定或者约定不明确，依据本法第五百一十条的规定仍不能确定的，适用本法第五百一十一条第一项的规定。

第六百一十七条 出卖人交付的标的物不符合质量要求的，买受人可以依据本法第五百八十二条至第五百八十四条的规定请求承担违约责任。

第六百二十四条 出卖人依照买受人的指示向第三人交付标的物，出卖人和买受人约定的检验标准与买受人和第三人约定的检验标准不一致的，以出卖人和买受人约定的检验标准为准。

风险点 2－11
不按检验条款约定进行验收

【案例】

在无锡金沃机床有限公司、山田机械(江苏)有限公司买卖合同纠纷案中，最高人民法院认为，根据原审法院查明的事实，2013年3月12日，沈阳毅昌公司与金沃公司签订的涉案《采购合同》第5条约定，合同约定货物到货安装完成后，双方一起根据合同第2条第1款要求进行安装调试并验收，货物除符合合同第2条第1款的要求外，还必须有原生产厂家的标识及相关性能技术参数；合同约定货物到达沈阳毅昌公司指定地点并安装验收合格后，如发现问题，沈阳毅昌公司应向金沃公司提出异议并由责任方负责处理；货物验收不合格或是验收合格后同一质量问题发生两次(含)以上的，金沃公司应按沈阳毅昌公司要求负责三包(包退、包换、包退货费用)。合同第10条约定，合同约定货物到货后，如因质量原因，合同约定货物在到达超过20天仍不能验收合格的，金沃公司需无条件退款，接受退货，沈阳毅昌公司有权解除合同并按合同约定货物总金额的30%要求金沃公司支付赔偿金。原审法院查明的事实表明，在铸造锻压机械检验中心检测发现涉案货物存在质量问题后，沈阳毅昌公司一直积极督促金沃公司派员现场查看解决并进行验收。在金沃公司始终不派员予以解决整改的情况下，沈阳毅昌公司自行安排验收，并无不当。在验收结果不符合合同约定的情况下，沈阳毅昌公司依约主张解除涉案合同并要求金沃公司承担违约责任，符合合同约定。金沃公司虽称双方交易习惯是交货当天即安装调试验收，不仅没有提供足够证据证实，而且与本案交货后双方继续函商整改与验收问题的客观事实不相符合。因此，其关于依据双方交易习惯应当认定涉案设备已经通过验收的意见，不能采信。涉案《采购合同》第10条约定的20天期限，规定了金沃公司对于可能出现的质量问题进行整改并保证通过验收的最长期限，该期限并非进行货物验收的最后时限。在已经发现货物存在质量问题的情况下，金沃公司不仅未按合同约定及时派员解决质量问题并参与验收，却主张沈阳毅昌公司关于质量问题的异议超过约定检验期间，与合同约定不符。在合同约定解除事由发生的情况下，沈阳毅昌公司依据合同约定行使解除权，符合法律规定。在沈阳毅昌公司已经依法行使了合同解除权的情况下，对于设备质量再作鉴定已无必要。原审法院没有委托专业机构重新鉴定涉案设备质量，并无不当。①

【法理分析】

在买卖合同中除明确约定标的物的质量标准外，同时也要有明确的检验期间、检验方式、检验步骤等检验条款。

(1)未按检验期限和检验方式进行检验需承担不利后果

合同如果约定了检验期限和检验方式，买受方未在合理期限内进行检验，则需要根据合同约定承担不利法律后果。

(2)合理期限内验收不合格出卖方需承担违约责任

买受方如果依约验收，发现质量不合格，出卖人需要及时进行处理。若不处理，买受方有权行使合同约定的权利。上述案例便体现了这项规则。

(3)检验期限不合理的处理

若出卖人利用优势地位约定明显过短的检验期限，导致买受人实际上难以对标的物进行全面实质检验，是显失公平的，该检验期限的约定不能约束买受人，而是仅视为买受人对外观瑕疵提出异议的期限。

(4)检验期限未约定的处理

对于合同未约定检验期限的，通过买受人签收的送货单、确认单等载明标的物数量、型号、规格的，推定买受人已经对标的物数量和外观瑕疵进行检验，也符合交易习惯和诚信原则。

【法务提示】

(1)设置合理的验收时间

作为卖方，一定要在合同中约定明确的检验期间，并要求买方在合理的检验期间内提出书面的质量异议，没有在约定期间内提出书面异议的，视为对产品数量、质量、外观等的认可。

作为买受人，收到货物后要及时地进行检验，若发现有不符合合同要求的或存在外观瑕疵的，应拒绝签收并应当通知出卖人。若未及时通知出卖人且买受人已经在载明货物品种、数量、规格等的收货单上签收的，视为推定买受人已经对数量和外观瑕疵进行了检验。

---

① 参见无锡金沃机床有限公司、山田机械(江苏)有限公司买卖合同纠纷再审审查与审判监督民事裁定书，(2017)最高法民申3072号。

(2)检验期限内及时检验义务

出卖人交付的标的物是否存在质量问题,买受人在收到标的物后在规定的检验期限内及时履行检验义务,在很大程度上能减少标的物数量或质量不符合约定的纠纷。

(3)检验期内发现问题应及时通知出卖人

买受人在收到标的物后应当在约定的检验期限内检验,若发现标的物数量或质量不符合约定情形的应及时通知出卖人。买受人若怠于通知的,视为标的物的数量或者质量符合约定。但对标的物有质量保证期的,适用质量保证期。

【法条链接】

《民法典》

第六百二十条 买受人收到标的物时应当在约定的检验期限内检验。没有约定检验期限的,应当及时检验。

第六百二十一条 当事人约定检验期限的,买受人应当在检验期限内将标的物的数量或者质量不符合约定的情形通知出卖人。买受人怠于通知的,视为标的物的数量或者质量符合约定。

当事人没有约定检验期限的,买受人应当在发现或者应当发现标的物的数量或者质量不符合约定的合理期限内通知出卖人。买受人在合理期限内未通知或者自收到标的物之日起二年内未通知出卖人的,视为标的物的数量或者质量符合约定;但是,对标的物有质量保证期的,适用质量保证期,不适用该二年的规定。

出卖人知道或者应当知道提供的标的物不符合约定的,买受人不受前两款规定的通知时间的限制。

第六百二十二条 当事人约定的检验期限过短,根据标的物的性质和交易习惯,买受人在检验期限内难以完成全面检验的,该期限仅视为买受人对标的物的外观瑕疵提出异议的期限。

约定的检验期限或者质量保证期短于法律、行政法规规定期限的,应当以法律、行政法规规定的期限为准。

第六百二十三条 当事人对检验期限未作约定,买受人签收的送货单、确认单等载明标的物数量、型号、规格的,推定买受人已经对数量和外观瑕疵进行检验,但是有相关证据足以推翻的除外。

风险点 2 – 12
合同标的物未取得处分权

【案例】

在吕祥与惠凤艳、黑龙江省城乡建设开发公司案外人执行异议之诉纠纷案中，最高人民法院认为：本案中，首先，房屋买卖合同并非吕祥与作为登记名义人的城乡建设公司所订，而是其与本案申请执行人惠凤艳在2006年7月16日诺成，而惠凤艳并非案涉房屋登记的所有权人，无证据证明其对案涉房屋的处分取得了所有权人城乡建设公司的授权，其和吕祥所签转让案涉房屋所有权的合同构成无权处分，依照《合同法》第51条："无处分权的人处分他人财产，经权利人追认或者无处分权的人订立合同后取得处分权的，该合同有效。"虽然，2012年7月1日生效的《最高人民法院关于审理买卖合同纠纷案件适用法律的解释》第3条，将出卖人无权处分他人财产的行为区分为债权行为和物权行为并赋予不同的效力，即债权行为有效而物权行为无效，所以，案涉房屋买卖合同难谓无效。但是，由于惠凤艳无权处分案涉房屋，在未取得城乡建设公司追认的情况下，案涉房屋所有权不能发生变动，吕祥依法只能向惠凤艳行使违约赔偿或者损害赔偿的债权请求权，其在案涉房屋之上不能成立物权期待权，更不可能取得所有权。其次，执行标的物一旦被人民法院查封，非经人民法院允许，任何人不得对房屋进行毁损变动、设定权利负担等有违查封目的之处分行为。在吕祥占有之前，齐齐哈尔市中级人民法院即已对案涉房屋进行了查封并在房地产管理部门办理了查封登记，加之，惠凤艳的处分为无权处分，吕祥对案涉房屋的占有缺乏正当权源，为无权占有。至于吕祥辩称其不知道查封事实，没有过错的理由，由于查封登记具有对世效力，吕祥无论是签订旨在变更案涉房屋物权的买卖合同，抑或占有案涉房屋，均应注意到别人经过登记的物权和人民法院的查封，但其未到相关部门查询案涉房屋的权属状况，主观上存在明显的过错。最后，案涉房屋合同约定总价款246,000元，而吕祥总计仅交纳房款50,000元，即使不考虑无权处分和查封后占有的事实，单纯从价款的交付数额上，也不符合法律规定的物权期待权保护要件。①

【法理分析】

交易中，虽对交易对方、交易标的物等进行了尽职调查或合同明确约定，企业已经尽到了所有注意义务，但仍可能存在客观上注意不能的情形。例如，标的物的所有权问题，若交易对方为无处分权人，经常只有其和该物所有权人知道。《民法典》将诚信作为重要的法律原则，故支持不诚信行为人应该承担法律责任。故，当事人在签订合同时，可以就交易的相关事项拟定诚信担保条款。实务中，主要有以下几个方面：

（1）无权人处分行为的无效引发与第三人纠纷

出卖人应当保证其对出卖的货物享有完全合法的处分权，保证交付给买受人的货物不会被第三人主张权利。作为买受人，在订立买卖合同前，应审查出卖人对出卖的标的物是否享有合法的处分权，防止标的物交付后，因第三人主张权利而产生纠纷。

（2）无权处分并不当然导致合同无效

如果因出卖人未取得货物所有权或者处分权致使标的物所有权不能转移而出现纠纷，根据《民法典》第597条的规定："因出卖人未取得处分权致使标的物所有权不能转移的，买受人可以解除合同还请求出卖人承担违约责任。"买卖合同仍然有效，买受人可向出卖人主张违约责任或者要求解除合同并主张赔偿损失。

因为该条款将无权处分行为效力与无权处分合同效力相区分，肯定了无权处分不影响买卖合同效力，强调合同效力优先，更凸显诚信原则，对于守约方依据合同约定保护己方利益更为有利。因为一旦宣告合同无效，守约方在合同中的全部内容设计包括违约赔偿条款等将全部落空，只能依据法律规定追究对方缔约过失责任，而实际情况往往是法定的缔约过失责任比双方约定的违约责任轻很多，违约方多数会通过故意主张合同无效的途径，意图逃脱更严重的惩罚。努力使合同有效，既体现充分尊重当事人双方意思表示，在定分止争时拥有充分依据，也更有利于引导当事人双方通过合同约定更主动保护和行使自身权利。

（3）未取得处分权而无法转移所有权

出卖人在销售标的物时未取得处分权，导致标的物所有权不能转移的，买受人不仅可以解除合同，还可以要求出卖人承担无法交付标的物的违约责任。

【法务提示】

（1）合同签订前充分调查对方当事人对合同标的物的处分权

对于合同一方，涉及土地使用权等不动产的，应该审核相对人是否为处分权人。

---

① 参见吕祥、惠凤艳等案外人执行异议之诉、买卖合同纠纷民事裁定书，（2015）民申字第1882号。

若是动产,我国主要是以占有为所有权公示方式。故在交易价格合理的情况下,只要审核占有状况即可。若是相对人无权处分,为了保护善意相对人,法律亦承认善意取得。

(2)谨遵诚信原则、取得处分权后与他人签订合同

作为卖方的企业,不仅应取得标的物的处分权或所有权,履行转移标的物所有权的义务,而且还应履行向买方交付标的物或者交付提取标的物的单证的义务。

虽然动产交易中存在善意取得制度,但对于出卖人而言,则原始所有权人仍可以追究其法律责任。

【法条链接】

《民法典》

第五百九十七条第一款　因出卖人未取得处分权致使标的物所有权不能转移的,买受人可以解除合同并请求出卖人承担违约责任。

第五百九十八条　出卖人应当履行向买受人交付标的物或者交付提取标的物的单证,并转移标的物所有权的义务。

第五百九十九条　出卖人应当按照约定或者交易习惯向买受人交付提取标的物单证以外的有关单证和资料。

风险点 2－13
交易标的物等存在知识产权瑕疵

【案例】

在中山市采蝶轩食品有限公司与苏州歌德食品有限公司买卖合同纠纷案中，本院认为，首先，歌德公司向采蝶轩公司交付的产品存在知识产权瑕疵，违反了出卖人的瑕疵担保义务，对于违约行为给采蝶轩公司造成的损失，其应当赔偿。歌德公司主张案涉侵权产品图案是全球知名度较高的卡通动漫形象，采蝶轩公司在采购产品时就应当知道存在权利瑕疵。对此，本院认为，罗威欧公司诉采蝶轩公司著作权侵权，必然审查主观方面。该系列案件认定采蝶轩公司未对权利来源进行审查，主观上存在过错，故合法来源抗辩不成立。但上述认定中审查不严的"主观过错"不等同于《最高人民法院关于审理买卖合同纠纷案件适用法律问题的解释》第 33 条中所规定的"知道或者应当知道标的物质量存在瑕疵"。在本案中，歌德公司并未提供充分的证据证明采蝶轩公司在缔约时明知案涉产品侵犯他人的著作权，故不能免除其对产品的瑕疵担保责任。

采蝶轩公司向歌德公司采购"愤怒的小鸟"系列巧克力插片。后采蝶轩公司在将产品用于蛋糕装饰销售时，遭著作权人罗威欧公司起诉。故系生产者歌德公司和销售者采蝶轩公司构成了对他人的共同侵权，采蝶轩公司要求歌德公司承担赔偿责任，其实质系要求对共同侵权造成的损失在侵权人内部进行分担。又因为共同侵权的行为是以双方形成和履行案涉买卖合同为表象，故采蝶轩公司选择要求歌德公司承担违约责任，应予支持。①

【法理分析】

上述案例中卖方向买方交付的产品存在知识产权瑕疵，违反了出卖人的瑕疵担保义务，对违反行为给买方造成的损失，应当负赔偿责任。但买方也应当对知名形象的

---

① 参见中山市采蝶轩食品有限公司与苏州歌德食品有限公司买卖合同纠纷二审民事判决书，(2018)苏 05 民终 3457 号。

权利来源进行审查，否则可能致使买方与卖方产生共同侵权的损失赔偿责任。

(1)知识产权瑕疵引发知识产权争议

卖方应当保证产品不存在知识产权争议(不存在侵犯第三方合法知识产权的情况)，在国际贸易中，卖方还应当担保在出口国、买方所在国、买方指定的第三国不存在争议。另外，双方应提前明确若因此引发知识产权争议，买卖双方分别享有哪些权利，需要承担哪些义务。

(2)隐蔽瑕疵或产品缺陷引发损失

其风险在于某些隐蔽瑕疵或者产品缺陷在质量验收环节无法检验出来，因此需要卖方对产品质量作出保证；需要明确的是质量担保的期限(质保期)，质保期内若出现品质问题买卖双方分别享有哪些权利，需要承担哪些义务。

【法务提示】

当事人在签订合同时，可以就交易的相关事项拟定诚信担保条款。实务中，可以根据具体情况明确以下几类诚信担保条款：

(1)知识产权无瑕疵担保

买受人或服务的接收方应该要求对方保证标的物无知识产权瑕疵，包括产品的包装等。标的物提供方，则基于诚信，应该谨慎行事，调查清楚自己的产品是否与他人已有知识产权发生冲突，以免在侵权事件发生时向守约方承担违约责任。

特别需要注意的是，如果是买方提供的设计方案，卖方可以免于知识产权担保，从而避免产品若存在知识产权争议会影响到买方对产品的正常使用的风险。

(2)应限制出卖人的免责约定

《民法典》第618条规定："当事人约定减轻或者免除出卖人对标的物瑕疵承担的责任，因出卖人故意或者重大过失不告知买受人标的物瑕疵的，出卖人无权主张减轻或者免除责任。"即出卖人对故意或重大过失未告知买受人标的物瑕疵的，出卖人无权主张减轻或免除责任。

【法条链接】

《民法典》

第六百一十八条　当事人约定减轻或者免除出卖人对标的物瑕疵承担的责任，因出卖人故意或者重大过失不告知买受人标的物瑕疵的，出卖人无权主张减轻或者免除责任。

风险点 2 – 14
承揽人主体资信未予尽调

【案例】

在彝良县浩鑫饮品有限公司与山东川一水处理科技股份有限公司定作合同纠纷案中，法院认为：原告浩鑫饮品公司与被告川一水处理公司签订的设备定作承揽合同，系双方当事人的真实意思表示，未违反法律和行政法规的禁止性规定，该合同合法有效，双方当事人应按照合同约定全面履行自己的义务，不履行或不适当履行合同义务应当承担违约责任。本案中，从本院查明的事实看，原告、被告于2019年1月5日签订设备定作承揽合同，该合同约定签合同交订金40日内发货（春节节假日除外），确定桐样、瓶样之日算起，水处理设备提前安装，15日内发货。否则违约方支付合同总价的20%（127,200元）的违约金。合同签订当日，原告支付订金127,200元。被告于2019年3月13日将案涉定作物运输至云南省盐津县豆沙关。自合同签订之日至被告交付定作物共计67天，被告未按照合同约定按期交付定作物，属于迟延交付。承揽人交付工作成果，不仅要符合质量要求，而且应当符合约定的期限。承揽人在规定的期限内不交付工作成果的，应当承担违约责任。①

【法理分析】

承揽是社会经济生活中最典型、最基本的交易形式之一，因此承揽合同是所有交易合同中较典型的合同。

（1）承揽人资质法律无要求

我国法律对承揽人无资质要求，但是承揽合同是否能够有效履行，却与承揽人的主体能力相关。即承揽合同涉及承揽人的技能水平、设备条件、定作物的特性、原材料的供应、成果的验收等复杂问题，一旦在合同中没有约定明确，难免在后期履行合同中

① 参见彝良县浩鑫饮品有限公司与山东川一水处理科技股份有限公司定作合同纠纷一审民事判决书，（2019）鲁0781民初1802号。

发生争议。

(2)承揽人违约须承担责任

当事人一方不履行合同义务或者履行合同义务不符合约定的,应当承担继续履行、采取补救措施或者赔偿损失等违约责任。法律规定,当事人可以约定一方违约时应当根据违约情况向对方支付一定数额的违约金,也可以约定因违约产生的损失赔偿额的计算方法。约定的违约金低于造成的损失的,当事人可以请求人民法院或者仲裁机构予以增加;约定的违约金过分高于造成的损失的,当事人可以请求人民法院或者仲裁机构予以适当减少。当事人就迟延履行约定违约金的,还应当履行债务。

【法务提示】

那么如何防范定作人和承揽人在签订加工承揽合同时的风险呢?主要是针对交易主体,确保交易对方有签订合同的权限、能力。

(1)关注主体资信

定作人在签订承揽合同前应当首先审查承揽人主体资信,是否具备履行合同的能力,包括营业执照是否被吊销,是否被纳入失信名单等,否则发生纠纷时存在追责无果的风险。同理,承揽人在签订合同前也应按照上述标准审查定作人的主体资信。

(2)关注授权范围

合同主体对外签约时需要授权的,则应该在有关介绍信、授权委托书、合同等文件上尽可能明确详细地列举授权范围,以避免不必要的争议。业务完成后尽快收回尚未使用的介绍信、授权委托书、合同等文件,避免因公司内部人员凭单位的介绍信、授权委托书等以单位名义对外订立合同而引发纠纷,最终由公司来承担责任的风险。另外,关于合同主体的尽职调查等在前文已经详细介绍,本章不再累述。

(3)关注交易双方的能力

定作人在签订承揽合同前应关注承揽人的能力,确保承揽人有能力完成承揽工作,该能力包括承揽人是否具有相应的资质、自身技能、设备条件、工艺水平、经验等。

对于承揽人来说,签订承揽合同前应更多地关注定作人的履约能力,通过公示的裁判文书网站关注定作人的涉诉情况及失信情况,是否存在定作人违约案件或定作人是否被列入失信黑名单,避免承揽人完成承揽工作后,定作人无能力支付款项的情况。

【法条链接】

《民法典》

第七百七十条 承揽合同是承揽人按照定作人的要求完成工作,交付工作成果,定作人支付报酬的合同。

承揽包括加工、定作、修理、复制、测试、检验等工作。

第七百八十一条 承揽人交付的工作成果不符合质量要求的，定作人可以合理选择请求承揽人承担修理、重作、减少报酬、赔偿损失等违约责任。

风险点 2-15
定作物要求不明确

【案例】

在新疆新能钢结构有限责任公司、许昌许继风电科技有限公司承揽合同纠纷案中，最高人民法院经审查认为，新能钢结构公司的再审申请不应予以支持。依据原审查明的事实可知，许继风电公司于2011年9月29日向新能钢结构公司发出任务通知单，提请新能钢结构公司即日先期安排25套基础环的生产，要求2011年10月31日前将至少10套基础环运抵风场，全部基础环在2011年11月10日运抵风场。具体交付要求遵照《技术协议》，次日，双方签订了《技术协议》。之后，双方并未签订相关合同，仅就订立合同事宜发函进行了磋商。原二审判决认定新能钢结构公司与许继风电公司仅形成预约的意思表示，未形成事实承揽合同关系，并无不当。双方究竟形成预约关系或本约关系，应结合当事人的真实意思表示、合同文本内容的完整性以及当事人的履行行为等综合因素来进行判断。第一，涉案合同文件均是为将来订立本约合同而签订的文件。任务通知单中明确载明“相关合同双方在‘十一’假期后10个工作日内签订”；涉案合同、函件等均是在条件尚未成熟时为锁定交易而进行的磋商与谈判，双方仅对将来签订合同达成了合意，并未就塔筒供货关系形成合意。第二，从涉案合同内容的完整性来看，双方并未就塔筒供货的具体权利义务达成全部合意。涉案协议中仅有基础环数量及单价的约定，而对于付款方式、塔筒规格、验收的标准和方法、履行期限等均未有明确约定。新能钢结构公司认为虽然报酬的支付及验收标准和方法未有明确约定，但依据《最高人民法院关于适用〈中华人民共和国合同法〉若干问题的解释（二）》（已失效）第1条“当事人对合同是否成立存在争议，人民法院能够确定当事人名称或者姓名、标的和数量的，一般应当认定合同成立。但法律另有规定或者当事人另有约定的除外”的规定，双方关于塔筒的内容达成了承揽合同合意，存在承揽合同关系。本院认为，涉案协议的内容虽能够明确当事人的名称、标的和数量，但双方当事人明确约定将来一定期限内订立合同，在此情况下，需要通过订立本约以明确未决的权利义务，而非适用上述司法解释认为成立本约，再以客观因素推导或解释合同条款，否则将有违当事人预约的真实意思表示。第三，涉案合同并不具备全部履行条件。新能钢结构公司并未提供充分的证据证明许继风电公司向其下达了塔筒生产的任务通知单以及按照技术协议提供相关技术图纸，亦不能证明许继风电公司的技术人员进行了检测和试验。新能钢结构公司也未提供关键技术节点经许继风电公司技术人员签字的证据以及涉案《产品质量证明书》。《合同法》第251条规定："承揽合同是承揽人按照定作人的要求完成工作，交付工作成果，定作人给付报酬的合同。"本案中，新能钢结构公司虽然为订立合同而进行了材料采购以及前期生产等准备工作，但在许继风电公司未提供图纸亦未下达生产指令，也未进行检测试验的情况下，并不具备全部履行涉案塔筒供货合同的条件。①

【法理分析】

承揽合同中承揽人应当向定作人交付特定的劳动成果，即定作物或者标的物。

(1)定作物要求明确是成立承揽合同的要件之一

因定作物具有特定性，这也就要求定作人和承揽人在签订合同时务必对定作物进行非常明确的约定。若是对定作物的约定无法根据实际履行，正如上述案例，仅被认定为具有签订承揽合同的合意，而不能被认定为已经实际签订承揽合同，更不要谈要求"定作人"到期提供定作物。

若承揽合同成立，关于定作物质量约定不明的，根据《民法典》第511条的规定，有强制性国家标准的，按照强制性国家标准履行；没有强制性国家标准的，按照推荐性国家标准履行；没有推荐性国家标准的，按照行业标准履行；没有国家标准、行业标准的，按照通常标准或者符合合同目的的特定标准履行。

(2)定作物须是法律允许之物

作为承揽人应审查加工物是不是法律禁止物，是否需经有关部门批准才允许加工，避免出现不必要的法律责任；以及综合承揽人的自身能力，是否有能力完成符合定作人要求的定作物，避免因自身能力不足导致提供的定作物不符合定作物要求而产生的违约责任。

(3)承揽人有通知定作图纸不合理的义务

若是已经正式签订了承揽合同，定作人在履行过程中发现定作图纸不合理，难以继续定作的情形的，或者继续定作会导致定作目的失败的情形，有义务向定作人通知。

---

① 参见新疆新能钢结构有限责任公司、许昌许继风电科技有限公司承揽合同纠纷再审审查与审判监督民事裁定书，(2018)最高法民申3065号。

【法务提示】

(1)明确定作物的质量要求

承揽合同对定作物的质量要求应当明确具体,不能简单表述或者模棱两可,避免承揽人交付定作物后因质量约定不明导致没有验收的依据。

若定作物的质量要求是以样品为准的,双方除封存样品外,还应有样品质量描述的书面材料,以免样品灭失或自然毁损,或对样品内部质量有异议而发生纠纷。

(2)明确定作物的技术标准

定作物的技术标准也是定作人和承揽人值得关注的,在某些特殊行业和领域,定作物的技术标准往往比质量要求更为严格。

(3)技术资料、图纸的提供

定作人向承揽人交付定作物的技术资料以及图纸时,双方应当共同对技术资料以及图纸进行核实,确保该图纸或技术资料的要求合理,确保能够顺利地交付定作物。如果承揽人发现定作人提供的图纸或者技术要求不合理的,应当及时通知定作人。定作人应及时答复,避免因定作人怠于答复等原因造成承揽人的损失而产生的赔偿损失责任。

另外,承揽人在加工过程中应避免擅自修改或者未按照图纸、技术资料的要求加工原料,最终导致定作人认为承揽人交付的定作物不合格而发生争议。

【法条链接】

《民法典》

第七百七十一条　承揽合同的内容一般包括承揽的标的、数量、质量、报酬,承揽方式,材料的提供,履行期限,验收标准和方法等条款。

第七百七十六条　承揽人发现定作人提供的图纸或者技术要求不合理的,应当及时通知定作人。因定作人怠于答复等原因造成承揽人损失的,应当赔偿损失。

风险点 2 - 16
定作人解除合同

【案例】

在中国第一重型机械股份公司(以下简称中国一重)、赣州铝业股份有限公司定作合同纠纷案中,最高人民法院认为,关于中国一重因赣州铝业解除合同造成的损失数额应如何认定的问题。《合同法》第 286 条规定:“定作人可以随时解除承揽合同,造成承揽人损失的,应当赔偿损失。”本案中,虽赣州铝业作为定作方,享有随时解除《设备供货合同》的权利,但因此造成中国一重损失的,应当赔偿损失。[①]

【法理分析】

(1)定作人任意解除权

定作物完成之前解除合同,是定作人的权利。但是,必须符合三个要件:第一,须在承揽工作完成前;第二,须及时通知承揽人;第三,须赔偿承揽人的损失。故,定作人的任意解除权并非毫无限制。

承揽合同终止,使合同当事人之间的权利义务关系消灭,原来的承揽合同的法律效力终止。但是合同的权利义务终止后,当事人应当遵循诚信原则,根据交易习惯履行通知、协助、保密等义务。合同的权利义务终止,不影响合同中结算和清理条款的效力。

(2)承揽人的损失赔偿请求权

虽然定作人享有任意解除权,但给承揽人造成损失的,须承担赔偿责任。若是定作人行使合法的任意解除权,可仅就承揽人已经完成的工作,对其进行赔偿或可以说是补偿。

(3)定作人的违约责任

若是定作人的解除权不符合法律规定的要件,如在定作物已经完成的情况下,或

---

① 参见中国第一重型机械股份公司、赣州铝业股份有限公司定作合同纠纷二审民事判决书,(2017)最高法民终 818 号。

者是未履行通知义务，导致承揽人损失扩大，则承揽人有权要求其赔偿损失，也可以将定作物出卖弥补损失。若是合同有约定，则可以要求其承担违约责任。

【法务提示】

（1）定作人合法行使任意解除权

诚实守信是每一个商人的社会责任，合法行使权利是对诚信的注脚，也可以使自己免去争议之苦。

（2）设置定金条款

定作人与承揽人在履行承揽合同中，定作人可以在合同履行期间内的任何时间解除加工承揽合同，这无疑会给承揽人造成人工、物料损失，虽然这种损失应当由定作人负责赔偿，但就赔偿的数额却又难以确定。为了避免类似情况出现，建议承揽人在合同约定定金条款，用以限制定作人的解除权以及挽回因定作人的解除给承揽方造成的损失。

关于定金数额的设置。根据《民法典》定金罚则，承揽合同中可以约定定金数额为总价款的20%，当定作人单方解除合同时，承揽人有权没收定作人交付的定金。若定金不足以弥补定作人损失的，由定作人予以赔偿。

（3）承揽合同中约定赔偿责任和违约责任

虽然承揽人有权要求定作人在行使任意解除权后赔偿损失，但是具体赔偿数额如何确定，定作人如何通知等，均会在合同解除后发生争议。讼争中，赔偿数额同样是争议焦点，若是根据定作的具体情况，先行约定赔偿内容，则争议更容易解决。

此处的违约责任主要是指当定作人未依法履行解除权时，对承揽人造成损失，则定作人需要承担违约责任，该违约责任是对定作人不诚信的惩罚。

【法条链接】

《民法典》

第五百八十六条第二款　定金的数额由当事人约定；但是，不得超过主合同标的额的百分之二十，超过部分不产生定金的效力。实际交付的定金数额多于或者少于约定数额的，视为变更约定的定金数额。

第七百八十七条　定作人在承揽人完成工作前可以随时解除合同，造成承揽人损失的，应当赔偿损失。

风险点 2 - 17
承揽合同定作物未使用约定材料或约定不明

【案例】

在上海日播至美服饰制造有限公司与嘉兴力维斯服饰有限公司加工合同纠纷案中，法院认为，现日播公司主张本案涉案合同及项下采购订单解除的依据为，力维斯公司作为承揽人未按约定使用纱线材料，并构成严重违约行为。因此，双方当事人关于使用纱线的约定应为判断本案是否构成严重违约的先决条件。而双方关于纱线材料之约定，可以从合同条款、履约过程中的沟通内容及设计生产过程中体现。首先，涉案合同及采购订单虽然对产品的款号、款名、数量、金额、交货日期等进行了约定，但对本案争议的纱线材料并未作出确定。随后，双方工作人员通过微信反复沟通，并以《大货生产周期信息采集表》载明了纱线成分、厂家等信息。力维斯公司在一审阶段自认考虑到加工周期过紧等情况，涉案部分产品使用了2017年库存的××、××纱线，部分产品未使用日播公司指定的××、××、××纱线，同时认为合同并未禁止使用库存纱线。从产品生产及上市过程看，日播公司在产品入库前对产品进行多轮抽检及检验并接收货物，随后将案涉产品发往了门店进行销售，应当视为其对货物验收并认可，力维斯公司已经完成货物生产及交付义务。日播公司关于购销合同及项下20份采购订单解除的主张，缺乏事实和法律依据，一审法院认定正确，本院予以确认。①

【法理分析】

定作物的质量和使用材料紧密相关，所以，法律为了满足定作人的需要，对于材料使用作了明确的法律规定。

(1)材料由定作人提供的情形

若是定作人提供材料，则承揽人有妥善保管的义务，保证材料质量不受影响，不被

---

① 参见上海日播至美服饰制造有限公司与嘉兴力维斯服饰有限公司加工合同纠纷二审民事判决书，(2019)沪01民终12093号。

偷盗,并能够保证定作目的的达成。若是定作人提供的材料存在质量问题,有通知定作人的义务。非经定作人同意,不得随意更换定作材料。

(2)材料由承揽人提供的情形

若是材料由承揽人提供,则应按照合同约定的标准进行采购,或者向特定的第三人进行采购。若是材料采购并无特别约定,本着定作之特点,为了实现合同目的,承揽人须从有利于实现定作目的出发采购材料。

【法务提示】

(1)明确原材料的提供者

承揽合同中应明确原材料的提供方,以及原材料交付的时间、数量、质量、交接地点、方式等。

(2)明确原材料的质量标准

明确原材料的质量标准,若定作人提供原材料的,承揽人对定作人提供的原材料应及时检验,不符合要求的应立即通知定作人更换或补齐。若承揽人提供原材料的,承揽人应根据合同约定的原材料质量标准选用原材料,并提供给定作人进行检验,若承揽人隐瞒原材料缺陷或者使用不符合合同规定原材料而影响定作物质量时,定作人有权要求重作、修理、减少价款或解除加工承揽合同。

【法条链接】

《民法典》

第七百七十四条 承揽人提供材料的,应当按照约定选用材料,并接受定作人检验。

第七百七十五条 定作人提供材料的,应当按照约定提供材料。承揽人对定作人提供的材料应当及时检验,发现不符合约定时,应当及时通知定作人更换、补齐或者采取其他补救措施。

承揽人不得擅自更换定作人提供的材料,不得更换不需要修理的零部件。

风险点2－18
定作物交付约定不明

【案例】

在防城港华裕特纤科技有限公司与邵阳纺织机械有限责任公司买卖合同纠纷案中，最高人民法院再审认为：2010年11月13日，华裕公司与邵阳纺织签订一份《设备合同》，约定邵阳纺织向华裕公司出售年产2.5万吨的涤纶棉型短纤维生产线，合同总金额为1380万元。其中，合同第2款“支付和支付条件”约定，在华裕公司支付414万元后，合同次日生效，合同生效后的3个月内华裕公司应支付进度款207万元，在邵阳纺织所有合同设备制造完毕交货前支付提货款690万元，余款69万元在设备机械性能测试合格6个月后7日内或设备交付后12个月内支付；合同第3款“交货和交货条件”约定，邵阳纺织应在合同生效后6个月内完成所有合同设备和随机备件的交付，交货地点在邵阳纺织，邵阳纺织在发货前应提交初步的交货计划，并在每批交货前10日内提供详细交货计划，列明设备/材料名称、型号规格、数量、包装箱数等；合同第6款“违约责任”约定，华裕公司逾期支付合同约定的价款或邵阳纺织逾期交付设备，均按每日0.03%计算违约金，但违约金总额不超过合同总价的0.5%；合同第9款“合同生效”约定，合同由双方授权代表签字且邵阳纺织收到华裕公司30%预付款后合同生效，未尽事宜双方协商解决，所有联系采取书面形式，重要事件以传真方式确认后应及时用特快专递方式将确认件寄出。合同签订后，华裕公司按合同要求于2010年11月23日至2011年1月29日分三笔共支付了预付款416.68万元。2010年12月16日，华裕公司与邵阳纺织签订一份《安装合同》，约定邵阳纺织为华裕公司承担年产2.5万吨涤纶棉型短纤维生产线的工程设计和安装，合同金额为65万元。其中第4条约定，合同签订后首付10万元，合同生效；交付基础设计文件后1周内支付5万元，详细设计文件交付后1周内支付5万元，工程安装人员进场前支付10万元，生产线主要设备安装完成后1周内支付20万元，设备、电气、管道全部安装完毕后1周内支付到合同总价款的90%，生产线调试合格后2周内支付合同金额5%，余款于3个月质保期后1个月内一次付清；第2条约定，工程安装全部工程工期为120天，设计文件的交付计划见合同附件一。合同附件一第3条约定，在基础工程设计开工会后1个月内交付修改后的基础工程设计文件，在基础设计审查会结束后，应在4个月内完成详细设计，邵阳纺织提交给华裕公司的技术文件应通过快递交付，交付地点为项目建设项目地。华裕公司于2010年12月17日依合同约定支付了首付款10万元。邵阳纺织已完成了电气、机械设计图纸，但至今未交付基础设计图纸，亦未将详细设计图交付给华裕公司。上述合同签订后，华裕公司未依《设备合同》的约定，在合同生效后的3个月内即2011年4月30日前支付进度款207万元，邵阳纺织也未依合同约定，在合同生效后的6个月内即2011年7月30日前交付生产线。2011年10月9日，双方经协商签订了一份《补充协议》，除对《设备合同》所涉及的生产线设备进行了部分改动外，将交货时间变更为2012年2月10日。另查明，因市场变化或者因原材料的供给等因素，至开庭之日，在广西壮族自治区东兴市江平工业园新建2.5万吨涤纶棉型短纤维生产线，已经很难实现赢利。截至2014年3月31日，如不履行合同，经鉴定邵阳纺织将造成损失3,834,097.82元，华裕公司将造成损失3,950,800元。①

【法理分析】

（1）定作物的交付

承揽合同中关于定作物的交付方式常见的有两种：第一种是由定作方在承揽方仓库提货，第二种是由承揽方送货到双方指定的地点。定作方提货和承揽方送货两种方式，在运输过程中若出现定作物毁损、灭失的后果，由谁来承担有很大的区别。因此，在协议中应明确约定定作物的交付方式，避免因定作物运输途中毁损、灭失的风险承担约定不明的风险。

（2）定作物的风险承担

定作物的风险承担最重要的还是要看定作物的所有权归属。在承揽人完成定作物并已经交付给定作人的情形下，一般来讲，定作物的所有权已经因交付转移给了定作人，故应由定作人承担定作物毁损、灭失的风险。但是如果双方已经明确约定定作物所有权的归属，不以交付作为定作物所有权归属的，则应由风险发生时约定的所有权人承担风险。

若在定作人受领迟延的情形下，则定作物仍处于承揽人的控制之下，但意外风险的发生与定作人的违约有一定关联，故该意外风险应由定作人承担。

---

① 参见防城港华裕特纤科技有限公司、邵阳纺织机械有限责任公司买卖合同纠纷再审民事判决书，(2019)最高法民再383号。

【法务提示】

(1)明确的交付条款

因此,在合同关于定作物的交付约定中将交付时间、交付方式以及交付过程中的风险负担予以明确,避免产生争议纠纷。

(2)明确验收期限及验收标准

定作方应当在合同规定的验收期限内按照约定的验收标准对承揽人交付的工作成果进行验收,验收前承揽方应当向定作方提交必需的技术资料和有关质量证明。若定作人发现承揽人交付的定作物不符合合同要求的,应在合理的异议期内提出异议。逾期未能提出的,则视为承揽人交付的定作物符合合同约定,同时也敦促定作人履行验收义务。

(3)设置质保期

针对定作人验收时难以发现质量缺陷的定作物,应当在合同中约定质保期和质保金,在质保期内除定作方使用、保管不当等原因而造成质量问题的以外,由承揽人负责修复、重作或退换。若承揽人未及时负责修复,定作人有权委托第三方进行修复,因此产生的费用由承揽人承担或直接在质保金内扣除。

【法条链接】

《民法典》

第七百八十条　承揽人完成工作的,应当向定作人交付工作成果,并提交必要的技术资料和有关质量证明。定作人应当验收该工作成果。

风险点 2－19
中介合同报酬支付未约定

【案例】

2008 年下半年，原产权人李某某到多家房屋中介公司挂牌销售涉案房屋。2008 年 10 月 22 日，上海某房地产经纪有限公司带陶德华看了该房屋；11 月 23 日，上海某房地产顾问有限公司（以下简称某房地产顾问公司）带陶德华之妻曹某某看了该房屋；11 月 27 日，中原公司带陶德华看了该房屋，并于同日与陶德华签订了《房地产求购确认书》。该《确认书》第 2.4 条约定，陶德华在验看过该房地产后 6 个月内，陶德华或其委托人、代理人、代表人、承办人等与陶德华有关联的人，利用中原公司提供的信息、机会等条件但未通过中原公司而与第三方达成买卖交易的，陶德华应按照与出卖方就该房地产买卖达成的实际成交价的 1%，向中原公司支付违约金。当时中原公司对该房屋报价 165 万元，而某房地产顾问公司报价 145 万元，并积极与卖方协商价格。11 月 30 日，在某房地产顾问公司居间下，陶德华与卖方签订了房屋买卖合同，成交价 138 万元。后买卖双方办理了过户手续，陶德华向某房地产顾问公司支付佣金 1.38 万元。法院认为：中原公司与陶德华签订的《房地产求购确认书》属于居间合同性质，其中第 2.4 条的约定，属于房屋买卖居间合同中常有的禁止“跳单”格式条款，其本意是为防止买方利用中介公司提供的房源信息却“跳”过中介公司购买房屋，从而使中介公司无法得到应得的佣金，该约定并不存在免除一方责任、加重对方责任、排除对方主要权利的情形，应认定有效。根据该条约定，衡量买方是否“跳单”违约的关键，是看买方是否利用了该中介公司提供的房源信息、机会等条件。如果买方并未利用该中介公司提供的信息、机会等条件，而是通过其他公众可以获知的正当途径获得同一房源信息，则买方有权选择报价低、服务好的中介公司促成房屋买卖合同成立，而不构成“跳单”违约。本案中，原产权人通过多家中介公司挂牌出售同一房屋，陶德华及其家人分别通过不同的中介公司了解到同一房源信息，并通过其他中介公司促成了房屋买卖合同成立。因此，陶德华并没有利用中原公司的信息、机会，故不构成违约，对中原公司的诉讼请求不予支持。①

【法理分析】

获得报酬,或者报酬请求权,是中介人提供中介服务、签订中介合同的主要目的。有效的中介合同是中介服务获取报酬的首要条件,合同无效,即使中介人认为自己已经展开了活动,也可能使报酬请求权落空。

关于中介合同的效力,《合同法》第424条、第425条、第426条、第427条对中介合同的定义以及核心权利义务作出了专门规定,在双方意思自治且不违反法律禁止性规定的前提下,法院尊重合同各方作出的中介约定。较多因违反法律规定而被认定无效的中介合同,系在招投标项目中,中介人以中介人身份约定中介报酬但却参与实施串通投标违法活动的情形。在依法招投标的项目中,建设方所发布的招标信息因受发布时间、地点、方式的制约而并非众所周知,因此向从事建设工程施工的企业或个人报告招标信息并撮合建设方与施工方通过洽商签订《建设工程施工合同》是现实中客观存在的现象且不属于法律禁止的行为,中介活动依法有效。

中介服务是生活中常见事宜,但是中介服务机构常常是先提供服务,后收取费用,关于报酬容易出现争议,甚至出现客户跳单、中介白忙一场的现象。为了强化中介人利益保护,彰显诚信原则,《民法典》对此较之《合同法》作了很多改变,主要有以下几个方面:

(1)《民法典》将《合同法》规定的居间合同使用的"居间"一词统一替换为"中介",更符合合同实务习惯。中介合同是中介人向委托人报告订立合同的机会或者提供订立合同的媒介服务,委托人支付报酬的合同。中介合同是一种服务合同,中介人既不代表委托人或者第三人的任何一方,也不介入委托人与第三人订立合同的具体内容。中介合同作为有偿合同,在中介人履行了报告或者媒介服务之后,委托人应该支付报酬。

(2)明确"跳单"须支付报酬

《民法典》中介合同部分最大的亮点,是增加了俗称"禁止跳单"的规定,且"绕开中介人直接订立合同的,应当向中介人支付报酬"。

(3)合同可约定禁止跳单

房屋买卖居间合同中可以约定"禁止买方利用中介公司提供的房源信息却绕开该中介公司与卖方签订房屋买卖合同"。但是如前述案例,当卖方将同一房屋通过多个中介公司挂牌出售时,买方通过其他公众可以获知的正当途径获得相同房源信息的,

---

① 参见最高人民法院指导案例1号:上海中原物业顾问有限公司诉陶德华居间合同纠纷案,(2009)沪二中民二(民)终字第1508号。

买方有权选择报价低、服务好的中介公司促成房屋买卖合同成立，其行为并没有利用先前与之签约的中介公司的房源信息，不能认为是跳单行为。故不构成违约。

【法务提示】

（1）服务同时签订书面的中介合同

虽然实务中，如房产中介服务，先是中介人陪客户看房，一旦买房或租房成功，方才签订中介合同。但基于跳单等可能性出现，可以签订书面的中介服务合同。中介人可以保护自己的权益，且一旦中介“牵线”未成功，若无其他违法情形，也不必承担法律后果。

（2）服务前先行约定报酬

关于报酬，可以有明确的约定。中介人服务到位，牵线成功，却由于之前未约定报酬，中介服务机构一般根据行规确定，如租房一般以 1 个月租金为中介报酬。但承租人此时可能会和中介人谈报酬数额，中介人基于成功在即，若是因为中介服务报酬协商不下，有可能这单生意落空，便会作出让步。若是之前已经书面约定报酬，则可以保证自己的权益。

（3）约定中介活动费用的条款

在中介成功的情况下，中介人仅能要求委托人支付中介报酬，不得要求委托人承担因中介活动而发生的费用。但是，在中介不成功的情况下，法律允许中介人可以要求委托人支付中介活动支出的必要费用。因为对于必要费用如何判断，并不明确。因此，为防止纠纷的发生，建议对此费用承担的具体方式提前作出明确约定。

【法条链接】

《民法典》

第九百六十四条　中介人未促成合同成立的，不得请求支付报酬；但是，可以按照约定请求委托人支付从事中介活动支出的必要费用。

第九百六十五条　委托人在接受中介人的服务后，利用中介人提供的交易机会或者媒介服务，绕开中介人直接订立合同的，应当向中介人支付报酬。

专题三

保证合同

商事活动从谈判、订约到履行完毕往往要经过一个漫长的过程,如常见的租赁合同、借贷合同等,合同期限短则几个月,长则数年。商场如战场,风云莫测,商事合同主体的信用度和履约能力是一个动态变化的过程,订约时信用好并不代表其在履约完成前都信用好,同时信用好的也不意味着其具备履约能力。如何保障商事活动的安全性,笔者建议客户在任何商事活动中尽可能约定相应的担保条款,目的就是降低履约的风险。

担保方式多样,其中最基本的就是人的担保,即保证。《民法典》第 681 条规定:保证合同是为保障债权的实现,保证人与债权人约定,当债务人不履行到期债务或者发生当事人约定的情形时,保证人履行债务或者承担责任的合同。本专题将从保证合同的签订、履约过程和实现保证债权三个阶段,一一阐述每个阶段的法律风险及防范措施。

风险点3-1

保证人主体不适格及清偿能力不足

【案例】

在马鞍山中加双语学校与新时代信托股份有限公司及马鞍山中加投资有限公司、安徽省阳光半岛文化发展有限公司、翟厚圣、陶明珠金融借款合同纠纷案中，关于中加双语学校是否符合《担保法》第9条保证人主体资格法律要件，再审法院认为：判断中加双语学校是否具备保证人的主体资格，应以其是否以公益为目的为要件，对此应综合审查其登记情况和实际运行情况。首先，现有民办学校有权选择登记为营利性或者非营利性。经查，目前中加双语学校依照《民办非企业单位登记管理暂行条例》登记为民办非企业单位，尚未选择登记为营利性民办学校。其次，根据中加双语学校的章程约定，中加双语学校出资人不享有学校财产所有权，对学校的盈余未约定个人分配规则，对学校解散之后的剩余财产约定了明确的处置规则，符合公益性事业具有非营利性的界定。最后，依据《民办教育促进法》规定，民办学校收取的费用应当主要用于教育教学活动和改善办学条件。中加双语学校从事办学活动，依法有权向接受教育者收取费用，收取费用是其维持教育教学活动的经济基础，并不能因收取费用而认定其从事营利活动。新时代信托公司以民办学校收取费用和合理回报认为中加双语学校具有营利性，本院不予支持。

本案中，中加双语学校登记证书中记载业务主管单位为马鞍山市教育局，业务范围为九年一贯制学校、普通高级中学，其招生范围包括义务教育阶段学生。因此，中加双语学校面向社会招生（包括义务教育招生），服务于全体社会成员的利益，是以公益为目的的民办非企业法人。新时代信托公司以《担保法》第七条主张中加双语学校具有保证人资格，不予支持。[①]

---

① 参见马鞍山中加双语学校与新时代信托股份有限公司及马鞍山中加投资有限公司、安徽省阳光半岛文化发展有限公司、翟厚圣、陶明珠金融借款合同纠纷二审判决书，(2017)最高法民终297号。

【法理分析】

(1)保证人应具有行为能力和清偿能力

保证人资格即保证人的条件,是指民事主体成为保证人所应当具备的行为能力和清偿债务的能力,是在订立保证合同时首先应考虑的一个问题。倘若保证人不适格,将直接导致合同的无效。同时,对于保证人的履约能力也要进行审查,这关系到债权能否真正实现,否则保证合同就是一张空文,无任何意义。

(2)保证人不得是法律禁止的主体

保证人如果是机关法人以及以公益为目的的非营利法人、非法人组织,那么其签订的保证合同无效。原则上任何具有完全民事行为能力的主体都可以成为保证人,但《民法典》采用排除法规定了两类主体不得为保证人:一是机关法人(如政府、人大、政协以及公检法机关等)不得为保证人,但是经国务院批准为使用外国政府或者国际经济组织贷款进行转贷的除外;二是以公益为目的的非营利法人(如事业单位、社会团体、基金会、社会服务机构等)、非法人组织(如个人独资企业、合伙企业、不具有法人资格的专业服务机构等)不得为保证人。

【法务提示】

(1)严格审查保证人资格

在签订保证合同时,要特别审查保证人的资格。如是法人的分支机构的担保,应审查是否得到法人授权,并注意是否可能构成职务代理的问题;如是合伙企业为他人担保,除合伙协议另有约定外,应当审查是否已经全体合伙人一致同意,未经合伙全体同意的,要考虑是否构成表见代理;如是村民委员会、居民委员会等集体经济组织、基层群众自治组织作为保证人的,担保行为无效,但村委会担保经村民会议决议的,应认定为有效。

(2)审查保证人的代为清偿能力

同时,还要审查保证人的代为清偿能力。比如,可以要求自然人保证人提供收入证明,房产、股权、车辆等财产登记证明,也可查询其有无被诉案件,是否已被列入黑名单、失信人名单等。同时,需要重视的是保证人的保证能力也是一个动态的过程,这就需要债权人随时关注,必要时可追加其他类别的担保。

【法条链接】

《民法典》

第六百八十三条 机关法人不得为保证人,但是经国务院批准为使用外国政府或者国际经济组织贷款进行转贷的除外。

以公益为目的的非营利法人、非法人组织不得为保证人。

风险点3-2
保证意思表示不真实

【案例】

在陆卫军与张培根、陶武豪、常州天汇投资有限公司(以下简称天汇公司)股权转让纠纷案中,关于陆卫军是否具有提供保证真实意思表示的问题。法院认为,本案中,张培根与陶武豪签订《股权转让协议》,并约定由天汇公司承担保证责任,各方并未另行签订其他书面保证合同。从《股权转让协议》约定的内容看,并无陆卫军提供保证的意思表示,不能认定陆卫军为本案诉争股权转让提供保证。首先,从《股权转让协议》签订的主体来看,协议当事人并没有陆卫军,陆卫军并不当然为该协议保证人。《股权转让协议》明确约定三方当事人为张培根、陶武豪及天汇公司,且明确天汇公司为担保方。按照常理而言,在合同中明确约定有担保方的情况下,在签订协议时确定承担担保责任的一方,应当在担保方处作为合同当事人签订协议。而诉争协议中在明确有担保方的情况下,并未将陆卫军列为保证人,协议中并没有将陆卫军作为本协议保证人的意思表示。其次,从《股权转让协议》的内容来看,协议中进一步明确天汇公司作为保证人承担保证责任,但未约定陆卫军的保证责任。各方在特定的担保条款中并未明确陆卫军的保证责任,亦可见陆卫军并无提供保证担保之真实意思表示。最后,从《股权转让协议》争议解决条款来看,进一步表明协议主体为三方当事人。此外,从《股权转让协议》落款来看,陆卫军签字与天汇公司公章重叠,其亦为天汇公司高管人员,符合公司盖章并由经办人员签字的一般惯例,不能推断陆卫军愿意承担保证责任。在《股权转让协议》的落款位置,天汇公司公章盖在与陆卫军签字同一位置,且只签有一个日期,根据本案查明事实,陆卫军作为天汇公司高管人员及实际股东参与公司管理,并不能表示陆卫军具有个人提供担保的意愿,相反,更符合公司盖章并由经办人员签字的商业惯例。

综上,无论从《股权转让协议》的签订及内容还是商业惯例来看,陆卫军均未提供保证担保的真实意思表示，无法推断陆卫军为案涉股权转让提供担保。①

【法理分析】

（1）保证合同以意思表示一致为成立要件

保证合同作为双方法律行为，应当以双方当事人意思表示一致为成立要件，意思表示真实为生效要件。但如对于保证的意思表示产生多种理解，这会对债权人产生风险。

（2）非明确有保证意思的合同不生保证合同之效力

询问保证人是否自愿签署保证合同，是否明确其自愿承担保证责任，而非债务加入等其他意思表示。对于保证人非自愿签署的保证合同，如受胁迫、欺诈被迫签订的保证合同可被依法撤销。对于主合同双方恶意串通以虚假债务骗取保证人提供保证的，保证的意思表示不成立，保证合同无效。

【法务提示】

（1）合同签订前达成保证的共同意思

在保证合同中要审查、分析签字的人真实意思表示是愿意承担担保责任还是其他，如债务加入等。对于债务加入与连带保证的意思表示区分也是实务中经常遇到的难点。虽然两者都是对债务的连带清偿责任，都享有原债务人的抗辩权，但是债务加入所承担债务与原债务人无主从之分，债务加入人要承担与原债务人相同的责任；而连带保证合同是从合同，具有从属性，可以通过主合同无效、保证期限已过等抗辩达到无须承担还款责任的目的，可见债务加入承担责任的风险更大。

（2）合同中明确“保证”字样

那么具体如何区分？一般情况下，如合同中出现“保证”字样表述，一般按保证认定；如合同中仅出现“连带清偿、共同偿还”字样表述，一般按债务加入认定；如按合同的解释方法难以合理解释的，根据《民法典》关于当事人对保证方式约定不明或没有约定的，推定为一般保证的立法精神，应按责任较轻的连带保证对待，而不宜认定为债务加入；如出具类似“给予流动性支持，差额补足”等字样表述，一般认定为一般保证为宜。

【法条链接】

《民法典》

第六百八十七条 当事人在保证合同中约定，债务人不能履行债务时，由保证人承担保证责任的，为一般保证。

---

① 参见陆卫军与张培根、陶武豪、常州天汇投资有限公司股权转让纠纷再审民事判决书，（2018）最高法民再294号。

一般保证的保证人在主合同纠纷未经审判或者仲裁，并就债务人财产依法强制执行仍不能履行债务前，有权拒绝向债权人承担保证责任，但是有下列情形之一的除外：

（一）债务人下落不明，且无财产可供执行；

（二）人民法院已经受理债务人破产案件；

（三）债权人有证据证明债务人的财产不足以履行全部债务或者丧失履行债务能力；

（四）保证人书面表示放弃本款规定的权利。

第六百八十八条　当事人在保证合同中约定保证人和债务人对债务承担连带责任的，为连带责任保证。

连带责任保证的债务人不履行到期债务或者发生当事人约定的情形时，债权人可以请求债务人履行债务，也可以请求保证人在其保证范围内承担保证责任。

风险点 3-3
保证合同非书面形式

【案例】

在四川泰来装饰工程有限公司、四川泰来房屋开发有限公司、四川泰来娱乐有限责任公司与中国信达资产管理公司成都办事处借款担保合同纠纷案中，关于娱乐公司与房屋公司是否应承担连带保证责任。法院认为，中行蜀都支行与娱乐公司和房屋公司未签订书面保证合同，在《债务重组协议》和娱乐公司与房屋公司向中行蜀都支行出具的《还本付息计划书》中，娱乐公司和房屋公司承诺以公司经营收入为装饰公司还款系债务承担的意思表示，并无同意承担保证责任的明确意思，不能作为认定保证责任成立的依据。①

【法理分析】

(1)保证合同必须以书面形式订立

《民法典》中规定了一系列必须采用书面形式的合同，如常见的借款合同、融资租赁合同、保理合同、居住权合同等。保证合同亦是如此，即保证合同必须以书面形式订立，如民间常用的口头保证或其他形式订立的保证合同不成立，这是订立保证合同的基础知识。

(2)书面形式依《民法典》规定具有多样性

根据《民法典》第685条的规定，保证合同必须是书面形式，如签订保证合同、主合同中约定保证条款、第三方以书面形式作出的保证且债权人无异议的。书面形式指合同书、信件、电报、电传、传真等可以有形地表现所载内容的形式。以电子数据交换、电子邮件等方式能够有形地表现所载内容，并可以随时调取查用的数据电文，视为书面形式。

---

① 参见四川泰来装饰工程有限公司、四川泰来房屋开发有限公司、四川泰来娱乐有限责任公司与中国信达资产管理公司成都办事处借款担保合同纠纷二审判决书，(2008)民二终字第55号。

【法务提示】

重点审查保证意思表示是否以书面形式作出?

现在常用的微信、QQ 等聊天记录,均可成立保证合同。那么以视频拍摄形式表达自己自愿承担保证责任可以成立有效的保证吗?情理上视频不是更直观、更有说服力吗?但是,视听资料和书证可是不同的证据种类,从上述书面形式的定义中也可以看出,视听资料不能有形地直接表现所载内容,不属于书面形式,可见视频不能成立保证合同。但如果承诺人事实上履行了视频中承诺的保证责任,债权人接受的,那么根据《民法典》第 490 条的规定,虽然未采用书面形式但是一方已经履行主要义务的,对方接受的,该保证合同成立,承诺人不得再以保证合同未采用书面形式而反悔。

【法条链接】

《民法典》

第四百九十条第一款 当事人采用合同书形式订立合同的,自当事人均签名、盖章或者按指印时合同成立。在签名、盖章或者按指印之前,当事人一方已经履行主要义务,对方接受时,该合同成立。

第六百八十五条 保证合同可以是单独订立的书面合同,也可以是主债权债务合同中的保证条款。

第三人单方以书面形式向债权人作出保证,债权人接收且未提出异议的,保证合同成立。

风险点3-4
一般保证与连带保证分辨不清

【案例】

在中国重庆国际经济技术合作公司与重庆市开县开源融资担保有限责任公司担保合同纠纷案中，法院认为，根据《反担保合同》第3条、第4条的约定，首先第3条的书面文字内容表述为，三柴公司、国际公司、丰安公司愿为鼎实公司700万元开行贷款按《担保法》第17条及第28条规定的连带保证方式提供反担保，该第3条约定包含两层意思：一层意思为三柴公司、国际公司、丰安公司自愿为鼎实公司在开行的700万元贷款提供反担保；二层意思为，其担保的方式按《担保法》第17条及第28条规定的连带保证方式。

法院认为，三柴公司、国际公司和丰安公司三保证人自愿为鼎实公司在开行的700万元贷款提供反担保的意思真实，其保证方式撇开其定语"按……规定的"为连带保证方式；而定语"按《担保法》第十七条（规定的是一般保证的概念和责任的承担）及第二十八条（规定的是同一债权既有保证又有物的担保的，保证人对物的担保以外的债权承担保证责任……）的"中虽引述的第17条为一般保证的条文，但与定语后明确载明的连带保证方式显然是两种不同的保证方式，不可能在同一担保的同一担保人中同时并存，该条约定的保证方式明显矛盾或不明确。故法院认为第3条约定的保证方式应为连带保证方式。①

【法理分析】

（1）无约定或约定不明按一般保证论

《民法典》对于保证方式较之《担保法》有颠覆性的变化。《民法典》实施后对保证方式无约定或者约定不明确的，由《担保法》规定的按连带保证责任变为按一般保证

---

① 参见中国重庆国际经济技术合作公司与重庆市开县开源融资担保有限责任公司担保合同纠纷二审民事判决书，(2007)渝二中民终字第462号。

责任。

(2)连带保证须明确约定

换言之,若要连带保证必须明确约定。

一般保证和连带保证到底有何区别?区别就在于一般保证的保证人享有先诉抗辩权,即一般保证人在主合同纠纷未经审判或者仲裁,并就债务人财产依法强制执行仍不能履行债务前,有权拒绝向债权人承担保证责任;连带责任保证的债务人不履行到期债务或者发生当事人约定的情形时,债权人可以请求债务人履行债务,也可以请求保证人在其保证范围内承担保证责任。

由此可见,连带保证更加便于债权人实现债权,债权人更注重债权回收的效率和效果,如保证人实力更强,有履约能力,当然希望通过更高效的方式,即让保证人直接承担还款义务,而无须像一般保证规则那样要先向债务人主张债权。对于大多数保证人来说,其可能并未真正享受过债权利益,本意更多的是应该由债务人先承担债务,承担不了才由其承担补充责任,这更符合保证人的真实意思。

【法务提示】

(1)务必明确是否为连带保证

重点审查债权人和保证人真实意思表示,如要求保证人承担连带保证责任的,应在保证合同内容中明确"连带保证责任"或在签字、盖章或者捺手印处注明为"连带保证人",否则会被认定为一般保证。

(2)重视何时主张

因保证期限不因任何事由发生中断、中止、延长的法律后果,所以债权人必须在保证期限内主张。这里特别要注意对于一般保证的债权人在保证期间内对债务人提出起诉或者申请仲裁后又撤回的,如债权人在保证期间届满前未再起诉或者申请仲裁的,保证人可主张不再承担保证责任。可见,对于一般保证,只有完成诉讼或者仲裁程序的才视为主张了权利,中途撤回有风险。连带保证不存在此等情况,只要提起法定程序并送达了相关法律文书的副本,即视为主张了权利。

(3)重视何种方式主张

保证责任的主张方式应是法定的,何为法定的主张方式?对于一般保证而言,必须是对债务人提起诉讼或者仲裁的方式。如保证期间的最后一日因自身原因无法前往法院或者仲裁机构立案,可通过快递寄送的方式将完整的诉讼材料寄至有管辖权的法院立案庭或者仲裁机构。尤其要注意以下几点细节:第一,切记一定要在快递面单文件名称栏中写明详细的寄件内容,如"王某某诉李某某保证合同纠纷案件起诉(仲裁)材料",尽量详尽;第二,将放置材料进入快递信封、封存快递、粘贴快递面单(完成内容书写)的过程全部视频拍摄,一定要留存拍摄的原始载体(如手机)和视频内容,如请公证机构公证上述内容则更佳;第三,及时下载打印网上的运单详情。目前网上立案也在全国推广,有条件的地区的债权人也可以利用该工具,为保证登记立案的有效性,可通过熟悉此业务的法务或者律师协助完成有效的登记。对于连带保证而言,除直接通过诉讼或者仲裁的方式外,也可在保证期限内向保证人寄送包括律师函在内的各类函件,明确要求保证人承担保证责任,但要确保保证人的准确送达地址(可在保证合同中约定送达地址)。其他方式主张保证责任可以吗?当然可以,如通过微信及QQ聊天记录、邮件等方式,甚至口头主张方式主张都可以,因为法律并未禁止。但从诉讼举证有效角度,强烈建议以书面形式主张权利。如确无法取得保证人送达地址的情况下也可采用录音等形式。

【法条链接】

《民法典》

第六百八十六条 保证的方式包括一般保证和连带责任保证。

当事人在保证合同中对保证方式没有约定或者约定不明确的,按照一般保证承担保证责任。

第六百八十七条 当事人在保证合同中约定,债务人不能履行债务时,由保证人承担保证责任的,为一般保证。

一般保证的保证人在主合同纠纷未经审判或者仲裁,并就债务人财产依法强制执行仍不能履行债务前,有权拒绝向债权人承担保证责任,但是有下列情形之一的除外:

(一)债务人下落不明,且无财产可供执行;

(二)人民法院已经受理债务人破产案件;

(三)债权人有证据证明债务人的财产不足以履行全部债务或者丧失履行债务能力;

(四)保证人书面表示放弃本款规定的权利。

第六百八十八条 当事人在保证合同中约定保证人和债务人对债务承担连带责任的,为连带责任保证。

连带责任保证的债务人不履行到期债务或者发生当事人约定的情形时,债权人可以请求债务人履行债务,也可以请求保证人在其保证范围内承担保证责任。

《最高人民法院关于适用〈中华人民共和国民法典〉有关担保制度的解释》

第二十六条 一般保证中,债权人以债务人为被告提起诉讼的,人民法院应予受理。债权人未就主合同纠纷提起诉讼或者申请仲裁,仅起诉一般保证人的,人民法院应当驳回起诉。

一般保证中,债权人一并起诉债务人和保证人的,人民法院可以受理,但是在作出判决时,除有民法典第六百八十七条第二款但书规定的情形外,应当在判决书主文中明确,保证人仅对债务人财产依法强制执行后仍不能履行的部分承担保证责任。

债权人未对债务人的财产申请保全,或者保全的债务人的财产足以清偿债务,债权人申请对一般保证人的财产进行保全的,人民法院不予准许。

风险点 3 - 5
债权转让保证人不承担担保的约定

【案例】

在上诉人陆某、陆某某因与被上诉人李某、苗某某债权转让合同纠纷案中，法院认为，根据被告陆某、陆某某陈述在2014年9月向子洲县农村商业银行有限公司查询有关借款偿还情况，得知诉争借款于2014年7月31日已向该行偿还，证明被告陆某、陆某某的担保责任已免除，说明此前该二被告并未履行垫付义务。再从原告与子洲农村商业银行有限公司于2014年7月26日签订的债权转让协议看，依据债权转让协议，原告只有在此后偿还该笔借款，偿还借款凭证才能由原告持有，显然可推定该借款是由原告向子洲农村商业银行有限公司偿还，并非由被告苗某某偿还。故对该二被告代理人辩称偿还借款凭证上记载的苗某某为还款人，即免除该二被告的担保责任的主张，本院不予采纳。被告代理人依据委托支付的20万元认为原借款合同的标的为20万元而非40万元的主张，结合发放凭证载明的40万元金额，本院亦不予采纳。《担保法解释》第28条规定：保证期间，债权人依法将主债权转让给第三人的，保证债权同时转让，保证人在原保证担保的范围内对受让人承担保证责任。但是保证人与债权人事先约定仅对特定的债权人承担保证责任或者禁止债权转让的，保证人不再承担保证责任。因此，原告依据债权转让协议享有对被告苗某某的债权和对被告陆某、陆某某的担保债权，且在本案的原担保合同中双方未约定仅对特定的债权人承担保证责任或者禁止债权转让，故被告陆某、陆某某仍应在原担保合同范围内承担连带保证责任。因此，对被告代理人根据银监会的相关规定主张的转让信贷前要征得债务人的同意从而又认为债权转让协议无效的辩称意见，于法无据，本院亦不予采纳。[①]

---

① 参见陆某等与李某等债权转让合同纠纷二审民事判决书，(2016)陕08民终3590号。

【法理分析】

(1)保证人有权为了债务人仅向特定债权人承担保证责任

虽然保证人是为了债务人作出保证,表面上与债权人无关,但实务中,企业之间关系比较复杂。法律并没有明确保证人的保证意图,仅表明保证之效力。故保证人仅向特定债权人承担担保责任,是其自由。

(2)保证合同可约定禁止债权转让

当保证人仅向特定债权人承担保证责任时,其就会要求在保证合同中明确禁止债权转让。从保证人角度,保证人与债权人约定禁止债权转让,债权人未经保证人书面同意转让债权的,保证人对受让人不再承担保证责任。即使债权人通知了保证人,保证人对受让人也绝对不承担任何保证责任。受让人即使在保证期间向保证人主张权利或诉讼仲裁的,保证人对原债权人及债权受让人也均不承担担保责任。

【法务提示】

(1)保证人请明确是否允许转让债权

实务中保证人视具体情况,明确是否允许债权转让。若是不允许,必须在保证合同中设立专门条款。

(2)受让人审查保证合同有无约定禁止转让条款

若是受让债权,且该债权带有保证合同时,应重点审查保证合同中有无约定禁止债权转让条款。虽然保证合同的禁止转让条款对债权转让合同的效力没有影响,但是,却对保证人不生效,即受让人不能要求保证人承担保证责任。

如有上述约定条款,未经保证人书面同意转让债权的,保证人对受让人不再承担保证责任。债权转让是商事活动中一个非常重要的支付、偿债手段,如因上述条款受让人不再享有保证担保,很可能会出现债权价值大打折扣的后果。

【法条链接】

《民法典》

第六百九十六条 债权人转让全部或者部分债权,未通知保证人的,该转让对保证人不发生效力。

保证人与债权人约定禁止债权转让,债权人未经保证人书面同意转让债权的,保证人对受让人不再承担保证责任。

风险点 3-6
保证期间约定不明

【案例】

在刘运生、陈荣洪买卖合同纠纷案中，最高人民法院经审查认为，本案是买卖合同纠纷申请再审案件。根据刘运生、陈荣洪的再审申请及信恒通公司提交的意见，本案应重点审查刘运生、陈荣洪是否应对金山公司的债务承担连带保证责任。

案涉《还款协议》第4条约定："原合同条款延期执行至2013年6月30日，如乙方（金山公司）仍未能按原合同规定及时供货，乙方承诺按原合同条款向甲方（信恒通公司）补偿。"前述约定中的2013年6月30日是信恒通公司与金山公司签订的原买卖合同的延展期到期日。因信恒通公司与金山公司于《还款协议》签订后存在多次对账行为，二审判决以双方最后一次对账日（2017年7月1日）为案涉主债务履行届满日和保证期间起算日，并无不当。保证期间无论是6个月还是2年，信恒通公司于2017年9月起诉要求刘运生、陈荣洪承担保证责任，均未超过保证期间。二审判决刘运生、陈荣洪应对金山公司的债务承担连带保证责任，并无不当。①

【法理分析】

保证期间是确定保证人承担保证责任的期限。

根据我国《民法典》：如果约定的保证期间早于主债务履行期限或者与主债务履行期限同时届满的，视为没有约定。没有约定或者约定不明确的，保证期间为主债务履行期限届满之日起6个月。债权人在保证期间内未向保证人主张权利的，保证人不再承担保证责任，保证期间不因任何事由发生中断、中止、延长的法律后果。

【法务提示】

（1）作为保证人可不约定或约定较短期限

对保证人来说，保证期间越短，风险越小。当然，也不是说要约定一个早于主债务履

---

① 参见刘运生、陈荣洪买卖合同纠纷再审审查与审判监督民事裁定书，（2020）最高法民申4208号。

行期限的保证期间。这样约定虽最后在法律上视为没有约定,但也体现保证人毫无诚意。

若是没有约定,则会被推定为主债务履行期限届满之日起 6 个月。实务中,这个期限对保证人来说也可能太长。因为履行期限到期,为了推动债权人及时行使权利,可以约定短于 6 个月的保证期限。保证人一旦承担担保责任,可以尽快向主债务人追偿。否则时间拖得越长,一个没法履行义务的主债务人的偿债能力可能越来越弱。

(2)债权人宜约定保证期限为主债务履行期限届满后 3 年

建议债权人与保证人约定,保证期间为主债务履行期限届满后 3 年,与一般法定的诉讼时效 3 年相匹配。如债权人与债务人起纠纷,往往最初的一段时间甚至 6 个月、1 年都在协商、谈判纠纷解决的方式,稍不注意往往会超过 6 个月的保证期间。一般情况下,债权人都是同时向债务人与保证人主张债权,如约定了 3 年的保证期间,基本上是不会错过。但如果约定了更长的保证期间,如 5 年、10 年,就可能会出现保证期间虽然没有过,但主债权早已过诉讼时效的情形,因保证合同是从合同,如主合同因诉讼时效届满无法得到胜诉,那么保证期间再长也毫无意义,保证人的保证责任被免除了。

【法条链接】

《民法典》

第六百九十二条　保证期间是确定保证人承担保证责任的期间,不发生中止、中断和延长。

债权人与保证人可以约定保证期间,但是约定的保证期间早于主债务履行期限或者与主债务履行期限同时届满的,视为没有约定;没有约定或者约定不明确的,保证期间为主债务履行期限届满之日起六个月。

债权人与债务人对主债务履行期限没有约定或者约定不明确的,保证期间自债权人请求债务人履行债务的宽限期届满之日起计算。

《最高人民法院关于适用〈中华人民共和国民法典〉有关担保制度的解释》

第三十二条　保证合同约定保证人承担保证责任直至主债务本息还清时为止等类似内容的,视为约定不明,保证期间为主债务履行期限届满之日起六个月。

风险点 3－7

保证内容罗列未尽

【案例】

在徐秀香与深圳市宝发投资有限公司、杨雅绚民间借贷纠纷案中，关于承诺担保范围，法院认为："……其次，被告高春霖、深圳市铭贯科技有限公司虽然在担保承诺函中承诺担保的范围包括律师费，但担保承诺函系还款承诺函的从合同，其担保的范围应当以主合同还款承诺函中所涉及的各项债务为准，在主合同未约定律师费的情形下，担保人所作的对律师费承担连带保证责任的承诺无效。"①

【法理分析】

保证范围的约定关乎债权人的损失能否得到全面补偿，《民法典》明确规定保证的范围包括主债权及其利息、违约金、损害赔偿金和实现债权的费用。但由于商业模式的多样性，债权人实际可能产生的费用、损失种类多样且不一，约定时还是需要明确、具体、详尽，以免出现因约定不明而得不到法院或仲裁机构支持的后果。

【法务提示】

依具体业务列清保证责任范围。

保证责任的范围根据具体业务的性质来审查是否列举完整，如可表述保证责任的范围为主债权及其利息、罚息、复利（罚息和复利一般用于金融领域纠纷）、违约金、损害赔偿金和包括但不限于律师费、诉讼费、差旅费、公证费、鉴定费、保全费、担保费在内的所有实现债权的费用。正如案例中所述，如主合同未约定律师费，保证合同中保证范围却约定了律师费的情况，保证人是否需要承担律师费？参考法院观点，不但要在保证合同中明确约定保证的范围包括律师费，更要在主合同中明确约定律师费等实现债权的费用由债务人承担。

---

① 参见徐秀香与深圳市宝发投资有限公司、杨雅绚民间借贷纠纷一审民事判决书，（2018）粤0303民初14361号。

【法条链接】

《民法典》

第六百九十一条 保证的范围包括主债权及其利息、违约金、损害赔偿金和实现债权的费用。当事人另有约定的,按照其约定。

风险点 3 - 8
与主合同管辖约定不一致

【案例】

在中国昊华化工(集团)总公司与中企国际投资有限公司借款合同纠纷案中，法院认为，中企国际主张的债权受让自长城资产管理公司郑州办事处，该办事处又受让自工行宜阳县支行。本案所涉各原始借款合同和最高额保证合同均约定，如发生纠纷由工行宜阳县支行所在地法院通过诉讼方式解决。本案所涉主债权经过两次转让，相关的债权转让合同当事人均未与主债务人和保证人约定新的管辖法院，也没有排除各借款合同和最高额保证合同中对管辖权的约定。根据最高人民法院法释〔2001〕12 号《关于审理涉及金融资产管理公司收购、管理、处置国有银行不良贷款形成的资产的案件适用法律若干问题的规定》第 3 条第 2 款“原债权银行与债务人有协议管辖约定的，如不违反法律规定，该约定继续有效”之规定，以及最高人民法院法〔2005〕62 号《关于金融资产管理公司收购、处置银行不良资产有关问题的补充通知》第 1 条“金融资产管理公司受让不良贷款后，通过债权转让方式处置不良资产的，可以适用本院发布的上述规定”之规定，可认定各原始借款合同和最高额保证合同约定的纠纷解决方式对本案双方当事人仍然有效。另外，审理昊华化工集团与中企国投之间因保证合同产生的纠纷，应当以相关的借款关系为基础，而原债权人工行宜阳县支行与主债务人洛阳中昊化学工业有限公司的住所地均在河南省，由河南省的有关法院审理本案便于查清案件事实。根据《最高人民法院关于各高级人民法院受理第一审民事、经济纠纷案件问题的通知》的有关规定，本案争议金额达到河南省高级人民法院受理第一审经济纠纷案件的争议金额标准，故本案应当由河南省高级人民法院审理。①

---

① 参见中国昊华化工(集团)总公司与中企国际投资有限公司借款合同纠纷二审民事裁定书，(2006)民二终字第 186 号。

【法理分析】

因合同纠纷提起的诉讼,由被告住所地或者合同履行地人民法院管辖。同时,当事人可以书面协议选择被告住所地、合同履行地、合同签订地、原告住所地、标的物所在地等与争议有实际联系的地点的人民法院管辖。主合同和担保合同选择的管辖法院不一致的,应该根据主合同确定案件管辖。

【法务提示】

关于管辖约定的重点审查内容会依不同的角色有所不同:

(1)债权人所在地为管辖地为宜

若无特殊情况,在约定主合同和担保合同管辖时应尽量约定在债权人所在地。如实在因为双方谈判地位势均力敌,造成管辖谈判的僵持,双方可以变通约定为原告所在地法院管辖,那么对方违约时债权人即可选择到本方所在地的人民法院起诉。

(2)审查主从合同管辖约定是否一致

同时,在约定管辖时一定要避免主合同与从合同一个约定法院管辖、另一个约定仲裁管辖的情况,要保持主从合同的管辖约定一致。《担保制度解释》第 21 条规定,如果债权人一并起诉债务人与担保人的,应当根据主合同确定管辖法院。但并未明确主合同与从合同一个约定法院管辖、另一个约定仲裁管辖的情况。根据目前的审判实践,可能会出现由法院和仲裁机构分别管辖的情形,主从合同都有天然的牵连性,分开裁判无疑造成两案相互掣肘,影响裁判效率。

当守约方与违约方不在同一地区,如协议在违约方所在地的法院或者仲裁机构管辖,不但会增加守约方的差旅费、律师费等直接成本,也可能会出现因各地审判实务(如各地法院都会出台纠纷指导意见应用于审判实践)差异所导致的诉讼风险。

【法条链接】

《最高人民法院关于适用〈中华人民共和国民法典〉有关担保制度的解释》

第二十一条　主合同或者担保合同约定了仲裁条款的,人民法院对约定仲裁条款的合同当事人之间的纠纷无管辖权。

债权人一并起诉债务人和担保人的,应当根据主合同确定管辖法院。

债权人依法可以单独起诉担保人且仅起诉担保人的,应当根据担保合同确定管辖法院。

风险点3－9
保证人为未经法定程序的公司

【案例】

在招商银行股份有限公司大连东港支行与大连振邦氟涂料股份有限公司、大连振邦集团有限公司借款合同纠纷案中，在案事实和证据表明，案涉《股东会担保决议》确实存在部分股东印章虚假、使用变更前的公司印章等瑕疵，以及被担保股东振邦集团公司出现在《股东会担保决议》中等违背《公司法》规定的情形。振邦股份公司法定代表人周建良超越权限订立抵押合同及不可撤销担保书，是否构成表见代表，招行东港支行是否善意，亦是本案担保主体责任认定的关键。再审期间，招行东港支行提交的新证据表明，振邦股份公司提供给招行东港支行的股东会决议上的签字及印章与其为担保行为当时提供给招行东港支行的签字及印章样本一致。振邦股份公司向招行东港支行提供担保时使用的公司印章真实，亦有其法人代表真实签名。且案涉抵押担保在经过行政机关审查后也已办理了登记。至此，招行东港支行在接受担保人担保行为过程中的审查义务已经完成，其有理由相信作为担保公司法定代表人的周建良本人代表行为的真实性。《股东会担保决议》中存在的相关瑕疵必须经过鉴定机关的鉴定方能识别，必须经过查询公司工商登记才能知晓、必须熟谙《公司法》相关规范才能避免因担保公司内部管理不善导致的风险，如若将此全部归属于担保债权人的审查义务范围，未免过于严苛。担保债权人基于对担保人法定代表人身份、公司法人印章真实性的信赖，基于担保人提供的股东会担保决议盖有担保人公司真实印章的事实，完全有理由相信该《股东会担保决议》的真实性。因此，招行东港支行提供担保过程中已尽到合理的审查义务，主观上构成善意。本案周建良的行为构成表见代表，振邦股份公司对案涉保证合同应承担担保责任。①

---

① 参见招商银行股份有限公司大连东港支行与大连振邦氟涂料股份有限公司、大连振邦集团有限公司借款合同纠纷再审民事判决书，(2012)民提字第156号。

【法理分析】

(1)未经程序的公司担保原则上无效

担保行为不是法定代表人所能单独决定的事项,而必须以公司股东(大)会、董事会等公司机关的决议作为授权的基础和来源。法定代表人未经授权擅自为他人提供担保的,构成越权代表,应当区分订立合同时债权人是否善意分别认定合同效力:债权人善意的,合同有效;反之,合同无效。在公司对外提供担保的情况下,无论章程是否对决议机关作出规定,也无论章程规定决议机关为董事会还是股东(大)会,只要债权人能够证明其在订立担保合同时对董事会决议或者股东(大)会决议进行了审查,同意决议的人数及签字人员符合公司章程的规定,就应当认定其构成善意。并且债权人对公司机关决议内容的审查一般限于形式审查,只要求尽到必要的注意义务即可。公司以机关决议系法定代表人伪造或者变造、决议程序违法、签章(名)不实、担保金额超过法定限额等事由抗辩债权人非善意的,人民法院一般不予支持。

(2)未经程序的公司担保无效之例外

根据《担保制度解释》第 8 条的规定,公司以对外担保事项未作出决议为由主张不承担担保责任的,有下列情形的不予支持:一是对于金融机构开立保函或者担保公司提供担保的;二是公司为其全资子公司开展经营活动提供担保的;三是担保合同系由单独或者共同持有公司 2/3 以上对担保事项有表决权的股东签字同意的。

【法务提示】

重点审查内容:一是审查有无董事会决议或者股东(大)会决议;二是审查决议人数和签字人员是否与公司章程形式上相符。

上市公司对外提供担保,不适用前述《担保制度解释》第 8 条第 1 款第 2 项、第 3 项的规定。关于第 3 项,如该被担保的对象为股东个人债务的,是否要排除被担保股东的表决权?笔者认为,若持有公司 2/3 以上有表决权的股东是《公司法》第 16 条第 3 款应当回避的股东,则即便持有公司 2/3 以上有表决权的股东与公司一并签署了担保合同,也不能当然地成立有效担保。

【法条链接】

《最高人民法院关于适用〈中华人民共和国民法典〉有关担保制度的解释》

第七条　公司的法定代表人违反公司法关于公司对外担保决议程序的规定,超越权限代表公司与相对人订立担保合同,人民法院应当依照民法典第六十一条和第五百零四条等规定处理:

(一)相对人善意的,担保合同对公司发生效力;相对人请求公司承担担保责任的,人民法院应予支持。

（二）相对人非善意的，担保合同对公司不发生效力；相对人请求公司承担赔偿责任的，参照适用本解释第十七条的有关规定。

法定代表人超越权限提供担保造成公司损失，公司请求法定代表人承担赔偿责任的，人民法院应予支持。

第一款所称善意，是指相对人在订立担保合同时不知道且不应当知道法定代表人超越权限。相对人有证据证明已对公司决议进行了合理审查，人民法院应当认定其构成善意，但是公司有证据证明相对人知道或者应当知道决议系伪造、变造的除外。

第八条 有下列情形之一，公司以其未依照公司法关于公司对外担保的规定作出决议为由主张不承担担保责任的，人民法院不予支持：

（一）金融机构开立保函或者担保公司提供担保的；

（二）公司为其全资子公司开展经营活动提供担保的；

（三）担保合同系由单独或者共同持有公司三分之二以上对担保事项有表决权的股东签字同意的。

上市公司对外提供担保，不适用前款第二项、第三项的规定。

风险点 3-10
主合同变更加重保证责任

【案例】

在茆莉与戴鹏程、陈永安民间借贷纠纷案中，法院认为，原告起诉时被告陈永安对案涉借款不承担保证责任。据借条载明，案涉借款实际发生时为 2016 年 9 月 22 日，借款期限为 6 个月，陈永安对案涉借款承担连带担保责任，各方没有约定保证期间，则保证期间为主债务履行期届满之日起 6 个月。案涉借款于 2017 年 3 月 22 日第一次到期，到期后，债务人戴鹏程与债权人茆莉两次延长主债务还款期限，两次延期均没有取得保证人陈永安的书面同意，故被告陈永安对案涉借款的保证期间仍为原保证期间。原告没有提供证据证明其在案涉借款第一次到期之日起 6 个月内要求被告陈永安承担保证责任，起诉时已逾期，故对被告陈永安辩称免除其对案涉借款的保证责任的意见，予以采信。据借条约定，案涉借款借期利息以月利率 1.5% 计算，未超过年利率 24%，予以支持。被告戴鹏程已按月向原告支付利息至 2018 年 7 月 21 日，2019 年 2 月 4 日被告戴鹏程向原告转账 900 元，应在结算利息时予以扣除。①

【法理分析】

债权人和债务人在未经保证人书面同意的情况下即变更主债权债务合同内容，如债务减轻，则保证人对变更后的债务承担保证责任；如加重了债务，保证人对加重的部分不承担保证责任。

债权人和债务人未经保证人书面同意变更主债权债务合同的履行期限，保证期间不受影响。

【法务提示】

在主合同履行过程中，如果主合同变更加重了债务人的负担，应提示债权人须经保证人书面同意对加重的债务继续承担保证责任。债权人与债务人未经保证人书面

① 参见茆莉与戴鹏程、陈永安民间借贷纠纷一审民事判决书，(2019)皖 1622 民初 1341 号。

同意,协商变更主债权债务合同内容,加重债务的,保证人对加重的部分不承担保证责任,只承担原来保证范围的保证责任。

【法条链接】

《民法典》

第六百九十五条 债权人和债务人未经保证人书面同意,协商变更主债权债务合同内容,减轻债务的,保证人仍对变更后的债务承担保证责任;加重债务的,保证人对加重的部分不承担保证责任。

债权人和债务人变更主债权债务合同的履行期限,未经保证人书面同意的,保证期间不受影响。

风险点 3－11
债务人转移债务

【案例】

在张华忠、武东玫、章某某、六盘水市钟山开发区凤原酒店、罗兴超、六盘水华丰矿业有限公司、贵州勇能能源开发有限公司民间借贷纠纷案中，法院认为，关于被告罗兴超、凤原酒店、华丰矿业公司、贵州勇能公司应否承担保证责任的问题，《担保法》第23条规定："保证期间，债权人许可债务人转让债务的，应当取得保证人书面同意，保证人对未经其同意转让的债务，不再承担保证责任。"本案中，被告罗兴超、凤原酒店、华丰矿业公司虽在《借款借据》上签字盖章或出具承诺书，认可对该笔借款担保，但在被告张华忠经原告同意将债务转移给被告贵州勇能公司时，被告罗兴超、凤原酒店、华丰矿业公司均未在《债务转接三方协议》上签字，且原告及被告张华忠均未提交上述被告罗兴超、凤原酒店、华丰矿业公司书面同意转让该笔债务的证据，故被告罗兴超、凤原酒店、华丰矿业公司对该债务不再承担保证责任。同时，原告、被告张华忠与被告贵州勇能公司于2014年3月12日签订的《债务转接三方协议》中约定："如协议签订后，甲方不能按时支付给丙方利息，偿还到期的本金，此协议无效，原丙方与乙方所签的协议仍然生效。"该协议系当事人的真实意思表示，未违反法律法规的强制性规定，合法有效，协议中的该约定应为对合同权利义务终止情形的约定，约定对双方当事人均有约束力。现合同中约定的终止情形出现，合同已自然终止履行，故该借款应由原来的借款人张华忠、武东玫偿还，被告贵州勇能公司不再承担清偿责任。①

【法理分析】

在主合同履行过程中，如出现同意债务人转移债务的情形，应提示要经保证人书面同意。如未经保证人书面同意，保证人对未经其同意转移的债务不再承担保证责

① 参见张华忠、武东玫、章某某、六盘水市钟山开发区凤原酒店、罗兴超、六盘水华丰矿业有限公司、贵州勇能能源开发有限公司民间借贷纠纷二审民事判决书，(2015)黔六中民终字第00656号。

任,但是债务人与保证人另有约定的除外。

【法务提示】

在签订保证合同时,由于各方很少考虑同意债务转移的可能性,所以一般不会约定保证人同意债务转移仍承担保证责任的条款。同时,保证人承担保证责任往往是基于对债务人的信赖,信任债务人能处理好债务关系或有履约能力才同意担保,而非真正准备日后承担保证责任。但如果债务人换作他人,保证人无法掌握新债务人的信用和偿债能力,承担保证责任的风险大大增加,自然不愿意再为新的债务人作担保。故债权人只有取得保证人书面同意才可同意债务转移,否则风险自担。

【法条链接】

《民法典》

第六百九十七条 债权人未经保证人书面同意,允许债务人转移全部或者部分债务,保证人对未经其同意转移的债务不再承担保证责任,但是债权人和保证人另有约定的除外。

第三人加入债务的,保证人的保证责任不受影响。

风险点 3-12
借新还旧中的担保

【案例】

在淄博金海岸电子科技有限公司与卢翠丽、齐建军等民间借贷纠纷案中，法院认为："……因现有证据不能证明担保人淄博金海岸电子科技有限公司、山东金苹果实业有限公司、王正明、孙海燕对该以新贷还旧贷的事实是明知或应当知道，故再审申请人要求依据《最高人民法院关于适用〈中华人民共和国担保法〉若干问题的解释》第 39 条关于'主合同当事人双方协议以新贷偿还旧贷，除保证人知道或者应当知道的外，保证人不承担民事责任'的规定，免除其担保责任，理由成立，对再审申请人是否明知或应当知道的问题应当予以查清。"①

【法理分析】

主合同当事人合同约定以新贷偿还旧贷，旧贷的担保人不再承担担保责任，但新贷与旧贷的担保人相同的除外。新贷与旧贷的担保人不同，或者旧贷无担保新贷有担保，但是债权人有证据证明新贷的担保人提供担保时对以新贷偿还旧贷的事实知道或者应当知道的，债权人可以请求新贷的担保人承担担保责任。

【法务提示】

主合同当事人双方如约定以新贷还旧贷，提示债权人除新贷与旧贷为同一保证人的，应让保证人签署知晓函等书面材料。主合同当事人协议以新贷偿还旧贷，债权人请求旧贷的担保人承担担保责任的，法院将不予支持，但如果新贷与旧贷的担保人为同一主体的，或者债权人有证据证明新贷担保人知道或者应当知道借新还旧事实的，法院将予以支持。所以，如旧贷担保人仍愿意为新贷承担担保责任的，建议签署书面形式的知晓函。那么，如在旧贷中约定了日后产生新贷，保证人同意继续对新贷承担

① 参见淄博金海岸电子科技有限公司与卢翠丽、齐建军等民间借贷纠纷再审民事裁定书，(2014)民申字第 1711 号。

保证责任的条款是否有效？笔者认为，该约定是保证人对日后权利的处分，并未被法律所禁止，应认定为有效。对于新贷旧贷，一般会觉得该条债权人应限缩解释为银行等金融贷款机构，其实不然，实务中最高人民法院也将该审理理念运用于民间借贷纠纷中，上述案例就是一个明确的例证。

【法条链接】

《最高人民法院关于适用〈中华人民共和国民法典〉有关担保制度的解释》

第十六条 主合同当事人协议以新贷偿还旧贷，债权人请求旧贷的担保人承担担保责任的，人民法院不予支持；债权人请求新贷的担保人承担担保责任的，按照下列情形处理：

（一）新贷与旧贷的担保人相同的，人民法院应予支持；

（二）新贷与旧贷的担保人不同，或者旧贷无担保新贷有担保的，人民法院不予支持，但是债权人有证据证明新贷的担保人提供担保时对以新贷偿还旧贷的事实知道或者应当知道的除外。

主合同当事人协议以新贷偿还旧贷，旧贷的物的担保人在登记尚未注销的情形下同意继续为新贷提供担保，在订立新的贷款合同前又以该担保财产为其他债权人设立担保物权，其他债权人主张其担保物权顺位优先于新贷债权人的，人民法院不予支持。

风险点 3－13
保证期间与诉讼时效混淆

【案例】

在山东平原农村商业银行股份有限公司诉张善英、吴凤珍、张健、张善玉、张勇、何万华金融借款合同纠纷案中，法院认为，保证期间与诉讼时效是两个不同的概念，保证既适用保证期间的规定，又适用诉讼时效的规定，保证期间与诉讼时效的关系表现为：保证期间与诉讼时效均可能导致保证人不再承担保证责任。但二者又存在本质的区别。保证期间主要适用于形成权，其效力在于消灭实体权利本身，保证期间属于除斥期间，不发生中止、中断或延长的法律后果。也就是说，保证期间不同于诉讼时效，如果债权人在保证期间主张权利，保证期间终止，适用诉讼时效的规定；而诉讼时效期间是可变期间诉讼时效，诉讼时效适用于请求权，是指权利人在法定期间内不行使权利，持续达到一定期间而致使其请求权消灭的法律事实。诉讼时效期间届满，权利人丧失胜诉权。本案中，原告在保证期间内的 2015 年 2 月 22 日向被告张健送达《担保人履行责任通知书》后再没有主张过权利，只是在过了 3 年后的 2018 年 4 月 25 日，原告才通过平原邮政的 EMS 快递向张健邮寄了《担保人履行责任通知书》，且张健拒绝签收。因此，从 2015 年 2 月 22 日保证期间终止，即变更了原有的法律关系，开始适用并计算保证合同的诉讼时效，原告在 2018 年 5 月 17 日提起诉讼时，已经超过了法律规定的诉讼时效期间。故对被告张健代理人陈述原告起诉张健已超诉讼时效、不再承担保证责任，要求驳回原告对张健的诉讼请求的抗辩意见，予以支持。①

【法理分析】

一般保证自保证人拒绝承担保证责任的权利消灭之日起计算诉讼时效，连带责任保证从债权人请求保证人承担保证责任之日起开始计算诉讼时效。

---

① 参见山东平原农村商业银行股份有限公司诉张善英、吴凤珍、张健、张善玉、张勇、何万华金融借款合同纠纷一审民事判决书，(2018) 鲁 1426 民初 1008 号。

【法务提示】

厘清保证期间与诉讼时效。

债权人主张保证责任要经过两次主张,第一次为债权人在保证期间内根据《民法典》区分的一般保证与连带保证的不同方式向保证人主张权利,未主张的,保证人免除保证责任。但主张后,债权人对保证人的保证债权从此要受诉讼时效的约束。第二次为债权人在诉讼时效内向保证人主张保证责任,当然前提是要确保主债务也在诉讼时效内。如法定的3年诉讼时效结束保证人也不再承担保证责任,但可适用有关诉讼时效中断、中止的规定,如债权人每3年内向保证人有效主张一次债权,可导致诉讼时效中断,可重新起算诉讼时效。如在诉讼时效进行期间的最后6个月,因不可抗力或其他障碍致使债权人不能行使请求权的,诉讼时效中止,待中止事由消除后时效继续计算。

关于诉讼时效,则由于保证方式不同而计算方式也不同。(1)一般保证的债权人在保证期间届满前对债务人提起诉讼或者申请仲裁的,从保证人拒绝承担保证责任的权利消灭之日起,开始计算保证债务的诉讼时效。"保证人拒绝承担保证责任的权利消灭之日",是指保证人先诉抗辩权消灭之日。《民法典》第687条第2款规定:"一般保证的保证人在主合同纠纷未经审判或者仲裁,并就债务人财产依法强制执行仍不能履行债务前,有权拒绝向债权人承担保证责任……"换言之,只有当主合同经审判或仲裁,并就债务人财产依法强制执行仍不能履行债务之日起,债权人有权要求一般保证人履行保证义务;保证人再无权利拒绝履行保证债务,此时便是诉讼时效起算之日。该款同时规定了先诉抗辩权消灭的例外情形。(2)连带责任保证的债权人在保证期间届满前请求保证人承担保证责任的,从债权人请求保证人承担保证责任之日起,开始计算保证债务的诉讼时效。

【法条链接】

《民法典》

第六百八十七条 当事人在保证合同中约定,债务人不能履行债务时,由保证人承担保证责任的,为一般保证。

一般保证的保证人在主合同纠纷未经审判或者仲裁,并就债务人财产依法强制执行仍不能履行债务前,有权拒绝向债权人承担保证责任,但是有下列情形之一的除外:

(一)债务人下落不明,且无财产可供执行;

(二)人民法院已经受理债务人破产案件;

(三)债权人有证据证明债务人的财产不足以履行全部债务或者丧失履行债务能力;

（四）保证人书面表示放弃本款规定的权利。

第六百九十二条　保证期间是确定保证人承担保证责任的期间，不发生中止、中断和延长。

债权人与保证人可以约定保证期间，但是约定的保证期间早于主债务履行期限或者与主债务履行期限同时届满的，视为没有约定；没有约定或者约定不明确的，保证期间为主债务履行期限届满之日起六个月。

债权人与债务人对主债务履行期限没有约定或者约定不明确的，保证期间自债权人请求债务人履行债务的宽限期届满之日起计算。

第六百九十四条　一般保证的债权人在保证期间届满前对债务人提起诉讼或者申请仲裁的，从保证人拒绝承担保证责任的权利消灭之日起，开始计算保证债务的诉讼时效。

连带责任保证的债权人在保证期间届满前请求保证人承担保证责任的，从债权人请求保证人承担保证责任之日起，开始计算保证债务的诉讼时效。

风险点 3 – 14
保证担保与其他担保方式并存

【案例】

在湖北银行股份有限公司荆州江汉支行与湖北思诺服饰有限公司、雷建国金融借款合同纠纷案中，湖北银行江汉支行依据与思诺公司签订的《抵押合同》及法律规定办理了抵押登记，对“荆州房他证荆州开发区字第××号”“荆州他项(2011)第057号”“(2011)荆工商押登字第30号”“鄂(2015)荆州市不动产证明第0004516号”他项权证或登记证上记载的财产取得了抵押权。因各抵押财产在办理抵押登记时设定了各自所担保的债权数额，湖北银行江汉支行在行使抵押权时应受到登记凭证上所记载的债权数额的限制。湖北银行江汉支行与雷建国订立的《最高额保证合同》约定，雷建国在3800万元最高贷款余额内承担连带保证责任。湖北银行江汉支行在主债权诉讼时效期间主张行使抵押权，在保证期间内向保证人主张权利，均有法律依据，本院在抵押登记凭证上记载的和保证合同约定的债权数额内予以支持。

由于本案既有思诺公司提供物的担保，又有雷建国承担保证责任，依本案保证合同约定，保证与抵押并存，湖北银行江汉支行可选择由抵押人承担抵押担保或由保证人承担保证责任。雷建国承担保证责任后，有权向思诺公司追偿。①

【法理分析】

对于既有物的担保又有人的担保的债权，在无约定的情况下，债务人自己提供物的担保的，债权人应当先就物的担保实现债权。如第三人提供物的担保的，债权人可以就物的担保实现债权，也可以请求保证人承担保证责任。

【法务提示】

在银行等金融机构的保证合同中往往会约定债权人的任意选择权，即可任意选择

---

① 参见湖北银行股份有限公司荆州江汉支行与湖北思诺服饰有限公司、雷建国金融借款合同纠纷一审民事判决书，(2017)鄂10民初3号。

让保证人承担保证责任或者选择实现抵押权，甚至同时主张。但是，作为一般的商事主体，由于订立保证合同时疏于对此条法律规定的关注，往往无约定，其后果便是保证人只能对债务人自身抵押物依法处置后不足偿债部分才承担连带责任，其效果类似于一般保证，这便失去了债权人订立连带保证合同的初衷和目的。其后果就是，即使保证人在执行条件生效时有履约能力也无法执行其财产，只能等到债务人自身的抵押物处置完毕，但抵押物的处置往往需要漫长的程序，甚至会遇到租赁或居住权等诸多权利对抗，如在抵押物处置完毕时保证人丧失了履约能力，显然影响了执行效果。故建议如存在债务人自己提供抵押担保的情形下，应约定债权人可任意选择要求履行保证责任或者要求实现抵押权，也可约定一并主张。

【法条链接】

《民法典》

第三百九十二条　被担保的债权既有物的担保又有人的担保的，债务人不履行到期债务或者发生当事人约定的实现担保物权的情形，债权人应当按照约定实现债权；没有约定或者约定不明确，债务人自己提供物的担保的，债权人应当先就该物的担保实现债权；第三人提供物的担保的，债权人可以就物的担保实现债权，也可以请求保证人承担保证责任。提供担保的第三人承担担保责任后，有权向债务人追偿。

风险点 3 – 15
主债务人破产情况下保证人的保证责任

【案例】

在中国信达资产管理股份有限公司浙江省分公司与俞中江金融不良债权追偿纠纷案中，法院认为，本案的二审争议焦点为，俞中江的担保债务是否应从债务人恩氏公司破产申请受理时停止计息。《企业破产法》第 46 条第 2 款规定附利息的债权自破产申请受理时起停止计息，该规定仅在破产程序中对债务人发生效力，不影响债权人对保证人的权利，保证人应按保证合同的约定承担保证责任。恩氏公司破产受理之后的利息仍属于保证债务，保证人应承担保证责任。同时，《企业破产法》第 46 条第 1 款规定，未到期的债权，在破产申请受理时视为到期。据此，本案所有债权于恩氏公司破产受理之日到期，信达资产公司主张按照主合同期限计收期内复利，不应支持，应从破产受理的次日按罚息利率计收逾期利息。据此，原审判决的利息金额应当予以调整，信达资产公司的部分诉讼请求于法有据，依法予以支持。①

注：原本关于该问题司法实务的处理存在差异性，《最高人民法院关于适用〈中华人民共和国民法典〉有关担保制度的解释》实施后，这一问题得到解决，具体见下文。

【法理分析】

人民法院受理债务人破产案件后，债权人请求担保人承担担保责任，担保人有权主张担保债务自人民法院受理破产申请之日起停止计息。这很好地诠释了担保范围从属性的原则，保证人的担保范围不应该超过主债权的担保范围；保证人承担了破产受理后的利息，却无法向债务人追偿该利息，显然对保证人不公。

---

① 参见中国信达资产管理股份有限公司浙江省分公司、俞中江金融不良债权追偿纠纷二审民事判决书，(2019) 浙 01 民终 4753 号。

【法务提示】

(1)主债务人破产后债权人选择债务人或保证人起诉

在主债务人破产后,债权人既可以起诉债务人,也可以起诉保证人,还可以同时起诉,不受主债务人进入破产程序的影响。如同时起诉两者的,在主债务人进入破产程序后,管理人接管财产前,破产案件受理前已经开始而尚未审结的有关债务人的诉讼应按照《企业破产法》第20条的规定中止诉讼,接管后,应当恢复审理。如果债权人仅起诉保证人,不应当中止审理,因为对保证人的诉讼不是"有关债务人的诉讼",不符合《企业破产法》第20条的规定。

(2)保证人不承担破产案件受理后的利息

对于保证人在破产案件中的保证范围,实务中争议较大的为保证人是否应承担破产案件受理后的利息。人民法院裁定受理主债务人破产申请后,附利息的债权停止计息,但对于未破产的保证人而言,主债务人破产,保证债权是否要停止计息,之前的争议较大。如2020年1月10日,浙江省高级人民法院民事审判第五庭作出关于主债务人破产后保证人是否停止计息问题的解答明确:按照《企业破产法》第46条规定,针对债务人的破产申请被人民法院裁定受理时,破产程序中针对债务人申报的附利息的债权自破产申请受理时起停止计息,但该停止计息的效力不及于保证人。按照《企业破产法》第51条规定,债务人的保证人或者其他连带债务人已经代替债务人清偿债务的,以其对债务人的求偿权申报债权。但是管理人在审查保证人的求偿权时,同样应当扣除保证人所承担的自债务人破产申请被受理时起产生的债务利息或者将破产申请受理时起发生的利息债权单独登记。

随着《担保制度解释》的实施,该问题终于予以明确统一,该解释第22条规定,人民法院受理债务人破产案件后,债权人请求担保人承担担保责任,担保人主张担保债务自人民法院受理破产申请之日起停止计息的,人民法院对担保人主张应予支持。

【法条链接】

《最高人民法院关于适用〈中华人民共和国民法典〉有关担保制度的解释》

第二十二条　人民法院受理债务人破产案件后,债权人请求担保人承担担保责任,担保人主张担保债务自人民法院受理破产申请之日起停止计息的,人民法院对担保人的主张应予支持。

风险点3－16
保证合同被认定无效后的责任分担

【案例】

在和龙市德泰小额贷款有限责任公司与和龙市世新房地产有限公司、和龙市住房和城乡建设局小额借款合同纠纷案中，法院认为：……2016年2月3日以原告德泰贷款公司为出借方、被告世新公司为借款方、被告和龙市住建局为保证人签订了借款协议，协议中约定，被告和龙市住建局为被告世新公司向原告德泰贷款公司还款提供连带责任保证担保，保证范围包括借款本息，而根据上述法律规定，很显然本案中被告和龙市住建局提供保证担保的行为，因其为国家机关而导致担保条款是无效的。关于担保条款无效之后如何处理的问题，根据《担保法》第5条第2款“担保合同被确认无效后，债务人、担保人、债权人有过错的，应当根据其过错各自承担相应的民事责任”的规定，本案中，担保人即被告和龙市住建局在知其不具有保证人资格的情况下仍然提供担保、债权人德泰贷款公司在明知法律禁止国家机关作为担保人的前提下接受担保，两方均有过错，原告德泰贷款公司、被告和龙市住建局应承担相应的民事责任，而根据《最高人民法院关于适用〈中华人民共和国担保法〉若干问题的解释》第7条“主合同有效而担保合同无效，债权人无过错的，担保人与债务人对主合同债权人的经济损失承担连带赔偿责任；债权人、担保人有过错的，担保人承担民事责任的部分，不应超过债务人不能清偿部分的1/2”，本案中，债务人不能清偿的部分为剩余借款本金1,000,000元及相应利息，债权人德泰贷款公司和担保人和龙市住建局均有过错，因此，担保人和龙市住建局承担剩余借款本金及利息的1/2的清偿责任。①

【法理分析】

《民法典》第682条第2款规定，保证合同被确认无效后，债务人、保证人、债权人

① 参见和龙市德泰小额贷款有限责任公司与和龙市世新房地产有限公司、和龙市住房和城乡建设局小额借款合同纠纷一审民事判决书，(2018)吉2406民初574号。

有过错的,应当根据其过错各自承担相应的民事责任。

因保证无效有两种情况:一种是主合同有效,保证合同无效;另一种是主合同无效,从合同也因此无效。两种情况虽都使“保证人”无须承担“保证责任”,但是导致无效后果的过错责任承担也有所不同。《担保制度解释》第17条对此作出明确解释。

(1)主合同有效而第三人提供的担保合同无效情形的责任

主合同有效而第三人提供的担保合同无效情形下,如债权人与担保人均有过错的,担保人承担不应超过债务人不能清偿部分1/2的责任;如仅担保人有过错的,担保人承担债务人不能清偿部分的全部责任;担保人无过错的不承担责任。

(2)主合同无效导致担保合同均无效情形下的责任

主合同无效导致担保合同均无效情形下,担保人有过错的要承担债务人不能清偿部分1/3的债务,无过错不承担任何债务。如果债权人存在过错或非善意的,可能导致保证担保不发生效力。

【法务提示】

(1)尽到注意义务使保证合同有效

对于债权人来说,这一点尤为重要。因为保证合同无效后,不管追究谁的民事责任,影响最大的还是债权人。其债权的请求对象不能完全指向“保证人”了,一旦主债务人无力履行,则债权便会落空。对于债权人来说,主合同签订已经考虑了担保人的能力,才会放心大胆地相信主债务人。故应努力使保证合同有效,关注所有可能使保证合同无效的点。

(2)留存合同拟定相关证据以便于追究过错人责任

虽然合同签订时,不会期待合同无效,但凡事以防万一,法律风险防范要求对每一个环节均可复盘,即保留证据。一旦无效,可以证明过错人为谁,然后方可依据法律请求承担民事责任。

【法条链接】

《民法典》

第六百八十二条 保证合同是主债权债务合同的从合同。主债权债务合同无效的,保证合同无效,但是法律另有规定的除外。

保证合同被确认无效后,债务人、保证人、债权人有过错的,应当根据其过错各自承担相应的民事责任。

《最高人民法院关于适用〈中华人民共和国民法典〉有关担保制度的解释》

第十七条 主合同有效而第三人提供的担保合同无效,人民法院应当区分不同情形确定担保人的赔偿责任:

（一）债权人与担保人均有过错的，担保人承担的赔偿责任不应超过债务人不能清偿部分的二分之一；

（二）担保人有过错而债权人无过错的，担保人对债务人不能清偿的部分承担赔偿责任；

（三）债权人有过错而担保人无过错的，担保人不承担赔偿责任。

主合同无效导致第三人提供的担保合同无效，担保人无过错的，不承担赔偿责任；担保人有过错的，其承担的赔偿责任不应超过债务人不能清偿部分的三分之一。

专题四

抵押合同

《民法典》第 394 条规定,为担保债务的履行,债务人或者第三人不转移财产的占有,将该财产抵押给债权人的,债务人不履行到期债务或者发生当事人约定的实现抵押权的情形,债权人有权就该财产优先受偿。

前款规定的债务人或者第三人为抵押人,债权人为抵押权人,提供担保的财产为抵押财产。

因抵押权的设立不转移财产占有,在抵押期间不影响抵押人继续使用财产,所以成为商业活动中最常用的物的担保方式。笔者将从抵押合同的签订、设立抵押权审查以及抵押权的实现三个方面来介绍抵押权在商事活动中的风险及防范。

风险点 4－1
抵押人不适格

【案例】

在徐玉、中国农业银行股份有限公司玉溪红塔支行金融借款合同纠纷案中，法院认为……他人有理由相信其为夫妻双方共同意思表示的，另一方不得以不同意或不知道为由对抗善意第三人。本案抵押合同和抵押登记中，“徐玉”的签名及指印虽非徐玉本人的签名和指印，但合同签订和抵押登记办理时胡伟与徐玉尚为夫妻，胡伟也认可徐玉的签名系由其代签，办理抵押登记所需房屋产权证及土地使用权证原件均由胡伟提供，结合徐玉申请再审时陈述其在农行红塔支行有多笔贷款，该行工作人员因其他贷款接触过并认识徐玉，且互有联系方式，原审认定农行红塔支行有理由相信该行为为夫妻双方共同的意思表示并无不当。①

【法理分析】

抵押人是指为担保债的履行而提供抵押物的债务人或者第三人。当债务人不履行到期债务或者发生当事人约定的实现抵押权的情形，债权人有权就该财产优先受偿。

【法务提示】

审查抵押人的适格性。

(1)审查抵押人是否有处分权

是不是没有处分权就肯定设立不了抵押呢？债权人可否取得抵押权？其实债权人是可以善意取得抵押权的。如夫妻关系存续期间，夫妻一方为他人提供担保，将登记在另一方名下的共有房屋抵押给银行，抵押合同上签字是由夫妻一方代签的，一般认定为抵押合同无效。

---

① 参见徐玉、中国农业银行股份有限公司玉溪红塔支行金融借款合同纠纷再审审查与审判监督民事裁定书，(2018)最高法民申3736号。

(2)保留证据

如上述案例中,最终法院认定银行善意取得抵押权,但是,在商事活动中银行的善意要件是一般商事主体无法满足的,这无疑加重了债权人的举证责任和难度,很可能最终导致败诉,故还是要严格审查抵押人对抵押的财产是否有处分权。同时要求对合同签订过程保留证据,以证明债权人为善意。如审查房屋抵押人是不是登记的房屋所有权人,是属于个人财产还是夫妻共同财产,如是夫妻共同财产,夫妻双方都要在抵押合同中签字。

【法条链接】

《民法典》

第三百九十四条 为担保债务的履行,债务人或者第三人不转移财产的占有,将该财产抵押给债权人的,债务人不履行到期债务或者发生当事人约定的实现抵押权的情形,债权人有权就该财产优先受偿。

前款规定的债务人或者第三人为抵押人,债权人为抵押权人,提供担保的财产为抵押财产。

风险点 4 – 2
抵押人涉诉引发抵押权实现障碍

【案例】

在中国信达资产管理股份有限公司广东省分公司、汕头市金达市政建设有限公司与茂名市天华房地产开发有限公司执行复议案件执行案中，法院认为，根据《民事诉讼法》第 244 条的规定，被执行人未按执行通知履行法律文书确定的义务，人民法院有权查封、扣押、冻结、拍卖、变卖被执行人应当履行义务部分的财产。茂名市中级人民法院在执行金达市政公司申请执行天华房地产公司案中，因被执行人不履行生效法律文书确定义务，该院查封被执行人名下的房产符合上述法律规定。复议申请人以其对上述查封房产中的 56 套房产享有抵押权为由请求解除抵押房产的查封，但根据《最高人民法院关于人民法院执行工作若干问题的规定(试行)》第 40 条规定，人民法院对被执行人所有的其他人享有抵押权、质押权或留置权的财产，可以采取查封、扣押措施。只是在拍卖、变卖查封财产后，所得价款由抵押权人、质押权人或留置权人优先受偿。因此，茂名市中级人民法院查封上述房产符合法律和司法解释的规定，该执行行为并无不当，应予维持。原审异议裁定认定事实清楚，适用法律正确，处理恰当，应予维持；复议申请人信达广东分公司的复议申请理由不成立，应予驳回。①

【法理分析】

《最高人民法院关于首先查封法院与优先债权执行法院处分查封财产有关问题的批复》规定，执行过程中，应当由首先查封、扣押、冻结法院负责处分查封财产。但已进入其他法院执行程序的债权对查封财产有顺位在先的担保物权、优先权，自首先查封之日起已超过 60 日，且首先查封法院就该查封财产尚未发布拍卖公告或者进入变卖程序的，优先债权执行法院可以要求将该查封财产移送执行。

---

① 参见中国信达资产管理股份有限公司广东省分公司、汕头市金达市政建设有限公司与茂名市天华房地产开发有限公司执行复议案件执行裁定书，(2016)粤执复 183 号。

【法务提示】

严格审查抵押人的信用。

对抵押人信用审查往往被债权人忽视，债权人往往会认为只要抵押物足值，处置后能覆盖债权就可以了。但在实务中，如果抵押人信用差，抵押物的实现很可能会遇到程序的障碍。比如，因抵押人被诉案件众多，抵押物被法院查封，但如果没有约定抵押物被查封可提前实现抵押权，债权人实现抵押权的条件其实未成就。

从上述规定可以看出，虽然有抵押权，但还是首先查封的法院有天然优先的处置权，在实务中就会出现处置权之争，造成抵押物处置时间成本增加的风险。同时，对于进入破产程序的案件，抵押物的处置要符合重整方案等因素的影响，可能一时无法拍卖，可能拍卖后优先款迟迟未到位，还会产生额外的成本，如《最高人民法院关于审理企业破产案件确定管理人报酬的规定》第13条规定“管理人对担保物的维护、变现、交付等管理工作付出合理劳动的，有权向担保人收取适当的报酬。管理人与担保权人就上述报酬数额不能协商一致的，人民法院应当参照本规定第二条规定的方法确定，但报酬比例不得超出该条规定限制范围的10%”。可见，在签订抵押合同时关注抵押人的信用也是非常重要的。

【法条链接】

《民法典》

第四百一十条 债务人不履行到期债务或者发生当事人约定的实现抵押权的情形，抵押权人可以与抵押人协议以抵押财产折价或者以拍卖、变卖该抵押财产所得的价款优先受偿。协议损害其他债权人利益的，其他债权人可以请求人民法院撤销该协议。

抵押权人与抵押人未就抵押权实现方式达成协议的，抵押权人可以请求人民法院拍卖、变卖抵押财产。

抵押财产折价或者变卖的，应当参照市场价格。

风险点 4－3
未办理批准手续的抵押合同效力

【案例】

在中国长城资产管理公司济南办事处与济南金冠毛纺集团有限责任公司借款担保合同纠纷案中,法院认为,本案争议的焦点是2000年抵字第0001号抵押合同的效力,即划拨土地使用权之上的房产抵押合同的效力问题。依据房地产主体一致的原则,本案双方当事人应对金冠公司提供抵押的房产及其占用范围内的土地使用权一并抵押。双方签订的2000年抵字第0001号抵押合同仅就金冠公司自有的房产设定了抵押,未对该房屋占用范围内的土地使用权一并抵押,但该单独抵押的行为并不必然导致本案房产抵押合同无效的法律后果。对于划拨土地使用权之上的房产抵押,法律并无禁止性规定。如果因为划拨土地使用权未履行抵押审批手续并办理抵押登记,进而否定房产抵押合同的效力,则与房产抵押合同订立的根本目的相悖。本院《关于破产企业国有划拨土地使用权应否列入破产财产等问题的批复》有其明确的适用范围,与本案的情形并不相同。原审法院据此认定房产抵押合同无效属适用法律错误,予以纠正。本案借款合同真实合法有效,不存在影响房产抵押合同效力的事由。①

【法理分析】

(1)抵押合同成立时生效

前述案例抵押合同效力争议,主要是因为没有按照房地一体予以登记,履行行政管理所需的手续。从法律上来说,合同是否生效主要看是否具备生效要件。抵押合同主体适格,抵押物不是为法律所禁止,双方意思表示真实,则抵押合同成立,抵押合同一般自成立时生效,但是法律另有规定或者当事人别有约定的除外。

---

① 参见中国长城资产管理公司济南办事处与济南金冠毛纺集团有限责任公司借款担保合同纠纷二审民事判决书,(2007)民二终字第183号。

(2)依法律、行政法规办理报批手续

法律、行政法规规定应当办理报批手续的,抵押合同应当办理。若未办理,并不当然导致合同无效,关于报批义务的条款和其他条款仍然有效。所以前述案例中,虽然土地使用权抵押未报批,但不影响房产抵押的效力。

【法务提示】

(1)审查相关前置程序是否依法完成

为了防止因为未依法报批,导致部分条款无效。故特别需要注意的是,在审查签订财产的抵押合同之前,需要审查相关规定的前置程序是否已经依法完成,如根据《城市房地产抵押管理办法》第 13 条的规定,国有企业、事业单位法人以国家授予其经营管理的房地产抵押的,应当符合国有资产管理的有关规定。第 14 条规定,以集体所有制企业的房地产抵押的,必须经集体所有制企业职工(代表)大会通过,并报其上级主管机关备案。第 15 条规定,以中外合资企业、合作经营企业和外商独资企业的房地产抵押的,必须经董事会通过,但企业章程另有规定的除外。

对于债权人来说,应该督促报批义务人履行报批义务。

(2)约定报批义务人的违约责任

根据法律规定,即使应该批准而未办理批准手续,关于申请义务人的违约责任条款依然有效。故,应该设定违约条款。一方面,督促义务人履行义务;另一方面,一旦违约,债权人可以据此请求义务人承担违约责任。

【法条链接】

《民法典》

第五百零二条 依法成立的合同,自成立时生效,但是法律另有规定或者当事人另有约定的除外。

依照法律、行政法规的规定,合同应当办理批准等手续的,依照其规定。未办理批准等手续影响合同生效的,不影响合同中履行报批等义务条款以及相关条款的效力。应当办理申请批准等手续的当事人未履行义务的,对方可以请求其承担违反该义务的责任。

依照法律、行政法规的规定,合同的变更、转让、解除等情形应当办理批准等手续的,适用前款规定。

风险点 4－4
标的物为禁止抵押的财产

【案例】

在江苏通力机电集团有限公司与安徽怀宁农村商业银行股份有限公司凉亭支行、安庆天之一服饰有限公司等民事纠纷案中，关于案涉电脑横机的抵押权，法院认为，怀宁农商行凉亭支行基于天之一公司对案涉电脑横机占有产生的公信力，在对销售合同、发票等占有依据、交易履行等材料合理审查的基础上，以天之一公司所有的 73 台电脑横机为朱大余的借款提供抵押担保，依法办理了动产抵押登记，并按照借款合同约定发放借款。怀宁农商行凉亭支行符合善意取得动产物权要件。通力公司对案涉 26 台电脑横机享有所有权的约定，不能对抗善意第三人，其权利主张受制于第三人善意取得动产物权的情形。另外，通力公司向天之一公司主张取回权已经在(2013)宜民二初字第 00067 号案受理前的 2013 年 8 月 30 日提起诉讼，并将怀宁农商行凉亭支行列为第三人，双方对案涉电脑横机存在取回权的主张与抵押权的抗辩，通力公司对于标的物主张取回权的诉请可直接对抗怀宁农商行凉亭支行的权利要求。两者之间的权利冲突经过两审终审，驳回了通力公司主张取回权的诉讼请求。怀宁农商行凉亭支行对案涉电脑横机主张抵押权并未损及通力公司的取回权主张。

法院认为，发票并不具有物权凭证的功能，动产以合法占有为公示原则，发票价格可能影响到天之一公司向怀宁农商行凉亭支行的借款额度，其真假并不能辨别标的物的权利状态，故通力公司以此主张怀宁农商行凉亭支行未能尽到合理注意义务，未能对电脑横机当时的权利状态作出辨别，不能善意取得案涉电脑横机抵押权的上诉理由不能成立。①

---

①　参见江苏通力机电集团有限公司与安徽怀宁农村商业银行股份有限公司凉亭支行、安庆天之一服饰有限公司等二审民事判决书，(2017)皖民终 386 号。

【法理分析】

1. 可抵押财产

主体资格可抵押的财产范围是非常之广的，即法律、行政法规未禁止抵押的不动产和动产均可以抵押，具体的比如：(1)建筑物和其他土地附着物；(2)建设用地使用权；(3)海域使用权；(4)生产设备、原材料、半成品、产品；(5)正在建造的建筑物、船舶、航空器；(6)交通运输工具等。既然法律、行政法规未禁止抵押的不动产和动产均可以抵押，那么我们在审查抵押物时，重点就要审查哪些财产不得抵押，只要排除不得抵押的财产，那么在商事活动中设立的抵押权就是合法的。

2. 法律明确不得抵押的财产

不得抵押的财产有：(1)土地所有权，土地所有权归国家或者集体所有，在我国属禁止流通物；(2)宅基地、自留地、自留山等集体土地的使用权，但是法律规定可以抵押的除外；(3)学校、幼儿园、医疗机构等为公益目的成立的非营利法人的教育设施、医疗卫生设施和其他公益设施。

【法务提示】

1. 审核是否为法律允许抵押的财产

在签订抵押合同前，一定要审查抵押物是否为法律、行政法规规定不得抵押的财产。对于上述规定，主要界定什么是"公益性"，看登记时是否注明"公益性"，如果没有注明，如果其承担是的教育、科技、文化、卫生等社会服务职能也可认定"公益"，典型的如非营利性的民办学校。如以上两项都看不出，则应当以社会共识为标准。故，以公益为目的的非营利性学校、幼儿园、医疗机构等不得为担保人，其提供的担保无效，但是有下列情形之一的除外：(1)为购入教育设施、医疗卫生设施和其他公益设施，以该公益设施为标的物设定的所有权保留、融资租赁等具有担保功能的担保物权。(2)以教育设施、医疗卫生设施和其他公益设施以外的财产为自身债务设定的担保物权。(3)以能够出质的权利为自身债务设定的质押。登记为营利法人的民办学校、幼儿园、医疗机构等提供的担保，当事人主张担保无效的，人民法院不予支持。(4)所有权、使用权不明或者有争议的财产。如正在诉争中的标的物就属于所有权有争议的财产，即便第三人不知道有诉讼事实的存在，签订的抵押合同也无效，也不能取得抵押权，当然最终认定为善意取得抵押权的除外。(5)依法被查封、扣押、监管的财产。该类财产失去了"可让与性"，但查封、扣押、监管期后该财产仍可作为抵押物。(6)法律、行政法规规定不得抵押的其他财产，如根据《民法典》第398条的规定，乡镇、村企业的建设用地使用权不得单独抵押。以乡镇、村企业的厂房等建筑物抵押的，其占用范围内的建设用地使用权一并抵押。

2. 审查抵押物的价值

一般情况下，债权人希望用于抵押的财产价值应大于所担保的债权，只有这样才能保障债权的实现。一般金融机构对于住宅的抵押金额都是按评估价值的七折确定，而商事主体在履行合同过程中没有金融机构准确完善的财产评估体系，也不可能在合同履行过程中调整主债权的金额，如主合同期限约定过长，如 2 年以上，对于抵押物市场价值的变动不敏感，等到债权无法履行要拍卖抵押时就会发现其实已远远无法覆盖全部的债权了。

《最高人民法院关于人民法院网络司法拍卖若干问题的规定》第 10 条规定，网络司法拍卖应当确定保留价，拍卖保留价即为起拍价。起拍价由人民法院参照评估价确定；未作评估的，参照市价确定，并征询当事人意见。起拍价不得低于评估价或者市价的 70%。第 26 条规定，网络司法拍卖竞价期间无人出价的，本次拍卖流拍。流拍后应当在 30 日内在同一网络司法拍卖平台再次拍卖。拍卖动产的应当在拍卖 7 日前公告，拍卖不动产或者其他财产权的应当在拍卖 15 日前公告。再次拍卖的起拍价降价幅度不得超过前次起拍价的 20%。再次拍卖流拍的，可以依法在同一网络司法拍卖平台变卖。

如果考虑到抵押物无人竞价的情况，可能最终抵押物的成交价可换算为评估价的 56%，那么以此作为参考，比如设立抵押权时抵押物的价值约为 1000 万元，在不考虑各种因素的情况下，如主债权期满时抵押物的评估价仍为 1000 万元，从拍卖悲观的角度考虑，那么可能抵押物最终的成交价或者抵债的金额为 560 万元，这里还要考虑扣除由债务人应承担的诉讼费、设立抵押权前可能的欠税、执行费等成本，最终债权人能拿到的债权金额则比评估价的 56% 更少，故一定要有换算思维审查抵押物变现的风险。同时，由于抵押财产并不交付给抵押权人保管，抵押人可继续使用，故还要考虑经使用不会使其价值急剧降低的财产作为抵押物比较保险。

3. 审查抵押物上是否存在其他权利

审查其他权利对于实现抵押权的影响，如留置权、购买价款抵押权、质权、居住权、租赁权等影响抵押物价值或者阻碍抵押物处置时间的权利。（1）审查是否存在登记在先的动产质权、留置权、购买价款抵押权。由此可见，如果存在登记在先的动产质权、留置权、购买价款抵押权（又称超级抵押权）都优先于抵押权，那么即使抵押财产进行了处置，处置所得款项也应先满足于上述权利人，抵押权人的分配顺位在上述权利人之后，即很有可能无法足额受偿债权。根据《民法典》的规定，当同一动产上有多项担保物权的，优先受偿顺序为：留置权 > 购买价款抵押权 > 已登记的抵押权、质权（按照登记、交付时间先后）> 未登记的抵押权。

(2)审查在抵押权登记设立前有无租赁权。关于抵押权与租赁权的关系,此前《物权法》第190条规定:“订立抵押合同前抵押财产已出租的,原租赁关系不受该抵押权的影响。抵押权设立后抵押财产出租的,该租赁关系不得对抗已登记的抵押权。”该条系关于“买卖不破租赁”规则在抵押担保领域中的体现。《民法典》第405条规定,抵押权设立前,抵押财产已经出租并转移占有的,原租赁关系不受该抵押权的影响。所作的修改和完善主要体现在以下四个方面:一是将“抵押不破租赁”规则适用的时间节点由“订立抵押合同前”修改为“抵押权设立前”;二是将“已出租”修改为“已经出租”,此为非实质性修改;三是增加“转移占有”作为“抵押不破租赁”规则适用条件之一;四是删除抵押击破租赁的相关规定,即“抵押权设立后抵押财产出租的,该租赁关系不得对抗已登记的抵押权”。

(3)审查抵押房屋上是否存在居住权。《民法典》第399条列举的不得抵押的财产范围内并不包括存在居住权的房产。那么,可以认定存在居住权的不动产是可再行设立抵押权的。但在该房屋上设立的居住权的剩余期限将会对抵押权的实现产生重大利益影响。最高人民法院(2018)最高法民申1463号裁定书的观点认为,从价值衡量来看,房屋购买者的居住权与抵押权相比,居住权具有优先性。居住权属用益物权,抵押权为担保物权。用益物权和担保物权通常不排斥彼此存在。抵押合同可以约定抵押人在对房屋进行抵押登记后对房屋的部分为他人设立居住权。若居住权设立期限届满早于抵押权的实现,则不会对抵押权人产生不利影响,但是反之,就会影响抵押权的实现,竞拍所得的抵押物竟然不能居住,试问有几个人会有兴趣参与竞拍。而且在实务中,可能出现居住权约定的期限是附条件的情况,为了保障父母的养老,子女给父母设立的居住权期限很可能会至父母都过世,那么债权人在接受抵押房产时就必须要考虑到该房产处置的限制,只能预估居住权人的生命年限来计算处置的时间,这无疑会造成债权回收时间的不确定性。同时,对抵押房产的市场价值也难以确定,为保护居住权人的居住利益不受损害,拍卖受让人要继续履行对居住权人的权利和义务,且不得加重居住权人的合同负担,可见抵押财产的拍卖成交价格会因为居住权的存在而变低。因此,债权人欲接受债务人以房屋作为抵押物时,应当将居住权设立情况作为重大尽职调查内容之一,通过前往不动产登记中心查询该房屋是否设立居住权,掌握设立居住权的条件、时限等信息。

【法条链接】

《民法典》

第三百九十五条 债务人或者第三人有权处分的下列财产可以抵押:

(一)建筑物和其他土地附着物;

（二）建设用地使用权；

（三）海域使用权；

（四）生产设备、原材料、半成品、产品；

（五）正在建造的建筑物、船舶、航空器；

（六）交通运输工具；

（七）法律、行政法规未禁止抵押的其他财产。

抵押人可以将前款所列财产一并抵押。

第三百九十九条 下列财产不得抵押：

（一）土地所有权；

（二）宅基地、自留地、自留山等集体所有土地的使用权，但是法律规定可以抵押的除外；

（三）学校、幼儿园、医疗机构等为公益目的成立的非营利法人的教育设施、医疗卫生设施和其他公益设施；

（四）所有权、使用权不明或者有争议的财产；

（五）依法被查封、扣押、监管的财产；

（六）法律、行政法规规定不得抵押的其他财产。

风险点 4－5
未约定抵押权提前实现

【案例】

在中国邮政储蓄银行股份有限公司郧西县支行与柯小红、钟吉刚金融借款合同纠纷案中，法院认为，原告能否要求解除借款合同、提前收回借款、提前实现抵押权。原告与被告柯小红签订的《个人额度借款合同》第20条规定额度内任意一笔借款的最长逾期超过90天(含)或累计逾期次数超过6次的，原告有权提前收回贷款；第47条规定借款人发生本合同约定的违约情形的，原告可以单方面解除合同。截至2017年2月19日，被告柯小红借款累计逾期次数已超过6次，原告要求解除借款合同、提前收回借款、提前实现抵押权，符合法律规定，原告向被告发出的《提前收回贷款通知书》具有解除借款合同、提前收回借款、提前实现抵押权的法律效力，依法应解除原告中国邮政储蓄银行股份有限公司郧西县支行与被告柯小红签订的编号为420248092150643O5040的《小额贷款借款合同》。①

【法理分析】

(1)抵押权行使时间的通常规则

主合同债务到期，债务人无法清偿债务时，债权人可行使抵押权，并以所得款项优先清偿债务。故抵押权行使的时间一般是主债务到期后，条件是债务人无法清偿债务。

(2)抵押权提前实现之例外

主合同履行过程中，抵押人往往会做出一些足以威胁抵押权人实现抵押权的情形，如不提前行使抵押权将会造成债权人重大的经济损失。我国《民法典》规定若“发生当事人约定的实现抵押权的情形，抵押权人可以与抵押人协议以抵押财产折价或者

① 参见中国邮政储蓄银行股份有限公司郧西县支行与柯小红、钟吉刚金融借款合同纠纷一审民事判决书，(2017)鄂0322民初444号。

以拍卖、变卖该抵押财产所得的价款优先受偿”,这就为当事人自由约定抵押权提前实现留下了空间。反过来说,当事人之间若是没有约定提前实现抵押权的情形,即使出现了可能使抵押权落空的情形,抵押权人也没有依据请求提前实现抵押权。

【法务提示】

笔者建议,在抵押合同中必须约定“提前实现抵押权”的情形,这也是抵押合同容易忽视的内容:(1)抵押人涉及诉讼、仲裁或者行政案件,可能对抵押财产产生不利影响的;(2)抵押人破产、歇业、被申请破产重整,被吊销或者注销营业执照的;(3)依主合同或者主合同项下具体业务合同的约定,债权人宣布债务提前到期的;(4)抵押人隐瞒抵押财产存在共有、争议、被查封、被扣押或已经设立抵押等情况的;(5)抵押人未按约定提供有关抵押财产的完备手续和真实资料的;(6)未经抵押权人同意擅自处分抵押财产的;(7)未经抵押人同意在抵押物上设立居住权的;(8)抵押人的行为致使抵押财产价值减少,又未按抵押权人要求恢复抵押财产的价值,或者提供与减少的价值相应的担保的;(9)兜底条款,如出现使抵押权人在主合同项下的债权难以实现或无法实现的其他情况。

【法条链接】

《民法典》

第四百一十条　债务人不履行到期债务或者发生当事人约定的实现抵押权的情形,抵押权人可以与抵押人协议以抵押财产折价或者以拍卖、变卖该抵押财产所得的价款优先受偿。协议损害其他债权人利益的,其他债权人可以请求人民法院撤销该协议。

抵押权人与抵押人未就抵押权实现方式达成协议的,抵押权人可以请求人民法院拍卖、变卖抵押财产。

抵押财产折价或者变卖的,应当参照市场价格。

风险点4－6
未约定抵押物禁止转让

【案例】

在姜勋与朴红权、中国工商银行股份有限公司明珠支行房屋买卖合同纠纷案中，法院认为，根据《担保法》第49条第1款的规定，抵押期间，抵押人转让已办理登记的抵押物的，应当通知抵押权人并告知受让人转让物已经抵押的情况；抵押人未通知抵押权人或者未告知受让人的，转让行为无效。姜勋与朴红权签订房屋买卖合同时，该房屋已作为借款抵押物并办理了抵押登记，但朴红权未通知抵押权人即中国工商银行股份有限公司延吉明珠支行其出售房屋的事宜，故姜勋与朴红权之间的房屋买卖无效。庭审中法院向姜勋释明已办理抵押登记的抵押物禁止转让，但其仍主张房屋买卖合同有效，故对姜勋的诉讼请求不予支持。①

【法理分析】

(1)抵押期间抵押财产可以转让

《民法典》第406条规定，抵押期间，抵押人可以转让抵押财产。这条规定是《民法典》的重大变化，改变了一般抵押物在抵押期间不得转让，除非经过抵押权人同意的旧规定。有了新的规定后，抵押物转让无须经过抵押权人同意。法律逻辑上没有问题，因为即使未经抵押权人同意，受让人知道受让物设有抵押，抵押权依然优于受让人的所有权。

(2)可以约定抵押物禁止转让

《民法典》在允许抵押物转让的一般原则之后，又赋予当事人自由权利，即“当事人另有约定的除外”。换言之，双方可以约定抵押期间不得转让抵押财产。

---

① 参见原告姜勋与被告朴红权、第三人中国工商银行股份有限公司明珠支行房屋买卖合同纠纷一审民事判决书，(2015)延民初字第2241号。

【法务提示】

(1)抵押合同约定抵押物不得转让

既然法律允许当事人自由选择是否在抵押期间转让抵押物,那么从抵押权人角度,为保证自己的利益,约定禁止转让为宜。因为前文述及虽然转让后抵押权依然优于受让人的所有权,但是债权人无端为自己增了纷争,对企业来说,增加了交易成本,是非理性的行为。

(2)确保禁止转让条款的登记

从保护抵押权人的角度,不仅要有禁止或者限制抵押财产转让的约定,更重要的是在办理抵押登记时将该约定登记,起到公示的作用。

对于双方约定禁止或者限制抵押财产转让会产生哪些法律后果,《担保制度解释》第43条进行了详细的规定,这里对是否将禁止或者限制转让抵押财产的约定进行登记成为关键。如未登记的,即除非有证据证明受让人知道,否则抵押财产转让的合同有效,也发生物权转移的效力,此条件下,抵押权人只能请求抵押人承担违约责任。如已登记的,转让合同有效,只是不发生物权转移的效力,但是因受让人代替债务人清偿债务导致抵押权消灭的除外。

【法条链接】

《民法典》

第四百零六条 抵押期间,抵押人可以转让抵押财产。当事人另有约定的,按照其约定。抵押财产转让的,抵押权不受影响。

抵押人转让抵押财产的,应当及时通知抵押权人。抵押权人能够证明抵押财产转让可能损害抵押权的,可以请求抵押人将转让所得的价款向抵押权人提前清偿债务或者提存。转让的价款超过债权数额的部分归抵押人所有,不足部分由债务人清偿。

《最高人民法院关于适用〈中华人民共和国民法典〉有关担保制度的解释》

第四十三条 当事人约定禁止或者限制转让抵押财产但是未将约定登记,抵押人违反约定转让抵押财产,抵押权人请求确认转让合同无效的,人民法院不予支持;抵押财产已经交付或者登记,抵押权人请求确认转让不发生物权效力的,人民法院不予支持,但是抵押权人有证据证明受让人知道的除外;抵押权人请求抵押人承担违约责任的,人民法院依法予以支持。

当事人约定禁止或者限制转让抵押财产且已经将约定登记,抵押人违反约定转让抵押财产,抵押权人请求确认转让合同无效的,人民法院不予支持;抵押财产已经交付或者登记,抵押权人主张转让不发生物权效力的,人民法院应予支持,但是因受让人代替债务人清偿债务导致抵押权消灭的除外。

风险点 4－7
动产抵押未登记

【案例】

在上海某灯饰公司与上海某塑胶制品有限公司买卖合同纠纷案中，法院认为，原告、被告签订了设备抵押合同并进行了动产抵押登记，故被告为原告的债权提供了抵押担保。但是，在进行动产抵押登记的当日，原告、被告又同时签订了一份协议书，明确了抵押财产中的模具是客户的，被告并没有该120副模具的所有权，依据《担保法》的规定，所有权、使用权不明或者有争议的财产不得抵押，同时依据《合同法》的规定，违反法律、行政法规的强制性规定订立的合同无效，故原告、被告签订的设备抵押合同对120副模具设定抵押的部分无效，对6台注塑机设定的抵押仍然有效。依据《担保法》规定，债务履行期届满抵押权人未受清偿的，抵押权人可以与抵押人协议以抵押物折价或者以拍卖、变卖该抵押物所得的价款受偿，故原告可以在被告到期不能履行债务的情况下，对该6台注塑机实现抵押权。①

【法理分析】

(1)动产抵押自抵押合同生效时设立

以动产抵押的，抵押权自抵押合同生效时设立。可见，对于动产抵押权的取得无须办理抵押登记，仅凭抵押合同就可以取得抵押权，即除法律另有规定和当事人另有约定外，抵押合同自当事人签字盖章之日起生效，抵押权人自抵押合同签字盖章之日取得抵押权。

(2)未经登记，不得对抗善意第三人

《民法典》第403条已经非常明确指出了动产抵押不登记的严重隐患，即不得对抗善意第三人。那么此条文如何理解呢？此中的善意第三人又包括哪些人？根据最高

① 参见上海某灯饰公司与上海某塑胶制品有限公司买卖合同纠纷一审民事判决书，(2011)金民二(商)初字第935号。

人民法院民法典贯彻实施工作领导小组出版的《中华人民共和国民法典物权编理解与适用》（下册），我们可以了解到“第三人”主要是指买受人。一般认为，此处的“第三人”主要是指抵押物的买受人。

【法务提示】

办理动产抵押登记以对抗第三人。

取得抵押权不登记就能安枕无忧了吗？笔者了解到，其实大量的企业经营者不懂得抵押权的取得方式，更不了解关于动产抵押办理登记的重要性，还有一些企业经营者是不知道去哪个部门办理抵押登记而未办理，所以，大量的动产抵押合同都存在只有书面合同而未办理登记的现象。

实践中，抵押合同签订后，其实抵押物仍在抵押人手中继续使用经营，抵押权人未实际占有和控制抵押物，这也是抵押不转移的特性。抵押人可能又将抵押物转卖他人，如果买受人为善意的，又无抵押权登记公示信息，则抵押权人不得基于抵押权的追及效力向善意买受人主张抵押权，只能要求抵押人重新提供担保。需要强调的是，该买受人须已经取得抵押物所有权，未取得所有权的买受人，仅享有请求抵押人交付抵押物的债权请求权，此种权利不能对抗抵押权人。

【法条链接】

《民法典》

第四百零三条　以动产抵押的，抵押权自抵押合同生效时设立；未经登记，不得对抗善意第三人。

风险点 4-8
浮动抵押登记

【案例】

在湖南省现代融资担保有限公司(原湖南省安迅担保有限公司)、中信银行股份有限公司长沙分行案外人执行异议之诉纠纷案中,法院认为,动产浮动抵押允许抵押人为生产经营所需自由处分抵押物,由此决定了抵押财产在抵押权设定和抵押财产特定这两个时点并不相同,《物权法》立法时在移植这一来自英美法实践的制度时,并未严守大陆法传统理论关于"物权客体须于设立时特定"的理论构成,该法第189条第2款关于浮动抵押"不得对抗正常经营活动中已支付合理价款并取得抵押财产的买受人"的规定,可资印证。但除善意买受人之外,就动产浮动抵押权依法登记后,抵押权人能否对抗嗣后以该抵押财产设立质权的质权人等问题,《物权法》并无明文规定。

法院认为,动产浮动抵押的抵押权自抵押合同生效时设立,故动产浮动抵押权与一般动产抵押权的设立规则相同,即采取登记对抗主义规则。同一动产上同时设立质权和浮动抵押权,应当根据是否完成公示以及公示先后情况来确定清偿顺序。具体到本案中,中信银行长沙分行的抵押权于2013年7月3日办理了动产浮动抵押登记,依法产生对抗效力。而现代担保公司的质权以间接占有(委托长沙豪捷仓储服务有限公司监管)的方式于2014年1月28日依法设立。故在本案证据能够证明浮动抵押设定之时的财产描述涵盖了长沙县黄花镇工业园金湘路1号的2号仓库中的纸张的情形下,中信银行长沙分行的浮动抵押权因其登记在先,应当优先于现代担保公司的质权受偿。且根据公示公信原则,现代担保公司作为质权人在设定质权时,应当知道或者实际能够知道诉争质押财产之上已经成立了动产浮动抵押权,在其未尽合理注意义务的情形下,认定其质权劣后于中信银行长沙分行的浮动抵押权受偿,并无交易安全保护不周之虞。[①]

---

① 参见湖南省现代融资担保有限公司(原湖南省安迅担保有限公司)、中信银行股份有限公司长沙分行案外人执行异议之诉再审民事判决书,(2019)最高法民再237号。

【法理分析】

(1)浮动抵押的定义

浮动抵押是一种特别抵押,指抵押人将其现在和将来的全部财产或者部分财产上设定的担保,在行使抵押权之前,抵押人对抵押财产保留在正常经营过程中的处分权。我国法律规定,企业、个体工商户、农业生产经营者可以将现有的以及将有的生产设备、原材料、半成品、产品抵押,债务人不履行到期债务或者发生当事人约定的实现抵押权的情形,债权人有权就抵押财产确定时的动产优先受偿。

(2)浮动抵押未经登记不得对抗第三人

我国《民法典》明确动产抵押,抵押权自抵押合同生效时设立;未经登记,不得对抗善意第三人。浮动抵押属于动产抵押之一种,故同样其登记方能对抗第三人。

(3)超级优先权优先于浮动抵押权

何为超级优先权?《民法典》规定:动产抵押担保的主债权是抵押物的价款,标的物交付后10日内办理抵押登记的,该抵押权人优先于抵押物买受人的其他担保物权人受偿,但是留置权人除外。

《担保制度解释》第57条关于超级优先权对抗浮动抵押权的规定,即设立动产浮动抵押并办理抵押登记后,又购入或者以融资租赁方式承租新的动产,权利人可主张超级优先权的,是优先于浮动抵押权的。

【法务提示】

办理浮动抵押登记对抗第三人,是抵抗风险的有效方法。

(1)办理浮动抵押登记

根据《市场监管总局办公厅关于做好动产抵押登记职责划转有关工作的通知》(市监网监〔2020〕133号)的要求,自2021年1月1日起,生产设备、原材料、半成品、产品等动产抵押登记职责由人民银行承担,市场监管部门不再受理动产抵押登记的设立、变更、注销申请,即以后浮动抵押登记将到人民银行征信中心统一登记。据了解,对于浮动抵押登记的办理没有规定区别于一般动产抵押登记的特别手续,那么是否可以理解以合同约定为准,或者做相关的备注,其实笔者认为是需要有相关文件出台的,以免引起歧义的理解。

(2)浮动抵押相关权利主张的合适时间

根据《民法典》第396条的规定,其效力应该始于"债务人不履行到期债务或者发生当事人约定的实现抵押权的情形"时,在实务中,多为债权人申请法院扣押浮动担保范围内财产的时候,所有的流程一般是法院根据债权人的申请而开始。因为这个时间点浮动抵押财产才失去流动性,从"浮动"变为"固定",担保权人的担保也就只能在这一个范围内获得优先受偿权，但在保全开始到拍卖抵押财产过程中增加的财产是否也在优先权受偿范围内？如果有约定应该是可以的，只是在实际操作过程中一般起拍价都需经评估，如果抵押财产还在浮动和不确定，会造成评估价无法确定。结合《民法典》第403条及第404条的登记，也许只有在抵押财产被“固定”时，才可真正实现：以动产抵押并登记的，也不得对抗正常经营活动中已经支付合理价款并取得抵押财产的买受人。在浮动担保“固定”前，即使登记也不能对抗上述第三人。

（3）注意取得“超级优先权”要件

如何取得“超级优先权”呢？需要注意以下要件，在此向债权人提示：一是“超级优先权”所担保的主债权一般仅限于抵押物的价款或者融资租赁的租金（《担保制度解释》第57条），而一般的动产抵押担保并未对主债权进行限定，例如，甲向B银行申请贷款100万元用于支付购买一台生产设备，并将该设备抵押给B银行，此时设立抵押担保的主债权即为抵押物的价款。而如果甲向B银行申请贷款100万元，将一台生产设备抵押给B银行，甲将该100万元用于支付员工工资，则此时设立抵押担保的主债权并非抵押物的价款。因为“超级优先权”设立的目的在于鼓励融资，从而促进债务人获得购置所需资金，推动社会经济发展。

二是担保权人应在标的物交付后10日内办理抵押登记。这是“超级优先权”取得超优先顺位的程序要件，目的在于便于出卖人及时向买受人交付标的物，而不用待“超级优先权”担保权人登记再交付，从而促进动产的有效流通。如果在标的物交付10日后办理抵押登记的，该动产担保权人就不构成“超级优先权”，从而无法取得“超级优先权”的超级优先顺位。但这也并不意味着担保权的丧失，根据《民法典》第403条“以动产抵押的，抵押权自抵押合同生效时设立；未经登记，不得对抗善意第三人”的规定，该担保权仍在当事人之间有效，并具有对抗无担保债权人的效力。

三是要注意“超级优先权”优先于在先设定的浮动担保和固定担保，但不能对抗动产买卖之前就已设定的抵押权。举个例子：A在甲的生产设备设立了动产抵押权并办理了抵押登记。其后，甲将该设备出售给B，C为B购置该设备提供贷款并取得“超级优先权”。此时，“超级优先权”和A的抵押权的抵押人不同（前者为B，后者为甲），故C并不能取得足以对抗A的“超级优先权”，C取得的“超级优先权”只能对B在该设备上为他人设立的其他动产担保权取得超优先顺位。

四是要注意针对同一标的物上同时存在多个“超级优先权”，即例如，若A银行和B银行均为甲提供贷款用于购置设备，且A、B均在宽限期内进行了登记，那么A和B的优先顺位如何确定呢？《民法典》第416条虽未说明，但根据《民法典》第414条第1款第1项的规定，“同一财产向两个以上债权人抵押的，拍卖、变卖抵押财产所得的价款依照下列规定清偿:(一)抵押权已经登记的,按照登记的时间先后确定清偿顺序”,先登记者的“超级优先权”优先于后登记的“超级优先权”。

五是要注意“超级优先权”不得优于留置权。同一担保物上多个担保物权共存时,留置权恒优先于其他物权,是一般规则。

【法条链接】

《民法典》

第三百九十六条　企业、个体工商户、农业生产经营者可以将现有的以及将有的生产设备、原材料、半成品、产品抵押,债务人不履行到期债务或者发生当事人约定的实现抵押权的情形,债权人有权就抵押财产确定时的动产优先受偿。

第四百零三条　以动产抵押的,抵押权自抵押合同生效时设立;未经登记,不得对抗善意第三人。

第四百零四条　以动产抵押的,不得对抗正常经营活动中已经支付合理价款并取得抵押财产的买受人。

第四百一十一条　依据本法第三百九十六条规定设定抵押的,抵押财产自下列情形之一发生时确定:

(一)债务履行期限届满,债权未实现;

(二)抵押人被宣告破产或者解散;

(三)当事人约定的实现抵押权的情形;

(四)严重影响债权实现的其他情形。

第四百一十四条　同一财产向两个以上债权人抵押的,拍卖、变卖抵押财产所得的价款依照下列规定清偿:

(一)抵押权已经登记的,按照登记的时间先后确定清偿顺序;

(二)抵押权已经登记的先于未登记的受偿;

(三)抵押权未登记的,按照债权比例清偿。

其他可以登记的担保物权,清偿顺序参照适用前款规定。

第四百一十六条　动产抵押担保的主债权是抵押物的价款,标的物交付后十日内办理抵押登记的,该抵押权人优先于抵押物买受人的其他担保物权人受偿,但是留置权人除外。

《最高人民法院关于适用〈中华人民共和国民法典〉有关担保制度的解释》

第五十七条　担保人在设立动产浮动抵押并办理抵押登记后又购入或者以融资租赁方式承租新的动产,下列权利人为担保价款债权或者租金的实现而订立担保合同,并在该动产交付后十日内办理登记,主张其权利优先于在先设立的浮动抵押权的,人民法院应予支持：

（一）在该动产上设立抵押权或者保留所有权的出卖人；

（二）为价款支付提供融资而在该动产上设立抵押权的债权人；

（三）以融资租赁方式出租该动产的出租人。

买受人取得动产但未付清价款或者承租人以融资租赁方式占有租赁物但是未付清全部租金，又以标的物为他人设立担保物权，前款所列权利人为担保价款债权或者租金的实现而订立担保合同，并在该动产交付后十日内办理登记，主张其权利优先于买受人为他人设立的担保物权的，人民法院应予支持。

同一动产上存在多个价款优先权的，人民法院应当按照登记的时间先后确定清偿顺序。

风险点 4-9
抵押登记政策不一

【案例】

笔者律师团队服务的公司客户拟与某个人签订一份房屋抵押合同,因该个人欲向公司客户借款200万元,公司客户不放心其还款履约能力,要求将其个人所有的房产进行抵押,在出借款项及签订相关合同前,客户找到本律师团队,团队律师根据经验判断此事一定要咨询房产所在地的自然资源与规划局的抵押窗口,要明确能否办理抵押登记,能否取得抵押权,结果被告知此等情况不可以办理抵押登记,抵押登记只能登记给银行等金融机构或个人,不可以登记给公司。其实类似情况在全国各地都普遍存在。团队律师继而又咨询该市另一个区,却被告知个人可以将房产抵押给公司,而且所有类别的公司都可以,不限于银行等金融机构,若该房产已经存在抵押的情况下,还可以办理二抵,只要公司客户同意即可。但借款合同中约定的月利率不得超过1.28%,超过部分无效,办理所需材料为申请书、委托书、营业执照原件及复印件、合同、权证、身份证即可。后来因为登记限制,借款合同、抵押合同均未签订,如果理所当然认为抵押登记可以办理,那么债权人可能已经出借了款项而无法取得抵押权,最终无法取得有效的担保,后果不堪设想。

【法理分析】

我国抵押登记没有统一的政策或登记办法,给抵押权实现带来风险。如《民法典》出台前的《物权法》第180条第5项规定了正在建造的建筑物、船舶、航空器可以抵押,即明确了在建工程是可以抵押的,但当时很多地区的银行反映未找到办理在建工程抵押登记的对口单位,即没有相关的部门可以办理登记。

【法务提示】

在签订抵押合同之前一定要咨询当地的登记中心,据了解,各地做法都不一样,甚至同一个大市内各个区的规定和政策都存在差异。在办理抵押前咨询抵押登记部门,要详细询问抵押登记的条件,抵押登记需要的材料等信息,如因条件不符当地抵押部门的政策条件或者相关材料根本无法提供齐全的，建议不要再办理主合同的业务，除非在未有该项抵押权情况下仍可以承担相应风险的。

【法条链接】

《民法典》

第三百九十五条 债务人或者第三人有权处分的下列财产可以抵押：

……

（五）正在建造的建筑物、船舶、航空器；

……

风险点 4－10
未在主债权诉讼时效期间行使抵押权

【案例】

在新疆大融房地产开发投资有限责任公司与湖北恒丰建设有限责任公司同业拆借纠纷案中，法院认为，李调蓉与农行凉山分行签订的《抵押合同》和《房地产抵押合同》约定，签订担保合同的目的是确保望江公司切实履行 2006 年 3 月 3 日所签的《借款合同》，故《借款合同》约定的望江公司债务即抵押担保之范围。根据《借款合同》的约定，望江公司所借款项为原中国农业银行美姑县支行于 1995 年 8 月 15 日所发放的 500 万元贷款中的 360 万元，因此借款发生的时间应从 1995 年 8 月 15 日起算；《借款合同》还约定，2006 年 1 月 9 日签订的《中国农业银行贷款利息减免协议》系本次借款合同的依据之一，而该协议所约定的借款利息是从 1995 年开始计算。由此可知，李调蓉与农行凉山分行所签订抵押合同约定的担保范围应当包含约定还款日之前的利息。李调蓉作为望江公司债务的担保人，在签订担保合同时应当审查望江公司所欠债务的情况，现以不知晓担保范围包括 1995 年到 2006 年的利息为由进行抗辩，有悖诚实信用原则。

本案中，望江公司、李调蓉在与农行凉山分行签订合同时分别留下了联系地址。由于望江公司未在约定的 2006 年 12 月 20 日前偿还借款，农行凉山分行分别于 2008 年 10 月 26 日、11 月 4 日按照合同约定的联系地址以特快专递的方式向望江公司、李调蓉寄送了催款通知。望江公司、李调蓉主张望江公司的住所地发生变化，未收到上述邮件，但望江公司在变更地址时未能及时通知农行凉山分行，故农行凉山分行寄送的催款通知视为到达望江公司。此后，农行凉山分行于 2009 年 5 月 10 日又以公证方式向望江公司送达了催收贷款通知，农行凉山分行主张债权的诉讼时效再次中断。有鉴于此，农行凉山分行于 2010 年 11 月 1 日提起诉讼未超过法律规定的诉讼时效期间。农行凉山分行要求李调蓉承担抵押担保责任的请求亦在法律规定的期间内。①

---

① 参见新疆大融房地产开发投资有限责任公司与湖北恒丰建设有限责任公司同业拆借纠纷再审民事裁定书，(2014)民申字第 611 号。

【法理分析】

抵押权人应当在主债权诉讼时效期间行使抵押权。未行使的，人民法院不予保护。一般认为，抵押权人行使抵押权不是固定期间，而是可变期间，随着主债权诉讼时效中断而中断。只要在主债权诉讼时间期间内，抵押权人就仍可行使抵押权。

【法务提示】

提示债权人切记在主债权诉讼时效内行使抵押权。

如抵押权人在主债权诉讼时效届满前未行使抵押权，抵押人在主债权诉讼时效届满后可以请求人民法院涂销抵押权登记，那就意味着抵押人又可将抵押财产对外进行交易了。当然，过了主债权诉讼时效期间后，抵押权人丧失的是抵押权受人民法院保护的权利即胜诉权，而抵押权本身并没有消灭，如果抵押人自愿履行担保义务的，抵押权人仍可以行使抵押权。

【法条链接】

《民法典》

第四百一十九条 抵押权人应当在主债权诉讼时效期间行使抵押权；未行使的，人民法院不予保护。

风险点 4 - 11

抵押物未保全

【案例】

在中国工商银行股份有限公司海口新华支行与海南冶通进出口贸易有限公司、李瑞海等金融借款合同纠纷案生效判决的执行过程中，海南省高级人民法院轮候查封了海南领时公司所有，位于海南儋州市的“儋州领时国际”项目全部土地使用权及地上、地下建筑物。根据海南省高级人民法院(2014)琼民二初字第16号民事判决的内容，工行海口新华支行对上述查封财产享有抵押权，并对抵押财产拍卖、变卖所得价款在18,100万元范围内优先受偿。①

青岛市中级人民法院在审理华夏银行股份有限公司青岛分行与海南领时公司合同纠纷案中，对上述案涉财产采取诉讼保全措施，青岛市中级人民法院为上述查封财产的首封法院。②

青岛市中级人民法院作出裁判后，债权人华夏银行青岛分行一直未申请执行。海南省高级人民法院受理工行海口新华支行的执行申请后，与山东省高级人民法院、青岛市中级人民法院商请移送查封财产。但是，两地法院未就移送和处分案涉查封财产达成一致意见。

海南省高级人民法院认为，青岛市中级人民法院应将查封财产移交海南省高级人民法院处分。山东省高级人民法院认为，应由两地法院共同报请上级法院，统一协调处理。最高人民法院受理后，决定：青岛市中级人民法院在收到海南省高级人民法院商请移送函之日起15日内将案涉查封财产移送海南省高级人民法院执行；海南省高

---

① 参见中国工商银行股份有限公司海口新华支行与海南冶通进出口贸易有限公司、李瑞海等金融借款合同纠纷一审民事判决书，(2014)琼民二初字第16号。

② 参见青岛东方伟业投资有限公司、华夏银行股份有限公司青岛分行金融借款合同纠纷执行裁定书，(2018)鲁02执异344号。

级人民法院对移送财产变价后，应将执行中的情况和结果及时函告山东省高级人民法院。

《最高人民法院关于首先查封法院与优先债权执行法院处分查封财产有关问题的批复》第1条规定"已进入其他法院执行程序的债权对查封财产有顺位在先的担保物权、优先权（该债权以下简称优先债权），自首先查封之日起已超过60日，且首先查封法院就该查封财产尚未发布拍卖公告或者进入变卖程序的，优先债权执行法院可以要求将该查封财产移送执行"。

本案中，首先查封法院案件的债权人，在生效法律文书作出后，始终未申请强制执行，已经超过1年。海南省高级人民法院案件已经进入执行程序，申请执行人工行海口新华支行系争议不动产的抵押权人，对"儋州领时国际"项目土地使用权及所附建筑物的变价款享有优先受偿的权利，而且，查封财产位于海南省内。所以，最高人民法院认为，由海南省高级人民法院负责对两地法院争议不动产的执行，更为妥当。

【法理分析】

根据《最高人民法院关于首先查封法院与优先债权执行法院处分查封财产有关问题的批复》的规定，执行过程中，应当由首先查封、扣押、冻结法院负责处分查封财产。但已进入其他法院执行程序的债权对查封财产有顺位在先的担保物权、优先权，自首先查封之日起已超过60日，且首先查封法院就该查封财产尚未发布拍卖公告或者进入变卖程序的，优先债权执行法院可以要求将该查封财产移送执行。

【法务提示】

务必及时保全抵押物。

在诉讼过程中，很多债权人会想当然地认为，既然主债权所对应的抵押财产已依法办理了抵押登记了，那么就无须多此一举在诉讼程序中保全查封抵押物了，反正抵押物折价、拍卖或者变卖所得的价款债权人可以优先受偿。同时，如果采取保全措施，债权人的诉讼成本会显著增加，一是要垫付向法院预缴的保全费，二是为了减少自有资产的担保负担而向担保公司支付的担保费（各地费率不一），并且担保费如无合同约定只能由债权人自己承担。那么，如果不查封抵押物对处置抵押物有没有影响？

由上述规定可见，抵押权执行法院并不获得当然的优先处置权，反而是首先查封抵押物的法院负责处置抵押物，只有在首先查封抵押物的法院超过60日且尚未发布拍卖公告或者进入变卖程序的，抵押权执行法院才可以要求移送执行。从上述规定可以看出，虽有抵押权，但在实务中还是有可能出现处置权之争，如果出现争议还要请示共同的上级法院协调，这显然会增加抵押物处置的时间成本，会对债权人造成重大的经济损失。如果抵押权人在起诉时取得了首封的地位，那么上述的麻烦就可以避免，处置抵押的进度将会顺利推进。

【法条链接】

《最高人民法院关于首先查封法院与优先债权执行法院处分查封财产有关问题的批复》

第一条　执行过程中，应当由首先查封、扣押、冻结（以下简称查封）法院负责处分查封财产。但已进入其他法院执行程序的债权对查封财产有顺位在先的担保物权、优先权（该债权以下简称优先债权），自首先查封之日起已超过60日，且首先查封法院就该查封财产尚未发布拍卖公告或者进入变卖程序的，优先债权执行法院可以要求将该查封财产移送执行。

风险点 4 - 12
虚假租赁、居住权和抵押权并存

【案例】

在福建省天裕盛丰资产管理有限公司、福建省荣钢物资有限公司金融借款合同纠纷案中，法院认为，本案焦点是案涉房产是否能够带租约拍卖，主要审查租赁合同是否合法有效以及是否在抵押或查封前实际占有，而合法有效的认定主要从租约签订的内容及形式、支付方式等进行审查。本案中，案外人提供的《房屋租赁合同》《经营场所租赁合同》租赁期限均为20年，部分房产没有支付“租金”的交易记录，部分房产在“承租”2年后支付剩余18年的全部“租金”，支付剩余“租金”的时间均在抵押之后，“租金”价格20年不变，支付“租金”价格相当甚至高于房产市场价，以上情况有悖常理。被执行人与抵押权人签订的抵押合同经房产登记部门备案登记，案涉房产所有权人（被执行人）亦确认抵押房产不存在出租的情形，故该抵押登记具有公示和排他效力。案外人提供的房屋水电、物业管理等费用缴交凭据仅能证明在2014年3月后的缴交相关费用的情况，未能证明其在抵押前实际占有使用案涉房产，故认定案外人在案涉房产办理抵押登记备案前占有使用的证据亦不足，其主张自租赁合同签订起即已实际占有使用案涉房产的事实，不予认定。①

【法理分析】

（1）抵押权不可对抗设立在前的租赁权

同一财产上租赁权与抵押权并存时，两者的关系根据抵押权设立的先后，具有不同的对抗效力。租赁权成立在先而抵押权设立在后的情形，租赁权可以对抗抵押权而继续有效存在；抵押权设立在先而租赁权成立在后的情形，已登记的抵押权可以对抗该租赁关系。

---

① 参见福建省天裕盛丰资产管理有限公司、福建省荣钢物资有限公司金融借款合同纠纷执行裁定书，（2018）闽01执异101号。

“买卖不破租赁”是为保护承租人的弱势地位而设立的特别制度,其让承租权这一债权具备了物权化的对抗属性,是对合同相对性的突破。然而,实践之中有些房屋产权人与承租人却恶意利用“买卖不破租赁”的制度,意图限制在先债权人的权利,最终导致的结果是带租拍卖,买受人虽然取得抵押物的所有权,但因为租赁关系的存在而无法使用抵押物,这必然影响买受人的竞买意愿和出价,最终导致不成交或者低价成交,债权人债权受偿额不足的风险大大增加。虚假租赁的炮制手法往往表现为倒签合同,形成虚假租赁关系。参照浙江省高级人民法院办公室印发《关于执行非住宅房屋时案外人主张租赁权的若干问题解答》的通知的相关内容,执行机构可根据案外人及当事人提供的证据,重点围绕租赁合同的真实性、租赁合同签订的时间节点、案外人是否占有案涉房屋等问题进行审查。如果租赁合同真实,合同签订于案涉房屋抵押、查封前且案外人在抵押、查封前已依据合同合法占有案涉房屋至今的,执行中应当保护案外人的租赁权。

(2)抵押权不可对抗设立在前的居住权

我国《民法典》规定了居住权,居住权人有权按照合同约定,对他人的住宅享有占有、使用的用益物权,以满足生活居住的需要。居住权和租赁权相比,前者对抵押权的影响可能更大,因为居住权可能会至权利人死亡方可结束。不过,居住权登记后方可对抗抵押权。

【法务提示】

抵押权设立前请核实是否有租赁权和居住权。实务中,可能会存在虚假租赁的情况,将来也可能会出现虚假登记的居住权。“虚假租赁”包括虚构的租赁关系,也包括将抵押权设立之后的租赁篡改为抵押权设立之前的租赁两种情况。

务请企业在抵押权设立前仔细核查,要揭开虚假租赁合同的面纱,可以从以下几个方面判定真伪:

(1)是否真实支付租金

惯常租赁合同,用以居住之用的住房其支付方式往往月付或者季度支付,少量情形下可能存在按年度支付的情形,而商业用房因其价值及商业属性,加之所有者出于占有成本的考虑,其租金往往较住房要高,其支付方式上极少存在按月度或季度支付的情形,多为按年支付。同时,对于租金的上涨往往“出租人”均会保有其主张的权利。虚假的租赁合同,其租金的支付虽然在合同上存在这种符合常理的外观,然而,其却多有名无实,“承租人”和“出租人”多未发生真正的租金支付关系。

(2)是否实际占有

虚假租赁合同,往往无占有之实,多为房屋买卖设置阻碍而签订。占有作为房屋重要的用益权利，承租人租而不占，租而不用，与常理相悖，虚假租赁关系很容易戳穿。实践中可以通过工商、税、费单位（水电费、排污费、物管费等）查询相应的手续和记录，通过现场走访、网络查询等途径进行调查取证。若“租期”内，“承租人”并未占有抵押物，或者该抵押物为第三人所占有使用，则可初步认定为虚假租赁。同时也可参考浙江省高级人民法院《关于执行非住宅房屋时案外人主张租赁权的若干问题解答》：执行机构审查案外人是否在抵押、查封前已经占有且至今占有案涉房屋，如何把握标准？有下列情形之一的，可以认定案外人在抵押、查封前已经占有且至今占有案涉房屋：①案外人在抵押、查封前已经在且至今仍在案涉房屋内生产经营的；②案外人在抵押、查封前已经领取以案涉房屋作为住所地的营业执照且至今未变更住所地的；③案外人在抵押、查封前已经由其且至今仍由其支付案涉房屋水电、物业管理等费用的；④案外人在抵押、查封前已经对案涉房屋根据租赁用途进行装修的；⑤案外人提供其他确切证据证明其已在抵押、查封前直接占有案涉房屋的。

（3）是否存在时间倒签

这是虚假租赁合同常见的形态，而对是否倒签的判断可以通过司法鉴定的技术手段进行甄别，由于技术手段的局限和签订合同的形式多样性等因素，通过鉴定的方式很可能会得不出真实的鉴定结论。那么，除此之外，还有其他的什么标准吗？参考浙江省高级人民法院《关于执行非住宅房屋时案外人主张租赁权的若干问题解答》：执行机构审查租赁合同是否签订于案涉房屋抵押、查封前，如何把握标准？如果在抵押、查封前，租赁合同的当事人已经根据《城市房地产管理法》第 54 条、住房和城乡建设部制定的《商品房屋租赁管理办法》第 14 条、第 19 条的规定办理了租赁登记备案手续的，执行机构应当认定租赁合同签订于抵押、查封前。经审查发现有下列情形之一的，一般也可认定租赁合同签订于抵押、查封前：①租赁合同的当事人在抵押、查封前已就相应租赁关系提起诉讼或仲裁的；②租赁合同的当事人在抵押、查封前已办理租赁合同公证的；③有其他确切证据证明租赁合同签订于抵押、查封前的，如租赁合同当事人已在抵押、查封前缴纳相应租金税、在案涉房屋所在物业公司办理租赁登记、向抵押权人声明过租赁情况等。

如果遇到虚假租赁的情况，那么债权人如何救济呢？程序上应如何处理？如执行法院认为租赁权早于抵押权设立，应告知申请执行人即债权人拟带租拍卖。申请执行人提出异议的，移送执行审查机构参照《民事诉讼法》第 234 条的规定进行处理。发布拍卖预告后，有其他案外人主张租赁权的，执行实施人员应向其告知虚构租赁关系对抗执行的法律后果。如案外人坚持其主张的，告知其提交异议书和相应证据材料，并移交执行审查机构依照《民事诉讼法》第 234 条的规定进行审查处理。申请执行人或案外人对执行审查机构作出的裁定不服的,可依法提起执行异议之诉。即最终通过执行异议之诉程序解决,在执行异议之诉程序中债权人可根据上述标准收集相关的证据,提交法院以证明虚假租赁的存在。对于虚假的居住权也可依此标准举证。

【法条链接】

《民法典》

第三百六十六条　居住权人有权按照合同约定,对他人的住宅享有占有、使用的用益物权,以满足生活居住的需要。

第三百六十九条　居住权不得转让、继承。设立居住权的住宅不得出租,但是当事人另有约定的除外。

第四百零五条　抵押权设立前,抵押财产已经出租并转移占有的,原租赁关系不受该抵押权的影响。

《民事诉讼法》

第二百三十四条　执行过程中,案外人对执行标的提出书面异议的,人民法院应当自收到书面异议之日起十五日内审查,理由成立的,裁定中止对该标的的执行;理由不成立的,裁定驳回。案外人、当事人对裁定不服,认为原判决、裁定错误的,依照审判监督程序办理;与原判决、裁定无关的,可以自裁定送达之日起十五日内向人民法院提起诉讼。

风险点4－13
抵押物处置拍卖、变卖未果

【案例】

在广西联壮科技股份有限公司、包宗检股权转让纠纷案中，该案的复议申请人（被执行人）为广西联壮科技股份有限公司，申请执行人为包宗检、方琳。最高人民法院认为，本案的争议焦点为贵州省高级人民法院对广西联壮公司持有的案涉股权重新启动评估、拍卖程序是否正确。贵州省高级人民法院在以网络司法拍卖方式处置案涉股权的程序中，依照《最高人民法院关于人民法院网络司法拍卖若干问题的规定》第26条的规定，在两次拍卖均流拍后，对案涉股权进行变卖，但仍未成交。对于变卖仍未成交情形下如何处置案涉股权的问题，《最高人民法院关于人民法院网络司法拍卖若干问题的规定》没有直接规定。根据该规定第37条第3款和《最高人民法院关于认真做好网络司法拍卖与网络司法变卖衔接工作的通知》第7条的规定，对于《最高人民法院关于人民法院网络司法拍卖若干问题的规定》没有明确规定的问题，应按照相关司法解释和规范性文件依法处理。《最高人民法院关于人民法院民事执行中拍卖、变卖财产的规定》第28条第2款规定，人民法院处置财产，变卖不成且申请执行人、其他执行债权人仍不表示接受该财产抵债的，应当解除查封、冻结，将该财产退还被执行人，但对该财产可以采取其他执行措施的除外。该规定中的其他执行措施，包括执行法院可以根据市场的具体情况，在不存在过分拖延程序，损害被执行人合法权益的前提下，及时重新启动评估、拍卖程序。因此，贵州省高级人民法院在案涉股权经两次网络司法拍卖均流拍、经变卖仍未成交，且申请执行人拒绝接受抵债的情形下，根据市场价格变化，重新启动评估、拍卖程序，以实现案涉股权的公平变价，并未违反相关司法解释的禁止性规定。广西联壮公司要求必须退还案涉股权而不得重新予以评估、拍卖的主张，欠缺法律和事实依据，不予支持。①

① 参见广西联壮科技股份有限公司、包宗检股权转让纠纷执行裁定书，（2019）最高法执复37号。

【法理分析】

人民法院处置财产,变卖不成且申请执行人、其他执行债权人仍不表示接受以该财产抵债的,应当解除查封、冻结,将该财产退还被执行人,但对该财产可以采取其他执行措施的除外。虽然债权人取得了抵押权,在债务人不能清偿债务时也启动了抵押物的拍卖、变卖程序,但是,由于各种原因导致无法成交,如抵押物评估价值虚高、抵押物为不具有普遍适用性的特定行业的机器设备等,造成抵押物拍卖、变卖程序结束后仍无人购买,债权人又不愿意以物抵债的,那么还能继续处置抵押物吗?

【法务提示】

建议债权人根据《最高人民法院关于人民法院民事执行中拍卖、变卖财产的规定》第28条第2款的规定,以“但对该财产可以采取其他执行措施的除外”为由,在不存在过分拖延程序,损害被执行人合法权益的前提下,及时重新启动评估、拍卖程序。

通常对上述规定的理解,抵押物经执行程序未处置成功的,应该解除查封、冻结后归还被执行人,就有人不理解了,债权人的风险不是太大了吗,相当于抵押担保形同虚设,因为按此规定抵押财产最终要归还给被执行人。实务中,笔者接触过两种情况:第一种情况是法院严格执行,甚至以此规定要求债权人以物抵债,否则就不再处置,但也不会直接解除查封、冻结,直至抵押物到期自动解除查封、冻结,而不再续查封、冻结。第二种情况,有的法院则比较宽松,如果遇到这种情况就重新评估、重新走拍卖程序,相当于第二次组织评估拍卖,直至将抵押物处置成交。甚至在破产程序实务中,只要债权人会议通过,对于抵押物的拍卖不受次数限制,直至处置完毕。第二种情况当然是债权人喜闻乐见的,至少还有机会处置抵押物,但是有法律依据吗?参考上述案例可见,对于抵押物处置的救济途径并非死板的处置,成交不了、又不抵债的就归还抵押人,如果这样操作了,这也是与抵押权担保主债权的理念相冲突的,抵押物归还债务人的理念就是告诉债权人抵押权没有担保的实质性作用。

【法条链接】

《最高人民法院关于人民法院民事执行中拍卖、变卖财产的规定》

第二十八条 对于第二次拍卖仍流拍的不动产或者其他财产权,人民法院可以依照本规定第十九条的规定将其作价交申请执行人或者其他执行债权人抵债。申请执行人或者其他执行债权人拒绝接受或者依法不能交付其抵债的,应当在六十日内进行第三次拍卖。

第三次拍卖流拍且申请执行人或者其他执行债权人拒绝接受或者依法不能接受该不动产或者其他财产权抵债的,人民法院应当于第三次拍卖终结之日起七日内发出变卖公告。自公告之日起六十日内没有买受人愿意以第三次拍卖的保留价买受该财产,且申请执行人、其他执行债权人仍不表示接受该财产抵债的,应当解除查封、冻结,将该财产退还被执行人,但对该财产可以采取其他执行措施的除外。

风险点 4－14
抵押物灭失、损毁

【案例】

在北京市中金小额贷款股份有限公司与北京崇鑫源汽车配件销售有限公司民事纠纷案中，法院认为，根据《担保法解释》第 80 条的规定，抵押物灭失、损毁或者被征用的情况下，抵押权所担保的债权未届清偿期的，抵押权人可以请求人民法院对保险金、赔偿金或补偿金等采取保全措施，抵押法律关系中，抵押物损毁、灭失，其价值转化为其他形态时，其他形态的价值为抵押权标的物的代位物，抵押权人可以就该代位物行使权利。抵押权以其物上代位权对债权提供担保，抵押权的效力及于因抵押物损毁、灭失所得的保险金等对待给付的代位物。抵押物因不可归责与抵押人的事由致使其灭失或者损毁的，抵押人可以另行提供担保。抵押人未提供担保的，抵押权人可以在保险金请求权上行使物上代位权，优先受偿。本案中，抵押物汽车配件被烧毁表明抵押物已经绝对灭失，现有证据表明抵押人崇鑫源公司在涉案抵押物绝对灭失后未就涉案借款合同的主债权另行提供担保，保险单上中金公司为第一受益人的约定表明都邦公司明知中金公司在抵押物灭失后有权对代位物权保险金行使权利，故中金公司有权在保险金请求权上行使物上代位权，优先受偿。崇鑫源公司应当用其从都邦公司处获取的保险金 165 万元向中金公司进行赔偿。都邦公司、崇鑫源公司在涉案保单上将中金公司约定为第一受益人的事实，表明都邦公司应当知道中金公司在涉案保险金请求权上享有物上代位权并有权优先受偿，但都邦公司仍将涉案保险金 165 万元支付给崇鑫源公司指定的案外人，据此，都邦公司应与崇鑫源公司共同承担向中金公司偿还 165 万元的责任。①

① 参见北京市中金小额贷款股份有限公司与北京崇鑫源汽车配件销售有限公司等二审民事判决书，(2019)京 03 民终 15574 号。

【法理分析】

抵押的动产灭失和损毁的风险也是比较常见的。比如，以车辆抵押的借款，并办理了抵押登记。在抵押物灭失、毁损或者被征用的情况下，抵押权人可以就该抵押物的保险金、赔偿金或者补偿金优先受偿。根据《担保制度解释》第 42 条之规定，抵押权设立后，抵押财产毁损、灭失或者被征收等，抵押权人请求按照原抵押权的顺位就保险金、赔偿金或者补偿金等优先受偿的，人民法院应予支持。

【法务提示】

若是抵押物灭失、毁损或被征用，抵押权人有权就所获保险金、赔偿金或补偿金作为原抵押物的替代，获得优先受偿的权利。但实务中，建议根据主债权是否到期，作出不同选择。

（1）已届清偿期可主张优先受偿

主债权到期，债务人未履行债务。若抵押财产毁损、灭失或者被征收等，抵押权人请求按照原抵押权的顺位就保险金或者补偿金等优先受偿的。

（2）未届清偿期则可采取保全措施或提存

抵押物灭失、毁损或者被征用的情况下，抵押权所担保的债权未届清偿的，抵押权人可以请求人民法院对保险金、赔偿金或补偿金等采取保全措施或者提存。如汽车被损坏，其剩余的价值仍应用作抵押，根据担保物权的不可分性，这并不影响抵押权的存在，抵押关系依然有效。如有汽车毁损的赔偿金也应当用于担保对抵押权人的债务。

【法条链接】

《最高人民法院关于适用〈中华人民共和国民法典〉有关担保制度的解释》

第四十二条 抵押权依法设立后，抵押财产毁损、灭失或者被征收等，抵押权人请求按照原抵押权的顺位就保险金、赔偿金或者补偿金等优先受偿的，人民法院应予支持。

给付义务人已经向抵押人给付了保险金、赔偿金或者补偿金，抵押权人请求给付义务人向其给付保险金、赔偿金或者补偿金的，人民法院不予支持，但是给付义务人接到抵押权人要求向其给付的通知后仍然向抵押人给付的除外。

抵押权人请求给付义务人向其给付保险金、赔偿金或者补偿金的，人民法院可以通知抵押人作为第三人参加诉讼。

专题五

质押合同

根据《民法典》第425条的规定，为担保债务的履行，债务人或者第三人将其动产出质给债权人占有的，债务人不履行到期债务或者发生当事人约定的实现质权的情形，债权人有权就该动产优先受偿。前款规定的债务人或者第三人为出质人，债权人为质权人，交付的动产为质押财产。

风险点 5－1 质押财产未交付

【案例】

在张青、徐辉全质权纠纷案中，关于质押合同是否成立，最高人民法院认为，本案当事人之间订立了书面合同，即2010年8月8日的《协议》。该《协议》内容为：何世荣因向张翰等借款约300万元，将收藏的部分古玩（另附清单）暂押给张翰等，并一致同意交张青保管；暂押期间，何世荣如需将其变卖，需事先告知张翰一方相关人员，变卖物款应及时归还张翰等；张翰等交给张青保管的物品，其他任何人不得私自拆封、转移、变卖。该协议包含被担保债权的种类和数额，质押财产的名称、数量、质量、状况，质押财产的交付和保管方式，质押财产变卖款项用于偿还债务等内容，显属质权合同。案涉质押财产也依约交付张青保管。因此，何世荣与被申请人之间不仅订立了书面合同，还交付了质押财产。再审申请人称被申请人与何世荣之间没有签订书面质押合同和交付质押财产，没有事实依据。①

【法理分析】

《民法典》第429条规定："质权自出质人交付质押财产时设立。"质权与抵押权设立方式不同，抵押权一般须经登记才设立，不需要抵押物的占有移转，但质权是要交付转移抵押财产才设立。

【法务提示】

如何认定质权的交付才是关键。一般情况下，有权利凭证的，自权利凭证交付质权人时设立，如汇票、本票、支票、债券、存款单、仓单、提单等。对于没有权利凭证的质权交付，质权自办理出质登记时设立，如以应收账款、基金份额、股权、注册商标专用权、专利权、著作权等知识产权中的财产权等。法律另有规定的，依照其规定。

这里要注意，动产质权合同的生效不等于质权的设立，这与抵押合同的生效及抵

① 参见张青、徐辉全质权纠纷再审审查与审判监督民事裁定书，(2017)最高法民申3070号。

押权设立的原则是一致的。质权合同自出质人与质权人订立时生效,但此时并不发生质权的效力,出质人只有实际移转质押财产到质权人占有时,质权才发生效力。质权是否生效的判断标准为质权合同所载的质押财产是否发生移转。质权无效与合同无效之间无必然联系。

【法条链接】

《民法典》

第四百二十九条 质权自出质人交付质押财产时设立。

风险点 5 – 2
流质条款

【案例】

在河南万基铝业股份有限公司、万基控股集团有限公司与河南豫新投资有限公司一般股权转让侵权纠纷案中，据本案查明事实，豫新公司与万基控股先后签订了两份《股权质押合同》。两份合同均为双方当事人真实意思的表示，因两份合同主给付义务相同，应以时间在后的 2005 年 9 月 1 日《股权质押合同》作为认定双方意思表示及权利义务关系的基础。该合同系以万基控股为一拖公司向交通银行借款 960 万元而订立的担保合同为主合同，实为豫新公司以其持有的万基铝业股权向万基控股提供质押反担保。该合同是豫新公司与万基控股的真实意思表示，不违反法律法规的禁止性规定，合法有效。但在设定质押的同时，该合同第 6 条第 2 款还约定了质押权利的实现方式，即在主债务履行期间届满、万基控股代偿债权后即将质押股权转移为万基控股所有，根据《担保法》第 66 条之规定，并参照《担保法解释》第 57 条第 1 款之规定，该条款约定的内容属于无效的流质条款，但该条款的无效不影响《股权质押合同》其他部分内容的效力。合同签订后，约定的股权质押已于 2005 年 9 月 20 日记载于万基铝业的股东名册。根据《担保法》第 78 条第 3 款之规定，以有限责任公司的股份出质的，质押合同自股份出质记载于股东名册之日起生效，因此《股权质押合同》中约定的质权自 2005 年 9 月 20 日起已经合法设立。然而，万基控股虽取得了在本案争议股权上设立的质押权利，但不能根据前述合同第 6 条第 2 款的约定直接取得本案争议股权。①

【法理分析】

《担保法》第一次规定禁止流押流质条款，即抵押人或出质人和抵押权人或质权人在合同中，不得约定在债务履行期届满，抵押权人或质权人未受清偿时，抵押物或质物

① 参见河南万基铝业股份有限公司、万基控股集团有限公司与河南豫新投资有限公司一般股权转让侵权纠纷民事判决书，(2014)民提字第 92 号。

的所有权转移为抵押权人或质权人所有。后《物权法》完全承继了《担保法》上述规定。但《民法典》第401条和第428条规定，抵押权人或质权人在债务履行期限届满前，与抵押人或出质人约定债务人不履行到期债务时抵押或质押财产归债权人所有的，只能依法就抵押或质押财产优先受偿。

【法务提示】

审查的目的主要是要理解流质条款的法律后果。《民法典》实施后有流押条款、流质条款的担保合同，只是流押条款、流质条款本身无效，并不影响整个担保合同的效力。为什么要规定流质流押条款无效呢？主要是为了体现公平，只有对担保财产进行折价，或者变卖、拍卖所得款项才能真实体现担保财产的价值。

那么《民法典》关于流押条款、流质条款的规定是否具有溯及既往的效力？《最高人民法院关于适用〈中华人民共和国民法典〉时间效力的若干规定》第7条规定，《民法典》施行前，当事人在债务履行期限届满前约定债务人不履行到期债务时抵押财产或者质押财产归债权人所有的，适用《民法典》第401条和第428条的规定。也就是说，关于流押条款、流质条款效力等问题，即使合同签订在《民法典》正式实施之日以前，也应当适用《民法典》的有关规定。《民法典》在流押条款、流质条款效力问题上具有溯及既往的效力。

【法条链接】

《民法典》

第四百零一条 抵押权人在债务履行期限届满前，与抵押人约定债务人不履行到期债务时抵押财产归债权人所有的，只能依法就抵押财产优先受偿。

第四百二十八条 质权人在债务履行期限届满前，与出质人约定债务人不履行到期债务时质押财产归债权人所有的，只能依法就质押财产优先受偿。

风险点 5 - 3
质权人对质押财产保管不善

【案例】

在郭永胜与赵俊、黄伟返还原物纠纷案中，郭永胜因借款合同中的质押条款成为案涉车辆的占有人，借款人的还款义务尚未履行，郭永胜作为该车辆的质权人属于有权占有，同时，双方当事人均认可被上诉人黄伟 2015 年 5 月将车辆开走，黄伟也自认该车辆现由其实际控制。黄伟作为案涉车辆的现时占有人系无权占有，依法应当返还。

关于折价赔偿，被上诉人黄伟认可车辆原物尚在，因此，在车辆并未灭失情况下，黄伟作为无权占有人应当返还原物，如原物无法返还，则折价赔偿权利人赵俊。被上诉人主张，郭永胜作为质权人，在质权存续期间对质押财产保管不善，未经出质人同意擅自使用质押财产，导致车辆被黄伟占有，应当承担赔偿责任，郭永胜有责任返还车辆或者按照车辆市场价折价赔偿。但质权人的损害赔偿责任，是指保管不善或者擅自使用，使得质押财产的价值受损而产生的赔偿义务，主张该损害赔偿时，应当举证证明车辆实际发生损毁或灭失，郭永胜存在保管不善或者擅自使用的过错，并且车辆的损毁或者灭失与郭永胜的过错存在因果关系。然案涉车辆现由黄伟控制，没有证据显示该车辆因郭永胜的过错而灭失，车辆是否因郭永胜的过错而存在损毁及损毁程度也缺少证据证明，故赵俊依据上述法条诉请郭永胜赔偿车辆折价款的诉请证据不足，不予支持。①

【法理分析】

《民法典》第 432 条规定：质权人负有妥善保管质押财产的义务；因保管不善致使质押财产毁损、灭失的，应当承担赔偿责任。质权人的行为可能使质押财产毁损、灭失的，出质人可以请求质权人将质押财产提存，或者请求提前清偿债务并返还质押财产。

---

① 参见郭永胜与赵俊、黄伟返还原物纠纷二审民事判决书，(2017) 晋 05 民终 1193 号。

【法务提示】

质权人在占有质物的同时即产生妥善保管质物的义务。质权人该项义务的承担,一是因为质物虽依动产质权合同移转归质权人占有,但其所有权仍是出质人的,在质权人占有质物期间,因质权人未尽妥善保管义务致使质物灭失或者毁损,是对出质人的质物所有权的侵害;二是质权人占有质物是为了自己债权的实现,如果质物毁损、灭失,不仅侵害出质人的利益,同时也影响了自己的权益。所谓妥善保管,即以善良管理人的注意义务加以保管。善良管理人的注意,是指依照一般交易上的观念,认为有相当的知识经验及诚意的人所具有的注意,即以一种善良的心和应当具备的知识来保管质物。例如,对于字画的保管应当注意防潮、防虫蛀、防灰尘等,对于贵重珠宝的保管应当注意防盗窃、防碎裂等。如果对于应当注意的保管标准达不到的,就不是妥善保管。

质权人违反保管义务造成质物毁损、灭失的,应当承担赔偿责任,该项赔偿责任是基于出质人的所有权而产生的请求权。对质权人的民事责任承担应当采用过错推定原则,即出质人只要证明质物遭受损毁、灭失的事实即可,质权人应当举证证明自己已经尽了妥善保管的义务,否则,就应当承担赔偿责任。

如果出质人认为质权人的行为可能使质押财产毁损、灭失的,出质人可以要求质权人将质押财产提存,或者要求提前清偿债务并返还质押财产。本条第 2 款的这一规定,是为了更好地保护质物,以保护出质人与质权人双方的利益不受损失。"可能"即也许、或许,而不是已经发生,这种可能性是否产生,不能仅凭出质人的想象,要有一定的事实发生。如字画出质后,出质人发现质权人存放字画的房屋漏雨,可能危及字画。一旦出现可能使质押财产毁损、灭失的情形,出质人可以要求质权人将质物提存,或者要求提前清偿债权并返还质押财产。

【法条链接】

《民法典》

第四百三十二条 质权人负有妥善保管质押财产的义务;因保管不善致使质押财产毁损、灭失的,应当承担赔偿责任。

质权人的行为可能使质押财产毁损、灭失的,出质人可以请求质权人将质押财产提存,或者请求提前清偿债务并返还质押财产。

风险点 5 - 4
质押财产价值不足

【案例】

在灵宝市鑫鹏石化设备有限责任公司与灵宝市皇中皇金店、杨梅合同纠纷案中，法院认为，合同是平等主体的自然人、法人、其他组织之间设立、变更、终止民事权利义务关系的协议。2008 年 7 月 13 日，鑫鹏石化公司与皇中皇金店订立《押货协议》，约定借款 800 万元。其中，540 万元为黄金押货借款，260 万元的借款作了自协议签订之日起 10 日内补足同等价值的货（120 万元的货）以及还款 140 万元的约定。后皇中皇金店依约转款 800 万元给鑫鹏石化公司。鑫鹏石化公司后补货 2389.28 克，累计还款 100 万元，累计补仓 100 万元。以上事实有《押货协议》、《收据》、存款/转账凭条、《收条》等证据为证，形成一完整证据链条。在协议履行期间，多次出现了双方《押货协议》第 3 条约定"若行情下滑 10%，甲方若不追加资金，乙方有权将甲方质押的黄金处理"的情形。后皇中皇金店于 2008 年 12 月 12 日，在告知鑫鹏石化公司后，将鑫鹏石化公司质押的黄金 34,545.28 克以 178.37 元/克（较 210 元/克下跌 15.06%）的价格予以出货。皇中皇金店的出货行为是依据双方《押货协议》第 3 条、第 5 条的明确约定行使合同权利的。与《物权法》第 216 条、《担保法》第 70 条之规定相符合。该《押货协议》是在平等自愿的基础上签订的，是双方真实意思表示，且不违反法律、行政法规的强制性规定，为有效协议。鑫鹏石化公司在履约过程中未完全按照协议约定履行合同义务，皇中皇金店按协议约定将质押黄金按市价变卖用于清偿借款，是正当行使合同权利的合法行为。①

【法理分析】

发生可能使质押财产毁损或者价值明显减少的事由，质权人可以请求出质人提供

---

① 参见灵宝市鑫鹏石化设备有限责任公司与灵宝市皇中皇金店、杨梅合同纠纷二审民事判决书，(2010)三民三终字第 97 号。

相应的担保,如出质人拒绝的,则质权人可以拍卖、变卖质押财产,并与出质人协议将拍卖、变卖所得的价款提前清偿债务或者提存。质押财产折价或者拍卖、变卖后,其价款超过债权数额的部分归出质人所有,不足部分由债务人清偿。

【法务提示】

从实质上看,债权人,即质权人所享有的质权是基于其所拥有的债权,在质押财产价值不足以偿还债务人所负债务的情况下,债务人并不能以质押部分的法律关系抹除基础的债务价值。质押财产折价或者拍卖、变卖后价款不足以抵销基础债务的,债务人应当清偿债务剩余部分。当然,这里要分清,出质人并不一定是条文中的债务人,如第三方提供的质押担保,那么债务人指主债务人或者其他保证人等。

在具体案例中,质权人必须要有明确的财产损毁或价值减少的证据,而不是主观判断,否则质权人不得要求出质人提供担保。条文中所规定的"相应的担保",是指质权人要求出质人提供的担保的价值与质押财产可能损毁或者减少部分的价值相当,也即出质人提供的担保在价值上应能代替质押财产可能损毁或者价值明显减少的部分。这里还要注意对在此情形下拍卖或变卖质押财产所得的价款,质权人应与出质人以协商方式提前清偿或者提存,不得径行受偿。当然如果协商不成,质权人可以通过诉讼来主张其正当权益。

【法条链接】

《民法典》

第四百三十三条 因不可归责于质权人的事由可能使质押财产毁损或者价值明显减少,足以危害质权人权利的,质权人有权请求出质人提供相应的担保;出质人不提供的,质权人可以拍卖、变卖质押财产,并与出质人协议将拍卖、变卖所得的价款提前清偿债务或者提存。

第四百三十八条 质押财产折价或者拍卖、变卖后,其价款超过债权数额的部分归出质人所有,不足部分由债务人清偿。

风险点 5 – 5
质押财产孳息归属

【案例】

在繁昌县建设投资有限公司与芜湖市华鑫精密铸件有限公司、安徽繁昌农村商业银行股份有限公司借款合同纠纷案中，法院认为，股权质押孳息归属及支付。法律规定，质权人有权收取质物所生的孳息，质权的效力及于股份、股票的法定孳息，但未就质权人如何收取孳息的方式进行明确。法院认为，质押权的设立是质押权人保护自身合法权益、督促债务人履行债务的保障，但质权人在不能明确债务人是否具有履行能力、出质财产价值是否可以直接偿还债务的情况下，即要求以出质财产所生孳息抵付债务，实为不妥；且本案质押财产为公司股份，持有该股份的公司在未收到出质人与质权人就出质财产所生孳息收取方式达成的合意意见时，向出质人支付相应孳息，并无不当，故就本案所涉出质财产的孳息，可待出质人与质押权人以共同确认的方式，或者待质押权人通过合法救济途径实现质押权时，根据债务人履行债务的实际情况决定是否将出质财产的相应孳息抵付债务人履行债务部分。①

【法理分析】

《民法典》第 430 条规定：质权人有权收取质押财产的孳息，但是合同另有约定的除外。前款规定的孳息应当先充抵收取孳息的费用。

【法务提示】

通常来讲，质押财产的孳息可以分为货币和货币以外的物。在孳息为货币的情况下，质权人可以直接用以充抵收取孳息的费用。对于货币以外的物的孳息，可以根据当事人的合意进行估价，以其估价额充抵。在估价不能达成双方合意的情况下，可以通过拍卖或其他协议的方法进行变价。

---

① 参见繁昌县建设投资有限公司与芜湖市华鑫精密铸件有限公司、安徽繁昌农村商业银行股份有限公司借款合同纠纷一审民事判决书，(2017)皖 0222 民初 1571 号。

对于质权人收取的孳息在充抵收取孳息的费用后尚有余额的，《民法典》对此则没有明确规定，《担保制度解释》亦无详细解释，故建议参考之前的《担保法解释》第64条、第96条的规定处理，即质权人所收取的孳息充抵质权人收取孳息的费用后，其次可以充抵主债权利息，再次可以充抵主债权。

【法条链接】

《民法典》

第四百三十条 质权人有权收取质押财产的孳息，但是合同另有约定的除外。

前款规定的孳息应当先充抵收取孳息的费用。

风险点 5－6
擅自使用、处分质押财产

【案例】

在黄某与马某动产质权纠纷案中，法院认为，本案系因动产质权的处分问题而引发的纠纷，就动产质权而言，若债务人到期不履行债务，债权人具有以该质押动产折价或者以拍卖、变卖该动产的价款优先受偿的权利；质权人在质权存续期间未经出质人同意擅自处分质押财产，给出质人造成损害的，应当承担赔偿责任。本案中，上诉人作为质权人在被上诉人借款到期未还的情况下，处置被上诉人质押在其处的车辆，上诉人就此处置行为不能提供证据证明其处置时获得被上诉人的同意，被上诉人也不认可上诉人所称的同意处置的辩解，故上诉人应对其擅自处分质押财产给被上诉人造成的损害承担赔偿责任。关于上诉人上诉称一审认定奥迪车辆价值为 250,000 元认定价格过高问题。涉案由上诉人处置的×××奥迪牌车辆是由被上诉人于 2012 年 7 月以 420,000 元的价格购买，于 2013 年 7 月质押给上诉人。因上诉人将该车辆处置，一审法院在不能对涉案被处置车辆进行评估的情况下参照二手车折旧价格计算方式，酌定×××奥迪牌车辆价值为 250,000 元并无不当。综上，上诉人黄某的上诉理由不能成立，其上诉请求应予驳回；一审法院认定事实清楚，适用法律正确，应予维持。①

【法理分析】

质权人在质权存续期间，未经出质人同意，擅自使用、处分质押财产，造成出质人损害的，应当承担赔偿责任。需要明确的是，动产质权的实质是担保物权而不是用益物权。质权人基于质权占有质押财产是为了担保债权的实现，质权人不应当使用、处分质押财产，质权人不享有对质押财产的使用收益权。但是，质权存续期间，质权人可以根据质权合同的约定或经出质人同意使用、处分质押财产，并以其收益清偿被担保的债权。

---

① 参见黄某与马某动产质权纠纷二审民事判决书，(2019) 宁 01 民终 2959 号。

【法务提示】

如果质权人在使用、处分质押财产中受益的，该受益部分在扣除支出后，成为出质人的债务抵销部分，出质人可以请求法院减少或者免除其应当承担的债务数额；受益部分大于该债务数额的部分，质权人还负有返还不当得利的义务。

质权人对质物的占有受到侵害时，或者质权人丧失对质物的占有时，可以依照保护所有权的有关规定，请求不当占有质物的第三人返还质物。质物占有的丧失，并不是基于质权人的意志发生的，质权并不因此而消灭，质权人可以提起占有返还之诉。质权人丧失对质物的占有且不能向占有人请求返还时，质权消灭。

【法条链接】

《民法典》

第四百三十一条 质权人在质权存续期间，未经出质人同意，擅自使用、处分质押财产，造成出质人损害的，应当承担赔偿责任。

风险点5-7
放弃质权

【案例】

在彭鑫与熊伟杰案外人执行异议之诉纠纷案中,本案中彭鑫对于质押物的控制体现为安排保安看守并加锁予以控制,熊伟杰对于质押物的控制也体现为安排保安看守并加锁予以控制。由此最终形成了两把锁对同一质押物进行控制的情形。之所以出现这种情况,表面上看是因为宏昌公司向彭鑫交付质押物后,又与熊伟杰签订质押合同并交付质押物。但彭鑫独立控制的时候是一把锁控制,熊伟杰独立控制的时候也是一把锁控制。也就是说,彭鑫和熊伟杰各自控制质押物时并未出现两把锁的情形。之所以出现两把锁的情况,是因为质押物在熊伟杰加锁控制之后,彭鑫认为其质权在先,故派人对质押物同时加锁控制。两把锁的事实表明了彭鑫对质押物在一定时间内是失去了控制的。如果彭鑫没有失去对质押物的控制,则两把锁的事实则应当相反。即应是彭鑫一直加锁控制,而熊伟杰认为其有质权而对质押物同时加锁控制。但事实恰恰相反。

依据宏昌公司、彭鑫的陈述,以及彭鑫申请的出庭作证的证人毛某的证言,可以认定彭鑫在宏昌公司借款到期后未能偿还借款的情况下与宏昌公司协商以案涉7号仓库的松茸对外融资用于先偿还彭鑫500万元的事实。熊伟杰也正是基于此才能进入仓库查看,并从宏昌公司处接管案涉质押物。如熊伟杰出借借款时质押物处于彭鑫控制之下,则熊伟杰并无机会对质押物上锁控制。由此可以认定,彭鑫放弃质权并将质物返还给宏昌公司用于对外融资。而此后彭鑫因未能收到500万元而重新对质物上锁加以控制,从而形成两把锁的局面。但由于彭鑫此前已经丧失对质押物的控制,故其此后的上锁行为不能对抗熊伟杰已经形成的合法有效的质权。[①]

① 参见彭鑫、成都宏昌食品有限公司再审审查与审判监督民事裁定书,(2019)最高法民申4149号。

【法理分析】

《民法典》第 435 条规定:质权人可以放弃质权。债务人以自己的财产出质,质权人放弃该质权的,其他担保人在质权人丧失优先受偿权益的范围内免除担保责任,但是其他担保人承诺仍然提供担保的除外。

【法务提示】

通常来说,质权人放弃质权,应当以明示的方式作出。质权人放弃质权,是质权人的单方意思表示,是其权利,不需取得出质人的同意。质权人不行使质权或怠于行使质权的,不能推定质权人放弃质权。对于质权人放弃质权后又反悔的,原则上不应允许,故一般要求质权人采取书面形式放弃质权。

对于质权的放弃,实务中放弃质权的具体形式可能是质权人的行为。由于质押财产的交付占有是质权的生效和存续要件,因此如果质权人主动返还质押财产以抛弃质权的,原则上可以推定质权人放弃质权,除非质权人列举其他更有说服力的证据否认自己的行为系放弃质权。

债权人在放弃债务人自己出质的财产时,要考虑到后果,一般情况下,其他担保人不可能会同意仍然提供担保的,那么其他担保人的对应的担保责任也免除了。如果放弃的是非债务人的质权呢?其他担保人的承担责任会受到影响吗?显然是不会的。

【法条链接】

《民法典》

第四百三十五条 质权人可以放弃质权。债务人以自己的财产出质,质权人放弃该质权的,其他担保人在质权人丧失优先受偿权益的范围内免除担保责任,但是其他担保人承诺仍然提供担保的除外。

风险点 5-8
权利质押权实现困境

【案例】

在开滦集团国际物流有限责任公司进出口分公司与韩亚银行(中国)有限公司广州分行借款合同纠纷案中,关于开滦物流进出口分公司、开滦物流公司应否就蓝粤公司的债务在1亿元的范围内对韩亚银行广州分行承担连带清偿责任的问题。法院认为,首先,开滦物流进出口分公司与蓝粤公司之间存在多笔业务往来,开滦物流进出口分公司提交的证据不足以证明其所称的付款与案涉应收账款有关。开滦物流进出口分公司、开滦物流公司关于开滦物流进出口分公司于2012年9月20日即案涉应收账款质押之前已向蓝粤公司支付完毕案涉应收账款的再审申请理由,依据不足,法院不予支持。其次,如前所述,韩亚银行广州分行与蓝粤公司签订了《应收账款质押合同》,且办理了质押登记手续,开滦物流进出口分公司向韩亚银行广州分行出具《承诺书》,承诺愿意继续向贵行履行在购销合同项下的付款义务,并承诺不因与供货商之间的纠纷或其他任何事由拒绝付款或要求返还已付款项。该《承诺书》有开滦物流进出口分公司盖章,并有项目负责人成浩的签名。虽然开滦物流进出口分公司在《承诺书》承诺"我公司对上述应收账款转让给贵行无任何异议,愿意继续向贵行履行在购销合同项下的付款义务",但结合本案情况,可以认定《承诺书》实质上是开滦物流进出口分公司对韩亚银行广州分行对案涉应收账款质权的确认。故开滦物流进出口分公司、开滦物流公司关于案涉应收账款已转让给韩亚银行广州分行、案涉质权不成立的再审申请理由不成立,本院不予支持。再次,《担保法解释》第106条规定:"质权人向出质人、出质债权的债务人行使质权时,出质人、出质债权的债务人拒绝的,质权人可以起诉出质人和出质债权的债务人,也可以单独起诉出质债权的债务人。"据此,韩亚银行广州分行有权起诉开滦物流进出口分公司,要求其在质押金额1亿元范围内对蓝粤公司的案涉债务承担连带清偿责任。最后,韩亚银行广州分行的第一项诉讼请求为"判令三被告偿还100,000,550元及其相应利息",二审判决判令开滦物流进出口分公司、开滦物流公司对蓝粤公司的债务在1亿元的范围内承担连带清偿责任，并未超出韩亚银行广州分行的诉讼请求。综上，二审判决判令开滦物流进出口分公司、开滦物流公司就蓝粤公司的债务在1亿元的范围内对韩亚银行广州分行承担连带清偿责任，并无不当。①

【法理分析】

出质人可以请求质权人在债务履行期限届满后及时行使质权；质权人不行使的，出质人可以请求人民法院拍卖、变卖质押财产。出质人请求质权人及时行使质权，因质权人怠于行使权利造成出质人损害的，由质权人承担赔偿责任。

质押分动产质押和权利质押，看似质权的实现与抵押权的实现没有多大的差异，这个只能体现在动产上，但如果是涉及权利质押就没有这么容易了。

【法务提示】

如应收账款的质押权实现就会遇到很大的现实障碍，特别涉及未经法律文书确定的未来的应收账款质押更是困难重重，质押权人也需要谨慎接受。《应收账款质押登记办法》第8条规定，应收账款质押登记由质权人办理。质权人办理质押登记的，应当与出质人就登记内容达成一致。可见，应收账款登记是质押权人单方完成，如果未有效通知，应收账款的债务人根本不知道其对出质人的应收账款已质押登记。对于未来应收账款质权的实现，很大程度上依赖应收账款基础合同的履行，债务人可能以基础合同的诉讼时效已过、结算后未有欠款等事由对抗阻碍应收账款质押权的实现。现实中质押权人对于基础合同的履行情况确实难以掌握和跟踪。那么如何解决呢？笔者建议，将质押合同变为三方协议，即把应收账款债务人也纳入合同主体，以避免各种因诉讼时效、债务人因素和抗辩权对应收账款质权实现带来的负面影响。这需要出质人的配合，如果出质人拒绝配合，建议债权人不接受应收账款质押担保方式。

又如，对于有限责任公司股权质押也是商业中经常会选择的担保方式，但很多质权人在签订有限责任公司股权质押时根本没有考虑到实现质权之难。在真正开始想要通过法院处置股权的时候会发现不但困难重重，而且需要垫付大量费用，很可能处置结果未达到质押权人的预期。其主要有几个原因：一是股权处置参考价难以确定。股权因其特殊性，仅能选择委托评估或当事人议价方式确定处置参考价，一般不宜采用询价方式。二是股权评估所需资料难齐全。股权评估所需资料要求很高，包括财务报表、会计凭证、对外重要负债依据等，均由目标公司内部掌握，通常不具有公开性。在实践中，进入执行阶段目标公司都以各种理由不愿配合，使股权评估缺少必要资料，造成评估公司对股权价值难以评估。在缺乏有效证据证明目标公司存在故意拖延或

① 参见开滦集团国际物流有限责任公司进出口分公司、开滦集团国际物流有限责任公司金融借款合同纠纷再审审查与审判监督民事裁定书，(2019)最高法民申2362号。

拒不提供的情况下，法院难以对其不配合行为采取强制措施，执行程序因此无法正常推进。三是股权价值难以固定。在法院冻结目标公司的股权后，既不能干预目标公司的经营活动，也不能直接对其资产进行查控。即使确定了股权处置参考价，待拍卖过程中的目标公司仍可进行资产运作、对外担保等，由此可能导致涉案股权的价值下降，直接影响拍卖成交。四是持股比例较低的股权启动拍卖意义不大。因为争取对目标公司的控制权是影响股权拍卖成交率的重要因素，持股比例较低的股权竞买人相对更少，拍卖成交率亦相对更低。五是评估费用较高加重申请人负担。法律规定委托评估费用是由申请执行人先行垫付的，这无疑会加重质押权人的财务负担。

所以，笔者建议，在办理权利质押时，一定要考虑日后实现质权之便利和效果，像上述两种权利质押的设立就不得不慎之又慎。

【法条链接】

《民法典》

第四百三十七条　出质人可以请求质权人在债务履行期限届满后及时行使质权；质权人不行使的，出质人可以请求人民法院拍卖、变卖质押财产。

出质人请求质权人及时行使质权，因质权人怠于行使权利造成出质人损害的，由质权人承担赔偿责任。

专题六

新型典型担保

《民法典》第 388 条规定:设立担保物权,应当依照本法和其他法律的规定订立担保合同。担保合同包括抵押合同、质押合同和其他具有担保功能的合同。该条首次在法律层面认可了有担保功能的非典型担保合同的效力,规定担保合同的范围不再仅限于抵押合同、质押合同等典型担保合同。这样一来,债权人就特定物享有的具有担保功能的合同权利,如符合法律规定的公示要求,可以发生对抗的效力。例如,根据《民法典》之规定,在融资租赁关系中,出租人对租赁物享有的所有权,经登记产生对抗善意第三人的效力;在保理关系中,多个保理人对同一应收账款享有的债权,以登记顺序来确定优先受偿次序;在买卖关系中,出卖人对标的物保留所有权的,经登记产生对抗善意第三人的效力。当然,实践中的非典型担保合同并不限于以上三类。最高人民法院《九民纪要》中就曾规定了保兑仓、让与担保等担保类型。并且,随着社会经济的发展,新的担保类型也必将不断涌现。该条规定顺应了经济发展的新趋势和新需求,对银行等金融机构来说具有相当积极的意义。

风险点 6－1
让与担保

【案例】

在马兰花与马才军、李玉琴、陈巧金、胡春花房屋买卖合同纠纷案中，法院认为，关于马才军与胡春花签订的《南京市存量房交易合同》的性质。根据当事人在诉讼中的意思表示及马才军与陈巧金签订的协议、陈巧金出具的承诺，可以确定马才军与陈巧金之间存在借款关系，双方以房屋买卖形式，由马才军以涉案房屋为其借款提供担保，以保证陈巧金收回全部借款而设定的一种非典型担保方式，符合让与担保的法律特征。双方已经办理了产权变更手续，进行了物权公示，对于此种非典型担保，担保人履行承诺的担保责任时，须对担保物进行清算。陈巧金、胡春花以该涉案房产在通过合法程序进行清算作价后对马才军不能清偿的债务承担清偿责任，但陈巧金、胡春花不得擅自变卖或转让。关于马兰花主张其为涉案房屋实际所有权人，要求马才军、陈巧金、胡春花协助办理房屋变更登记手续，并承担因此产生的各项费用的问题。

法院认为，涉案房屋原登记的权利人为马才军，马才军因欠付陈巧金借款，将涉案房产为其借款提供担保，现涉案房屋已转移登记在胡春花名下，且该让与担保为有效。马兰花并未提供有效证据证明陈巧金、胡春花明知涉案房产的实际所有权人为马兰花，亦未提供证据证明陈巧金、胡春花与马才军之间存在恶意串通，在马才军未向陈巧金、胡春花清偿完所欠债务前，马兰花要求陈巧金、胡春花协助办理涉案房屋过房手续，无法律依据。且涉案房屋现已转移登记在胡春花名下，马兰花要求马才军协助办理过户手续亦无法履行。若马兰花认为马才军的行为侵害其权利造成损失，其可另案诉讼。[1]

---

[1] 参见马兰花与马才军、李玉琴、陈巧金、胡春花房屋买卖合同纠纷二审民事裁定书，(2017)苏01民终8268号。

【法理分析】

让与担保,是指债务人或第三人为担保债务人的债务,将担保标的物的所有权等权利转移给担保权人,从而使担保权人在不超过担保之目的范围内,于债务清偿后,担保标的物返还给债务人或第三人,债务不履行时,担保权人可以就该标的物拍卖、变卖、折价优先受偿的权利。在实务中通常表现形式为,民间借贷双方在签订民间借贷合同的同时,又签订一份买卖合同,约定借款人将标的物出卖给出借人,当到期借款人不能偿还债务时,标的物所有权属于出借人,如果到期借款人能够还本付息的,则标的物返还借款人。但事实上名义所有权人(出借人)只能就拍卖、变卖、折价该房产所得款项优先受偿,不可直接归属出借人。

【法务提示】

根据《九民纪要》与最高人民法院关于让与担保案例的裁判观点,关于让与担保应当注意:

让与担保协议应该在债务履行期限届满前签订,且应该在债务履行期限届满前转移名义上的所有权,不得约定债务未能清偿标的物即归债权人所有。让与担保协议应设置清算条款以对标的物估价的方式等作出约定,便于后期执行。可以合理设置提前实现担保权的条款,在债务期限届满前实现担保物权。

【法条链接】

《全国法院民商事审判工作会议纪要》

71.【让与担保】债务人或者第三人与债权人订立合同,约定将财产形式上转让至债权人名下,债务人到期清偿债务,债权人将该财产返还给债务人或第三人,债务人到期没有清偿债务,债权人可以对财产拍卖、变卖、折价偿还债权的,人民法院应当认定合同有效。合同如果约定债务人到期没有清偿债务,财产归债权人所有的,人民法院应当认定该部分约定无效,但不影响合同其他部分的效力。

当事人根据上述合同约定,已经完成财产权利变动的公示方式转让至债权人名下,债务人到期没有清偿债务,债权人请求确认财产归其所有的,人民法院不予支持,但债权人请求参照法律关于担保物权的规定对财产拍卖、变卖、折价优先偿还其债权的,人民法院依法予以支持。债务人因到期没有清偿债务,请求对该财产拍卖、变卖、折价偿还所欠债权人合同项下债务的,人民法院亦应依法予以支持。

风险点 6－2
未经登记的所有权保留

【案例】

在山东德州蓝星化工有限责任公司、北大荒鑫亚经贸有限责任公司合同纠纷案中，法院认为，北大荒公司与艳阳天公司签订的《化肥供销合同》对货物的流向、保管及所有权进行了明确约定："北大荒公司负责办理运输事宜，货物发出后北大荒公司以传真的方式告知艳阳天公司到站及数量以便及时接货，下站费用由艳阳天公司垫付。货到后由艳阳天公司负责保管并享有优先购买权。艳阳天公司未付货款，货物所有权归北大荒公司所有，北大荒公司可以自行销售。艳阳天公司购货，双方以价格确认单为准，艳阳天公司可使用已付款部分的货物。"可见，当事人对涉案化肥的所有权保留有明确约定，且该约定不违反法律、行政法规的强制性规定，合法有效。此外，蓝星公司主张北大荒公司仅为涉案化肥买卖关系中的一环，没有取得过涉案化肥的所有权，但没有提供证据加以证明。因此，在艳阳天公司未付货款的情况下，涉案化肥的所有权人应为北大荒公司，二审判决的认定并无不当。①

【法理分析】

《民法典》第 641 条规定："当事人可以在买卖合同中约定买受人未履行支付价款或者其他义务的，标的物的所有权属于出卖人。出卖人对标的物保留的所有权，未经登记，不得对抗善意第三人。"所有权保留的担保形式常见于买卖合同，当事人通过合同约定即可成立所有权保留的担保形式。出卖人可以在买受人未履行合同义务时，以标的物所有权人的身份收回标的物，无须登记或其他公示手续。

【法务提示】

相对而言，所有权保留制度更多是为了保障卖方的利益。约定所有权保留条款，

---

① 参见山东德州蓝星化工有限责任公司、北大荒鑫亚经贸有限责任公司合同纠纷再审审查与审判监督民事裁定书，(2017)最高法民申 53 号。

取回标的物不会必然导致合同解除。卖方既可以要求取回标的物,也可以要求买方支付价款。

实务中出现因约定所有权保留条款的合同,在标的物所有权转移之前,卖方一物多卖,卖方将标的物出卖给第三人,并办理过户登记,善意第三人的交易合同得到保护,买方会面临极大的法律风险。因此,如果买卖合同约定有所有权保留,买方也应当考虑卖方的履约能力。

而且,当买方未能按期付款,卖方可能约定取回标的物的同时,不予退还买方已支付的部分款项,最终需要通过诉讼解决。因此,对于所有权保留的条款约定,买方应当认真审查。

【法条链接】

《民法典》

第六百四十一条 当事人可以在买卖合同中约定买受人未履行支付价款或者其他义务的,标的物的所有权属于出卖人。

出卖人对标的物保留的所有权,未经登记,不得对抗善意第三人。

风险点 6-3
情况不明的商铺租赁权质押

【案例】

在浙江香溢元泰典当有限责任公司与宣伟强、夏建芳典当纠纷案中，法院认为，本案所涉的《最高额授信合同》《股权质押合同》《商铺租赁权质押合同》《最高额保证合同》《补充协议》等，均系合同各方当事人的真实意思表示，内容不违反法律、行政法规禁止性规定，应确认有效。原告香溢元泰公司已按约向被告宣伟强、夏建芳交付当金，履行了自己的合同义务。但被告宣伟强、夏建芳经多次续当后未按约足额归还当金，应承担相应的民事责任。故法院对原告香溢元泰公司要求被告宣伟强、夏建芳归还剩余当金 7,800,000 元的诉讼请求予以支持。原告香溢元泰公司主张要求按年利率 24% 计收违约金，符合合同约定及法律规定，法院予以支持。被告宣伟强、夏建芳分别以其所持有的大维公司的股权为涉案债务提供质押担保并办理股权出质登记，香溢元泰公司依法对两被告的质押股权折价、拍卖或变卖后的价款享有优先受偿权。同时，被告大维公司、大伟公司、叶伟为被告宣伟强、夏建芳的案涉债务提供连带责任保证担保，并承诺放弃要求先履行债务人提供的物的担保的抗辩，故其应当对案涉债务承担连带清偿责任，并在承担相应责任后有权向宣伟强、夏建芳追偿。被告夏建芳虽以其所拥有的杭州龙翔服饰城一楼 1250 号营业房（摊位）的租赁权及其派生权益为案涉债务提供了质押担保，但该质押合同中载明被告夏建芳承租该营业房（摊位）至 2016 年 8 月 17 日止，原告又未能举证证明该商铺现状，应承担举证不能的不利后果，故对原告要求就该营业房（摊位）的租赁权及其派生权益处理所得的价款优先受偿的诉请，不予支持。①

① 参见浙江香溢元泰典当有限责任公司与宣伟强、夏建芳典当纠纷一审民事判决书，(2016) 浙 0103 民初 3180 号。

【法理分析】

在具有中国特色的经济背景下,大量从事商品批发销售等小微企业,资金流动性强,对于商业贷款有着较为急切的需求。对于商业银行来说,大型商场的商铺租赁权易于转让,具有较高的价值。以商铺的使用、承租等权利作为担保,一般可以为商业银行的债权提供保障。商铺租赁权质押广泛应用于浙江等的一些大型专业市场中。

【法务提示】

商铺租赁权质押的方式一般为:由贷款方、商铺承租人与商铺出租人签订三方协议。贷款方对商铺租赁权进行价值评估,以评估财产价值作为贷款担保,在商铺出租人处办理质押登记以限制承租人重复质押和其他转让、转租的行为。如商户未能按期归还贷款,由商铺出租方处置商铺的租赁权,所得价款优先用于清偿设置商铺租赁权质押的贷款。

在商铺租赁权质押中,对于贷款方而言,主要风险在于商铺租赁权的转让、转租及重复质押等行为,因而必须严格落实在商铺出租人处的质押登记,以保障商铺承租人未能归还贷款时商铺租赁权处置价款对贷款方的优先受偿。对于商铺出租人而言,则应当落实质押登记审查,并限制商铺承租人将商铺租赁权转让、转租或重复质押,避免在承租人未能归还贷款时承担欠款的连带责任。

【法条链接】

《民法典》

第七百二十条 在租赁期限内因占有、使用租赁物获得的收益,归承租人所有,但是当事人另有约定的除外。

风险点6-4
出租车经营权质押的提示

【案例】

在沈阳市铠龙出租汽车有限公司执行异议之诉纠纷案中，法院查明，本案执行依据，即(2016)辽01民初797号民事判决书中关于质押效力问题已作出认定："关于质押效力问题。案涉出租车经营权，系一种私有财产权，是一段时间内的固定收入，实际上是一种收益权，应归入可转让的债权一类，可进行质押。出租车经营权质押的效力不受登记对抗制度制约……出租车经营权质押应自营运执照交付原告方时发生效力，本院认定中保资产公司对艳文出租车公司质押的102本沈阳客运出租汽车营运证照有偿使用凭证拍卖、变卖所得价款享有优先受偿权。"①

【法理分析】

出租车经营权质押，即出租车运营证持有者以出租车经营权作为质押以申请贷款。如同法院裁判观点，出租车经营权是一种私有财产权，是一段时间内的固定收入，实际上是一种收益权，应归入可转让的债权一类，可进行质押。也有将其称为出租车营运证质押、出租车营运牌照质押的。

【法务提示】

出租车经营权质押的方式一般为：出租车营运证持有者将出租车营运证交由贷款方保管，于车辆管理所进行质押登记，以出租车营运证所代表的出租车经营权进行质押，由贷款方评估其价值，办理和发放贷款。如贷款人不能按期还贷，则由贷款方对出租车经营权进行处置，所得钱款用于清偿担保的债权。

在出租车经营权质押中，对于贷款方而言，应当严格落实在车辆管理所处的质押登记，以保障贷款方未能归还贷款时出租车经营权处置价款的优先受偿。

---

① 参见沈阳市铠龙出租汽车有限公司异议执行裁定书，(2018)辽01执异1056号。

【法条链接】

《民法典》

第七百二十条 在租赁期限内因占有、使用租赁物获得的收益,归承租人所有,但是当事人另有约定的除外。

风险点 6－5
银行理财产品质押

【案例】

在华夏银行股份有限公司上海分行与上海天健投资发展有限公司金融借款合同纠纷案中,法院认为,本案所涉《流动资金借款合同》及《结构性存款理财产品质押合同》系双方当事人真实意思表示,合法有效,当事人理应恪守。根据《结构性存款理财产品质押合同》的约定,被告以其在原告处购买的本金价值为5000万元的慧盈理财产品及其孳生收益作为质押标的,出质给原告。该理财产品性质为金钱债权,依法可作为应收账款进行质押。双方在中国人民银行征信中心办理了应收账款质押登记,该质权已依法设立。如被告未按约定履行主债务,原告作为质权人依法有权对该质押财产行使优先受偿权。至于该优先受偿权实现的方式,双方均一致认可:待慧盈理财产品到期后,原告有权以兑付的理财本金和孳生收益优先受偿,该实现方式于法不悖,予以准许。①

【法理分析】

理财产品由商业银行和金融机构设计和发行,将募集到的资金根据产品合同约定投入相关金融市场及购买相关金融产品,获取投资收益后,根据合同约定分配给投资人。由于理财产品的特殊性,大多不支持提前赎回,当客户资金存在流动困难急需资金时,希望以理财产品作为担保从银行融得资金,而理财产品本身为银行所控制,由理财产品作为质押,可以较大程度地保证债权实现。

【法务提示】

银行理财产品质押的方式一般为:债务人以其在商业银行所投资的理财产品为出质标的,为其在同一银行申请的贷款提供担保。如其到期不能偿还贷款,银行有权将

---

① 参见华夏银行股份有限公司上海分行与上海天健投资发展有限公司金融借款合同纠纷一审民事判决书,(2018)沪0115民初65725号。

该理财产品折价变现，以清偿债务人所借贷款。

【法条链接】

《民法典》

第四百四十五条 以应收账款出质的，质权自办理出质登记时设立。

应收账款出质后，不得转让，但是出质人与质权人协商同意的除外。出质人转让应收账款所得的价款，应当向质权人提前清偿债务或者提存。

风险点6－6
人身保险的保单质押

【案例】

在中国人寿保险股份有限公司莱芜分公司与何庆文、杨广新执行分配方案异议之诉纠纷案中，保险公司作为保单质押贷款合同中贷款人，其主要通过扣除保险单的现金价值或者保险费的形式实现债权，其作为质权人的义务主要是妥善保管保险单，当债务人未偿还债务时，保险公司有权从保险单的现金价值中扣除贷款、利息及其他费用，这也是人寿保险单能够用于质押的根本。因此，保单质押贷款应当认定为法律意义上的质押行为，保险公司享有优先受偿权。本案中，李永萍在向人寿莱芜分公司办理保单借款时，李永萍的个人寿险保单保费支付在两年以上，保单产生现金价值后经被保险人李永萍书面签字同意，借款的主体系投保人李永萍，这些均符合中国人民银行《关于人寿保险中保单质押贷款问题的批复》（银复〔1998〕94号）规定的应具备的两个特定条件，而且在《保单借款》中也约定了"借款期间，同意贵公司暂停给付红利、生存保险金。贵公司在给付保险金、退还合同现金价值或保险费时，有权先扣除本人应还借款及利息"，李永萍也已经将保险合同和保险单交付给人保莱芜分公司，人寿莱芜分公司作为质权人的义务便是妥善保管保险单，当债务人李永萍未偿还债务时，有权留存保险单的现金价值，这些都符合质押的法律规定，因此，在保险合同解除时，人寿莱芜分公司享有优先受偿权。①

【法理分析】

人身保险保单不属于《民法典》第440条规定的可质押权利类型。但《保险法》第34条第2款规定："按照以死亡为给付保险金条件的合同所签发的保险单，未经被保险人书面同意，不得转让或者质押。"基于对该条款的理解，未经被保险人书面同意的保

① 参见中国人寿保险股份有限公司莱芜分公司与何庆文、杨广新执行分配方案异议之诉一审民事判决书，(2018)鲁12民初24号。

险单不得转让或质押,那么经被保险人书面同意的寿险保单则可以作为质押标的。

【法务提示】

目前已有银行开展了寿险保单的质押担保业务,其质押的方式一般为:以小微企业的法定代表人或大股东等关联人提供的人寿保险保单作为质押标的,银行按照保单受益金额的一定比例发放贷款,贷款人一般直接交付保单以作为权利担保。

在人身保险的保单质押中,贷款人应当严格对保单进行审查,包括其财产价值,以及是否经被保险人书面同意,否则将面临该保单违反法律规定的风险,影响未能按期还款时的保单收益受偿。

【法条链接】

《民法典》

第四百四十条 债务人或者第三人有权处分的下列权利可以出质:

(一)汇票、本票、支票;

(二)债券、存款单;

(三)仓单、提单;

(四)可以转让的基金份额、股权;

(五)可以转让的注册商标专用权、专利权、著作权等知识产权中的财产权;

(六)现有的以及将有的应收账款;

(七)法律、行政法规规定可以出质的其他财产权利。

《保险法》

第三十四条 以死亡为给付保险金条件的合同,未经被保险人同意并认可保险金额的,合同无效。

按照以死亡为给付保险金条件的合同所签发的保险单,未经被保险人书面同意,不得转让或者质押。

父母为其未成年子女投保的人身保险,不受本条第一款规定限制。

风险点 6 – 7
排污权质押

【案例】

在义乌市浪莎小额贷款股份有限公司与杜春萍、陆一鸣等企业借贷纠纷案中，法院认为，原告浪莎小额贷款公司与被告杜春萍签订的最高额融资合同及借款合同系双方当事人真实意思表示，且不违反法律、法规强制性规定，合法有效，双方均应依约履行。原告浪莎小额贷款公司依约向被告杜春萍发放了1000万元借款后，被告杜春萍应当依约履行还款付息义务，现被告杜春萍未按约还款付息，已构成违约，应依法承担相应的违约责任。原告要求被告杜春萍归还借款并支付利息及违约金，同时承担原告为本案支付的律师费，其主张合法有据，本院予以支持，但被告杜春萍在本案审理过程中归还的50万元借款本金应予以扣减。被告陆一鸣、杜荣星、王小华、杜素萍、吴姚定、王国芳、舒美印染公司、舒美线带公司、奥威服饰公司、之腾饮料公司为被告杜春萍的上述借款共同提供了最高额连带责任保证，依法应对上述债务承担连带清偿责任；被告舒美印染公司为被告杜春萍的上述借款提供了最高额抵押和质押，原告依法对已予以登记的抵押财产和质押权利在相应的债权范围内享有优先受偿权；故原告的相应诉讼请求法院予以支持。原告主张被告舒美印染公司应对本案全部债务承担质押担保责任，根据双方签订的担保合同约定及所办理的质押登记内容，被告舒美印染公司系在最高额为1000万元的范围内为被告杜春萍提供排污权质押担保，故原告在本案中主张被告舒美印染公司应承担的质押担保责任中超过1000万元部分法院不予支持。①

【法理分析】

排污权，是指排污单位在获得行政部门许可之后，按照许可证确定的范围、时间、地点、方式和数量等进行排污的权利。我国从1991年开始进行排污权交易试点，排污

---

① 参见义乌市浪莎小额贷款股份有限公司与杜春萍、陆一鸣等企业借贷纠纷一审民事判决书，(2014)金义商外初字第50号。

权由此开始具有可以作为交易标的的财产价值。排污权质押系以排污权为质押标的，在颁发排污权许可证的环保部门办理质押登记，为债权提供担保的方式。

【法务提示】

值得注意的是，排污权质押还存在一定的法律风险。排污权的财产性还有待法律的确认，关于排污权的交易尚未有明确的法律法规对其进行具体而完善的规定，而且由于排污权的特殊属性，政府对其的干预使得排污权的市场化程度不高，不利于排污权的自由流通。目前，此种担保方式在浙江地区开展较多。由于排污权交易并未在全国全面推行，因此，在拍卖排污权以清偿债务时，一般将排污权的买受人限定为本地企业。

【法条链接】

《民法典》

第四百四十条 债务人或者第三人有权处分的下列权利可以出质：

（一）汇票、本票、支票；

（二）债券、存款单；

（三）仓单、提单；

（四）可以转让的基金份额、股权；

（五）可以转让的注册商标专用权、专利权、著作权等知识产权中的财产权；

（六）现有的以及将有的应收账款；

（七）法律、行政法规规定可以出质的其他财产权利。

风险点6－8
保理合同

【案例】

在深圳市核电工程建设有限公司、中国民生银行股份有限公司武汉分行金融借款合同纠纷案中，关于民生银行武汉分行能否依据保理合同向核电公司主张案涉应收账款债权的问题。法院认为，保理合同是指债权人与保理商之间就债权人现在或将来的、基于债权人与债务人订立的销售商品、提供服务、出租资产等基础合同所产生的应收账款债权转让给保理商，保理商向债权人提供应收账款催收、应收账款管理、坏账担保、保理融资等服务达成的协议。本案中，民生银行武汉分行与华鑫科公司签订有《保理服务合同》，该笔保理业务的基础是华鑫科公司与核电公司之间基于《采购合同》履行所形成的应收账款，民生银行武汉分行作为保理商通过债权转让方式，取得上述应收账款的相关权益，核电公司作为债务人则应履行向债权人还款的义务，以确保华鑫科公司与民生银行武汉分行签订的保理合同项下融资款的偿付，依此案涉应收账款的转让和保理合同的履行形成一笔完整的保理业务，民生银行武汉分行、华鑫科公司、核电公司之间基于案涉保理合同的履行从而形成权利义务对应关系。虽然从合同形式上看，核电公司并非案涉保理合同的当事人，但该保理合同标的为华鑫科公司与核电公司签订《采购合同》所对应的应收账款，民生银行武汉分行依据其与华鑫科公司签订的保理合同，代为向用款人的债务人即核电公司追偿应收账款并无不当。至于应收账款指定账户的归属并非确认债权转让有效成立的构成要件，不应作为案涉债权转让的直接依据。因此，核电公司辩称债权转让应另行起诉的理由缺乏事实依据，不予支持。①

---

① 参见深圳市核电工程建设有限公司、中国民生银行股份有限公司武汉分行金融借款合同纠纷再审民事判决书，(2018)最高法民再96号。

【法理分析】

根据《民法典》的规定,保理合同是应收账款债权人将现有的或者将有的应收账款转让给保理人,保理人提供资金融通、应收账款管理或者催收、应收账款债务人付款担保等服务的合同。保理原本应用于国际贸易,随着金融市场的发展,国内也开始开展此项业务。

保理可以分为有追索权的保理和无追索权的保理。有追索权保理,又称非买断保理、回购保理,指保理人不承担为债权人提供信用风险但保义务的保理。无论应收账款因何种原因不能收回,保理人都有权向债权人索回已付融资款项并拒付尚未收回的款项。无追索权保理,又称买断保理,指保理人承担债务人付款风险的保理。如债务人发生信用风险,保理人不能向债权人追索已发放的融资款,并应履行全部付款义务。基于审慎原则,保理方一般提供有追索权的保理。

保理又可分为公开型国内保理和隐蔽型国内保理,区别在于应收账款转让的事实是否通知债务人。

【法务提示】

保理合同应当为书面形式,对保理合同的审查应当注意其主要合同内容,一般包括保理类型、服务范围和期限、基础交易合同情况、应收账款信息、保理融资款或者服务报酬及其支付方式等条款。

《民法典》第763条规定:应收账款债权人与债务人虚构应收账款作为转让标的,与保理人订立保理合同的,应收账款债务人不得以应收账款不存在为由对抗保理人,但是保理人明知虚构的除外。

有鉴于此,保理人应当对保理合同中的基础交易关系进行审查,避免自身权利受到影响,成为"恶意"方。且应当对保理合同登记以保障权利,避免出现应收账款债权人就同一应收账款订立多个保理合同的情形,已经登记的保理人可以先于未登记的取得应收账款。

【法条链接】

《民法典》

第七百六十一条 保理合同是应收账款债权人将现有的或者将有的应收账款转让给保理人,保理人提供资金融通、应收账款管理或者催收、应收账款债务人付款担保等服务的合同。

第七百六十三条 应收账款债权人与债务人虚构应收账款作为转让标的,与保理人订立保理合同的,应收账款债务人不得以应收账款不存在为由对抗保理人,但是保理人明知虚构的除外。

第七百六十八条　应收账款债权人就同一应收账款订立多个保理合同,致使多个保理人主张权利的,已经登记的先于未登记的取得应收账款;均已经登记的,按照登记时间的先后顺序取得应收账款;均未登记的,由最先到达应收账款债务人的转让通知中载明的保理人取得应收账款;既未登记也未通知的,按照保理融资款或者服务报酬的比例取得应收账款。

风险点 6－9
存货动态质押

【案例】

在四川省阆中化工有限责任公司与四川阆中农村银行股份有限公司、四川省阆中市锡刚油脂有限公司案外人执行异议之诉纠纷案中，法院认为，阆中农商行与上辰公司及锡刚公司通过三方监管协议设立存货动态质押，虽然库存成品菜籽油不断存新出旧，质押物随时处于出入库的流动状态，数量不确定，但间接占有人阆中农商行凭借直接占有人上辰公司的他物控制与他主介绍，实现了质物留置与质权公示；通过质物流动，在盘活库存的同时不断成立新质权而消灭旧质权，质押物种类、数量的每一次变化均可视为对质押合同的变更，其符合动产质权的质物占有要件和动态质押质物流动性的特征。依照《最高人民法院关于适用〈中华人民共和国担保法〉若干问题的解释》第89条“质押合同中对质押的财产约定不明，或者约定的出质财产与实际移交的财产不一致的，以实际交付占有的财产为准”的规定，本案锡刚公司以存货菜籽油与债权人阆中农商行设定的动态质权仍属于动产质押，符合物权法定原则，质权成立。①

【法理分析】

动态质押是相对静态质押而言的，银行等债权人在给中小企业提供的融资服务中，接受质押的动产形式可以以不同的形式存在，如存货、原材料、成品、账款等，质押动产可以变换，只要保证质押的动产价值在一个合理的范围内即可。质物通常委托第三方监管，凭相应凭证办理质物出入库手续。

【法务提示】

动态质押一般方式为：根据评估确定质物的价值。质押期间，如质物的实际价值超出质权人要求的最低价值，出质人可申请就超出部分提货，仓储监管单位凭质权人

---

① 参见四川省阆中化工有限责任公司与四川阆中农村银行股份有限公司、四川省阆中市锡刚油脂有限公司案外人执行异议之诉纠纷二审民事判决书，(2017)川13民终3116号。

出具的《放货通知书》办理放货手续;如提取后质物的实际价值低于质权人规定的最低要求,在提货之前,出质人应补交相应保证金,或归还相应融资款项,或补充同类质物。融资到期后,如债务人不能按时还清本息,有权以公开拍卖、变卖方式对质物进行处置。

动态质押模式下的存货质押融资业务的风险伴随着整个质押期。对于银行等债权人一方而言,需要保证质物整体价值不少于贷款数额才能避免贷款难以按期归还时的经济损失。对于企业来讲,动态质押既能获得融资,又能保障正常经营,可有效帮助中小企业盘活存货和拓宽融资渠道,保证自身信誉,才能获取长期的可持续合作。

【法条链接】

《民法典》

第四百二十五条 为担保债务的履行,债务人或者第三人将其动产出质给债权人占有的,债务人不履行到期债务或者发生当事人约定的实现质权的情形,债权人有权就该动产优先受偿。

前款规定的债务人或者第三人为出质人,债权人为质权人,交付的动产为质押财产。

第四百三十九条 出质人与质权人可以协议设立最高额质权。

最高额质权除适用本节有关规定外,参照适用本编第十七章第二节的有关规定。

风险点 6－10 房地产、车辆、债权回购担保

【案例】

在中国光大银行股份有限公司广州分行与清远市港龙陶瓷有限公司、广东捷成工机械有限公司金融借款合同纠纷案中，关于被告捷成工公司连带清偿责任问题，根据原告与被告捷成工公司签订的合同约定，在被告港龙公司不能按期履行还款义务的时候，被告捷成工公司应按被告港龙公司未清偿的贷款本息及相关合理费用履行回购义务。被告捷成工公司辩称因原告未及时将被告港龙公司逾期还款的情况书面告知被告捷成工公司，故对于原告所主张的扩大的罚息和复利部分损失不承担责任。根据合同约定，被告捷成工公司同样负有对被告港龙公司经营情况进行监控的义务，且在被告捷成工公司收到本院送达相关起诉状副本及证据材料后，仍未履行任何的债权回购责任，甚至对所欠的本金亦分文未付，被告捷成工公司的行为已表明其不愿意或不能履行债权回购担保责任，其当然要对被告港龙公司的上述欠款，包括利息、罚息、复利在内的款项承担连带清偿责任。虽然被告港龙公司提供了设备作为抵押，但根据原告与被告捷成工公司的合同约定，原告无须先行使抵押权，可直接要求被告捷成工公司承担回购担保责任。另，原告并未与被告捷成工公司约定可以对在原告处开立的保证金账户进行直接扣划，故原告未在该账户内先行扣划，并无不妥，法院对被告捷成工公司的该项抗辩亦不予采信。①

【法理分析】

回购，是指当债务人不能按期偿还贷款本息时，债权人根据事先约定，要求担保物的原卖方（或债权原转让方）或第三人，按照约定的价格等条件买回担保物（或债权），所得款项用于清偿债务的一种担保方式。

---

① 参见中国光大银行股份有限公司广州分行与清远市港龙陶瓷有限公司、广东捷成工机械有限公司金融借款合同纠纷一审民事判决书，(2017)粤0106民初9819号。

【法务提示】

回购具有担保债权收回的功能，在实践中被广泛运用。但是，由于其不属于法律明文规定的担保形式，在实践中存在一定的法律风险。如房地产和车辆等的回购，如果回购时约定的价格过分高于或低于担保物的时价，回购条款是否可以撤销或者变更，是否会造成恶性违约，都是回购中可能面临的问题。

因此，履约金的设定可以一定程度地缩减可能造成的损失。

【法条链接】

《民法典》

第五百零二条　依法成立的合同，自成立时生效，但是法律另有规定或者当事人另有约定的除外。

依照法律、行政法规的规定，合同应当办理批准等手续的，依照其规定。未办理批准等手续影响合同生效的，不影响合同中履行报批等义务条款以及相关条款的效力。应当办理申请批准等手续的当事人未履行义务的，对方可以请求其承担违反该义务的责任。

依照法律、行政法规的规定，合同的变更、转让、解除等情形应当办理批准等手续的，适用前款规定。

风险点 6 – 11
独立保证

【案例】

在北京中铁建物资贸易有限公司、天津市长芦盐业集团有限公司确认合同无效纠纷案中，原审判决关于《担保合同》的效力认定是否存在认定事实不清、适用法律错误问题。《物权法》第 172 条第 1 款规定：“设立担保物权，应当依照本法和其他法律的规定订立担保合同。担保合同是主债权债务合同的从合同。主债权债务合同无效，担保合同无效，但法律另有规定的除外。”该条规定，在法律对独立物保有特别规定的情形下，才能认定独立物保有效，否则，独立物保无效。该条排除了当事人约定独立物保的有效性。由于该条是对担保人提供独立物保的规定，而本案规定的是提供独立保证的情形，物保与人保并不相同，故本案不能直接援引《物权法》的该条规定进行裁判。当事人对独立担保有约定的，可以从约定。但基于法理，对该条规定应作限缩解释，即考虑到独立担保责任的异常严厉性，以及使用该制度可能产生欺诈和滥用权利的弊端，尤其是为了避免严重影响或动摇我国担保法律制度体系的基础，在司法实践中独立担保只能在国际商事交易中使用，不能在国内市场交易中运用。基于上述分析，原审判决认定案涉《担保合同》中当事人关于独立担保的约定无效，并无不当。原审判决关于《担保合同》的效力认定并不存在认定事实不清、适用法律错误问题。①

【法理分析】

《民法典》规定：保证合同是主债权债务合同的从合同。主债权债务合同无效的，保证合同无效，但是法律另有规定的除外。通常情况下，保证合同作为从合同，应当以主合同的存在和生效为前提。

独立保证，也称见索即付保函或独立保函，是银行在保函下的担保责任独立于主

① 参见北京中铁建物资贸易有限公司、天津市长芦盐业集团有限公司确认合同无效纠纷再审审查与审判监督民事裁定书，(2018)最高法民申 6281 号。

合同,并且有封顶限额和明确的有效期。

独立保证与法律规定的保证担保中的担保合同的从属性以及保证期间、诉讼时效的要求有不相符之处,不同于传统的从属性担保,是一种独立的担保履行之付款承诺,但能满足银行对保证期间和贷款金额等方面的风险控制要求。

【法务提示】

此类业务多存在于小额贷款公司、个人放贷者。该类担保通常采取合同的方式设立,特点在于可以最大限度地保护债权人的债权免受损害。当事人双方通过签订资产转让返租协议,将借贷关系转换成买卖关系,即债权人受让资产但不转移占有,债务人定期清偿债务。在债务人清偿债务后,债权人将资产返还债务人;如到期不能清偿债务,则债权人取得该资产的所有权。

必须注意的是,此类国内业务存在较大的风险。如同最高人民法院的裁判观点,考虑到独立担保责任的异常严厉性,以及使用该制度可能产生欺诈和滥用权利的弊端,尤其是为了避免严重影响或动摇我国担保法律制度体系的基础。目前司法实践已对国际贸易业务中的独立保函予以认可,但对国内业务中的独立保证效力尚未明确。

【法条链接】

《民法典》

第六百八十二条 保证合同是主债权债务合同的从合同。主债权债务合同无效的,保证合同无效,但是法律另有规定的除外。

保证合同被确认无效后,债务人、保证人、债权人有过错的,应当根据其过错各自承担相应的民事责任。

风险点 6 – 12
保兑仓业务与厂商银业务

【案例】

在中信银行股份有限公司大连分行、张家口中地装备探矿工程机械有限公司合同纠纷案中，关于《保兑仓协议》约定的张家口公司承担保证责任的对象。法院认为，在保兑仓交易模式中，如张家口公司承担保证责任以中信银行出具提货单为条件，会造成当事人权利义务显失公平。张家口公司作为供货方接受7522、7525汇票收取货款后，相应的合同权利已经实现，同时，其还占有货物。其在权利已经完全实现的情况下不承担任何义务，显失公平。故张家口公司承担保证责任不以中信银行出具提货单为条件。

张家口公司主张，其并非应对银行承兑金额与乙方备付金额之间的差额承担保证责任，而是对银行出具的提货单累计金额与承兑金额之间的差额承担保证责任。法院认为，《保兑仓协议》约定张家口公司就提货单累计金额与承兑金额之间的差额承担保证责任，该差额是张家口公司承担保证责任的最大范围，但其实际承担保证责任的大小，必然受大连中聚缴付备付金数额的影响。大连中聚已经缴付备付金，但是未出具提货单部分的数额当然应予扣除，因为这部分并不构成中信银行的损失，扣除这一部分，是减轻张家口公司的保证责任。即在计算张家口公司实际应承担的保证责任时，应以承兑金额与银行出具提货单累计金额之间的差额再减去未出具提货单的备付金数额。张家口公司保证责任的对象并未发生变化，其承担的还是提货单累计金额与承兑金额之间的差额保证责任，只是因扣减未出具提货单的备付金额，导致其实际承担责任数额减少。

中信银行承兑7522、7525汇票是履行《保兑仓协议》，中信银行承兑并将汇票交付张家口公司后，即已完成了《保兑仓协议》约定的主要合同义务。汇票到期后，中信银行必须依法向持票人付款。原审已经查明了中信银行于2013年1月4日向7522、7525汇票的持票人大雪集团付款的事实。因大连中聚缴付的保证金不足，差额部分形成中信银行的损失。中信银行要求张家口公司承担相应的保证责任,符合《保兑仓协议》的约定,应予支持。[1]

【法理分析】

保兑仓业务,是指生产厂家(卖方)、经销商(买方)和银行签订《保兑仓三方合作协议》进行合作,银行为经销商向生产厂家购买货物提供授信支持,将发放的贷款直接划付给生产厂家,并根据经销商提前还款或补存提货保证金的状况开具提货通知书,通知生产厂家发货,生产厂家凭提货通知书方可向经销商发货。在经销商违约时,生产厂家承担贷款敞口部分的连带保证责任、货物调剂销售责任或差额退款责任的业务。

厂商银业务,是指生产厂家(卖方)、经销商(买方)和银行签订《厂商银三方合作协议》进行合作,由银行为经销商向生产厂家购买货物提供授信支持,生产厂家按《购销合同》约定的货物数量、品种、规格向银行指定的物流监管公司发货,同时经销商将所购买的货物质押于银行,银行根据经销商提前还款或补存提货保证金或货物的状况通知物流监管公司释放相应金额质押货物的一种金融服务。

【法务提示】

在保兑仓业务中,合同约定生产厂家承担的货物调剂销售或差额退款责任虽不属于明确规定的担保形式,但却具有担保功能。具体而言,货物调剂销售,是指经销商在授信到期日或到期前约定天数内,未足额备付所欠银行款项,银行通知生产厂家进行货物调剂销售,生产厂家将经销商未提取的货物以经销商欠银行款项的金额进行调剂销售,调剂销售的款项直接划付至银行指定账户的行为。差额退款,是指经销商在授信到期日或到期前约定天数内,未足额备付所欠银行款项,银行通知生产厂家,由其将经销商欠银行的款项直接划付至银行指定账户的行为。

厂商银业务与保兑仓业务不同的是:在厂商银业务中生产厂家已将货物交付给了经销商,而保兑仓业务中生产厂家仍占有货物。

【法条链接】

《全国法院民商事审判工作会议纪要》

68.【保兑仓交易】保兑仓交易作为一种新类型融资担保方式,其基本交易模式是,以银行信用为载体、以银行承兑汇票为结算工具、由银行控制货权、卖方(或者仓储方)受托保管货物并以承兑汇票与保证金之间的差额作为担保。其基本的交易流程是:卖方、买方和银行订立三方合作协议,其中买方向银行缴存一定比例的承兑保证金,银行

---

[1] 参见中信银行股份有限公司大连分行、张家口中地装备探矿工程机械有限公司合同纠纷再审审查与审判监督民事判决书,(2015)民提字第16号。

向买方签发以卖方为收款人的银行承兑汇票，买方将银行承兑汇票交付卖方作为货款，银行根据买方缴纳的保证金的一定比例向卖方签发提货单，卖方根据提货单向买方交付对应金额的货物，买方销售货物后，将货款再缴存为保证金。

在三方协议中，一般来说，银行的主要义务是及时签发承兑汇票并按约定方式将其交给卖方，卖方的主要义务是根据银行签发的提货单发货，并在买方未及时销售或者回赎货物时，就保证金与承兑汇票之间的差额部分承担责任。银行为保障自身利益，往往还会约定卖方要将货物交给由其指定的当事人监管，并设定质押，从而涉及监管协议以及流动质押等问题。实践中，当事人还可能在前述基本交易模式基础上另行作出其他约定，只要不违反法律、行政法规的效力性强制性规定，这些约定应当认定有效。

一方当事人因保兑仓交易纠纷提起诉讼的，人民法院应当以保兑仓交易合同作为审理案件的基本依据，但买卖双方没有真实买卖关系的除外。

风险点6－13
所有权转让式的信用支持安排

【案例】

在无锡联鑫汽配有限公司与苏州融华租赁有限公司融资租赁合同纠纷案中，法院认为，案涉租赁物存在抵押权，不影响《融资租赁合同》《租赁物件回购协议》的效力，双方均应按约履行。融华租赁公司与无锡联鑫公司及金湖联鑫公司虽于《租赁物件回购协议》约定，在金湖联鑫公司未按约支付租金时，无锡联鑫公司负有无条件支付回购款的义务，而融华租赁公司负有将其对金湖联鑫公司享有的债权及租赁物所有权转移给无锡联鑫公司的义务。但融华租赁公司签订该协议的目的在于分散风险，保障租金债权的实现，而无锡联鑫公司的合同目的则在于为其控股子公司金湖联鑫公司提供信用支持，以便其融资融物。因此，协议同时约定，回购不涉及出租人向回购人进行租赁实物的移交，无论该租赁物的状况如何（包括但不限于设备丢失、损毁、是否拖回等）均不影响回购人回购条件的成就，回购人履行回购义务时无论是否实际占用租赁物，出租人均不负有交付租赁物的义务。基于上述约定，无锡联鑫公司承担回购义务与融华租赁公司转让租赁物所有权给无锡联鑫公司之间应认定不存在对价关系。对此，无锡联鑫公司、金湖联鑫公司与融华租赁公司在调解协议中进一步明确，金湖联鑫公司向无锡联鑫公司支付回购款后，无锡联鑫公司将租赁物所有权转移给金湖联鑫公司。这种协议安排与《租赁物件回购协议》约定无锡联鑫公司回购时无论是否实际占用租赁物，租赁物无论处于何种状况（包括但不限于设备丢失、损毁、是否拖回等），以及融华租赁公司均不负有租赁实物的移交义务是相符的，即融华租赁公司仅向无锡联鑫公司出具《租赁物件所有权及债权转移证明书》，不承担物的瑕疵担保责任。无锡联鑫公司起诉要求融华租赁公司赔偿损失，缺乏依据。[①]

---

① 参见无锡联鑫汽配有限公司与苏州融华租赁有限公司融资租赁合同纠纷二审民事判决书，（2016）苏05民终7091号。

【法理分析】

2009 年，在中国银行间市场交易商协会制定的《中国银行间市场金融衍生产品交易转让式履约保障文件(2009 年版)》中已经引入了所有权转让式的信用支持安排，但由于在法律方面存在较多不确定性，该履约保障文件在我国境内衍生交易中尚未得以推广，目前仍主要限于跨境衍生交易中。

【法务提示】

此种担保方式主要存在于金融市场衍生交易领域，其主要操作模式是：在双方约定的定期估值日，按市值计价的方式计算双方已进行的交易余额并进行轧差，得出净信用风险敞口数额，净信用风险敞口为正值的一方，有权要求对方提供与其净风险敞口等值的信用支持物(通常为现金或证券)以保障交易最终得到履行；如果一方持有的信用支持物的金额高于其净信用风险敞口数额，则对方有权要求其返还超出净信用风险敞口数额的信用支持物。该信用支持安排的特殊性主要体现在：第一，一旦提供信用支持物，则其所有权转移至对方，而在通常的质押担保项下，质物所有权并不发生转移，因此，可能造成流质条款效力问题的争议。第二，提供信用支持物的义务是双方的，因为在不同的估值日，承受净信用风险敞口的当事方可能不同，提供信用支持物的义务可能从一方转移至另一方，即信用支持物可能呈现出随市场变化在当事方之间频繁往返、增减的情况，而在通常的质押担保项下，提供质物的义务往往是单方的。

【法条链接】

《民法典》

第四百二十八条 质权人在债务履行期限届满前，与出质人约定债务人不履行到期债务时质押财产归债权人所有的，只能依法就质押财产优先受偿。

风险点 6 - 14
其他收费权质押

【案例】

在河北定州农村商业银行股份有限公司、安国市农村信用联社股份有限公司等与保定市道路开发中心等借款合同纠纷案中，法院认为，本案《权利质押合同》是《借款合同》的从合同，充分反映了合同双方的意愿，系合同当事人的真实意思表示，合同约定以项目公路收费权质押以保障主合同债权的实现符合《担保法》第 75 条第 4 项、《担保法解释》第 97 条的规定，该合同自成立时生效。道开中心等被告辩称质押合同无效的观点没有法律依据，不能成立。《权利质押合同》约定，项目建设期间免担保，项目建成后，办理质押登记手续。在项目建成通车后，2015 年 3 月 2 日，定州联社作为社团贷款成员社的代表，对上述贷款债权，在中国人民银行征信中心进行了应收账款质押登记。虽然国务院 1999 年《关于收费公路项目贷款担保问题的批复》规定，由地市级以上交通主管部门作为公路收费权质押的登记部门。但本案《权利质押合同》所约定的项目公路收费权质押其实质为应收账款质押。

2007 年《应收账款质押登记办法》第 4 条规定："本办法所称的应收账款包括以下权利：……（四）公路、桥梁、隧道、渡口等不动产收费权。"该办法对何为应收账款进行了解释并作出了具体的规定。而同日实施的《物权法》第 228 条第 1 款规定："以应收账款出质的，当事人应当订立书面合同。质权自信贷征信机构办理出质登记时设立。"可见，中国人民银行征信中心为应收账款的法定登记机构。故，原告将上述《权利质押合同》和《质押权利清单》在中国人民银行征信中心系统进行登记的行为，符合《物权法》的规定，依法具有公示效力，该权利质押有效设立，原告主张对项目公路的收费权享有优先受偿权，法院予以支持。本案项目公路资产及债权债务的交接并未征得原告的书面同意，张涿保定管理处取得项目公路收费权但未落实原告债权的偿还措施，且河北省高速公路管理局在签订《项目公路工程项目资产、债务等承接协议书》时已经知晓原告贷款有质押担保的事实，其并非善意受让人，故项目公路资产的变更对原告无约束力,不影响原告质权的设立。[1]

【法理分析】

收费权质押指借款人以其拥有的某项收费权作为债务履行的担保,向银行等金融机构申请贷款的一种担保方式。当债务人不能履行债务时,债权人有权依据合同的约定,以转让该收费权所得价款或直接获取收费款项实现债权。

【法务提示】

类似于公路收费权质押、电费或水费的收费权质押等,在司法实务中,一般认为其作为特定化的财产权利,可以允许其出质。

商业银行在实务操作中对于法律、法规或规范性文件未明示可以质押的权利一般谨慎采用。对于收费权质押的业务审查,除了对借款人和质押财产的严格审查,对合同的周密拟定以及质押登记的及时处理,还应当注意到的一点就是贷款期限届满日应在收费权有效期内,保证自身权利的行使。

【法条链接】

《民法典》

第四百四十条 债务人或者第三人有权处分的下列权利可以出质:

(一)汇票、本票、支票;

(二)债券、存款单;

(三)仓单、提单;

(四)可以转让的基金份额、股权;

(五)可以转让的注册商标专用权、专利权、著作权等知识产权中的财产权;

(六)现有的以及将有的应收账款;

(七)法律、行政法规规定可以出质的其他财产权利。

---

① 参见河北定州农村商业银行股份有限公司、安国市农村信用联社股份有限公司等与保定市道路开发中心等借款合同纠纷一审民事判决书,(2016)冀民初37号。

专题七

合同履行

合同履行是实现合同项下之权利义务、达成合同目的从而导致合同归于消灭的重要的过程、关键步骤。合同履行所涉及的内容，总的来说，就是合同的权利义务。但是，我们知道，合同当中双方当事人的权利义务是相对的，一方的权利对应另一方的义务，所以，为便宜计，我们主要探讨的合同履行的内容就是义务。风险防范并非总是来自相对方，它首先可能是来源于当事人自己的行为。故，当事人为了防范合同履行过程中的法律风险，应该要求自己按照合同约定和法律规定适当地履行义务，否则不当义务履行将给自己带来极大的利益损失。

风险点7－1
未履行合同附随义务

【案例】

2007年10月9日，原告王永胜在被告中国银行股份有限公司南京河西支行处申领中行借记卡一张。2007年12月2日晚，原告到中国银行（以下简称中行）甲分理处ATM上取款5000元，并查询存款余额为463,942.2元。2007年12月5日下午，原告在中行乙分理处准备取款10,000元时，被柜台营业员告知卡内余额为2800余元。当晚原告再次查询，发现卡内又少了2000元。原告当即向南京市公安局鼓楼分局（以下简称鼓楼公安分局）报案。经公安机关侦查，查明有3名男子在中行甲分理处ATM的自动门上安装了存储式读卡装置，并在取款机上安装了摄像头，借此获取了原告借记卡的密码及信息资料，然后复制两张伪卡在北京、江西等地取款或消费463,942.2元。后犯罪分子之一、案外人汤海仁被公安机关抓获，并被南京市鼓楼区人民法院认定犯信用卡诈骗罪，判处有期徒刑十年六个月，并处罚金人民币100,000元，该刑事判决已发生法律效力。上述案件发生后，原告多次与中行南京下关支行（以下简称下关支行）交涉。2008年1月24日原告与中行下关支行达成协议，由中行下关支行先行借给原告232,000元用于发放部分民工工资，待问题查明后再进一步解决。原告认为，其与被告之间存在储蓄存款合同关系，被告有义务保护原告的资金安全，由于被告对ATM的安全管理存在漏洞，给犯罪分子留下可乘之机，导致原告卡内存款463,942.2元被犯罪分子用伪造的借记卡取走或消费，对此原告并无过失，遂起诉请求判令被告按照双方签订的储蓄存款合同支付原告存款463,942.2元，以及上述款项自2007年12月4日至实际支付之日止的利息。①

---

① 参见王永胜诉中国银行股份有限公司南京河西支行储蓄存款合同纠纷案，《最高人民法院公报》2009年第2期（总第148期）。

【法理分析】

(1)当事人应履行合同项下的“义务群”

合同的履行,往往涉及合同项下的“义务群”。这个“义务群”的内容,是非常丰富的,主要有以下内容:

合同项下的“义务群”
- 给付义务
  - 主给付义务
  - 从给付义务
- 附随义务
  - 先合同义务
  - 合同履行中的附随义务
  - 后合同义务
- 不真正义务

从法理上说,主给付义务主要指的就是诸如能够决定合同的基本类型的义务,这种义务在某些地方又被称为合同的要素,这种义务一般是合同所固有的,举个例子来说,在买卖合同中,它项下的主给付义务就是买受人支付买卖合同的价款、出卖人转移交付买卖合同标的物的所有权。从给付义务则与主给付义务不一样,从给付义务本身不能够决定合同的基本类型,它对主给付义务仅有辅助功能,如网购某件商品的合同,出卖人应当对出卖的商品进行妥善的包装,免使其受快递暴力之损害。稍难理解的是附随义务。附随义务一般指的是,在合同的订立、履行、消灭等发展过程当中,基于诚实信用、交易习惯等因素,债务人一方所负担的通知、保密等的义务。从细化的角度来说,一般附随义务还可以分为先合同义务、合同履行中的附随义务和后合同义务等内容。

(2)未履行附随义务须承担不利后果

上述案例涉及的就是下关支行的附随义务。《商业银行法》第29条第1款规定:“商业银行办理个人储蓄存款业务,应当遵循存款自愿、取款自由、存款有息、为存款人保密的原则。”商业银行的保密义务不仅是指银行对储户已经提供的个人信息保密,也包括为到银行办理交易的储户提供必要的安全、保密的环境。商业银行设置ATM,是一项既能方便储户取款,又能提高自身工作效率并增加市场竞争力的重要举措,银行亦能从中获取经营收益。对ATM进行日常维护、管理,为在ATM办理交易的储户提供必要的安全、保密环境,是银行履行储蓄存款合同的附随义务的重要内容,这项义务应当由设置ATM的银行承担。因此最后法院支持了原告的诉讼请求。

【法务提示】

(1)重视附随义务的履行

附随义务虽然不能够决定合同的基本类型,但是其在合同的“义务群”中依然发挥着促进履行主给付义务、促使债权人的给付利益获得最大的满足的辅助功能，其对于维护当事人的人身、财产安全以及对于促进交易有着重要的作用。从前述案例当中，我们可以看到，在履行合同的过程当中，一定要重视附随义务的履行，尽力做好协助、保密、保护等工作，为商业创造良好的交易环境。

(2)厘清从给付义务和附随义务

值得注意的是，在实践中，常将合同项下“义务群”当中的从给付义务以及附随义务混淆，二者的制度功能是不一样的。若合同一方当事人不履行从给付义务时，债权人可以诉请实际履行。但是，若合同一方当事人不履行附随义务，则债权人不能诉请该当事人实际履行，债权人仅可主张损害赔偿。

【法条链接】

《商业银行法》

第二十九条　商业银行办理个人储蓄存款业务，应当遵循存款自愿、取款自由、存款有息、为存款人保密的原则。

对个人储蓄存款，商业银行有权拒绝任何单位或者个人查询、冻结、扣划，但法律另有规定的除外。

风险点 7-2
未履行不真正义务

【案例】

被告江苏冠宇机械设备制造有限公司自2011年9月9日至2013年9月8日租赁原告王红琴位于仪征市新城镇新农西街101号房屋的1~2层及厨房。其中,2011年9月9日至2012年3月8日、2013年3月9日至2013年9月8日,原告、被告双方以传真形式签订了《租房合同》,其余租赁期间原告、被告双方未签订书面租赁合同。《租房合同》第2条、第5条约定,被告在租住期间应爱护原告的财产,保持墙体、地面、楼梯等处的清洁,不得随地吐痰,不得损坏门窗玻璃及附属设施,否则照原样赔偿;被告公司租住人员上下楼梯需穿软底拖鞋,避免磨坏楼梯瓷砖。2014年1月8日,原告自外地回来后发现被告在租住期间造成原告房屋墙壁、地面、房门、天花板、吊扇等多处污染,产生了生活垃圾,房门、楼梯砖、灯具、插座、门玻璃等多处损坏。被告在租赁期满后未与原告对房屋进行交接,导致原告不能及时将该房屋对外出租造成的4个月(2013年9月9日至2014年1月8日)的房租损失6000元。现有证据证明,原告在租赁期间内即已知房屋多处损坏。①

【法理分析】

(1)不真正义务为法定义务

不真正义务为法定义务,在不同的法律关系中,其法定义务均有所不同。在租赁合同关系当中,承租人造成租赁合同关系标的物毁损的,如果在租赁期间届满前,承租人应当及时修复。如果承租人及时修复的且不会对出租人继续对外招租造成影响的,则不会出现扩大了的租金损失的问题。但是,如果承租人在租赁期限届满后,拒绝修复租赁标的物,影响出租人继续将标的物对外出租的,则会导致出租人在修复租赁标

---

① 参见王红琴与江苏冠宇机械设备制造有限公司房屋租赁合同纠纷一审民事判决书,(2014)仪新民初字第0424号。

的物期间产生相应的租金损失,该部分的租金损失则应当由承租人承担。不过,还存在一种情形,如果出租人在承租人的租赁期间内就知道租赁标的物毁损,却不及时采取适当的措施对租赁标的物进行修复,从而导致自身的损失因此扩大的,则出租人即无权就该扩大部分的损失向承租人求偿。

该种规定,就是所谓的法定的"合同债权人的减损义务"。

《民法典》第591条第1款规定:"当事人一方违约后,对方应当采取适当措施防止损失的扩大;没有采取适当措施致使损失扩大的,不得就扩大的损失请求赔偿",根据该规定,在前述案例当中,有证据证明原告在租赁期间内即已知房屋有多处损坏,但是原告从知道房屋有损坏时起直至租赁期间届至后都没有采取相应的修复措施,从而导致了6000元的房租损失,就该部分因原告未采取适当措施致使扩大的租金损失,原告无权向被告主张。

(2)违反不真正义务须承担不利后果

这个案例涉及的是合同项下"义务群"当中的不真正义务。不真正义务即是程度较弱的义务,其主要特点就是合同之相对人一般不能够请求履行,并且,违反该义务时一般也不发生损害赔偿,负担此种义务的义务人需要就自己权利的减损丧失等承担不利后果。

【法务提示】

民法典规定有几项不真正义务,需要引起商事企业的注意。在实践中,应当切实履行不真正义务,否则会承担一定的不利后果。

(1)合同债权人负有减损义务

如前述案例所言,当事人一方违约后,对方应当采取适当的措施防止损失的扩大,否则不可就扩大的损失请求赔偿。

(2)履行不真正义务避免扩大损失和赔偿他人损失

在买卖合同当中,如果出卖人交付的标的物有瑕疵的,买受人应当在约定或者法定的期间内就该瑕疵提出异议,如果买受人没有在约定或者法定的检验期间内提出异议的,则买受人可能会丧失请求出卖人承担违约责任的权利。

在货物运输合同当中,如果收货人在约定的期限内或者合理的期限内未对货物的数量等情况提出异议,则视为承运人已经按照运输单证的记载交付的初步证据。

在保管合同当中,若寄存人没有告知保管物依性质应当采取特殊的保管措施从而产生损失的,保管人不用承担赔偿责任,反而,若保管人因此遭受损失的,寄存人还可能要赔偿保管人的损失。

对于前述具体合同中的不真正义务,商事企业一定要小心谨慎,在实际的交易过程中，应当妥善自查，以免造成自己的损失不说，反而还要赔偿别人的损失。

【法条链接】

《民法典》

第五百九十一条 当事人一方违约后，对方应当采取适当措施防止损失的扩大；没有采取适当措施致使损失扩大的，不得就扩大的损失请求赔偿。

当事人因防止损失扩大而支出的合理费用，由违约方负担。

第六百二十条 买受人收到标的物时应当在约定的检验期限内检验。没有约定检验期限的，应当及时检验。

第六百二十一条 当事人约定检验期限的，买受人应当在检验期限内将标的物的数量或者质量不符合约定的情形通知出卖人。买受人怠于通知的，视为标的物的数量或者质量符合约定。

当事人没有约定检验期限的，买受人应当在发现或者应当发现标的物的数量或者质量不符合约定的合理期限内通知出卖人。买受人在合理期限内未通知或者自收到标的物之日起二年内未通知出卖人的，视为标的物的数量或者质量符合约定；但是，对标的物有质量保证期的，适用质量保证期，不适用该二年的规定。

出卖人知道或者应当知道提供的标的物不符合约定的，买受人不受前两款规定的通知时间的限制。

第八百三十一条 收货人提货时应当按照约定的期限检验货物。对检验货物的期限没有约定或者约定不明确，依据本法第五百一十条的规定仍不能确定的，应当在合理期限内检验货物。收货人在约定的期限或者合理期限内对货物的数量、毁损等未提出异议的，视为承运人已经按照运输单证的记载交付的初步证据。

第八百九十三条 寄存人交付的保管物有瑕疵或者根据保管物的性质需要采取特殊保管措施的，寄存人应当将有关情况告知保管人。寄存人未告知，致使保管物受损失的，保管人不承担赔偿责任；保管人因此受损失的，除保管人知道或者应当知道且未采取补救措施外，寄存人应当承担赔偿责任。

风险点7－3
忽略合同漏洞填补

【案例】

2016年5月31日，拓柏克公司与浩诚公司签订的《合同》约定：浩诚公司向拓柏克公司购买“300型数控旋压机含刀具模具”7套及模具7套，总价为923,000元。付款方式为，30%预付款，40%出货前支付，20%生产调试合格后3日内支付，10%安装验收合格后90天内支付。验收方式为依双方约定检验标准进行验收。该合同未对数控旋压机的技术参数进行约定，亦无相关的附件。

同日，浩诚公司与泰易达公司签订的《合同》约定：浩诚公司向泰易达公司购买2套“80T钢架精密冲床APA－80”、1套“110T钢架精密冲床APA－110”、1套“二合一材料架GO－300＋收料机”、1套“数控送料机NC－300”，价款共计416,000元。

2016年11月17日，拓柏克公司作为甲方，浩诚公司作为乙方，凯康源公司作为丙方，共同签订《关于草帽灯灯座生产线验收的补充协议》。该协议载明：“2016年5月，甲方委托乙方向丙方采购草帽灯灯座生产线；甲、乙双方签订了产品购销合同，乙、丙双方签订了合同，合同总价为：人民币1,339,000元整。”该协议约定，甲方委托乙方向丙方采购的草帽灯灯座生产线，验收条件和验收方式由甲、丙双方自行协商确定，与乙方无关。甲方全力配合丙方进行样品试制工作，生产出的样品壁厚最薄处的厚度要求由甲、丙双方在样品试制后再协商决定。该协议签订后，本次生产线采购的所有争议均由甲、丙双方协商解决，协商不妥时，由甲、丙双方采用代位诉讼方式解决，所产生的一切经济和法律责任与乙方无关，但乙方须协助甲、丙双方办理代位诉讼的相关事宜。甲、丙双方协商期至2016年12月10日，逾期视同放弃或验收。

拓柏克公司提交的1份《厦门拓柏克数控机械有限公司联系函》载明：“TO：贵州浩诚科技有限公司……贵司2016年6月初采购的7台旋压机、3台冲床及配套设备（合同总金额人民币1,339,000元整，发票金额1,338,986元），我司已按时按合同约定地点时间于2016年7月2日全部交付至贵州省凯里市炉山镇贵州凯康源新能源科技有限公司安装验收,并积极派驻2人协助使用单位对人员进行培训、协助生产。贵司已支付合同70%款项924,000元……未支付合同30%款项414,986元。以上内容双方确认无误。"浩诚公司在该联系函上加盖印章。

2016年11月4日,拓柏克公司向浩诚公司发送1份联系函,载明:"……合同签订后我司收到使用单位贵州凯康源新能源有限公司的产品样品和图纸,但样品和图纸不一样,我司使用旋压的方式加工样品并提供给凯康源公司……"

泰易达公司就案涉设备销售已向浩诚公司开具金额为416,000元的增值税发票,拓柏克公司就案涉设备销售已向浩诚公司开具金额为922,986元的增值税发票。拓柏克公司确认浩诚公司就两份设备销售合同已支付货款为924,000元。

凯康源公司法定代表人廖某陈述称案涉泰易达公司的设备由泰易达公司提供给浩诚公司,浩诚公司再交付给凯康源公司使用,该部分设备不存在质量问题,货款尚有30%未付清,计划在2017年12月底付清。双方当事人均确认:案涉设备没有国家标准、行业标准、企业标准,双方对设备的技术标准、验收方式、验收标准以及设备所生产的产品的公差、强度均没有具体约定。凯康源公司在签订合同后有向拓柏克公司提供草帽灯灯座样品及图纸,但图纸未经拓柏克公司确认,拓柏克公司亦未按照图纸生产设备,双方未将图纸和样品作为合同的附件,也未共同封存样品。设备发货前,拓柏克公司用案涉设备生产样品发给凯康源公司,该样品符合凯康源公司要求。案涉设备送到凯康源公司后,经安装调试,设备可以正常开机生产草帽灯灯座,但是凯康源公司认为草帽灯灯座拐角处厚度无法达到要求,双方经过多次协商未能就验收方式、验收标准达成一致意见。

在本案中,案涉合同对设备的质量没有约定,双方当事人未能协商达成补充约定,亦无法按照合同有关条款或者交易习惯确定。案涉设备没有国家标准、行业标准,凯康源公司、浩诚公司亦未提交证据证明该设备有相应的通常标准。凯康源公司虽提出鉴定申请,但无论是针对设备本身或设备生产的产品,由于缺乏鉴定所能依据的标准和基准,鉴定不仅难以开展,也不能达到凯康源公司的证明目的,因此,一审法院未批准凯康源公司的鉴定申请。凯康源公司购买案涉设备系为了生产草帽灯灯座,在双方未就草帽灯灯座的具体要求进行约定的情况下,案涉设备能正常开机生产草帽灯灯座,应视为符合合同目的的特定标准。①

① 参见贵州凯康源新能源机械科技有限公司、厦门拓柏克数控机械有限公司买卖合同纠纷二审民事判决书,(2018)闽02民终4601号。

【法理分析】

(1)合同约定不明产生漏洞填补

上述案例涉及合同漏洞填补的问题。在该案例当中,凯康源公司认为草帽灯灯座拐角处厚度无法达到要求,双方经过多次协商未能就验收方式、验收标准达成一致意见,案涉设备未验收合格。但是,双方当事人均确认,双方对设备的技术标准、验收方式、验收标准以及设备所生产的产品的公差、强度均没有具体约定,凯康源公司在浩诚公司与拓柏克公司签订合同后虽有向拓柏克公司提供草帽灯灯座样品及图纸,但图纸未经拓柏克公司确认,拓柏克公司亦未按照图纸生产设备,双方未将图纸和样品作为合同的附件,也未共同封存样品。并且,双方当事人均确认案涉设备没有国家标准、行业标准、企业标准。根据我国合同法律制度关于合同漏洞填补的规则,合同生效后,当事人就质量没有约定或约定不明确的,可以协议补充,不能达成补充协议的,按照合同有关条款或者交易习惯确定,仍不能确定的,按照国家标准、行业标准履行;没有国家标准、行业标准的,按照通常标准或者符合合同目的的特定标准履行。

(2)漏洞填补有一套法律规则

文字的力量,尤其是白纸黑字的力量,总是强大的、备受信赖的,但是,文字的力量却又总是不完美的。无论是法条,还是当事人之间为固定双方权利义务所采用的合同条款,均在某种程度上表现出多义性。尤其是在交易的主体、内容、方式、模型极其丰富的今天,寄希望于用文字来封闭权利义务的内涵和外延,注定是行不通的。合同漏洞无处不在、无时不在,所以,在人类能力和语言文字所不足之处,就需要安排一套制度来使得争议产生时能够定分止争。

从《合同法》到《民法典》,关于合同漏洞的填补,都安排有一套填补方法,这对于商事企业是至关重要的。当合同产生漏洞的时候,如果没有妥善的办法来填补这种漏洞,不仅会导致经济效益下降,还可能会导致社会效益下降。当合同双方为了本可以按照某种方法得到很好处理的漏洞而开始扯皮时,则讼累便开始滋生。

【法务提示】

(1)合理填补、消除漏洞

《民法典》延续了《合同法》关于合同漏洞填补的基本法律规范以及操作路径。合同漏洞的填补,依合同是否为典型合同而分为两种路径,但总的来说,二者是非常相似的。

典型合同漏洞的填补规则,首先得适用《民法典》第 510 条的规定,即合同生效后,当事人就质量、价款或者报酬、履行地点等内容没有约定或者约定不明确的,可以协议补充;不能达成补充协议的,按照合同相关条款或者交易习惯确定。走完这一步还不能填补合同漏洞的，则需要适用《民法典》典型合同分编或者其他法律关于该类典型合同的规定来进行漏洞填补。这一步还行不通的，则需要适用《民法典》第511条至第514条的规定来进行漏洞填补作业。非典型合同的漏洞填补规则，则是在第2步，与典型合同的漏洞填补规则有所不同。典型合同漏洞填补规则第2步是适用《民法典》典型合同分编或其他法律关于该类典型合同的规定来进行漏洞填补，但是之于非典型合同漏洞填补的第2步，则是采用类推的制度，参照适用《民法典》典型合同分编或其他法律关于与该种非典型合同最接近、最类似的规定来进行合同漏洞填补作业。

（2）规范适用：一般到特殊

但是，我们应当注意的是，《民法典》第603条与《民法典》第511条，似乎存在某种冲突。《民法典》第511条第3项规定：履行地点不明确，给付货币的，在接受货币一方所在地履行；交付不动产的，在不动产所在地履行；其他标的，在履行义务一方所在地履行。这与《民法典》第603条略微不同，《民法典》第603条是买卖合同中特定的合同漏洞填补规则，在没有约定或者约定不明时就标的物是否需要运输作了区分，但是《民法典》第511条第3项则是按照给付货币、交付不动产、其他标的进行分类规定。当出现这种不同的时候，我们该如何确定适用的内容呢？首先，关于合同漏洞的填补作业，是有明确的法理上的顺序的，关于典型合同的漏洞填补作业，应当先进行第2步，第2步达不成目的的时候，才能进行第3步。应此，当《民法典》第603条足以填补买卖合同的漏洞的时候，则不能兀自先行适用《民法典》第511条的规定。其次，从法理上讲，《民法典》第511条是合同编通则当中的一般性规定，而《民法典》第603条则是关于买卖合同的特别性规定，根据法律适用冲突的一般规则，特别法应当优先于一般法而得到适用。这个顺序，本身也被《民法典》第603条所确认。法律适用上的顺序问题，会带来迥异的结果，不可不察。

在《民法典》时代背景下，可以预见的是，未来的交易形式必定更加丰富，典型合同的法律规范，很有可能难以完全适应商事企业经济生活的发展，合同漏洞可能"层出不穷"，因此，商事企业需要注意这些合同漏洞填补的方法，来解决日常交易当中、履行合同过程当中产生的一些争议，尽量规避风险、提高经济效益和社会效益。

【法条链接】

《民法典》

第五百一十一条 当事人就有关合同内容约定不明确，依据前条规定仍不能确定的，适用下列规定：

（一）质量要求不明确的，按照强制性国家标准履行；没有强制性国家标准的，按照推荐性国家标准履行；没有推荐性国家标准的，按照行业标准履行；没有国家标准、行业标准的，按照通常标准或者符合合同目的的特定标准履行。

（二）价款或者报酬不明确的，按照订立合同时履行地的市场价格履行；依法应当执行政府定价或者政府指导价的，依照规定履行。

（三）履行地点不明确，给付货币的，在接受货币一方所在地履行；交付不动产的，在不动产所在地履行；其他标的，在履行义务一方所在地履行。

（四）履行期限不明确的，债务人可以随时履行，债权人也可以随时请求履行，但是应当给对方必要的准备时间。

（五）履行方式不明确的，按照有利于实现合同目的的方式履行。

（六）履行费用的负担不明确的，由履行义务一方负担；因债权人原因增加的履行费用，由债权人负担。

第五百一十二条　通过互联网等信息网络订立的电子合同的标的为交付商品并采用快递物流方式交付的，收货人的签收时间为交付时间。电子合同的标的为提供服务的，生成的电子凭证或者实物凭证中载明的时间为提供服务时间；前述凭证没有载明时间或者载明时间与实际提供服务时间不一致的，以实际提供服务的时间为准。

电子合同的标的物为采用在线传输方式交付的，合同标的物进入对方当事人指定的特定系统且能够检索识别的时间为交付时间。

电子合同当事人对交付商品或者提供服务的方式、时间另有约定的，按照其约定。

第五百一十三条　执行政府定价或者政府指导价的，在合同约定的交付期限内政府价格调整时，按照交付时的价格计价。逾期交付标的物的，遇价格上涨时，按照原价格执行；价格下降时，按照新价格执行。逾期提取标的物或者逾期付款的，遇价格上涨时，按照新价格执行；价格下降时，按照原价格执行。

第五百一十四条　以支付金钱为内容的债，除法律另有规定或者当事人另有约定外，债权人可以请求债务人以实际履行地的法定货币履行。

第六百零三条　出卖人应当按照约定的地点交付标的物。

当事人没有约定交付地点或者约定不明确，依据本法第五百一十条的规定仍不能确定的，适用下列规定：

（一）标的物需要运输的，出卖人应当将标的物交付给第一承运人以运交给买受人；

（二）标的物不需要运输，出卖人和买受人订立合同时知道标的物在某一地点的，出卖人应当在该地点交付标的物；不知道标的物在某一地点的，应当在出卖人订立合同时的营业地交付标的物。

风险点 7-4
不当行使不安抗辩权

【案例】

在兖州市银河电力有限公司与无锡华光锅炉股份有限公司定作合同纠纷案中,最高人民法院认为:本案争议的焦点是,华光公司迟延交货是否构成违约,是否应承担相应的违约责任。

(一)银河公司延期付款不属于行使不安抗辩权的情形。首先,银河公司没有举证证明华光公司的履行能力明显降低,存在不能给付的现实危险。银河公司只是主张因华光公司曾多次出现未按照发货进度和安装要求供货及施工的情况,担心华光公司怠于履行义务,且对该主张未提交相应证据予以证实。其次,银河公司没有向华光公司发出行使不安抗辩权的通知。银河公司于2010年12月6日致华光公司的函,只是要求华光公司尽快将此前急需的货物尽快发出并安装,没有中止履行的意思表示和向华光公司提供适当担保的合理期限等内容。因此,银河公司延期付款的行为不属于《合同法》第68条、第69条规定的行使不安抗辩权的情形,二审判决认定银河公司未提交证据证实其在案涉合同履行过程中有权行使不安抗辩权,并无不当。

(二)华光公司延迟交货属于行使先履行抗辩权情形。首先,华光公司与银河公司签订的两份买卖合同,均约定银河公司在一定期限内支付合同总金额90%的货款后,华光公司再履行交货义务。在银河公司迟延付款及付款不符合合同约定的情形下,华光公司有权行使先履行抗辩权,并将交货期作相应的顺延。其次,相应顺延的交货期应有合理的期限。在实际履行过程中,银河公司对于两份合同的付款均出现迟延情形,现银河公司认为其支付相应的货款后,华光公司应立即按照合同约定履行交货义务不符合交易的客观规律,华光公司在银河公司实际支付相应货款后15天左右即交付货物符合常理。综上,华光公司未按合同约定时间交货的行为并不构成违约,华光公司不需要承担相应的违约责任。①

---

① 参见兖州市银河电力有限公司、无锡华光锅炉股份有限公司定作合同纠纷再审审查与审判监督民事裁定书,(2015)民申字第3229号。

【法理分析】

(1)不安抗辩权行使需要严格条件

根据《民法典》的规定,同时履行抗辩权、不安抗辩权均发生在双务合同中,且两项债务存在对价关系。不安抗辩权是赋予先履行义务人的权利,故其条件更为严苛。即有下列情形之一的,可以中止履行:(一)经营状况严重恶化;(二)转移财产、抽逃资金,以逃避债务;(三)丧失商业信誉;(四)有丧失或者可能丧失履行债务能力的其他情形。

前述情况需要有确切证据,当事人没有确切证据中止履行的,应当承担违约责任。

(2)不当行使不安抗辩权可引发相对人行使先履行抗辩权

前述案例中,当事人由于没有充分的证据证明其有行使不安抗辩权的法定理由,而当然地停止了自己的先履行义务,结果引发相对人依法行使先履行抗辩权。最高人民法院对此予以认定。这也是为了限制当事人滥用不安抗辩权。

【法务提示】

(1)合理行使不安抗辩权、防止滥用

若合同的双方当事人,因同一双务合同,互负对待给付义务,且双方给付义务的履行有先后顺序,若应当先履行的一方有确切证据证明对方当事人在合同履行期限届至时可能不会履行对待给付义务,则可行使该种不安抗辩权,从而达到保障债权的效果。商事企业在对外经营和交易过程中,常常碰到对方当事人出现"不安抗辩事由",诸如经营状况恶化、转移财产、丧失商业信誉等,此时,商事企业即可行使不安抗辩权,保护自己的合法权益,避免陷入讼累,及时止损,但一定要有充分的证据予以证明。

(2)行使不安抗辩权须通知对方

如果商事企业在交易过程中行使了不安抗辩权、中止履行自己的义务,则应当及时通知对方,并且应当及时跟进对方的动态,如果对方在合理期限内没有恢复履行能力或者没有提供适当的担保,则商事企业就可以视该种行为为对方的"预期违约",即可采取进一步措施,要求解除合同并要求对方承担相应的违约责任。

【法条链接】

《民法典》

第五百二十七条　应当先履行债务的当事人,有确切证据证明对方有下列情形之一的,可以中止履行:

(一)经营状况严重恶化;

(二)转移财产、抽逃资金,以逃避债务;

(三)丧失商业信誉;

(四)有丧失或者可能丧失履行债务能力的其他情形。

当事人没有确切证据中止履行的，应当承担违约责任。

第五百二十八条 当事人依据前条规定中止履行的，应当及时通知对方。对方提供适当担保的，应当恢复履行。中止履行后，对方在合理期限内未恢复履行能力且未提供适当担保的，视为以自己的行为表明不履行主要债务，中止履行的一方可以解除合同并可以请求对方承担违约责任。

风险点7－5
滥用情势变更

【案例】

在北京北大青鸟有限责任公司、新疆北大青鸟能源矿业有限公司股权转让纠纷案中，最高人民法院认为：本案中，青鸟公司、青鸟能源公司提出情势变更的事由系因兴和煤矿所在区域不再进行煤矿改扩建工作的审批，因政策原因导致其年产120万吨的改扩建目的不能实现。从查明的事实可知，本案中并无证据表明股权转让方刻意隐瞒相关政策性文件，青鸟公司、青鸟能源公司亦具备获知该政策规定的能力和途径。既然该事由出现在合同订立之前，就并非为当事人所不能预见，亦表明其知晓可能产生的相应风险，并自愿予以承担。尽管青鸟公司、青鸟能源公司提出新疆维吾尔自治区于2014年又相继颁布相关文件条例，对于水源涵养区、南山景区的煤炭开发进行规制。但该事由亦不符合情势变更的适用要件，理由为：首先，双方在2012年已经办理完股权变更手续，股权转让方的主要合同义务已经履行完毕。其次，2014年出台的两份文件并未具体明确兴和煤矿属于必须关停的煤矿，无法得出兴和煤矿受该两份文件影响必然要予以关停的结论。再次，在该两份文件出台之后，新疆维吾尔自治区煤炭工业管理局于2014年12月19日出具的《关于新疆兴和煤矿有限公司机械化改造设计的意见》中载明，兴和煤矿120万吨/年的改扩建项目已列入自治区煤炭工业"十一五"发展规划，应继续按基本建设相关程序进行。该事实与青鸟公司、青鸟能源公司提出的2014年两份文件的出台即意味着兴和煤矿必将关停的结论明显相悖。最后，即便2014年出台的两份文件会对水源涵养区、南山景区的煤矿改建工作带来影响，但因2011年出台的《关于对硫磺沟矿区和南山景区煤矿进行综合整治的通知》对此已经作出明确限制，2014年的文件并未超出此前规范性文件的规制内容，故亦未超出当事人此前对该区域改扩建工作应有的预期，不属于超出预期的情势变更事由。①

---

① 参见北京北大青鸟有限责任公司、新疆北大青鸟能源矿业有限公司股权转让纠纷二审民事判决书，(2016)最高法民终224号。

【法理分析】

(1)情势变更原则适用须严格的条件

情势变更,指的是合同成立生效后消灭前,合同赖以存在的客观环境发生了当事人订立合同时不可预见的变动,导致合同基础丧失,若继续要求履行合同则会产生显失公平的后果,有悖于诚实信用原则。情势变更的适用需具备以下几项要素:第一,应有情势变更的事实,即合同赖以存在的客观情况确实发生变化。第二,须为当事人所不能预见。第三,情势变更必须不可归责于双方当事人,即由除不可抗力以外的其他意外事故所引起。第四,情势变更的事实发生于合同成立之后,履行完毕之前。第五,因情势变更使履行原合同显失公平或者不能实现合同目的。

例如,在常州新东化工发展有限公司、江苏正通宏泰股份有限公司建设工程施工合同纠纷、技术委托开发合同纠纷再审案中,法院将政策变化认定为是符合情势变更的情形。①

(2)滥用情势变更原则且不履行合同义务构成违约

合同成立以后客观情况发生了当事人在订立合同时无法预见的、非不可抗力造成的不属于商业风险的重大变化,继续履行合同对于一方当事人明显不公平或者不能实现合同目的,当事人请求人民法院变更或者解除合同的,人民法院应当根据公平原则,并结合案件的实际情况确定是否变更或者解除。法院对此特别慎重,特别强调不可预见、非不可抗力造成的不属于商业风险的重大变化。不会轻易将正常的商业风险认定为情势变更的情况而赋予当事人合同解除权。若当事人滥用情势变更原则单方面停止履行合同义务,非但得不到法院支持,反而会构成违约,承担不利后果。

---

① "本案情形是否属于情势变更。原两审判决均认定正通公司、新东公司双方达成会议纪要明确了涉案合同解除等相关事项,应视为双方协商一致解除了涉案合同,该认定是正确的,本院予以确认……本案涉案合同在履行过程中,常州市政府根据省政府《关于进一步加强污染物减排工作的意见》的要求,调整了节能减排的政策,明确要求新东公司自备电厂在2012年6月底前拆除燃煤锅炉,客观情况发生了重大变化,导致新东公司原定的对燃煤锅炉进行脱硫工程改造项目继续进行已经没有意义,无法实现合同目的,该变化是当事人无法预见的,这种合同风险显然也不属于普通的商业风险。虽然合同法及有关司法解释并未明确规定政府政策调整属于情势变更情形,但是如果确实因政府政策的调整,导致不能继续履行合同或者不能实现合同目的,当然属于合同当事人意志之外的客观情况发生重大变化的情形。因此,应该认定本案的情形属于合同法司法解释(二)第二十六条规定的情势变更情形。新东公司主张本案的情形属于情势变更,其解除合同不属于违约行为,有充分的事实和法律依据,本院予以支持。正通公司关于新东公司签订涉案合同有严重过失、本案情形不属于情势变更的主张,没有事实和法律依据,本院不予支持。"参见常州新东化工发展有限公司、江苏正通宏泰股份有限公司建设工程施工合同纠纷、技术委托开发合同纠纷再审审查与审判监督民事判决书,(2015)民提字第39号。

【法务提示】

(1)合理利用情势变更原则保护自己权益

在全球经济持续低迷的状态下,不确定因素急剧增多,营商环境发生不能预见的变化,是商事企业目前面临的重大挑战。因此,因外部环境发生重大变化时,利用情势变更原则来保护自己的正当权益是十分必要的。

《民法典》第533条规定:合同成立后,合同的基础条件发生了当事人在订立合同时无法预见的、不属于商业风险的重大变化,继续履行合同对于当事人一方明显不公平的,受不利影响的当事人可以与对方重新协商;在合理期限内协商不成的,当事人可以请求人民法院或者仲裁机构变更或者解除合同。人民法院或者仲裁机构应当结合案件的实际情况,根据公平原则变更或者解除合同。

(2)审查"是否不可预见"的情势变更

另需注意的是,商事企业在交易过程中以及司法审判的实践当中,情势变更原则的适用是受到比较严格的审查的。如果是一般性的价格波动,则是商业活动中的常见风险,是当事人本身应当承担的,在该种情况下,则不能援引情势变更原则而主张权利。

【法条链接】

《民法典》

第五百三十三条　合同成立后,合同的基础条件发生了当事人在订立合同时无法预见的、不属于商业风险的重大变化,继续履行合同对于当事人一方明显不公平的,受不利影响的当事人可以与对方重新协商;在合理期限内协商不成的,当事人可以请求人民法院或者仲裁机构变更或者解除合同。

人民法院或者仲裁机构应当结合案件的实际情况,根据公平原则变更或者解除合同。

风险点 7－6 遭遇不可抗力

【案例】

在北京中工控股集团有限公司与北京浩远房地产开发有限公司房屋租赁合同纠纷案中，法院认为，依法成立的合同，对当事人具有法律约束力，当事人应当按照合同约定全面履行自己的义务。本案中，双方签订的《租赁合同》及《北京凯旋大厦车位租赁合同》系双方当事人的真实意思表示，不违反法律、行政法规的强制性规定，合同合法有效，双方当事人均应按此履行各自义务。双方合同履行过程中发生新冠肺炎疫情，原告在 2020 年 2 月 5 日应当支付首期租金时向被告提出因受新冠肺炎疫情的影响，导致其履行合同存在困难，因而要求被告推迟起租时间至 2 月底，在被告未同意的情况下，原告作出了解除合同的意思表示，但经协商之后，双方就被告免除原告部分租金达成了合意，此后，原告向被告支付了 2020 年 2 月 29 日至 2020 年 3 月 31 日的租金，双方亦办理了房屋交接手续。上述事实足以说明在新冠肺炎疫情发生后，双方就继续履行涉案租赁合同达成了一致意见。原告在时隔 1 个月后以因疫情影响导致其不能对涉案房屋进行装修，无法购买、运输、安装家具，致使其合同目的不能实现的理由通知被告解除合同，该解除合同的理由是否成立，双方存在争议。对此问题，法院认为，原告提交的《关于进一步加强社区（村）疫情防控工作的通告》，是针对居住区的相关管控措施，并非对写字楼采取的措施，原告未提供证据证明其在装修和购买、运输、安装家具过程中，因受新冠肺炎疫情和管控措施的影响使其从事上述行为存在障碍；而被告提交的证据表明政府行政部门在疫情期间并未停止相关行政审批工作，北京的部分家具卖场也在 2020 年 2 月底陆续复工开业，因此，原告主张因不可抗力造成其不能履行合同的陈述意见，缺乏证据证明，原告向被告发出的解除合同通知，不能发生合同解除的法律后果。此后，原告于 2020 年 3 月 26 日单方将涉案房屋的钥匙交还给了被告，原告以其行为表明不再履行合同，因此，双方租赁合同不再具备继续履行的条件，应认定双方租赁合同及《北京凯旋大厦车位租赁合同》因原告违约于 2020 年 3 月 26 日解除，被告反诉主张双方租赁合同于2020年4月1日解除的时点不妥，法院不予采纳。①

【法理分析】

遭遇不可抗力是合同履行中非常重要的风险，常常会导致义务人无法正常履约。

（1）不可抗力是合法"违约"的理由

不可抗力，指的是不能预见、不能避免而且是不能克服的客观情况。不可抗力，是《民法典》规定的一种法定的免责事由，由于不可抗力造成合同不能履行的，当事人无须承担民事责任。

（2）不可抗力的具体情形

不可抗力的范围还是比较宽泛的。不可抗力主要有以下几种情形，首先是自然灾害，如洪水、海啸等；其次是社会异常事件，如武装冲突、罢工罢课等。另外，政府的某些行为，也会促成成立不可抗力，如禁运、制裁等。不可抗力一旦形成之后，会对合同的后续履行带来一系列的影响，有的可能会导致合同全部不能履行、有的可能会导致合同部分不能履行，还有可能会导致合同一时不能履行。案例中显示，法院对不可抗力的认定是审慎的，会结合具体情况确定是否构成不可抗力。

尽管在不可抗力情形下导致不能履行民事义务的，不承担民事责任，但是这并不意味着，当事人可以听之任之。在不可抗力情形中，当事人仍需承担及时通知对方，并及时提供相应证明的义务，如果未及时通知或者没有及时提供证明而造成对方损失的，则有可能需要承担赔偿责任。

【法务提示】

不可抗力导致当事人无法履行合同，不纳入违约的情形。但是，为了保证自己和他人的共同利益，企业应该做好以下两点：

（1）向对方出具不可抗力证明书

2020年新冠疫情暴发以来，包括餐饮企业在内的各行各业都处于停工停产的状态。部分企业因疫情的影响，缺乏收入，无法支付租金，相继出现了经营困难和履约困难。根据《民法典》的相关法律规定，当事人因不可抗力不能履行合同的，应当在合理时间内提供证明。前述案例中，法院最终没有认定新冠疫情构成合同不再履行的不可抗力原因。

企业可以通过公证机关等认定不可抗力。实际上，公证机构在疫情期间出具不可

---

①　参见北京中工控股集团有限公司与北京浩远房地产开发有限公司房屋租赁合同纠纷一审民事判决书，(2020)京0102民初16171号。

抗力公证书，为企业渡过难关提供了专业法律支持。①

(2)及时通知对方

当事人因不可抗力不能履行合同的，应当及时通知出租方，以减轻可能给对方造成的损失。

商事企业在将来的经营过程当中，如果遇到类似的情况，可以参考本次疫情带来的历史经验，通过正当的法律手段来避免损失，实现经济效益和社会效益的最大化以及共赢。

【法条链接】

《民法典》

第一百八十条 因不可抗力不能履行民事义务的，不承担民事责任。法律另有规定的，依照其规定。

不可抗力是不能预见、不能避免且不能克服的客观情况。

第五百九十条 当事人一方因不可抗力不能履行合同的，根据不可抗力的影响，部分或者全部免除责任，但是法律另有规定的除外。因不可抗力不能履行合同的，应当及时通知对方，以减轻可能给对方造成的损失，并应当在合理期限内提供证明。

当事人迟延履行后发生不可抗力的，不免除其违约责任。

---

① 司法部发布的第三批疫情防控和企业复工复产公共法律服务典型案例之三就是关于不可抗力公证书的，新冠疫情期间，位于江苏省张家港市繁华地段的某餐饮企业与众多经营户一样，遭遇了停业和闭市的困境。经营者王某发现与商场签订的租赁合同中有“不可抗力”约定的条款，并从新闻媒体有关不可抗力公证的宣传报道中受到启发。3月16日，王某就近向某公证处咨询相关公证事宜。经过详细沟通，公证员了解了王某申请不可抗力公证的原因和目的，依法对当事人提供的主体资格证明、商铺租赁合同等材料进行初步审查，受理了王某的公证申请。公证员根据办证需求，从政府网站等渠道搜集并审查了有关证明材料，并通过政务信息共享方式核实了当事人有关经营信息，当天出证并将公证书送至王某手上。同时，公证员告知王某不可抗力事件证明的法律意义以及法律后果，并建议王某尽快持公证书与商场负责人沟通协商租金减免事宜。公证处在办证过程中还了解到，该商场与王某有相似境况的商户还有很多，于是公证处与商场负责人沟通联系，向其阐明了不可抗力及不可抗力公证的法律意义和作用，并向承租商户宣传了各级政府在抗击疫情、复工复产等工作中出台的政策措施，引导出租方、承租方积极采取措施，减少疫情带来的损失，避免产生矛盾纠纷。

风险点 7－7
陷入合同僵局

【案例】

在安徽国华新材料有限公司、安徽亚利蒙电力新材料有限公司股权转让纠纷案中，最高人民法院认为："关于涉案 5 · 26 协议第 2.1.18 条至第 2.1.21 条应否解除。涉案 5 · 26 协议的效力已经本院(2015)民二终字第 238 号民事判决确认。本案中，国华公司、亚利蒙公司虽称涉案 5 · 26 协议系变造，但并未提供充分证据对该主张予以佐证，且国华公司、亚利蒙公司在本案中请求解除涉案 5 · 26 协议部分条款，该项诉讼请求与其认为涉案 5 · 26 协议无效的主张也相互矛盾。对国华公司、亚利蒙公司主张涉案 5 · 26 协议无效的上诉理由，本院不予支持。正如华电公司在本院二审中所称，涉案 5 · 26 协议第 2.1.18 条至第 2.1.21 条内容涉及华麟公司设立、诚意金支付及返还、煤炭井田探矿权转让等多项事宜，但其本质是通过设立项目公司、变更芦集煤层气探矿权证并办理煤矿井田探矿权增项进而实现合同目的。根据 5 · 26 协议约定，国华公司对实现合同目的的关键，即煤矿井田探矿权增项事宜负有办理义务，但在涉案芦集煤层气探矿权证已办理至华麟公司名下的情况下，国华公司实际上已无法完成该项义务。也即如严格按照涉案 5 · 26 协议字面约定履行，双方合同目的无法实现。同时，从协议实际履行情况看，各方当事人虽都认可该增项事宜需以华麟公司名义办理，但在协议履行中既未能做好协调配合工作，也未能通过协商方式对该事宜办理作出变更约定。反而在 2015 年之后因诚意金返还等引发多起诉讼，不仅使各方互信丧失，而且导致自 2014 年 9 月 12 日相关政策限制取消后至今长达 5 年多的时间内，煤矿井田探矿权增项办理事宜无任何进展。且对涉案项目能否继续合作，各方当事人在接受本院询问时也不能达成一致。在已形成合同僵局的情况下，对国华公司、亚利蒙公司要求解除涉案 5 · 26 协议第 2.1.18 条至第 2.1.21 条的主张应予支持。"①

---

① 参见安徽国华新材料有限公司、安徽亚利蒙电力新材料有限公司股权转让纠纷二审民事判决书，(2019)最高法民终 284 号。

【法理分析】

合同僵局是商事企业经常碰到的情形，它指的是在合同生效之后、合同的履行过程当中，合同一方当事人违约的，违约方不享有法定解除权，也不存在情势变更等情况，非违约一方当事人不同意解除合同，又请求违约方继续履行合同义务，但该请求会造成显失公平的情形。

合同陷入僵局，如何破解？对于守约方来说，此时是要求继续履行，还是解除合同？对于违约方来说，是继续僵持下去等待守约方来诉讼，还是主动要求解除合同，但同时是否要承担赔偿责任？《民法典》之前，该问题在司法实践中被关注，《民法典》正式确定了这项制度。

(1)合同僵局中违约方可要求解除合同

我国《合同法》第107条规定，当发生违约的情形时，要求违约方继续履行合同是让违约方承担相应责任的首选方式。法律之所以如此规定，是由于让违约方继续履行比采取补救措施、支付违约金或者赔偿损失等，更有助于实现合同的目的，促进交易。但是，当继续履行也不能实现合同的目的的时候，则不能再判令违约方继续履行合同。

《民法典》的制定过程中，合同僵局中的违约方解除权，经过了跌宕起伏的立法过程，其中产生了极大的争议，但是最后通过的《民法典》还是确立了这种规范制度。《民法典》第580条规定：在履行非金钱债务过程当中，如果合同存在法律上或事实上不能履行、债务的标的不适于强制履行或者履行费用过高、债权人在合理期限内未请求履行等情形的时候，当事人一方不得请求对方履行；存在前述情形且致使合同目的不能实现的，人民法院或者仲裁机构可以依据当事人的请求，终止合同的权利义务关系。

(2)可通过起诉等方式行使解除权

违约方虽然不享有法定解除权，但违约方可以通过起诉或申请仲裁的方式，请求法院或者仲裁机构解除合同。

(3)违约方仍应当承担赔偿责任

我国《合同法》第110条规定了不适用继续履行合同的情形，其中当违约方继续履行所需要投入的人力物力超过合同双方基于合同所能获得的利益的，则应当允许违约的一方合同当事人解除合同，用赔偿损失来替代继续履行合同。《民法典》同样明确“人民法院或者仲裁机构可以根据当事人的请求终止合同权利义务关系，但是不影响违约责任的承担”。

【法务提示】

企业在履行合同过程当中，可能经常碰到这样的合同僵局。

(1)尽量避免陷入合同僵局

在合同磋商过程中就要考虑合同履行陷入僵局的可能性,对于合同目的之实现路径做好预判,虽然制度安排了合同僵局的破解制度——违约方解除请求之提起。但是僵局之中,必定两败俱伤。

(2)违约方主动提出解除合同以止损

违约方首先违反了合同,若是明确不再履行该合同,那么为了停止和减少损失,理应通过协商、诉讼提出解除合同。因为时间拖得越久,守约方损失越大,违约方要承担的违约责任和赔偿责任越重。故如果能够主动破除僵局,解除合同,承担责任,是理性的商业运作决策。

(3)违约方行使解除权须符合要件

不过值得注意的是,合同僵局中的违约方解除权,有诸多构成要件:首先,在合同类型上有限制,原则上必须是长期性的合同,诸如合同期限不长的普通商品买卖等,在合同僵局的时候,违约方不得诉讼解除;其次,须违约方不存在恶意的情形,如果违约方存在恶意的情形,同样不能行使该种权利;最后,须违约方继续履行会造成对其显失公平,且守约方主张拒绝解除合同会构成权利滥用。

以违约方解除权破除合同僵局是《民法典》为困境企业留下的一个促进经营的方法、破除困局的方法,但是它的争议非常大,具体能够发挥何种制度优势,仍需在实践当中继续检验、持续考察。故企业行使应理性对待。

【法条链接】

《民法典》

第五百八十条 当事人一方不履行非金钱债务或者履行非金钱债务不符合约定的,对方可以请求履行,但是有下列情形之一的除外:

(一)法律上或者事实上不能履行;

(二)债务的标的不适于强制履行或者履行费用过高;

(三)债权人在合理期限内未请求履行。

有前款规定的除外情形之一,致使不能实现合同目的的,人民法院或者仲裁机构可以根据当事人的请求终止合同权利义务关系,但是不影响违约责任的承担。

风险点7－8
债权人拒受履行或下落不明

【案例】

在曹县谷丰粮食购销有限公司与佳木斯市惠农谷物专业合作社其他合同纠纷案中，最高人民法院认为：一、关于惠农合作社是否违约的问题。惠农合作社没有证据证明谷丰公司未妥善保管代购玉米。惠农合作社以谷丰公司不同意其对代购代存玉米进行检验而拒绝付款提货是在行使不安抗辩权，理由不能成立。惠农合作社未按期付款提货，违反了合同约定。惠农合作社上诉称谷丰公司违约在先，其未按期付款提货的行为不构成违约，本院不予支持。二、关于谷丰公司自行处置玉米的行为是否构成违约的问题。谷丰公司发函要求惠农合作社履行付款提货义务，告知其日出库量，并请惠农合作社提前进行履约准备。惠农合作社并未依合同约定履行提货义务。惠农合作社一直拒付款提货，致合同不存在继续履行的可能。由于仓储玉米是谷丰公司垫资收购的，而当时国内玉米价格呈下滑趋势，谷丰公司如果继续存储玉米，不仅面临垫付资金无法收回的风险，还将不断增加垫付玉米款的利息、租仓费、延期保管费及水分损耗等其他损失。此外，新玉米即将上市，谷丰公司还要履行与案外人签订的仓库租赁合同。合同履行期限届满，为避免损失继续扩大，谷丰公司对垫资代购代存的玉米进行销售，系采取正当的自力救济措施，且该行为并未导致惠农合作社的利益受到损害。惠农合作社上诉称，谷丰公司销售代存玉米侵害了其合法权益，行为构成违约，本院不予支持。三、关于惠农合作社应否承担相关违约责任的问题。惠农合作社未按合同约定付款提货构成违约，依法应承担相应的违约责任。本院对原审判决确认惠农合作社承担的违约金数额不予调整。[①]

---

① 参见曹县谷丰粮食购销有限公司与佳木斯市惠农谷物专业合作社其他合同纠纷二审民事判决书，(2014)民二终字第135号。

【法理分析】

当债务人按照合同约定欲履行义务，债权人却因种种原因拒绝接受，或者债权人下落不明。法律上该困境何解？

(1)提存等是保障债务人履行义务的制度

提存是合同关系消灭的原因之一。企业在履行合同的过程当中，如果发现合同债权人无正当理由拒绝受领，或者碰到债权人下落不明，或者债权人死亡又没有确定继承人等情形，企业会陷入“丈二和尚摸不着头脑”的困境，到底该如何操作才能够避免自己的法律风险？提存便是法律为此作出的制度安排。

所谓提存，是指债务人履行其到期债务时，债权人无正当理由而拒绝受领，或者因债权人下落不明等原因，债务人无法向债权人履行债务时，可依法将其履行债务的标的物送交有关部门，以代替履行的制度。提存是代为履行的方法，提存之后，合同终止。提存制度的建立和完善，有利于债务纠纷的及时解决，更好地平衡债权人和债务人双方的利益冲突，保证市场机制的正常运行。提存在法律性质上，兼具私法和公法的双重性质。提存应符合一定的条件，并按法定的程序进行。提存实施后，在债务人、债权人、提存机关相互之间将产生相应的法律效力。

(2)债权人拒绝接受债务人履行债务将承担不利后果

上述案例中，债权人虽找了各种理由，但最终没有逃脱法律责任。若债务人选择提存，则提存的费用最后由债权人承担。

如果当事人采取了适当的提存方式，合同项下涉及的标的物毁损、灭失的风险自标的物提存后由债权人承担，标的物提存期间所产生的孳息，归债权人所有，且提存的费用由债权人负担。

提存一旦达成，即成立了一个向第三人履行的保管合同，提存人即为寄存人，提存机关为保管人，债权人则为利益第三人。提存成立后，视为债务人在其提存的范围内已经交付了相应的标的物。保管人可以将提存标的物拍卖，拍卖金优先抵扣保管费用。但是，即使这样，仍不能免除该债权人对债务人造成的损失赔偿责任和违约责任。

【法务提示】

提存应该关注细节。

企业在履行合同义务当中，在适用提存这一法律工具的时候，仍需注意一些细节问题：

首先，一定要注意该合同项下的标的物必须适合于提存，如果合同项下的标的物不能提存的，则可以通过拍卖或者变卖标的物从而提存价款的方式来进行，尚需注意的是，如果需要拍卖、变卖标的物从而提存价款的，应当参考市场公允价值，不能贱卖，否则仍需对损失承担相应的赔偿责任。另外,如果就当下标的物的提存之费用过于高昂,则也应当通过拍卖、变卖标的物从而提存价款的方式进行。

其次,如果商事企业已经提存了标的物,则应当及时地通知债权人或者债权人的继承人、遗产管理人等,如果商事企业在提存之后怠于履行通知义务,有可能会就怠于通知给对方造成的损失承担赔偿责任。

【法条链接】

《民法典》

第五百七十条 有下列情形之一,难以履行债务的,债务人可以将标的物提存:

(一)债权人无正当理由拒绝受领;

(二)债权人下落不明;

(三)债权人死亡未确定继承人、遗产管理人,或者丧失民事行为能力未确定监护人;

(四)法律规定的其他情形。

标的物不适于提存或者提存费用过高的,债务人依法可以拍卖或者变卖标的物,提存所得的价款。

第五百七十一条 债务人将标的物或者将标的物依法拍卖、变卖所得价款交付提存部门时,提存成立。

提存成立的,视为债务人在其提存范围内已经交付标的物。

第五百七十二条 标的物提存后,债务人应当及时通知债权人或者债权人的继承人、遗产管理人、监护人、财产代管人。

第五百七十三条 标的物提存后,毁损、灭失的风险由债权人承担。提存期间,标的物的孳息归债权人所有。提存费用由债权人负担。

第五百七十四条 债权人可以随时领取提存物。但是,债权人对债务人负有到期债务的,在债权人未履行债务或者提供担保之前,提存部门根据债务人的要求应当拒绝其领取提存物。

债权人领取提存物的权利,自提存之日起五年内不行使而消灭,提存物扣除提存费用后归国家所有。但是,债权人未履行对债务人的到期债务,或者债权人向提存部门书面表示放弃领取提存物权利的,债务人负担提存费用后有权取回提存物。

风险点 7 - 9
加害给付

【案例】

在驿舒达酒店预订服务有限公司与上海程欢汽车租赁有限公司车辆租赁合同纠纷案中,法院认为:"原、被告之间签订的租车合同系双方真实意思表示,未违反法律和行政法规的强制性规定,应属于有效。原告租用被告大巴的目的系前往度假村举办公司活动,活动内容包括住宿、娱乐、用餐,因被告原因发生车祸,造成原告30余名工作人员受伤,并前往医院诊疗,直接导致原告公司活动不能举行,被告的行为性质上属于加害给付,被告应当承担相应违约责任。"①

【法理分析】

前述案例涉及加害给付,也是很多企业在合同履行中可能遇到的风险。当然,企业可能是加害一方,也可能是受害一方。

(1)加害给付是一种侵权的违约形态

加害给付,指的就是合同一方当事人没有适当地履行自己的合同义务,给另一方当事人造成了损害,该种行为构成违约,同时还造成对方当事人履行利益之外的其他权益的损害,是侵权的一种违约形态。商事企业在向他人提供服务或产品的时候往往会因为服务不当或者产品质量问题,给对方当事人造成损害。

(2)加害给付成立须符合条件

加害给付的成立需以合同的成立并生效为基础,且需债务人不适当履行合同义务、给债权人造成了履行利益的损害,除此之外,还需债务人这种不适当履行合同义务的行为还造成了债权人履行利益以外的其他固有利益的损害、构成侵权。《民法典》第186条规定,因当事人一方的违约行为,损害对方人身权益、财产权益的,受损害方有权

---

① 参见驿舒达酒店预订服务有限公司与上海程欢汽车租赁有限公司车辆租赁合同纠纷一审民事判决书,(2013)奉民二(商)初字第3210号。

选择请求其承担违约责任或者侵权责任。这就意味着,在加害给付的情形当中,发生请求权的竞合现象,即发生违约责任和侵权责任的竞合。此时,受有损害的一方可以主张违约责任或者侵权责任,但是受害人不能同时主张违约责任和侵权责任。

(3)加害给付赔偿责任包括精神损害赔偿

《民法典》第996条规定,因当事人一方的违约行为,损害对方人格权并造成严重精神损害,受损害方选择请求其承担违约责任的,不影响受损害方请求精神损害赔偿。这意味着,在《民法典》施行以后,在加害给付的情况当中,受有不利益的一方当事人既可以在侵权之诉当中主张精神损害赔偿,也可以在违约之诉当中主张精神损害赔偿。

【法务提示】

(1)忠实履行合同义务防止加害给付、关注精神损害赔偿

关于加害给付的问题,仍需注意精神损害赔偿的问题。在加害给付的情况当中,如果当事人选择违约之诉的,则其能不能够主张精神损害赔偿,在法学理论和司法实践当中,一直都是有极大争议的。

(2)加强产品质量管理防止加害给付

在向他人提供服务、提供商品的过程当中,应当加强自己的服务以及商品的质量,否则不仅要承担违约责任或者侵权责任,还要承担精神损害赔偿,这是十分不利的。

【法条链接】

《民法典》

第一百八十六条 因当事人一方的违约行为,损害对方人身权益、财产权益的,受损害方有权选择请求其承担违约责任或者侵权责任。

第九百九十六条 因当事人一方的违约行为,损害对方人格权并造成严重精神损害,受损害方选择请求其承担违约责任的,不影响受损害方请求精神损害赔偿。

风险点 7－10
违约金过高或过低

【案例】

在紫衡阳光低碳技术(北京)有限公司与北京利多亚科技有限公司建设工程合同纠纷案中,2013 年 10 月,紫衡阳光低碳技术(北京)有限公司(以下简称紫衡阳光公司)作为甲方,北京利多亚科技有限公司(以下简称利多亚公司)作为乙方,双方签订《供暖系统安装合同》,约定:“合同履行中,甲方延迟支付资金,甲方应向乙方支付逾期付款违约金,逾期付款违约金按所欠到期款项的每日千分之三计算。”利多亚公司履行合同义务,紫衡阳光公司欠 50,000 元未付。为此,利多亚公司诉至法院,要求判令紫衡阳光公司支付工程款 50,000 元;支付逾期付款违约金。二审法院认为:依法成立的合同具有法律拘束力,当事人双方均应依约履行。紫衡阳光公司尚欠剩余 50,000 元工程款未付,利多亚公司要求紫衡阳光公司履行上述付款义务,原审法院予以支持,法院予以确认。关于双方争议的违约金一节,因紫衡阳光公司确存在付款迟延履行的情节,利多亚公司要求紫衡阳光公司支付相应违约金,具有合同依据。至于违约金标准问题,紫衡阳光公司于原审中未主张调整违约金,原审法院结合本案实际情况,已依法对其进行释明,询问其是否主张调整违约金。在此种情况下,紫衡阳光公司明确表示坚持不要求调整违约金。有鉴于此,原审法院对双方合同约定的违约金标准予以确定,处理并无不当。现紫衡阳光公司再以违约金标准过高为由提出上诉,依据不足,本院对其相关上诉理由不予采信。①

【法理分析】

上述案例涉及的就是违约金这一违约责任形态。

---

① 参见紫衡阳光低碳技术(北京)有限公司与北京利多亚科技有限公司建设工程合同纠纷二审民事判决书,(2015)二中民终字第 08833 号。

（1）违约金分为惩罚性和补偿性两类

从学理上看，违约金又分为惩罚性违约金和补偿性违约金。惩罚性违约金，即固有意义上的违约金，指的就是合同中当事人所约定的，若债务人一方违约的，在支付违约金后，其他违约责任不受影响。补偿性违约金是当事人实现约定的补偿性违约损害赔偿责任的数额，是补偿性违约损害赔偿的替代，补偿性违约金遵循约定有限的原则，其目的就在于避免或者减轻对损失数额的证明责任。

（2）违约金须在合同中明确约定

惩罚性违约金可以与其他违约责任并用，惩罚性违约金须在合同中明确约定。补偿性违约金不能与定金、补偿性违约损害赔偿并用。

（3）违约金调整须依当事人请求、法院自由裁量

实务中，补偿性违约金会与实际的损失之间产生差额，有可能是高于，也有可能是低于。这就涉及补偿性违约金数额的调整问题。

《民法典》第585条第2款规定，约定的违约金低于造成的损失的，人民法院或者仲裁机构可以根据当事人的请求予以增加；约定的违约金过分高于造成的损失的，人民法院或者仲裁机构可以根据当事人的请求予以适当减少。

那么过分高于以及过分低于怎么界定呢？在这两种情况下，法律赋予法官自由裁量的权利，但是，一般而言，如果违约金高于损失的30%，则一般认定为过分高于。在过分低于的情况当中，一般来说，当事人请求增加违约金的，增加后的违约金的数额，不超过实际损失的额度。

【法务提示】

（1）主动提出调整违约金

前述案例中，当事人在一审法院释明后仍没有提出调整违约金，二审中再予提出，未获支持。故，关于补偿性违约金调整以及调整数额，必须由当事人提出，法院才能作出调整，这是依申请的过程，法院无权依职权调整补偿性违约金，否则即属违法。

（2）对违约金的合理测算

企业如何在合同中设定违约金条款，以及发生争议时调整数额多少合适，也是需要关注的问题。

首先，为了避免最后法院判决的违约金过低，造成损失，应当在合同签订的时候明确可能的损失范围，这里的损失范围，可以包括预期利益、主张权利的费用等。

其次，调整数额以实际为依据，并不要超过损失的30%。企业需要对违约金额度有一个较为明确的测算，即该违约金数额，一般不要超过预计测算损失的30%，否则，超过的部分极可能得不到法院的支持。

(3)掌握几条违约金裁判经验

关于违约金的问题,尚有几条裁判经验,需要企业引起注意:

第一,连带保证责任的保证人没有对债务人支付的违约金提供保证担保的意思表示,则无须对该违约金承担保证责任。

第二,若合同约定当事人一方发生逾期付款等违约行为应当支付违约金,但未明确违约金标准的,人民法院可参照利息等事由予以酌定。

第三,当事人在合同中明确约定了违约金数额且不违反法律、行政法规强制性规定,违约方明确承诺愿意支付其因违约行为产生的高额违约金,人民法院应当予以支持。

第四,当事人在合同中对不同标的物分别约定了违约金和定金,守约方可就违约方违约事由针对不同标的物分别主张相应的违约金、双倍返还定金。

【法条链接】

《民法典》

第五百八十五条 当事人可以约定一方违约时应当根据违约情况向对方支付一定数额的违约金,也可以约定因违约产生的损失赔偿额的计算方法。

约定的违约金低于造成的损失的,人民法院或者仲裁机构可以根据当事人的请求予以增加;约定的违约金过分高于造成的损失的,人民法院或者仲裁机构可以根据当事人的请求予以适当减少。

当事人就迟延履行约定违约金的,违约方支付违约金后,还应当履行债务。

风险点 7 – 11
债权转让未通知债务人

【案例】

在程绍飞、合肥金港混凝土制品有限公司债权转让合同纠纷案中，最高人民法院认为：关于债权转让行为是否对第三人中核建设公司发生法律效力。根据《合同法》第80条"债权人转让权利的，应当通知债务人。未经通知，该转让对债务人不发生效力"的规定，金港公司转让对中核建设公司的债权，须将债权转让的事实及时通知中核建设公司，如未通知，则债权转让行为不对中核建设公司发生效力。程绍飞未能提交充分证据证明《债权转让通知书》已经送达中核建设公司，也未能充分举证证明金港公司已履行《债权转让协议》所约定的通知义务，债权转让对中核建设公司不产生效力。①

【法理分析】

债权转让即指在不改变债权内容的前提下，将债权转让给他人。债权转让在企业的日常交易中非常常见，企业之间，相互欠债，又相互享有债权，它们常常通过债权让与的方式来消灭债务。

(1)债权转让应当通知债务人

"债权人转让权利的，应当通知债务人。未经通知，该转让对债务人不发生法律效力。"按照法律条文的理解，通知债务人的义务主体应该是债权人。至于受让人进行债权转让的通知是否有效，实践当中存在争议。我国合同法律制度对债权转让的生效采取的是通知主义，债权转让须原债权人通知债务人后才生效，从法律条文的规定看，通知的主体应当是债权人而没有包括受让人。这是考虑到债务人作为履行义务的一方，与原债权人签订合同是建立在充分信任的基础之上的，债务人对受让人的情况并不一定知情，直接对债务人做债权转让通知，则可能打破这种信任，影响交易安全。但也有

① 参见程绍飞、合肥金港混凝土制品有限公司债权转让合同纠纷再审审查与审判监督民事裁定书，(2020)最高法民申1503号。

案例认为,债权人委托受让人通知债务人,债务人已确认收到债权让与通知的情形下,不影响债权转让的效力,债权转让合法有效。[1]

(2)未经通知对债务人不生效力

除债权性质、法律禁止或合同约定债权不得转让的情形外,债权人有权决定转让自己的债权,无须债务人同意。即法律没有否定债权转让的有效性。若是没有通知债务人,说明受让前的债权债务关系依然有效,债务人仅受该协议约定向原债权人履行债务。

【法务提示】

(1)转让的债权应具有可转让性

债权转让,首先,需要债权的性质适合于转让,诸如涉及竞业禁止的债权就不能够让与。其次,如果当事人约定非金钱债权不得转让的,则转让应受到限制。另外,还有一些债权,根据法律的规定,是不能转让的,如赡养费债权等。

(2)原债权人及时通知债务人

债权转让,根据《民法典》的规定,如果没有通知债务人的,则该转让对债务人不发生效力。前述案例当中,就涉及通知人的争议问题。债权转让因原债权人与新债权人即受让人之间的合意而发生债权转让的意思表示,这一意思表示秘密地不为原债务人或者他人所知晓。为了避免债务人误为清偿而蒙受损失,须规定相应的通知程序以保护债务人。

(3)受让人代为通知或督促转让人通知债务人

关于债权转让的通知人问题,法律层面并没有明确的规定,一般有两种观点:一种观点认为,要坚持文义解释方法,认为债权让与通知主体只能是原债权人。如果允许让与人之外的第三人代为通知,则容易让债务人的利益陷入风险当中。况且,债务人也难以辨别通知内容的真伪,债权让与真实性无法有效保障。另一种观点则认为,即便是让与人、受让人之外的第三人,也可以进行债权让与的通知。

在实务中,若是债权受让人为了保护自己利益,防止债务人向原债权人履行债务,而自己又已经为受让债权支付了对价,应该积极主动代为通知或督促债权人通知债务人。当然代为通知的效力可能存疑,故建议在债权转让合同中约定转让人的通知义务和违约责任。

---

① 参见青海盐湖能源有限公司诉万世良债权转让合同纠纷二审民事判决书,(2016)最高法民终27号。

【法条链接】

《民法典》

第五百四十五条 债权人可以将债权的全部或者部分转让给第三人,但是有下列情形之一的除外:

(一)根据债权性质不得转让;

(二)按照当事人约定不得转让;

(三)依照法律规定不得转让。

当事人约定非金钱债权不得转让的,不得对抗善意第三人。当事人约定金钱债权不得转让的,不得对抗第三人。

第五百四十六条 债权人转让债权,未通知债务人的,该转让对债务人不发生效力。

债权转让的通知不得撤销,但是经受让人同意的除外。

第五百四十七条 债权人转让债权的,受让人取得与债权有关的从权利,但是该从权利专属于债权人自身的除外。

受让人取得从权利不因该从权利未办理转移登记手续或者未转移占有而受到影响。

第五百四十八条 债务人接到债权转让通知后,债务人对让与人的抗辩,可以向受让人主张。

第五百四十九条 有下列情形之一的,债务人可以向受让人主张抵销:

(一)债务人接到债权转让通知时,债务人对让与人享有债权,且债务人的债权先于转让的债权到期或者同时到期;

(二)债务人的债权与转让的债权是基于同一合同产生。

第五百五十条 因债权转让增加的履行费用,由让与人负担。

风险点 7－12
是否债务加入不明

【案例】

在深圳江铜营销有限公司、奔达康控股集团有限公司买卖合同纠纷案中，最高人民法院经审查认为：关于奔达康电缆公司和奔达康供应链公司的代付行为是否成立、是否构成债务加入的问题。

……

（二）关于奔达康电缆公司和奔达康供应链公司是否构成债务加入的问题。江铜公司申请再审主张代付邮件是奔达康电缆公司和奔达康供应链公司就万棱公司、申朗讯公司、宏羽铜业公司的特定金额的货款向江铜公司作出的代为支付的意思表示，构成债务加入。对此，本院认为该主张不能成立。本案经审理查明案涉邮件多由万棱公司、申朗讯公司、宏羽铜业公司发出，而非奔达康电缆公司及奔达康供应链公司发出，不足以证明奔达康电缆公司和奔达康供应链公司有作出关于债务加入的意思表示。退而言之，即使是债务人和债权人就第三方的债务加入达成一致意见，由于涉及对他方增设义务，亦应有第三方同意加入的意思表示。本案中亦无证据证明奔达康供应链公司和奔达康电缆公司于事后就邮件内容形成了关于债务加入的确认。故原判决认定奔达康供应链公司和奔达康电缆公司并不构成债务加入并无不当。江铜公司关于奔达康电缆公司和奔达康供应链公司构成债务加入的再审申请主张亦不能成立。①

【法理分析】

由于企业之间的关联比较复杂，交易也可能交叉，故容易产生是否构成债务加入的争议。前述案例中关于是否为债务加入引发争议。

---

①　参见深圳江铜营销有限公司、奔达康控股集团有限公司买卖合同纠纷再审审查与审判监督民事裁定书，（2017）最高法民申1328号。

(1)债务加入须是明确意思表示的合同行为

债务加入又称并存债务承担,是指债务人并不脱离合同关系,而由第三人加入合同关系当中,与债务人共同承担合同义务的债务承担方式。债务加入作为一种合同行为,需要债务加入人有明确的债务加入的意思表示。这是关键的前提。任何合同均是意思表示的结果,如果当事人没有明确的意思表示,不可能成立债务加入的。债务加入不同于债务转让。债务转让是基于对价对债务的受让,债务加入并没有对价要求。

(2)债务加入是具有担保功能的连带责任承担方式

债务加入,又称并存的债务承担,是指原债务人没有脱离原债务关系,第三人又加入原存的债务关系中,与债务人共同承担债务。债务加入目的是为原债务人向债权人提供担保,当然其不是担保合同,第三人加入债务之后,和原债务人并列成为主合同的债务人。即债权人不仅可向原债务人代为主张,也可向新债务人主张,债务人与承担人二者均为债权人之债务人,原债务人与承担人为连带债务人的关系。故债务加入具有担保功能。

债务转移与债务加入在法理上有明显区别,即原债务人是否脱离债务关系,主要看当事人的意思表示,如果没有特别约定原债务人仍需承担债务的,应视为免责债务承担。债务加入,无论是原来的债务人还是新加入的债务人,需要对债权人共同承担连带责任。此时的连带责任是指依照法律规定或当事人的约定,两个或者两个以上的当事人对其共同债务全部承担或部分承担的一种民事责任。连带责任的承担系基于法律的规定或者当事人的约定产生。

实务中债务加入具有两种形式:一是由债权人与第三人之间特别约定,由第三人承担债务人的部分债务,或者由债务人将部分债务转移给第三人承担;二是由债权人与第三人或债务人与第三人,或债权人、债务人与第三人之间共同约定,由第三人加入原合同关系之中,与债务人成立连带关系,共同作为连带债务人,对债权人负责。

【法务提示】

企业在日常交易过程当中,往往基于某种原因,需要对其他企业或者个人的债务作担保,在实际的操作过程中,有的企业会选择用债务承担的方式来进行作为的“担保”。

(1)明确是债务转移还是债务加入

债务承担的两种方式,即免责的债务承担和并存的债务承担。上文也提到,免责的债务承担,即原债务人免除相应的债务,由第三人全部或部分地承担债务,原债务人得以从债务中脱身。并存的债务承担,则相当于第三人加入债权债务关系当中来,如果债权人没有明示拒绝的,则该债务由原债务人和新加入的第三人承担连带责任。企业在参与债务承担事项的过程中,一定要审慎对待债务承担的模式,尽量不要选择免责的债务承担,防止由自己承担过大的债务,从而影响了自身的发展。

(2)明确是债务加入还是担保合同

实务中还存在一种风险,即没有明确表达是债务加入还是担保合同。虽然两者均具有担保功能,但是在责任承担上却完全不同。本书专题三专门就保证合同列出了诸多风险点,我们可以从中窥见,保证责任分为一般责任和连带责任。当承担一般保证责任时,保证人和债务人地位并不相等。债权人首先向主债务人主张权利,且其保证期间也有限制。但是债务加入中,债务人地位却相同。故,无论是作为新债务人加入别人的债务,还是作为债权人接受别人的债务加入,请务必明确是债务加入还是担保合同。

【法条链接】

《民法典》

第五百五十一条 债务人将债务的全部或者部分转移给第三人的,应当经债权人同意。

债务人或者第三人可以催告债权人在合理期限内予以同意,债权人未作表示的,视为不同意。

第五百五十二条 第三人与债务人约定加入债务并通知债权人,或者第三人向债权人表示愿意加入债务,债权人未在合理期限内明确拒绝的,债权人可以请求第三人在其愿意承担的债务范围内和债务人承担连带债务。

专题八

企业专项事务处理

企业是否能够保持稳定且快速发展的节奏，与企业处理专项事务的能力密切相关。法律技巧与对策是企业的保护屏障，是企业能够稳定向前的前提。它体现得更多的是处理专项事务时应当具备的法律逻辑思维能力及意识。综观企业发展运营中涉及的专项事务，可分为以下三大类：

第一大类属于项目投资。企业专项事务中的项目投资指的是以某个特定的项目为投资对象并进行长期投资的一种行为。一般来讲，项目投资的前期尽调决策阶段、中期履行变更阶段、后期结算效益阶段都会存在一定的风险。把控项目投资的风险应当综观全局，建立起体系化、科学化的风控制度，尽可能地避免在项目投资过程中出现不必要的决策失误现象。项目投资是企业实现盈利的重要途径，那么控制项目投资风险显得尤为重要；企业运营过程中不可避免地会发生一系列危机事件，包括但不限于违约事件、劳动纠纷等，企业又该如何平息；企业资金链断裂，通常都是由于应收账款无法及时回收造成，是否有相应的对策能够弥补企业损失。

第二大类是危机事件。危机事件，指的是对公司的基本价值和行为准则架构构成严重威胁，并且在时间压力和不确定性极高的情况下必须对其作出关键决策的事件，危机事件通常具有突发性和紧急性、高度不确定性、影响的社会性和决策的非程序化的特征，通常有以下几类危机事件：公司存在违约情况、发生员工劳动纠纷、可能造成公司舆论压力的事件。

第三大类则是应收账款。它指的是企业在对外销售货物、提供劳务或者其他交易行为的过程中，向对方公司收取的款项，是经营过程中企业流动资产的重要组成部分，其流动性强弱直接影响了企业的资金周转和经营的业绩。企业产生应收账款风险的原因很多，可能是因为企业自身缺乏风险防范意识，仅仅从企业账面上处理了问题，但实际上却淡化了催讨债务的意识，以至于最后难以通过司法途径维护自身利益；也可能是因为企业的内部管理控制不严，企业内部门沟通不及时，对接不紧密，使企业的应收账款越积越多，长期处于挂账的状态，再加上清收的力度不够，直至最后风险的产生。

风险点8－1
项目投资前期信息不对称

【案例】

2020年2月初，美国做空机构浑水（Muddy Waters）公开了一份长达89页的关于瑞幸咖啡（NASDAQ:LK）的尽调报告，报告中包含两万多张小票和大量视频资料，种种证据指向瑞幸咖啡存在造假问题，之后将其告上法庭。2020年4月2日，瑞幸咖啡发布公告承认虚假交易22亿元，股价暴跌85%，市值蒸发约350亿元。同年4月19日，瑞幸咖啡因财务造假引发集体诉讼，公司的董事会成员和高管将面临着美国司法部所启动的证券欺诈刑事调查和起诉，面临着最高不超过25年的监禁刑期，同时企业或将面临总计约754亿元的索赔。

瑞幸咖啡的商业模式为咖啡零售店，通过线上下单完成销售，之后顾客去店里自提或者靠外卖送达，每一家店的订单分为自提单与快递单。瑞幸咖啡的总销量＝每件商品的平均售价×其门店总数×每家店的订单×每个订单商品数量。浑水通过实地尽调发现了这三项数据均被夸大：订单量平均膨胀率为72%，每日商品售出量为第三季度虚增69%、第四季度虚增88%，实际单价被夸大幅度至少为12.3%。浑水在对瑞幸咖啡的尽调上主要核实了它的收入，从而查出虚增收入的造假。瑞幸咖啡造假使投资人蒙受损失的事件应该为投资者们敲响警钟，面对互联网企业频频造假的时代，投资人唯一能做的是，在投资互联网企业之前，务必要了解其行业的造假手段，并且做好尽职调查，以避免类似瑞幸咖啡事件再次造成投资损失。①

【法理分析】

（1）投资行为是体现企业真实意思的法律行为

投资行为是企业正常的活动，是企业根据掌握的投资对象以及市场等信息，结合

---

① 参见《从瑞幸咖啡事件看如何尽调互联网企业》，载新浪财经2020年5月25日，https://baijiahao.baidu.com/s?id=1667669137162871046&wfr=spider&for=pc。

自身,作出的体现了真实意思的法律行为。但实务中,企业可能因为信息不对称而导致投资失败。

信息不对称理论由美国经济学家阿克洛夫在1970年最早提出,后经一些经济学家们不断完善,理论的基本内容指的是,在市场经济活动中,各方人员在掌握的相关信息上是存在差异的,信息掌握比较完善充分的一方往往会处于比较有利的地位,那么相反的一方就会处于不利的地位。所以如果在交易发生后,信息处于劣势地位的一方利益就会造成一定的损失。所以在项目投资过程中,无论是接受投资一方还是决定投资一方,均应当注意把控信息不对称的风险。

(2)项目投资是具有风险性的活动

但凡投资均有风险,故企业的项目投资决策应是理性判断的结果。企业针对投资项目的不同来源和途径,决策方式也会随之变动,且会针对项目做好前期风控工作。风险指数会因为许多客观因素、环境因素的存在而产生上下浮动的现象,如随着国家政策、社会经济及金融市场的变化而变化,这一类的风险指数更多是商业企业经营范围内所涉及的商业风险。

企业获取投资项目的途径大致分为两种:一种是以招投标形式获取项目,招投标形式多用于建设领域的竞争,由若干施工单位参与工程投标活动,然后由招标单位在其中择优入选。招投标的形式将项目信息透明公开化,按照严格的招投标制度进行。虽然现实中我国的工程项目招投标市场乱象层起,但企业若是通过招投标形式引进投资项目,目标项目的不确定因素会相对较小。企业会更容易通过公开信息掌握目标项目的基本情况,从而更有效地把控该项目收益与风险之间的平衡点。对于招标企业而言,招标企业作为发包人需要着重关注投标企业的项目执行能力及效率、资金实力、收费标准等相关信息,相对于投标企业而言,招标企业受信息不对称的限制更大些,更应该充分做好前期尽调工作,有效地预防投标企业可能会带来的潜在风险。

另一种是通过项目引荐人的方式获取项目。在市场经济不断发展的过程中,许多企业都需要投资者进行融资,或者需要与其他企业合作共同开发某个项目。通常在此种情况下,需要被投资或者寻找合作伙伴的企业就会通过不同渠道散发出项目合作的邀请。自然而然,具有较强资金实力的企业或者具备开发项目能力的企业会收到各种邀约,但大多是通过中间介绍人的渠道了解到相关项目的初步信息。对于投资方或开发项目方而言,会存在严重的信息不对称现象,甚至有可能会不慎进入对方的圈套。所以就更需要注意对项目进行尽职调查。

【法务提示】

在项目投资中应如何避免信息不对称?前期尽调是必不可少的关键环节。在企业投资决策之前尽可能收集关于项目及相关公司的所有信息，并制定出相对应的控制项目风险的尽职调查报告书。

(1)了解投资的目标公司基本情况

涉及被调查公司的基本情况，具体从以下几个方面着手：首先查阅该公司历年年检的企业法人营业执照信息、从事业务所必需的许可证和执照；其次是该公司的章程及验资报告，以及该公司上一会计年度的年度审计报告；再次是该公司的董事会(或执行董事)、监事会(或监事)的组成情况及姓名，以及该公司高级管理人员的姓名、任期、简历及聘任合同等相关文件，包括该公司董事、监事、高级管理人员最近1年从公司领取收入的情况、在外兼职等相关情况；最后是与该公司关联公司的清单等相关信息，主要目的是希望可以对被调查公司有一个初步的了解，公司的基础信息及高管信息能够体现该公司的设立和经营是否符合法律要求，是否有明显的法律风险。

对目标公司的员工基本情况也应该充分了解，因为员工是企业未来的生命力。涉及该公司的内部员工，应掌握公司现有员工的名单以及公司与员工所签订的《劳动合同》或《劳务合同》的样本、公司与高级管理人员(包括但不限于营运经理、财务经理、商品部经理、市场拓展经理、人事及行政经理)签订的《聘用合同》；台港澳员工的《台港澳人员就业证》(如公司有台港澳员工)，此处所述台港澳员工是指与公司建立劳动关系，或受台港澳公司派遣1年内到公司累计工作3个月以上的员工；公司现持有的社会保险登记证；公司为员工所须缴纳的社会保险金种类清单(养老保险、医疗保险、失业保险、住房公积金、工伤保险)以及：(a)每个种类项下公司和员工个人分别缴纳保险费的比例数额；(b)每个种类项下应办理该险种的员工人数；(c)每个种类项下，公司是否有应缴而未缴纳的保险费。这部分内容主要是对公司的人事管理进行调查，公司内部是否具备完善的人事制度及相应的合同范本等，是否存在一定的人事风险

(2)了解目标公司的股东及关联方的基本情况

涉及该公司股东及公司关联方的基本情况和文件，公司关联方主要是指由关联自然人直接或者间接控制的，或者由关联自然人担任董事、监事、高级管理人员的企业。这部分内容可以体现出该公司与公司关联方之间的关系，能够通过相应的关联关系来反映公司的经济实力及股东实力等相关信息，从而用来判断该公司股东的经营能力。

(3)了解目标公司的财务、税务及政策优惠情况

涉及该公司的税务、财政补贴，关于公司应缴纳的各项税项、适用的税率及其依据；公司现时享受的税收优惠政策情况及税务局的相关批准文件；公司现享受的财政补贴/财政扶持政策以及主管部门的批准文件；公司现存在的任何税款欠缴、税务争议或滞纳税金的情况说明及相关文件(包括但不限于公司未就企业借款利息交纳营业税

的相关资料)。此部分内容更多的是涉及公司财务部分,需要公司相关财务人员予以配合,协作完成对该公司的尽职调查工作。

(4)根据目标公司资产等情况斟酌投资价值

涉及该公司名下的房产和土地,与该公司相关的租赁土地、房产建筑物等信息内容,包括但不限于该公司现时租赁的土地、房产建筑物清单;上述土地、房产建筑物的租赁合同及租赁登记证明文件;公司所租赁土地的国有土地使用证;公司所租赁房产建筑物的房产所有权证。该部分内容直接反映了该公司名下的相关固定资产是否涉及一些权利负担等,是一个非常直观的信息,应当予以妥善运用。

涉及该公司的固定资产及重大合同,及公司主要固定资产(不含不动产)清单。此处所述的固定资产系指整体价值在人民币 10 万元以上或对公司生产经营具有重要作用的机器设备以及公司拥有的全部车辆。公司上述主要固定资产的权属证明文件,包括但不限于购置合同及购置发票、车辆行驶证等;公司所有融资/借贷、抵押、质押、担保及类似文件的清单;10 万元人民币以上的贷款协议(不论是担保的或非担保的,包括但不限于公司的短期借款)以及相应的抵押担保或保证担保协议。与未列入资产负债表的任何项目(包括对外担保等)有关的文件,并列出公司年度会计报表中没有列出的重要或有负债(如有)。担保/履约保证金文件:(a)任何第三方为公司的债务和/或责任作出的担保合同。(b)公司为第三方的债务和/或责任作出的担保合同。(c)有关履约保证金的文件(如有)。在公司资产上设置的任何抵押权或其他财产留置权的合同、协议以及相关的登记证明文件(如有)。公司签订的重大合同清单,并提供标的金额为 10 万元人民币以上或对业务经营有重大影响的购买合同、供应合同、销售合同及其他合同的合同文件。与同一交易方发生的上述交易需在连续 12 个月内累计计算,经累计计算的发生额达到上述规定标准的,则提供相关全部合同文件。有关购进或处置固定资产或业务的合同(标的金额为 10 万元人民币以上或对业务经营有重大影响)。有关向公司提供技术服务的合同(标的金额为 10 万元人民币以上或对业务经营有重大影响)。公司签署的所有保险合同(包括社会强制保险,一般责任保险,第三方责任保险,火灾、失窃和意外损失保险,劳动安全保险,人寿保险,为主要雇员所作的保险等)和一切保险索赔清单,有关保险撤销或拒延的往来信函以及内部或外聘的顾问对保险的分析或报告。公用设施服务协议(包括供水、供电、供气、供热)。公司的董事、监事、高级管理人员与公司之间签署的任何合同、协议或达成任何交易的相关文件。所有未包括于前述的其他任何重大协议和合同(包括合并、重组、联营协议、合作协议等涉及与其他方分享收入、利润的协议或对公司前景有重大影响的合同)。

涉及该公司可能涉及的知识产权内容,公司拥有或获许可使用的所有商标、服务标识、专利和其他知识产权的清单(包括所有申请)及相关权属证明文件;公司自身拥有或获许可使用的所有专有技术、商业秘密、技术、技术信息的清单及相关资料文件;公司所拥有的互联网站域名的注册登记证明。此部分内容是公司软实力的体现,看其对于技术的开发是否具备相应的实力等。

(5)考察目标公司的诚信

主要是指涉及行政处罚的文件及诉讼、仲裁事项。公司在最近24个月内若因违反工商、税务、土地、环保、卫生、安全、质检、消防、建筑、规划及其他法律、行政法规而受到行政处罚,则请提供有关上述事件的详细资料。与公司或其资产、业务有关的诉讼、仲裁案件(以下简称"案件")的清单及详细资料,无论是否已经结案或执行完毕,也无论是现在进行的或潜在的(指已有迹象表明将要进行)。已经得到终审判决但尚未执行完毕的案件的终审判决书、裁定、调解书及申请执行文件。正在进行、尚未得到终审判决的案件的起诉书、答辩书、中间判决及裁定。任何有关公司因环境保护、知识产权、产品质量、劳动安全、人身权等原因产生的侵权之债的情况说明及相关文件。

(6)仔细研究招标文件

招标企业也应当注意招标文件的发布。在实务中碰到过,有招标企业因招标文件中的合同与实际签订的合同条款约定不一致发生争议,也有因与招标文件承诺的事项不一致而造成企业损失的情况。在一个招标项目过程中,招标企业往往会认为自己占据一定的主动权,可以将所有解释权揽于自己手中,但是往往正因为如此疏忽大意而导致实际损失的产生,最终难以保障自身利益,所以,无论是针对招标企业而言,还是针对投标企业来说,前期尽调工作必不可少,还包括对于整个招投标过程的分析,可能会涉及的法律风险,都应未雨绸缪。

【法条链接】

《公司法》

第十二条第一款　公司的经营范围由公司章程规定,并依法登记。……

第十五条　公司可以向其他企业投资;但是,除法律另有规定外,不得成为对所投资企业的债务承担连带责任的出资人。

风险点8-2
项目投资中期履行前后未进行风险评估工作

【案例】

重庆恒森实业集团有限公司、宁夏中拓公铁银通物流有限公司合同纠纷案中，最高人民法院认为：本案的争议焦点是，中拓物流公司请求确认重庆恒森公司2016年1月7日解除《投资合作协议》行为无效的诉讼请求能否成立。案涉《增资扩股和股权认购合同》及《投资合作协议》是中拓物流公司、重庆恒森公司、永宁中拓公司和银川中拓公司之间，就中拓物流公司投资7822.03万元成为银川中拓公司的股东，享有案涉项目西夏国际公铁物流城市场交易展示区二期项目的开发权益而签订的，各方当事人的权利义务及履约情况应结合两份合同的内容综合分析、认定和评判。《增资扩股和股权认购合同》第6条第3款、第11条第2款表明，各方当事人约定解除合同的条件是：中拓物流公司逾期支付4800万元的出资款。各方当事人对中拓物流公司应当支付的开发权益转让款7822.03万元的组成、用途和支付时间约定清楚。重庆恒森公司上诉主张该项约定违反了法律的禁止性规定，应为无效，缺乏事实和法律依据，本院不予支持。

尽管《投资合作协议》第10条第2款约定，中拓物流公司如逾期支付本协议约定的土地开发权益应付受让价款的，本协议其他任何一方均有权立即解除合同，但结合《投资合作协议》第3条第3款对银川中拓公司签署向永宁中拓公司、重庆恒森公司和中拓物流公司出具《项目投资和开发权益证明》与《项目投资和开发权益授权委托书》的约定，第4条第2款关于永宁中拓公司、重庆恒森公司确认并通知银川中拓公司授权中拓物流公司行使二期项目建设用地的投资和开发权益的时间是中拓物流公司将4800万元划付到银川中拓公司的银行账户时的约定，以及第6条第5款关于其他股东对银川中拓公司独立行使土地开发等权益不得拖延干涉约定，可以认定各方当事人的真实意思是，中拓物流公司支付4800万元的出资款后，银川中拓公司即应出具《项目投资和开发权益证明》和《项目投资和开发权益授权委托书》。根据本案查明的事实，中拓物流公司已于协议签订当日向银川中拓公司支付了4800万元出资款，但银川中拓公司并未依约出具《项目投资和开发权益证明》和《项目投资和开发权益授权委托书》，已构成违约。且银川中拓公司和永宁中拓公司出具的《情况说明》证明，银川中拓公司未能出具《项目投资和开发权益证明》和《项目投资和开发权益授权委托书》的原因是重庆恒森公司不同意。由于重庆恒森公司违约在先，不配合银川中拓公司向中拓物流公司出具《项目投资和开发权益证明》和《项目投资和开发权益授权委托书》，中拓物流公司为避免损失扩大，暂停支付下余的2000万元开发权益转让款，是依法行使先履行抗辩权的行为，于法有据，并不违约。重庆恒森公司无权以中拓物流公司未支付下余的2000万元开发权益转让款为由，解除案涉《投资合作协议》。综上，中拓物流公司请求确认重庆恒森公司解除《投资合作协议》行为无效的诉讼请求成立，应予支持。①

【法理分析】

投资合同一旦签订，就应该依约履行，任何一方均不得随意违约，否则另一方即可能享有投资协议约定的权利及损失赔偿。前述案例已经非常清晰地将这个教训展示给了所有企业。

(1)投资协议是一个完整的整体

在实践中，许多企业合同经办人员主要负责参与合同拟定管理工作，对于合同的风险仍然难以把控，或者说是该经办人员未能分析交易可能存在的风险。很多情况下，他们为达到合同目的只注重合同文本字面内容反映出的一种结果，却忽略从合同整体来看，合同条款是否完整，是否能够涵盖整个交易过程可能存在的风险，等等。同时，企业往往会过于重视合同签订前的审查，却忘了对合同履行过程的监控。在合同履行过程中，企业相关人员对于合同条款理解不充分，极有可能在合同履行过程中出现违约或者怠于行使权利的情况，从而导致事态发展变得被动，最终甚至造成企业利益的损失。所以，若企业经办人员可以在合同订立前就运用风险评估的方法来对整个交易过程进行一个系统的梳理工作，就极有可能有效降低法律风险发生的可能性，保障企业自身利益。

(2)履行条款是投资协议的重要组成部分

投资协议贯穿合同履行始终。中期履行阶段可能出现的问题，一般均应在合同中提前拟定对策，那么当这些因素发生时，各方仅依合同行事即可。投资协议是各方对中期履行阶段的风险进行系统评估后作出的一致安排。

风险评估的定义包括风险识别、风险分析和风险评价的全过程。其中风险识别是

① 参见重庆恒森实业集团有限公司、宁夏中拓公铁银通物流有限公司合同纠纷二审民事判决书，(2017)最高法民终59号。

发现、确认和描述风险的过程；风险分析是理解风险性质、确定风险等级的过程；风险评价是对比风险分析结果和风险准则，以确定风险和/或其大小是否可以接受或容忍的过程。[①]

(3)协商或按照协议解决合同履行中发生的争议

中期履行阶段的定义是在确定对某个项目形成投资决策后，且结算完成前的阶段，简单归纳就是在合同签订前和合同履行中的阶段。为有效落实项目执行，需与各方合作单位进行洽谈，并拟定一系列的合同。在合同履行期间，项目实施执行过程中，可能还会存在一些与合同约定内容不相符的现实情况。此时，要么相互协商解决问题，要么按照协议约定是否履行或解除合同。

【法务提示】

(1)确保工作人员履行能力充分

以房地产行业为例，在企业确定了某个投资项目的最佳方案后，应在最大程度上确保该项目的施工结果能够达到企业所需要呈现的最佳效果。与此同时，还应当确保项目在合理工期范围内追求较高较好的施工质量，尽可能地节省相应的成本，以达到所投资的项目能够尽快投入运营的目标，为企业留下盈利空间。所以，针对房地产项目的进入和实际实施，首先对施工团队应当进行筛选以保障施工团队相对高质量，同时还应当确保相应的监理部门、供应施工设备的厂家、信誉较高的保险机构与其打好配合工作，积极负责，形成一个科学完善且有秩序的团队。

在合同履行过程中，相关经办人员应当密切关注宏观政策变动的风向与趋势，充分了解和把控当局环境变化，及时跟踪落实政策执行情况，将不良影响降到最低，从而保障企业利益。

(2)协议签订前充分评估履行中各类风险并体现在合同条款中

但最重要的，还是应当通过约定合同条款来避免可能存在的投资风险、施工风险和质量风险。如房地产项目，相关企业经办人员在订立涉及房地产项目合同时，首先，必须根据具备的常识清楚了解并罗列出房地产项目在施工过程中可能存在的风险；其次，必须谨慎思考这些风险会导致哪些后果的产生；最后，应该考虑的是在合同中通过什么样的条款可以对此予以预防。接下来具体释明房地产企业的主要风险点及其表现形式，在实践操作中可以如何规范和应对。以房地产投资为例，建议做好以下几类风险评估。

第一，评估宏观环境风险。首先是政策风险。国家对全国各个行业的政策调整均

---

① 参见钱进：《风险评估方法在企业合同法律风险防范中的应用》，载《法制与经济》2020年第1期。

会产生一定的导向性作用。对于房地产行业来说，国家及其他地方政府的政策变动，如产业投资方向、土地税收变化、金融政策等宏观性政策的变化，都会直接或者间接地影响房地产行业的市场环境，造成商品供求的变化，特别是由于房地产项目开发周期长，所以房地产行业的兴衰起落都会受政策影响比较大。其次是项目开发区域产生的风险。因我国存在沿海地区经济发达与内陆地区经济落后的不均衡发展现状和趋势，在房地产投资上也呈现出了巨大的反差，加上不同地域存在地理区位、资源、基础设施、政策及市场条件和政治文化等因素的影响，导致了不同地域的房地产项目投资的结果也不尽相同，风险差异明显且同样的风险因素在不同地区的表现也各不一样。最后是自然原因产生的风险。主要是指由于不可抗力原因，如水灾、火灾、风灾、雪灾、地震、瘟疫等对房地产产业施工工期的延期影响或对施工建筑、工人等造成破坏或伤害的过程，给房地产产业投资带来的经济损失风险。

针对以上几项风险点，在合同签订时，可以增加对税收变化风险预防的条款，例如约定，在本合同履行过程中发生税收变化的，本合同总价不予调整或者约定予以相应调整，如根据己方有利方向相应进行调整。同时，针对其他风险，可以在合同中约定，若在合同履行过程中，受到上述环境风险影响的，约定己方无须对此承担责任的条款，有利于规避因此产生的损失。同时，其中自然风险通过不可抗力条款进行约定。但需要注意的是，在合同草拟过程中，相关承办人员应当明确风险不可能一一罗列完全，但可以通过部分列举加上兜底条款的形式进行约定。

第二，市场竞争及融资风险评估。首先是土地因素产生的风险。投资房地产，首先要取得土地使用权，土地具有不可移动性，土地的地质属性、自然属性、开发环境与土地的价格会在很大程度上影响施工成本，土地所处地段的社会经济及地理条件的优劣与该项目房地产商品的价格有着密切的关系。且土地有动工期限的相关规定，会引发房地产业的投资风险。其次是资金因素产生的风险。资金风险通常有筹融资风险和银行利率风险。目前阶段，因我国经济发展进入常态化，发展动力由要素驱动和投资驱动逐渐转向创新驱动。金融政策不断调整，信贷政策紧缩，规模也进行了偏向性调整，中小企业融资成为一个普遍难题。房地产开发对银行的融资依赖度高，如资金链断缺就可能造成项目难以完工的重大损失。银行利率的变动会给房地产投资带来较大波动，低利率使房地产投资成本降低，能够刺激市场，而高利率则反之。资金风险是房地产开发风险的一个重点。最后是市场竞争决策风险。房地产业的高额利润吸引了大量投资者争先恐后地挤入房地产行业，使房地产业供给量逐步增大，从供不应求到供大于求，市场供给需求不相匹配，导致了类型相似楼盘销售停滞或者不得不加大宣传推广的成本。同时，还要面临着跨国公司进军我国房地产市场的形势，或是有的地区价格垄断的几家公司进行价格串通的风险，竞争压力日趋激烈。然而，房地产投资最关键在于决策层最后的拍板决定，而投资决策层的最后决策风险主要源于项目前期调研是否专业、充分、深入，可行性研究是否精确到位，预算方案是否精准合理，设计方案是否最优。如投资决策层不合理，前期可行性研究不专业、不充分，分析不到位，方案不合理都可导致决策失误，增加投资风险。

以上是房地产项目市场环境存在的普遍风险点，商务风险更依赖于运营决策和商业分析，法律条款对此风险防范作用不大。其中，针对上述土地风险，从实践角度上来说，对于房地产项目的投资，一般土地风险相对较小，但是在合同拟定过程中，务必对于该土地的性质、面积、使用年限等基本信息予以审核并明确。同时，还应当对该土地的来源予以核实，是通过出让的方式还是划拨的方式取得。若土地权属不清，后续极易产生纠纷，甚至可能引发相应的群体事件。在实践中，市场竞争及融资的风险需要更依赖于合同订立前的尽调报告以及可行性研究报告，需要选择一个投资项目的最优设计方案，以控制经济风险，更需要在房地产项目建设阶段，即合同履行阶段，关注建设工程的质量和进度。

第三，建设期中的风险评估。由于房地产投资建设周期较长，建设期风险一般有施工成本风险和质量管理风险。在此期间不确定性因素增多，如对市场趋势预测的偏差；项目材料预算数量虚增、单价高等因素都会导致成本增加。质量是消费者、房地产企业关注的重要因素。在开发过程中，如果施工管理不到位，户型结构不是最优方案，分包单位偷工减料等，都会导致工程质量验收不过关，增加开发成本。此外，安全生产工作管控不到位，施工管理不严，不确定因素未完全求证制订预案，造成施工延缓或返工甚至人员伤亡事故，贻误最佳租售时机，影响预期收益，这些都是项目质量的潜在风险。

房地产项目建设期间，作为房地产投资方或开发方应当对项目质量进行严格要求，包括但不限于建设原材料方面、建设施工方面。为了保证开发方或建设方能够严格按照标准执行，应当在约定合同条款的时候，单独签署相关的质量保证协议书，对其所承包的工程质量进行保证，必要的时候应当增加质量保证担保条款，如质量保证金或者第三方担保等。保证金的数额可以根据项目承建的工程价款来约定，建议数额约定可以相对高一些，这样可以对承建方的约束力更强一些，同时对己方的风险防控力度也大大增强了。为预防建设过程中的风险，对原材料的质量也应当严格把关，具体表现在对原材料供应方的资质核实、把控原材料的制作工艺比例等各个环节。在合同条款中同样应当约定明确，增加相应的质量保证条款。

当然，在房地产项目实施建设过程中，经常会出现实际履行与合同约定内容不一致的情况，那么究竟该如何平衡时间效率与合同条款风险之间的关系呢？通常建议的做法是，以房地产项目建设效率优先，实际操作过程中与合同条款区别的地方，及时地用书面材料予以固定，进行双方确认。房地产项目中一般会发送联系函，双方对某一事实进行确认。这里需要注意的是，务必采用书面形式对某一事实内容进行固定，否则，日后对此发生纠纷的话，容易各执一词难以确定。

在房地产项目建设施工阶段需要企业严谨、准确、全面地做好施工方案，提高预算的编制质量，制定科学的工程施工造价系统，有效控制工程造价；为施工设计的实施管理提供准确的相关依据和标准；严控招投标流程，实行奖惩制度，严管工程质量，缩短建设周期，在控制工程质量成本的前提下，加快工程进度，加强结算验收工作。

第四，营销过程的风险评估。营销风险是投资风险最大的环节之一。房地产项目竣工之后，通常通过租售两种方式获取收益，推广营销是租售经营阶段的核心内容，市场定位、市场调研分析、市场价格变动趋势预判因素影响着租售。市场消费者最关心的问题就是租售价格，房地产企业营销团队能不能根据市场需求、价格导向、产品定位等因素进行科学定价，则会影响项目利润是否合理最大化，若价格过高会流失客户，价格过低则使利润受损。所以，是否设立专业的营销管理机构，进行合理成功的推广宣传，营销结果的好坏都会直接影响到能否达到预期收益。

房地产项目营销过程，涉及宣传、销售等各个环节。那么，在这个过程中，需要注意宣传不可夸大，销售不可过度保证。很多时候，开发商为了吸引更多的客户购置房产，会利用宣传对项目进行包装，但往往在这个时候，就会产生风险。曾经有一起案例，是客户在买房子的时候特别注重小区健身房的设施，在购买时对此特别进行了询问。销售人员在进行宣传和销售时，特别承诺小区肯定会有健身房的设施，及其健身房是如何如何的好。但实际在交付房屋的过程中，业主发现小区根本就没有健身房。事后才得知，开发商为保证小区的绿化面积达到标准，将原设计为健身房的区域变成了绿化小公园。就此，该业主起诉房地产开发商，追究开发商的违约责任。后法院也判决该开发商退还业主所有房屋款项并承担了相应的损失赔偿责任。由此可以看出，在宣传和销售过程中，务必注意风险的把控，在对宣传册的制定和销售人员的培训过程中，务必提醒和注意客观事实，不要随意对外承诺和保证。

以上简单地对房地产主要风险罗列了清单，实际上是对房地产项目投资的交易风险进行了框架性的识别和分析，细节内容仍需根据具体问题具体分析。最后还需要对这些罗列出来的风险划分等级，分别属于高风险、中风险和低风险中的哪类风险，并对这些风险进行评估，是否可以承受这些已经预估到的风险，是否可以在合同条款中予以规避，是否可以通过实践操作得到控制。当然不可能存在完美的合同，也不存在完全没有风险的交易，那么就需要企业结合自身能力和经营情况，做到心中有数，切勿盲目冲动而行。

【法条链接】

《公司法》

第四十九条 有限责任公司可以设经理，由董事会决定聘任或者解聘。经理对董事会负责，行使下列职权：

（一）主持公司的生产经营管理工作，组织实施董事会决议；

（二）组织实施公司年度经营计划和投资方案；

（三）拟订公司内部管理机构设置方案；

（四）拟订公司的基本管理制度；

（五）制定公司的具体规章；

（六）提请聘任或者解聘公司副经理、财务负责人；

（七）决定聘任或者解聘除应由董事会决定聘任或者解聘以外的负责管理人员；

（八）董事会授予的其他职权。

……

《招标投标法》

第三条 在中华人民共和国境内进行下列工程建设项目包括项目的勘察、设计、施工、监理以及与工程建设有关的重要设备、材料等的采购，必须进行招标：

（一）大型基础设施、公用事业等关系社会公共利益、公众安全的项目；

（二）全部或者部分使用国有资金投资或者国家融资的项目；

（三）使用国际组织或者外国政府贷款、援助资金的项目。

前款所列项目的具体范围和规模标准，由国务院发展计划部门会同国务院有关部门制订，报国务院批准。

法律或者国务院对必须进行招标的其他项目的范围有规定的，依照其规定。

第十九条 招标人应当根据招标项目的特点和需要编制招标文件。招标文件应当包括招标项目的技术要求、对投标人资格审查的标准、投标报价要求和评标标准等所有实质性要求和条件以及拟签订合同的主要条款。

国家对招标项目的技术、标准有规定的，招标人应当按照其规定在招标文件中提出相应要求。

招标项目需要划分标段、确定工期的，招标人应当合理划分标段、确定工期，并在招标文件中载明。

风险点8－3
在无结算依据或未进行对账的情况下进行款项结算

【案例】

在虞荣刚与浙江华厦建设集团有限公司西宁分公司、浙江华厦建设集团有限公司建设工程施工合同纠纷案中，最高人民法院认为："关于一审法院以2013年的《工程结算书》作为案涉工程款结算基础的认定是否正确问题。本院二审中，虞荣刚认为一审法院对此问题的认定错误，案涉工程款结算应以2011年的《工程决算书》作为结算基础。对虞荣刚的该主张，不予支持。虞荣刚在一审时已根据2013年的《工程结算书》提出了关于案涉工程款具体金额的诉讼请求。以在案涉《工程决算书》文本上签名来确认双方就案涉工程价款结算依据和价款总额达成一致的结算方式，与日常生活经验和行业惯例不符。""关于一审法院认定的案涉工程款计价方式是否正确的问题。虞荣刚上诉认为，案涉工程款计价方式应为'套定额'得出工程款后，额外提取直接费的15%作为管理费。对其主张不予支持。从《内部承包协议》的内容来看，该协议书并无案涉工程款计算方式为'工程款＋15%直接费'的明确表述。又根据2005年《青海省建筑安装工程费用项目组成及计算规则》可知，建筑安装工程费由直接费、间接费、利润和税金组成。而直接费则由分部分项工程费和措施项目费组成。其中分部分项工程费包括人工费、材料费和施工机械使用费；措施项目费包括施工技术措施费、施工组织措施费。从案涉《单位工程费用表》可知，施工组织措施费共计1,666,958.94元。从一审法院认定直接费的依据可知，一审法院并未将该笔费用纳入工程直接费范畴，亦未作为15%管理费的计价基础。因此，一审法院在认定工程直接费上遗漏施工组织措施费，不符合双方当事人的约定，应予纠正。"①

① 参见虞荣刚与浙江华厦建设集团有限公司西宁分公司、浙江华厦建设集团有限公司建设工程施工合同纠纷二审民事判决书，(2014)民一终字第35号。

【法理分析】

(1)依合同约定进行合理结算

我国的建筑市场发展到现在,各项制度也已日趋完善,但确实还存在许多的问题暂时无法得到妥善的解决,建筑市场的环境、履约支付能力等许多问题造成项目业主方(发包方)拖欠工程款的现象屡见不鲜。项目进入收尾阶段后,结算成了一件难度较大的事项。前述案例中,如何结算成为争议焦点,最后法院认为应该以《工程结算书》为结算依据,而非《工程决算书》。说明结算应该依据合同约定,并具有合理性。

(2)拖延结算会造成企业资金断裂等各类风险

如果企业作为承建方,要求发包方进行付款的时候,通常会面临款项迟迟难以到位的尴尬处境。如果项目还在建设过程中,合作企业或投资方需要中途退出合作进行清算的,那么其中就很有可能涉及某些法律问题和法律纠纷。在这些情况下,该如何应对?如果在无结算依据或者在没有进行对账的情况下进行结算,都是存在许多法律风险的。

根据工程建设合同约定,发包方和承包方会在建设过程的各个时间点进行费用结算,只要工程还在做,发包方会根据工程的进度进行支付,否则,发包方容易被追究逾期付款的违约责任,并且发包方最注重的项目建设进度也会被相应地延迟。所以,在工程建设过程中,发包方的付款都会比较及时。但在工程竣工后,承包方完成了建设任务,要求发包方验收结算的时候,发包方通常会将结算时间线拉长,为自己争取资金回笼的时间。这个时候作为承包方的企业,已经垫付了大笔的材料费、人工费等相关费用,并且达到了经济压力最大限度,若没有及时进行结算的话,承包方企业容易发生资金断裂,最后致使企业资不抵债。

【法务提示】

(1)设置合理的结算条款

在合同中拟定清晰、合理的结算条款,是第一位的。同时,因为工程开发的特殊性,要为结算留下灵活变动的余地,即依实际情况进行结算的合同依据。

(2)慎重对待并保存所有结算原始单据

项目投资过程中,合作企业存在理念不同无法达到一致目的的情况下,该如何进行清算?我们处理过这样一起案子,因为某些原因,承包方需要退出目前项目的建设,由新的承包方接盘后续项目的建设。在这种情况下,承包方与发包方之间的结算变得异常困难。承包方罗列了非常详细的结算清单并附上了相应的合同附件,但是发包方对此持有不同的意见,认为承包方罗列的工程项目中有部分是隐藏项目,没有办法验证相关数据的真实性,另外,对于采购原材料的费用也持有不同的看法,认为价格虚高，且未实际到货，无法对这部分费用予以认定和结算。双方对于结算内容发生了较大的争议，谈判难以有所成效。事情的关键点在于，新的承包方对于清单罗列的项目金额予以确认，那么发包方结算了前承包方的费用后，与新承包方之间的结算可以相应减去该笔费用，且新承包方对此也予以确认。有鉴于此，发包方也只能按照清单费用予以结算。

所以在结算中，很多情况下比较依赖于项目做了哪些工程，签证单和验收证明都是最直接最客观的证明，但是只有这些材料的话，结算工作也并不是一定可以顺利进行。虽然工程项目复杂且细碎，但尽管如此，在工程施工和建造过程中，不管是发包方或者承包方，都应当根据合同约定的内容或者是双方协商一致的内容来提供相应的书面确认材料，万不可敷衍了事，随意签署确认单或者其他确认材料，否则后续结算更难以保障自身权益。

(3)依据时间节点及时结算

在这种情况下，通常建议承包方企业在与发包方签订合同时，应当注意工程竣工结算的时间点。如果合同约定不利于承包方企业的，在工程竣工后，及时联系发包方，将费用清单发送给发包方，定期催促发包方进行结算。必要的时候，建议发送律师函对相关事实予以明确。

【法条链接】

《民法典》

第七百八十八条　建设工程合同是承包人进行工程建设，发包人支付价款的合同。

建设工程合同包括工程勘察、设计、施工合同。

第七百八十九条　建设工程合同应当采用书面形式。

第七百九十五条　施工合同的内容一般包括工程范围、建设工期、中间交工工程的开工和竣工时间、工程质量、工程造价、技术资料交付时间、材料和设备供应责任、拨款和结算、竣工验收、质量保修范围和质量保证期、相互协作等条款。

风险点 8－4
试用期阶段的无理由解除劳动合同

【案例】

在孙璥与长江商学院劳动争议案中，二审法院查明：孙璥与长江商学院《劳动合同》约定，试用期自 2012 年 5 月 9 日起至 2012 年 11 月 8 日止。2012 年 10 月 22 日，长江商学院作出《试用期解除劳动合同通知书》，内容为："尊敬的孙璥女士：由于您在试用期内（自 2012 年 5 月 9 日起至 11 月 8 日止）不符合长江商学院的录用条件，现通知您，学院决定于 2012 年 10 月 25 日解除与您的劳动合同。"后双方发生争议，一审判决撤销长江商学院作出的《试用期解除劳动合同通知书》，二审维持原判。2014 年 1 月 15 日，孙璥收到长江商学院向其送达的《关于督促孙璥继续履行劳动合同的通知书》，要求继续履行原劳动合同。此后，双方因补发 2013 年 1 月 22 日至孙璥上班前工资问题产生争议。法院认为："根据二审法院作出的业已生效的（2013）二中民终字第 16397 号民事判决书，因长江商学院违法解除劳动合同，导致孙璥 2013 年 1 月 22 日至 2014 年 1 月 19 日未能正常上班，故长江商学院按照北京市最低工资标准向孙璥支付上述期间工资不符合法律规定，一审法院判决长江商学院将工资差额予以补足并无不当，本院予以维持。因长江商学院拖欠孙璥的工资差额，孙璥据此提出解除劳动合同并要求长江商学院支付解除劳动合同补偿金，于法有据，应予支持。长江商学院不同意支付孙璥工资差额以及解除劳动合同补偿金的上诉请求，缺乏依据，均不予支持。"①

【法理分析】

（1）试用期不可以随意解除合同

在实务操作中，不少企业及人事部门会认为，员工在合同约定的试用期内，企业可以随时以不符合录用条件为由终止对其的试用并解除劳动合同。根据真实的判例来看，企业在试用期解除劳动合同会被认定为违法解除，须向劳动者支付相应的赔偿金，

① 参见孙璥与长江商学院劳动争议二审民事判决书，（2015）二中民终字第 06157 号。

即使在试用期内，企业也是不能随意解除劳动合同的。

（2）试用期解除合同须符合条件

根据《劳动合同法》第39条的规定，试用期的员工如果被证明不符合录用条件的，用人单位可以解除劳动合同，但是需要严格符合下列条件："（一）在试用期间被证明不符合录用条件的；（二）严重违反用人单位的规章制度的；（三）严重失职，营私舞弊，给用人单位造成重大损害的；（四）劳动者同时与其他用人单位建立劳动关系，对完成本单位的工作任务造成严重影响，或者经用人单位提出，拒不改正的；（五）因本法第二十六条第一款第一项规定的情形致使劳动合同无效的；（六）被依法追究刑事责任的。"

【法务提示】

（1）应当在劳动者入职时向其明确约定录用的条件

既然双方约定了试用期，那么用人单位就应根据本单位的经营状况，制定出相应的考核的标准和录用的条件，并且该考核标准和录用条件要合法、明确、具体、可操作，最重要的是应当向劳动者明确释明相关考核标准和录用条件，签署相应的确认书。

（2）解除合同时向劳动者证明不符合录用条件

用人单位以劳动者不符合录用条件为由解除劳动合同的，必须要对不符合录用条件进行举证。这是用人单位理应承担的举证责任。

（3）试用期内提出不符合录用条件

不符合录用条件的，用人单位解除劳动合同必须在合同约定的试用期内提出。实践中，不少用人单位通常在试用期结束后随意延长试用期，或者在试用期结束后才通知劳动者不符合录用条件，这样的行为明显属于违法解除劳动合同。并且，用人单位应当书面通知劳动者。根据《劳动合同法》第39条的规定，用人单位要有已经通知劳动者解除劳动合同的书面证据，否则劳动者不认可解除的话，劳动关系其实一直存在，试用期结束之后，再以不符合录用条件为由解除的，也是构成违法解除劳动关系的。

【法条链接】

《劳动合同法》

第三十九条　劳动者有下列情形之一的，用人单位可以解除劳动合同：

（一）在试用期间被证明不符合录用条件的；

（二）严重违反用人单位的规章制度的；

（三）严重失职，营私舞弊，给用人单位造成重大损害的；

（四）劳动者同时与其他用人单位建立劳动关系，对完成本单位的工作任务造成严

重影响,或者经用人单位提出,拒不改正的;

(五)因本法第二十六条第一款第一项规定的情形致使劳动合同无效的;

(六)被依法追究刑事责任的。

风险点8－5
录用条件不明确、对劳动者信息掌握不充分

【案例】

在梁惠东与昆山市公共交通集团有限公司经济补偿金纠纷案中，二审法院查明：梁惠东于2012年10月进入昆山交通公司担任公交司机。双方签订有书面劳动合同书。梁惠东因拒载，穿拖鞋、拖鞋式凉鞋或高跟鞋等多种原因被扣分，且受到公司批评教育。梁惠东对其中几次拒载扣分拒绝签字认可，其对拒载的解释为，折叠电瓶车不能上公交车，存在安全隐患。本案中，对于乘客是否能够携带折叠电动车乘坐公交车，昆山公交公司多次在安全会议上强调，只要把折叠电动车叠好，不影响其他乘客的情况下可以乘坐公交车。二审法院认为，基于用人单位与劳动者具有人身隶属性，劳动者应有服从用人单位管理之义务。在法律法规未明文禁止携带折叠电动车的乘客乘坐公交车的情形下，梁惠东应遵守公司内部的规章制度。此外，梁惠东仅凭折叠车有无牌照来认定其安全性，不具有合理性，亦存在滥用拒载权力之嫌。昆山公交公司多次对梁惠东进行扣分处罚，也多次安排梁惠东参加安全会议。但梁惠东仍然拒载携带折叠电动车的乘客，其违反公司规章制度故意性明显。昆山公交公司以此作出解除双方劳动合同的决定，符合《劳动合同法》第39条之规定，并履行了工会告知义务。故一审法院认定昆山公交公司的解除劳动合同的行为属合法解除，并无不当。[①]

【法理分析】

(1)用人单位有权以不符合录用条件为由解除劳动关系

用人单位有权以不符合录用条件为由，与劳动者解除劳动关系。上一个风险点中已经明确。前述案例中，梁惠东违反昆山交通公司的规章制度，且经说教，仍无改正，昆山交通公司依据公司规章制度解除与其的劳动合同并无不妥，梁惠东主张解除劳动

---

① 参见梁惠东与昆山市公共交通集团有限公司经济补偿金纠纷二审民事判决书，(2020)苏05民终7889号。

合同赔偿金无事实和法律依据，法院不予支持。

(2)劳动者对用人单位岗位要求、规章制度等有知情权

用人单位在录用之前，已经把岗位所需之人的条件明确列明，故劳动者应该明确并默认自己符合该条件。同时，劳动者应该对用人单位的规章制度有知情权。

(3)劳动者有权知道自己的具体违规情况并享有申辩权

劳动者不仅对岗位要求和规章制度有知情权，同时对于被用人单位认定为违反规章制度等行为的，应该被明确告知，并且签字确认。若有错误，劳动者有申辩的权利。体现在劳动争议中，因用人单位作出的辞退决定而发生的劳动争议，用人单位负举证责任。

【法务提示】

(1)企业应当遵守相关的法律程序并尊重劳动者的知情权

试用期辞退员工，如果企业没有充足证据证明员工不胜任此岗位，在实际纠纷案件中，企业胜诉的可能性很小。企业在对高管人员进行入职调查时应当全面、谨慎，对劳动法相关法规要详加学习，谨防部分劳动者踩法律红线，招聘、解雇员工时要谨慎，切忌冲动而为之。

首先，确认用人单位所有规章制度符合法律规定，并提前告知劳动者。务必告知劳动者，让他知道符合劳动合同解除的条件。

其次，很重要的一点是，相关的考核制度和录用条件等需经过工会通过，在实际操作中，企业很容易忽视这一步的程序。同时，通知解除的书面通知也应当提前告知工会，听取工会意见。

(2)企业应当注意保留相关证据

防范和规避在试用期间企业因单方解除劳动合同而产生的法律风险，应当提供充分的证据证明下列事项，首先，用人单位已存在明确的录用条件标准，并且已经向其劳动者公示并予以确认；其次，制定合法有效的考核标准；最后，应当及时建立并保存好员工的考核记录表，往往考核记录表足以证明劳动者在试用期间是不符合录用条件的。企业如何采取有效的措施来预防该风险点的发生？企业在自己的招聘广告中应当具体明确招聘录用的条件，并且注意把广告内容进行存档备案，但是，请注意，在广告中的用词切勿包含带有歧视性的表述。企业在与劳动者签订劳动合同或者试用期条款的时候，应当以书面形式明确录用条件和不符合录用条件的情形。企业在员工登记表中应当连同录用条件一同备注明确，并且要求员工确认后签字。

【法条链接】

《劳动合同法》

第三十九条 *劳动者有下列情形之一的，用人单位可以解除劳动合同：*

（一）在试用期间被证明不符合录用条件的；

（二）严重违反用人单位的规章制度的；

（三）严重失职，营私舞弊，给用人单位造成重大损害的；

（四）劳动者同时与其他用人单位建立劳动关系，对完成本单位的工作任务造成严重影响，或者经用人单位提出，拒不改正的；

（五）因本法第二十六条第一款第一项规定的情形致使劳动合同无效的；

（六）被依法追究刑事责任的。

风险点8-6
未理性对待“三期”女职工问题

【案例】

在江苏日晟生物科技有限公司与张艳劳动争议案中，二审法院认为：“本案日晟公司在张艳怀孕后对张艳调岗未取得张艳同意，张艳在病假结束后因无法钉钉打卡、无法通过门禁、QQ权限被删而未能正常上班，并非因张艳原因导致，故不应视为旷工。日晟公司虽主张劳动关系于2018年8月20日解除，但并未举证证明其已在合理时间内将解除劳动合同决定告知张艳。日晟公司在收到张艳的产假申请后委托律师于2019年3月20日向张艳复函，明确告知张艳双方劳动关系解除，而张艳也收到了该回函，故可以该时间作为日晟公司解除劳动合同的时间节点。日晟公司在张艳产假期间单方解除与张艳的劳动合同违反法律规定，应依法向张艳支付违法解除劳动合同赔偿金。”①

【法理分析】

(1)妇女“三期”内的合法权益受法律保护

我国《劳动合同法》第42条规定，女职工在孕期、产期、哺乳期(以下简称“三期”)的，用人单位不得依照本法第40条、第41条的规定解除劳动合同。

“三期”女职工问题需要企业和劳动者共同遵循劳动法规及社会准则。在现实生活中，出现了女性求职者为了生育津贴、生育保险隐婚隐育入职的现象，入职后的产检、病假、产假消耗了企业的资源并且对企业也无法产生有利的价值，但企业若对该“三期”女职工进行辞退的话，很难得到司法机关的支持。

(2)妇女“三期”内用人单位劳动关系解除权受限制

《劳动合同法》第45条规定：劳动合同期满，有本法第42条规定情形之一的，劳动合同应当续延至相应的情形消失时终止。以上规定是对女职工的特殊劳动保护，即女

---

① 参见江苏日晟生物科技有限公司与张艳劳动争议二审民事判决书，(2020)苏05民终6570号。

职工处“三期”状态时，用人单位的解除权是受限制的，即便是在该期间劳动合同期限届满，劳动合同也会自动延续到“三期”期满为止。对于“三期”女职工而言，劳动合同解除后，由于处于生理期特殊状态，短期内失去劳动再就业的能力，如果任由用人单位随意解除劳动合同，无法达到对“三期”女职工进行特殊劳动保护的立法目的。

【法务提示】

那么在实践操作中应当如何避免出现“三期”女职工问题，如何理性处理？

(1)不得以“三期”为由侵犯女职工合法权益

为保障平等的劳动关系，企业也可以合法合理依据规定对员工进行正当程序的过失性辞退。值得注意的是，用人单位不得单纯以女职工“三期”为由降低工资、解除劳动合同，并不能理解为对“三期”女职工在任何情形下都不得解除劳动合同。“三期”女职工如有符合《劳动合同法》第39条规定情形的，如严重违纪、给用人单位造成重大损失等，用人单位仍可行使单方解除权，故“三期”女职工不能以自己处于“三期”为由而不受用人单位依法制订的规章制度的约束。

(2)按照法律规定发放工资

同时建议企业，一是严格遵循法律规定的标准，即以女职工生育前12个月平均工资作为标准，发放女职工产假期间的产假工资；二是发放工资时，要求员工在发放登记表上签名确认；三是建议在每月12日以前发放包括女职工在内的全体员工的上一个月工资；四是不能通过约定方式改变产假工资的发放时间，此种做法因违反法律强制性规定，存在被认定为无效的法律风险。

【法条链接】

《劳动合同法》

第四十七条　经济补偿按劳动者在本单位工作的年限，每满一年支付一个月工资的标准向劳动者支付。六个月以上不满一年的，按一年计算；不满六个月的，向劳动者支付半个月工资的经济补偿。

劳动者月工资高于用人单位所在直辖市、设区的市级人民政府公布的本地区上年度职工月平均工资三倍的，向其支付经济补偿的标准按职工月平均工资三倍的数额支付，向其支付经济补偿的年限最高不超过十二年。

本条所称月工资是指劳动者在劳动合同解除或者终止前十二个月的平均工资。

第四十八条　用人单位违反本法规定解除或者终止劳动合同，劳动者要求继续履行劳动合同的，用人单位应当继续履行；劳动者不要求继续履行劳动合同或者劳动合同已经不能继续履行的，用人单位应当依照本法第八十七条规定支付赔偿金。

第八十七条　用人单位违反本法规定解除或者终止劳动合同的，应当依照本法第四十七条规定的经济补偿标准的二倍向劳动者支付赔偿金。

《女职工劳动保护特别规定》

第七条 女职工生育享受98天产假，其中产前可以休假15天；难产的，增加产假15天；生育多胞胎的，每多生育1个婴儿，增加产假15天。

女职工怀孕未满4个月流产的，享受15天产假；怀孕满4个月流产的，享受42天产假。

第九条 对哺乳未满1周岁婴儿的女职工，用人单位不得延长劳动时间或者安排夜班劳动。

用人单位应当在每天的劳动时间内为哺乳期女职工安排1小时哺乳时间；女职工生育多胞胎的，每多哺乳1个婴儿每天增加1小时哺乳时间。

风险点 8-7
公司未依法代扣代缴社会保险费

【案例】

在曾祥恩、湖北郧阳岛文化旅游发展有限公司追索劳动报酬纠纷案中，湖北省高级人民法院认为：本案中，双方签订的《离职协议》第 2 条第 2 项关于"乙方要求自 2015 年 4 月起自行缴纳社保费用，甲方将个人部分及公司应缴纳部分返还给乙方，至 2016 年 7 月 31 日，该部分总计金额 24,351 元"的约定免除了用人单位的法定责任、排除了劳动者权利，违反了法律法规的效力性强制性规定，因而无效。《合同法》第 58 条规定："合同无效或者被撤销后，因该合同取得的财产，应当予以返还；不能返还或者没有必要返还的，应当折价补偿。有过错的一方应当赔偿对方因此所受到的损失，双方都有过错的，应当各自承担相应的责任。"双方约定的应支付给曾祥恩的上述 24,351 元系郧阳岛文旅公司和曾祥恩应向社保机构缴纳的社保费用，曾祥恩请求支付该 24,351 元，缺乏事实和法律依据，本院不予支持。对于郧阳岛文旅公司拖欠社保问题，曾祥恩可向劳动行政部门投诉，由劳动行政部门责令其限期缴纳，原审法院对此不作处理并无不当。曾祥恩主张原判决遗漏曾祥恩关于退还扣发工资 6167.5 元的诉讼请求，但该 6167.5 元系曾祥恩个人应缴纳的社保费用，包括在上述 24,351 元中。因此，原审判决不存在遗漏诉讼请求的问题。①

【法理分析】

(1)参加社会保险是法律规定的强制性义务

我国《劳动法》第 72 条规定："社会保险基金按照保险类型确定资金来源，逐步实行社会统筹。用人单位和劳动者必须依法参加社会保险，缴纳社会保险费。"《社会保险费征缴暂行条例》第 4 条第 1 款规定："缴费单位、缴费个人应当按时足额缴纳社会

---

① 参见曾祥恩、湖北郧阳岛文化旅游发展有限公司追索劳动报酬纠纷再审审查与审判监督民事裁定书，(2019)鄂民申 2746 号。

保险费。”第 12 条规定：“缴费单位和缴费个人应当以货币形式全额缴纳社会保险费。缴费个人应当缴纳的社会保险费，由所在单位从其本人工资中代扣代缴。社会保险费不得减免。”第 13 条规定：“缴费单位未按规定缴纳和代扣代缴社会保险费的，由劳动保障行政部门或者税务机关责令限期缴纳；逾期仍不缴纳的，除补缴欠缴数额外，从欠缴之日起，按日加收 2‰的滞纳金。滞纳金并入社会保险基金。”

《劳动合同法》第 26 条第 1 款规定：“下列劳动合同无效或者部分无效：（一）以欺诈、胁迫的手段或者乘人之危，使对方在违背真实意思的情况下订立或者变更劳动合同的；（二）用人单位免除自己的法定责任、排除劳动者权利的；（三）违反法律、行政法规强制性规定的。”根据上述规定，参加社会保险是法律的强制性义务。

（2）社会保险费争议属行政管理而非民事案件审理范围

《社会保险费征缴暂行条例》第 13 条规定，对用人单位欠缴社会保险费或者因缴费年限、缴费数额等发生争议的，由劳动保障行政部门或者税务机关责令限期缴纳。因此，用人单位依法为劳动者缴纳社会保险属于法律强制性规定，具有一定公法干预性质，属行政管理的范畴，不属于民事案件的审理范围。

【法务提示】

（1）用人单位应自觉为劳动者足额代缴社会保险

社会保险的缴纳具有强制性，依法参加社会保险，缴纳保险费用，是用人单位和劳动者的法定责任和义务。只要用人单位和劳动者依法成立了劳动关系，用人单位就必须参加社会保险，按照社会保险的项目、保险费缴纳的方式和标准、保险待遇的内容和标准等，为劳动者办理参加社会保险的相关手续。劳动者应当缴纳的社会保险费由用人单位代扣代缴，并统一缴纳给社保机构，而不能由用人单位直接支付给劳动者。由于参加社会保险是法律规定的强制性义务，不因双方当事人的任何约定而排除。

按照《劳动合同法》和《社会保险法》，用工之日起 30 日内必须缴纳五险一金，且须是足额缴纳。部分企业与劳动者签订自愿放弃缴纳社会保险证明（或承诺书）无法律效力，多加工资不交社保也违法。

足额缴纳社保是企业作为用人单位的义务，任何企业和个人都必须按照相关法律规定严格执行，切不能为了谋取一时利益或方便而以其他形式替代社保缴纳。所以企业必须为员工足额按期缴纳。

（2）不应签订不缴、少缴社会保险的“抽屉合同”

企业未依法足额缴纳社会保险费的法律风险有哪些？

第一，企业将面临被加收滞纳金、处以罚款、媒体曝光等的行政处罚法律风险。企业应当按时足额向社会保险费征收机构缴纳社会保险费用，未按时足额缴纳的，由社会保险费征收机构责令限期缴纳或补足,并自欠缴之日起按日加收滞纳金。

第二,企业将面临的劳动用工风险。企业未依法为员工缴纳社会保险费用的,员工有权随时单方解除劳动合同,并要求企业向其支付经济补偿金,如企业拒绝支付经济补偿金,员工有权请求劳动行政部门责令支付,逾期不支付的,企业还应按应付金额50%以上100%以下的标准向员工加付赔偿金。企业未依法为员工缴纳社会保险费用,且社会保险经办机构无法补办致使其无法享受社会保险待遇的,员工有权要求企业赔偿损失。

第三,企业依法缴纳社会保险费用是我国法律规定的强制性义务,非因法定事由不得减免。虽然我国法律明确规定了企业、员工都应当依法按时足额缴纳社会保险费用,员工应缴部分由企业代扣代缴,但是仍存在部分企业未能及时足额缴纳相关社会保险费用,并尝试各种方式拖延、逃避缴纳社会保险费用。例如,企业内部规定员工试用期满后再办理相关的社会保险或员工工作满1年后才能参加社会保险;通过不与员工签订劳动合同逃避为员工办理社会保险;企业与员工私下签订协议,约定由企业将应当用于缴纳社会保险的费用直接支付给员工,员工承诺由此产生的纠纷,企业不承担任何法律责任等。

因缴纳社会保险费用是企业与员工共同的法定义务,不能通过企业内部规定或双方协议约定免除任何一方应承担的法定义务,所以不论企业内部有何规定或企业与员工之间存在何约定,都因违反法律的强制性规定而无效。

【法条链接】

《劳动法》

第七十二条 社会保险基金按照保险类型确定资金来源,逐步实行社会统筹。用人单位和劳动者必须依法参加社会保险,缴纳社会保险费。

第一百条 用人单位无故不缴纳社会保险费的,由劳动行政部门责令其限期缴纳;逾期不缴的,可以加收滞纳金。

《劳动合同法》

第二十六条第一款 下列劳动合同无效或者部分无效:

(一)以欺诈、胁迫的手段或者乘人之危,使对方在违背真实意思的情况下订立或者变更劳动合同的;

(二)用人单位免除自己的法定责任、排除劳动者权利的;

(三)违反法律、行政法规强制性规定的。

《社会保险法》

第六十二条 用人单位未按规定申报应当缴纳的社会保险费数额的,按照该单位上月缴费额的百分之一百一十确定应当缴纳数额；缴费单位补办申报手续后，由社会保险费征收机构按照规定结算。

第八十六条 用人单位未按时足额缴纳社会保险费的，由社会保险费征收机构责令限期缴纳或者补足，并自欠缴之日起，按日加收万分之五的滞纳金；逾期仍不缴纳的，由有关行政部门处欠缴数额一倍以上三倍以下的罚款。

《社会保险费征缴暂行条例》

第四条第一款 缴费单位、缴费个人应当按时足额缴纳社会保险费。

第十二条 缴费单位和缴费个人应当以货币形式全额缴纳社会保险费。

缴费个人应当缴纳的社会保险费，由所在单位从其本人工资中代扣代缴。

社会保险费不得减免。

第十三条 缴费单位未按规定缴纳和代扣代缴社会保险费的，由劳动保障行政部门或者税务机关责令限期缴纳；逾期仍不缴纳的，除补缴欠缴数额外，从欠缴之日起，按日加收2‰的滞纳金。滞纳金并入社会保险基金。

风险点 8－8
公司内部制度不合理不完善

【案例】

在甲公司与甲劳动合同纠纷案中，上海市第一中级人民法院认为：关于上诉人甲2010年至2011年年休假折算工资，根据查明的事实，甲2010年、2011年共享有年休假29天，已休13天，未休16天，上诉人甲公司应当支付未休年休假折算工资。至于该公司主张未休年休假应冲抵缺勤，在无证据证明双方就此作出约定的情形下，本院对该主张，实难采纳。关于上诉人甲2010年至2011年绩效奖金差额一节，首先，尽管上诉人甲公司与甲所签订的《年度绩效奖金发放办法通知单》中载明，甲享有年度绩效奖金，额度为30,000元，但同时也载明，具体发放金额按照公司年度相关考核结果予以发放。因此，该30,000元应当理解为系根据考核结果可以发放的最高数额，而非具体的发放金额。其次，用人单位虽对于奖金的发放拥有一定的自主权，然该公司称离职员工不再享有年终绩效奖金。即使存在该规定，该规定在未区分离职原因的前提下，使得劳动者无论因何原因与用人单位终结劳动关系，均会丧失其应得的权利，因此，该规定具有一定的不合理之处。在此情形下，在该公司所提供的证据尚不足以证明已对甲进行考核的前提下，原审法院酌情判定绩效奖金差额亦无不当。①

【法理分析】

(1)企业进行内控符合法律规定

为了企业能够有效运作，获得最优的绩效，企业管理层对于员工进行管理，并进行人力资源风控，是非常合理的，这也是企业的权利。当然，企业的内部管理制度不得违反法律的规定，不得侵犯职工的人身权利。在合法的前提下，企业还可以和自己的员工签订协议，约定遵守企业劳动安排、企业文化等。

---

① 参见甲公司与甲劳动合同纠纷二审民事判决书，(2012)沪一中民三(民)终字第1879号。

(2)企业薪酬制度应该合理合规

虽然国家对劳动薪酬制度的制定和实施提出了严格的要求,但是用人单位可以根据自身发展的实际情况,灵活地选择和运用薪酬制度,建立符合企业自身发展需求的薪酬制度,从内在薪酬和外在薪酬两方面合理合规着手开展企业的薪酬管理工作。

内在薪酬,是指企业为员工提供培训、晋升的机会、弹性工作时间以及工作保障等。外在薪酬,主要包括可变薪酬、福利薪酬、基本薪酬等几方面内容。我国《劳动合同法》明确规定,合同中的用人单位必须与劳动者详细地规定薪酬标准,将以往用人单位对员工薪酬单方面的调整权利改为双方共同协商的方式。《劳动合同法》中的规定虽然确保了劳动者在一定时间内可以获得稳定的收入,但是却增加了用人单位薪酬管理工作的难度。

这也是企业自主管理的权利之一,且可以发挥人的主观能动性。

【法务提示】

(1)考勤以及考核制度应完善

在用人单位当中,每日考勤和定期考核是必须要进行的两个项目,但是这两个项目尤其会给企业带来法律风险。首先,针对每日都要进行的考勤工作,某些企业的考勤制度并不完善,例如,在进行考勤时,让所有的员工都去某一部门报到,但是,由于报到时有排队现象,影响员工的实际考勤时间,使员工在进行实际考勤的时候,无法在应有的时间内完成考勤,导致员工丧失了全勤奖励的机会,员工对公司的考勤制度抱有不满的态度,进而引起法律纠纷。其次,定期考核也是在单位当中引起法律纠纷的一大原因。定期绩效考核能够检验企业员工的专业程度,进一步调整他们的薪资,是员工最关注的地方,当绩效考核结果出炉后,单位当中某些员工对于单位的考核标准不满意,也无法认同单位的绩效考核成绩,因此,他们就以强硬的态度拒绝在绩效考核表上签字,没有全部考核员工签字的绩效考核表是不具有法律效应的,用人单位针对那些考核不合格的员工,也不能够按照《劳动合同法》来进行辞退或调离等操作,最终引起劳动纠纷的出现。

(2)培训管理应到位

我国颁布实施的《劳动合同法》明确规定,任何用人单位只有在针对劳动者进行了专门培训工作,且双方签订了协议关系、相互约定服务期限的情况下,才有可能出现劳动者违约金的问题。所以,企业在签订服务期限协议时,应该充分重视劳动合同与服务期限协议关系以及劳动者支付违约金时产生的法律责任问题,对企业经营管理工作产生的不利影响。

(3)合理的薪酬分配激励制度

员工在向企业提供劳动服务的同时,从单位获得不同形式发放的劳动报酬即可称为薪酬。薪酬制度作为企业人力资源管理工作的关键工作之一,其工作效率的高低对企业员工的工作积极性有着极大的影响。用人单位是否能够满足企业员工的发展需求是决定两者能否建立长期劳动关系的基础。由于绝大多数的劳动纠纷问题是由薪酬福利制度引起的,如果企业人力资源管理部门在试用期工作、最低工资保障、加班工资等各方面都没有明确规定的话,都有可能导致劳动纠纷的发生。

用人单位必须根据自身发展的实际情况,细致全面地完善现有的薪酬制度,才能在保证薪酬管理制度的内容与法律法规相吻合的基础上,降低企业薪酬管理工作中可能出现的法律风险。此外,用人单位必须在员工入职时及时与员工签订劳动合同,如果劳动者在经过一段时间的工作后,用人单位发现其劳动状态或技术水平无法满足企业用人要求的话,用人单位有与劳动者解除劳动合同的权利。总而言之,法律风险管控是现代企业劳动关系管理的重要内容之一,开展劳动关系管理不仅有利于企业人力资源管理效率的提升,而且为良好的企业劳动关系环境的构建奠定了坚实的基础。所以企业在生产经营管理过程中,必须紧跟社会经济发展的步伐,建立和谐的劳动关系,这样才能为社会经济的长期可持续发展保驾护航。

【法条链接】

《劳动合同法》

第八条　用人单位招用劳动者时,应当如实告知劳动者工作内容、工作条件、工作地点、职业危害、安全生产状况、劳动报酬,以及劳动者要求了解的其他情况;用人单位有权了解劳动者与劳动合同直接相关的基本情况,劳动者应当如实说明。

第十八条　劳动合同对劳动报酬和劳动条件等标准约定不明确,引发争议的,用人单位与劳动者可以重新协商;协商不成的,适用集体合同规定;没有集体合同或者集体合同未规定劳动报酬的,实行同工同酬;没有集体合同或者集体合同未规定劳动条件等标准的,适用国家有关规定。

第二十二条　用人单位为劳动者提供专项培训费用,对其进行专业技术培训的,可以与该劳动者订立协议,约定服务期。

劳动者违反服务期约定的,应当按照约定向用人单位支付违约金。违约金的数额不得超过用人单位提供的培训费用。用人单位要求劳动者支付的违约金不得超过服务期尚未履行部分所应分摊的培训费用。

用人单位与劳动者约定服务期的,不影响按照正常的工资调整机制提高劳动者在服务期期间的劳动报酬。

风险点 8－9
应收账款难以回收导致企业资金紧缺

【案例】

拥有158年历史的雷曼兄弟公司在美国抵押贷款债券业务上连续40年独占鳌头。但2008年次贷危机爆发以来，公司持有的巨量与住房抵押贷款相关的"毒药资产"在短时间内价值暴跌，将公司活活压垮。美国一位分析师指出，在雷曼8000亿美元的资产负债表中，资产净值大约只有250亿美元。2008年，雷曼面临着抵押贷款关联证券贬值和衍生品业务损失的风险。2008年9月15日凌晨1点——雷曼宣布破产。全球金融市场和实体经济都因雷曼兄弟倒闭而受到严重冲击！①

【法理分析】

现代社会，企业之间命运息息相关。应收账款不单纯被视作债权，其具有金融性质。我国还将其作为质押的标的。但是，应收账款收不回来，却可以让企业一击致命。所以，应收账款的风险，本质上不是法律风险，而是商业经营的风险。

（1）应收账款是债权

应收账款在法律上属于债权，故其权利的实现需要相对人的配合。正是由于这个本质特点，应收账款能否收回，取决于相对人的经济实力和诚信。若是由于应收账款引起讼争，诉讼阶段，法院必然支持合法的应收账款。但是，对企业来说，真正的意义在执行阶段。相对人若无可供执行的财产，债权人的权利依然会落空。

（2）降低了资金使用效率、直接导致效益下降

应收账款收不回来就意味着企业的资金在别人那里，资金使用效率肯定是很低的，然后直接会导致效率下降，并且企业的物流、资金流会不一致，货物销售出去了，钱却没回来。对于发出的商品、开出的发票货款等都不能同步收回，没有现金流入的销

---

① 参见《雷曼死于房贷毒药 酿成美国史上最大金融破产案》，载搜狐网2008年9月16日，https://business.sohu.com/20080916/n259569779.shtml。

售业务,损益以及销售税金还要交,资金使用效率大大降低。

不合理的应收账款存在,整体的营业周期就会拉长,影响资金循环,影响企业正常的生产和经营。

(3)增加了应收账款管理过程中的出错概率

应收账款管理容易给企业带来额外损失。应收账款一多,管理中出错的概率也会增加。有的时候可能对方公司已经破产了,法人也不在了,结果企业很多会计人员不想去冲销,也不想去确认坏账。因为一确认坏账利润会急剧下降,企业也不愿意承认这一现实,账上面就挂着应收账款。长期下来,还容易夸大经营利润。

【法务提示】

(1)企业对应收账款发生前的预防工作

企业在与合作公司开展合作前,应当首先对合作公司的信息进行收集和核实,其次对该公司的资信状况进行评定,前移风险控制工作,把握住源头的资金风险。企业务必重视具体审查环节,对合作公司的主体资格、经营范围、履约能力、商业信誉等相关信息逐一予以审查。如果在合作交易过程中,企业属于债权人角色的,建议企业可以考虑采取相应的担保措施来保证自己的债权,尽可能要求对方公司提供担保,这是降低风险最有效的方法,在设立担保的时候,同样注意审查担保内容的合法性,否则在具体实践操作中会难以执行。

(2)重点关注债务人的经营情况

在实务中,很多债权人常常会陷入一种框架思维,认为手握债权就可以不管不顾地要求债务人一次性清偿所有的欠款,最后导致债务人生产经营恶化,不得不面对公司倒闭的困境。但事实上,应收账款发生后,债权人应当对债务人的经营情况予以关注,如果债务人的经营情况较好,可以考虑另行签订协议约定分期付款的相关内容,完全没有必要将路走死。但如果债务人的经营情况已经恶化,对方已经出现了转移财产、抽逃出资等行为的,那么债权人企业应当及时采取法律手段,维护自己的合法权益。

(3)在有效的时间内采取有效的措施

应收账款发生后,建议企业应当尽早让公司法务人员或者聘请律师介入其中,很多情况下,应收账款的回收关键在于时效性。市场经济瞬息万变,债务人的履约能力也是瞬息万变的。不要过多地纠缠于双方协商阶段,不断拉扯延期,否则容易错失很多收回欠款的良机。

(4)应收账款证据的收集

对于应收账款证据的收集也至关重要,一旦因为企业相关人员的法律意识浅薄或者操作不规范而导致一些关键证据缺失，将是非常可惜的事情，可能会使应收账款的催讨面临着巨大的障碍。在常见的欠款纠纷中，债权人应当收集有关债务人的主体资格信息材料、相关的合同协议、账单凭据、往来邮件等相关材料，否则日后将难以收集。

（5）关注应收账款的诉讼时效问题

法律不保护在权利上"睡觉"的人。所以针对应收账款，请注意我国《民法典》规定的诉讼时效，一般应收账款的诉讼时效均为 3 年，有特殊规定的除外。如果债权人经常在催讨债务的，应当及时保留催讨的相关凭证，因为债权人主张自己的权利会导致诉讼时效的中断、重新计算，可以避免因诉讼时效超过债权期限而无法实现胜诉权。

总而言之，企业应当充分重视应收账款的风险防范，及时建立实施有效的法律防范机制，尽可能把应收账款的风险降到最低，有效避免损失，最终实现企业利益的最大化。

（6）如何有效保证企业债权回收

除了以上预防风险的方式，还有以下几种途径可以事先或者事后有效地保证企业债权回收款项的可能性。首先是通过签订补充协议增加担保条款，提高债权实现可能性；其次是通过签订债转股协议，通过股东分红权回收款项；最后是通过司法途径强制执行债务人的财产。①签订补充协议增加担保条款，提高债权实现可能性。签订担保条款的重要性，相信看了前文章节的担保篇章，可以有深切的了解。债权的担保所具有的社会经济作用，即能促进资金融通和商品流通，保障债权的实现。债权担保制度作为担保债权实现的重要制度，一开始就与金钱借贷关系息息相关。现今，债权担保的意义已不仅是单纯的担保问题，而且可能通过担保借贷关系的安全实现来推动借贷关系的蓬勃展开，对促进资金融通起到了不容忽视的积极作用。债权担保主要是通过媒介来发挥促进资金融通的作用。②债权人与债务人签订债转股协议，有效回收债权款项。债转股主要是将原来的债权关系转变成股份关系，将企业向债权人的贷款款项，按照一定的比例折算成相应的股权，实现债权人身份的转变，是保障债权实现的重要方式。通过以债权购买债务人股份的方式，促进债务人和债权人关系的转变，将原来的还本付息向按股分红进行转变，将债权人企业部分款项变得流动起来。目前，我国企业的债转股在一定范围内应用，从整体角度来说，此种方式是一把"双刃剑"，有利也有弊，需要客观辩证地看待，对其利弊作出合理的分析，以此作为基础，彰显其优势，控制其弊端，促进企业更好地发展。

【法条链接】

《应收账款质押登记办法》

第二条　本办法所称应收账款是指权利人因提供一定的货物、服务或设施而获得的要求义务人付款的权利以及依法享有的其他付款请求权，包括现有的和未来的金钱债权,但不包括因票据或其他有价证券而产生的付款请求权,以及法律、行政法规禁止转让的付款请求权。

本办法所称的应收账款包括下列权利:

(一)销售、出租产生的债权,包括销售货物,供应水、电、气、暖,知识产权的许可使用,出租动产或不动产等;

(二)提供医疗、教育、旅游等服务或劳务产生的债权;

(三)能源、交通运输、水利、环境保护、市政工程等基础设施和公用事业项目收益权;

(四)提供贷款或其他信用活动产生的债权;

(五)其他以合同为基础的具有金钱给付内容的债权。

《企业破产法》

第一百一十三条 破产财产在优先清偿破产费用和共益债务后,依照下列顺序清偿:

(一)破产人所欠职工的工资和医疗、伤残补助、抚恤费用,所欠的应当划入职工个人账户的基本养老保险、基本医疗保险费用,以及法律、行政法规规定应当支付给职工的补偿金;

(二)破产人欠缴的除前项规定以外的社会保险费用和破产人所欠税款;

(三)普通破产债权。

破产财产不足以清偿同一顺序的清偿要求的,按照比例分配。

破产企业的董事、监事和高级管理人员的工资按照该企业职工的平均工资计算。

专题九

企业人事法律关系处理

前面几个专题从各个不同的方面、合同形式阐述了法律风险点及防范提示，那么，企业最大的法律风险是什么呢？是人。人是一切事物的主宰，尤其在经济全球化的今天，在以新知识为驱动力的新经济浪潮中，企业之间的竞争归根结底是人与人之间的竞争，作为知识载体的人成为价值创造中的第一资源，人是企业最大的资源也是唯一的资源。商业行为，收益与风险并存，人是最大的资源，用人得当，充分发挥人的积极性，可以获取收益；如果用人失当，则面临法律风险，这是一种辩证的关系，所以人既是最大的资源，也是最大的风险。

如何最大限度地优化企业的人力资源管理，提高人的积极性，防范企业的用人法律风险，是任何一个企业老板必须面临的难题，考验的是老板和经营管理者的智慧。本专题从企业用人法律风险和企业的股权激励措施两大方面结合实践案例展开阐述，共有 18 个值得关注的风险点。

风险点 9-1
企业法定代表人的职务行为

【案例】

在吴万涛、石青英民间借贷案中,上诉人吴万涛(兴义市利仁商贸有限责任公司法定代表人)因与被上诉人石青英、原审被告兴义市利仁商贸有限责任公司(以下简称利仁商贸公司)民间借贷纠纷案,不服贵州省兴义市人民法院民事判决,提起上诉。2016年8月2日,吴万涛以经营利仁商贸公司缺乏周转资金为由向石青英借款30万元;同日,石青英向吴万涛的账户转款25万元,并叫案外人李贵宝向吴万涛转款5万元,合计出借30万元给吴万涛。后因剩余25万元本金一直没有还款,石青英向法院起诉,提出判令利仁商贸公司、吴万涛立即偿还石青英借款本金25万元等诉讼请求。一审法院支持了该诉讼请求。二审中,吴万涛提供利仁商贸公司的现金日记账本,证明吴万涛于2016年8月2日向石青英借款30万元,已于当日转由利仁商贸公司使用。上诉法院认为吴万涛在《借款合同》中签名的行为系其履行法定代表人职务行为,其代表公司对外进行民事活动的责任,应归于公司;且案涉借款确实是用于公司经营活动,还款责任就由利仁公司承担,吴万涛不承担还款责任。故撤销了一审判决,改判为由兴义市利仁商贸有限责任公司承担还款责任。①

【法理分析】

职务行为法律风险,是指企业工作人员因行使职务行为导致企业承受的法律风险。职务行为是履行职责的活动,与个人行为相对应,通俗地讲,也就是代表企业发生的行为,那么谁可以代表企业呢?应该说根据岗位类型从不同的角度可以代表企业的工作人员很多,但排在第一位且最具有代表性的肯定是企业的法定代表人。企业法定代表人的职务行为可能会给企业带来法律风险。

《民法典》第62条明确了法定代表人的执行职务后果由法人承担;但是法人承担

① 参见吴万涛、石青英民间借贷纠纷民事判决书,(2020)黔23民终2647号。

民事责任后,依照法律或者法人章程的规定,可以向有过错的法定代表人追偿。法定代表人天然代表企业,其代表行为具有全面性,全面代表企业。法定代表人只要履行的是职务行为,其法律后果必然是企业承担,其签字和企业盖章的法律后果是一样的,所以选任企业的法定代表人非常关键。

上述案例争议之一主要是关于吴万涛是否承担还款责任的问题。根据《最高人民法院关于审理民间借贷案件适用法律若干问题的规定》第 22 条第 2 款的规定,"企业的法定代表人或者非法人组织的负责人以个人名义与出借人订立民间借贷合同,所借款项用于单位生产经营,出借人请求单位与个人共同承担责任的,人民法院应予支持"。所以,吴万涛作为利仁商贸公司的法定代表人,其向石青英借款用于经营公司,且石青英将借款打入吴万涛的个人账户,看起来吴万涛应对借款承担共同偿还责任。

但是,二审中,吴万涛提供利仁商贸公司的现金日记账本,拟证明吴万涛于2016 年 8 月 2 日向石青英借款 30 万元,已于当日转由利仁商贸公司使用。石青英质证认为,该现金日记账本系利仁商贸公司单方制作,不能作为证据使用。但二审法院认证意见为:该现金日记账本虽为利仁商贸公司单方制作,但经庭上核实,该记账本完整,已有公司相关人员签名,符合证据要件,应予确认。

对吴万涛是否应当承担本案借款的偿还责任问题。二审法院的理由非常清晰:首先,从本案所涉《借款合同》形式看,首部载明的甲方(出借人)为石青英、乙方(借款人)为利仁商贸公司,该合同的相对方为石青英与利仁商贸公司;其次,吴万涛系利仁商贸公司法定代表人,其在商业合同等正式文本的落款处签名符合法定代表人履行职务行为的特征;最后,吴万涛陈述,2016 年 8 月 2 日向石青英借款用于利仁商贸公司经营活动,有利仁商贸公司的现金日记账本印证,可以确认案涉借款的实际使用人为利仁商贸公司。此外,石青英也未提供证据证实吴万涛以个人名义向其借款。吴万涛所提"吴万涛系履行法定代表人职务行为"的上诉理由成立,吴万涛不应对本案借款承担偿还责任。

【法务提示】

(1)选择合适之人作为法定代表人

《公司法》第 13 条规定,法定代表人由公司董事长、执行董事或者经理(总经理)担任,其他人员不能担任。通常情况下,企业的法定代表人是企业的股东,通俗地讲,也就是老板,但往往有些企业的老板基于种种考虑,会找一些人来挂名担任法定代表人,或者大型企业子公司、"孙公司"众多,不可能都由老板担任法定代表人,往往会让企业的员工担任子公司、"孙公司"的法定代表人。但无论法定代表人如何选任,法定代表人的行为是否得到公司的授权,或者公司内部对法定代表人的职权是否有限制,只要是工商注册登记上的法定代表人，具有公示意义，对外就代表企业，法律后果由企业来承担，所以选任法定代表人非常关键。

(2)与法定代表人签订内部协议书

一旦法定代表人给企业造成损害，企业在对外承担了法律责任后，可以凭内部协议向其追偿。

【法条链接】

《民法典》

第六十二条　法定代表人因执行职务造成他人损害的，由法人承担民事责任。法人承担民事责任后，依照法律或者法人章程的规定，可以向有过错的法定代表人追偿。

《公司法》

第十三条　公司法定代表人依照公司章程的规定，由董事长、执行董事或者经理担任，并依法登记。公司法定代表人变更，应当办理变更登记。

《最高人民法院关于审理民间借贷案件适用法律若干问题的规定》

第二十二条第二款　法人的法定代表人或者非法人组织的负责人以个人名义与出借人订立民间借贷合同，所借款项用于单位生产经营，出借人请求单位与个人共同承担责任的，人民法院应予支持。

风险点 9－2
基于职权范围产生的职务行为

【案例】

在中国信达资产管理公司郑州办事处、河南邦杰实业集团有限公司与周口市人民政府国有资产监督管理委员会、周口市食品总公司借款担保合同纠纷案[①]中，最高人民法院认为，关于信达公司郑州办事处在该案中对约定的抵押物是否享有优先受偿权问题。从本院查明的事实看，邦杰集团公司自愿以其价值4913万元的设备为抵押物，为食品公司向周口中行所借涉案争议贷款提供抵押和担保，同时授权黄德怀代表公司在相关的抵押和保证合同上签字。邦杰集团公司向周口中行出具的《董事会决议》《董事会决议、授权书》的内容与该案争议的《借款合同》《最高额抵押合同》《最高额保证合同》《抵押财产清单》等所涉被担保主债权的种类、金额、贷款期间，抵押物的名称、数量、价值、担保范围，以及合同签订日期、签字人等均一一对应，而邦杰集团公司对此并未提出反驳证据。况且在当事人签订《最高额抵押合同》的2001年，食品公司仍为邦杰集团公司的控股股东和核心企业，两公司的法定代表人至今仍同为一人，公司地址亦相同(周口市邦杰路9号)，因此，作为邦杰集团公司总会计师的黄德怀在涉案《最高额保证合同》、《最高额抵押合同》以及《企业抵押物登记证》所附的《抵押财产清单》上签字，应当视为黄德怀代表邦杰集团公司实施的民事法律行为，故该案的抵押担保实际上是食品公司与邦杰集团公司共同实施完成的，系包括邦杰集团公司在内的各方当事人的真实意思表示，并非食品公司的无权处分行为，且不违反法律和行政法规的禁止性规定，故应当认定该抵押权合法有效。原审判决以食品公司无权处分涉案抵押物、《最高额抵押合同》对邦杰集团公司无效为由，驳回信达公司郑州办事处有关行使该合同项下财产优先受偿权之请求不当，本院予以纠正。信达公司郑州办事处上诉主

① 参见中国信达资产管理公司郑州办事处、河南邦杰实业集团有限公司与周口市人民政府国有资产监督管理委员会、周口市食品总公司借款担保合同纠纷民事判决书，(2006)民二终字第2号。

张其在该案中对上述抵押财产享有优先受偿权，具有合同和法律依据，本院予以支持。①

【法理分析】

职务行为除了法定代表人之外，还包括负责企业一定事务的、有职权且代表企业对外参与公司经营活动的员工，均有可能因为职务行为给企业带来损失。

该案系典型的因职权范围产生的职务行为，企业的总会计师在《最高额保证合同》、《最高额抵押合同》以及《企业抵押物登记证》所附的《抵押财产清单》上签字，应当视为代表企业实施的民事法律行为，因为总会计师属于企业的财务负责人，当然有权代表企业实施财务行为，属于职务行为，这是总会计师这个岗位的代表性所决定的，至于总会计师内部规定职权如何，在所不问。但如果是企业的人力资源总监、采购总监或者普通的会计在这些抵押单据上签字，则不构成职务行为。

《民法典》第1191条明确“用人单位的工作人员因执行工作任务造成他人损害的，由用人单位承担侵权责任”；该条同时明确工作人员在劳务派遣期间，“因执行工作任务造成他人损害的，由接受劳务派遣的用工单位承担侵权责任”，但是如果“劳务派遣单位有过错的，承担相应的责任”。由此可见，无论是企业的法定代表人，还是企业的普通员工都会产生职务行为的法律后果。

当然，职务行为的代表性是不一样的，员工的代表性则要根据其职权范围而定。职权范围非常关键，如果越过了职务范围，则不构成职务行为。例如，采购经理采购货物就是职务行为，但如果去销售货物就不是职务行为，除非得到公司的授权或者事后追认，否则就是一种越权行为，不构成职务行为。

如何理解职权范围，主要还是看这个职务以及这个职务背后的代表性，例如，如果是企业的采购经理在采购合同上签字，那么就构成职务行为，该合同的法律后果约束公司；但如果普通采购员在采购合同上签字，那么就很难构成职务行为，该合同就尚未成立，不存在法律后果的情形，因为认定职务行为的核心在于工作任务与其身份、岗位相匹配。采购经理的职务与签订采购合同相匹配，而普通采购员则很难与签订采购合同相匹配。但如果是采购经理签订采购合同之后，采购人员在收货单上签字或者验收货物质量，则采购员又构成职务行为，因为收货行为与其采购员的身份是匹配的。

在实践中企业往往以不知情、没有授权或者授权有限为由进行抗辩，如采购经理，企业岗位职责规定不能对外签订采购合同，或者说采购经理上面还有采购总监，但只要其工作任务与其身份、岗位相匹配，其法律后果就由企业承担，除非相对人明知该工

---

① 参见《最高人民法院商事审判指导案例·借款担保卷》，中国法制出版社2011年版，第567－575页。

作人员授权有限。证明对方明知对企业是非常重的举证责任，是几乎不可能完成的举证责任。一旦发生纠纷，败诉的风险非常高。当然，如何认定工作任务与其身份、岗位匹配，涉及认知的问题，应该以普通人的认知来进行衡量，如果员工的身份是采购经理，那么在普通人的认知中，决定货物的采购任务与其身份、岗位匹配。

【法务提示】

(1)重视重要岗位人员录用的资信调查

在录用重要岗位人员之前，该人员的资信调查尤为重要。例如，有大额负债人员或失信人员、限制高消费人员，不适宜在财务主管、采购主管、仓库主管的岗位，否则发生法律风险的概率就会比较高。

(2)向交易相对方发送岗位职责人员的授权范围告知书

合同不是一蹴而就的，企业业务管理中要掌握职务人员的业务动向。虽然企业对执行人员或专项负责人员或者具体岗位领导的内部约束不能对抗第三人，但是，若是职务人员与第三人进行交易时，企业将对该人员的授权范围发给第三人，一旦职务人员超越授权范围签订合同，该合同不对企业产生约束力，因为第三人属于明知。

(3)明确合同履行过程中的专项负责人

企业若与相对方签订了正式合同，可以在合同条款中约定履行过程中具体的专项负责人。比如，购买机器设备，需要安装，则使用的车间技术人员指派专人对接，经该人书面确认，机器安装方为完成。

【法条链接】

《民法典》

第一百七十条 执行法人或者非法人组织工作任务的人员，就其职权范围内的事项，以法人或者非法人组织的名义实施的民事法律行为，对法人或者非法人组织发生效力。

法人或者非法人组织对执行其工作任务的人员职权范围的限制，不得对抗善意相对人。

第一千一百九十一条 用人单位的工作人员因执行工作任务造成他人损害的，由用人单位承担侵权责任。用人单位承担侵权责任后，可以向有故意或者重大过失的工作人员追偿。

劳务派遣期间，被派遣的工作人员因执行工作任务造成他人损害的，由接受劳务派遣的用工单位承担侵权责任；劳务派遣单位有过错的，承担相应的责任。

风险点 9－3
因内部承包责任书导致的职务行为

【案例】

在四川省仁寿县新意建筑劳务有限公司、四川中州建设工程有限公司建设工程施工合同纠纷案中，中州公司认可曾俊辉系其公司员工，并与曾俊辉签订《项目工程承包经营管理责任书》，确定曾俊辉为案涉项目工程负责人。2010年7月28日，曾俊辉以中州公司名义与新意公司签订《内部协议书》，由新意公司对案涉项目工程进行实际施工。曾俊辉的前述行为系履行职务行为，对中州公司发生效力。最高人民法院在再审审查与审判监督民事裁定书中认为："关于新意公司与中州公司之间的法律关系及责任认定的问题。根据《民法总则》第179条第1款规定，执行法人或者非法人组织工作任务的人员，就其职权范围内的事项，以法人或者非法人组织的名义实施民事法律行为，对法人或者非法人组织发生效力……原审法院认定中州公司与新意公司之间存在建设工程施工合同关系，中州公司应承担相应民事法律责任，并无不当。"①

【法理分析】

除了法定代表人的职务行为以及基于职权范围产生的职务行为外，还有非典型职务行为，也就是基于内部承包责任书等书面材料产生的职务行为。因为之前的书面材料设定了职权范围导致职务行为产生，这种情况下的职务行为与表见代理产生交叉，如果内部承包责任书的相对方是内部员工，则由此产生职务行为。那么其行为也可能给企业带来风险。

该案情形在建筑行业或者企业承包经营比较常见，企业通过内部承包的方式与项目负责人签订内部承包协议，项目负责人作为独立核算主体，自负盈亏。但往往这样的内部承包协议中的项目负责人的行为又被确定为职务行为，主要基于两点，

① 参见四川省仁寿县新意建筑劳务有限公司、四川中州建设工程有限公司建设工程施工合同纠纷再审审查与审判监督民事裁定书，(2019)最高法民申2411号。

一是项目负责人是内部员工的特殊身份，二是内部承包行为的“内部”两字，所以产生对内和对外的不同的法律责任，对内由内部承包人独立核算，自负盈亏，对外则由企业承担责任。如果项目负责人并非内部员工，则不构成职务行为，可能构成表见代理。

所谓表见代理，《民法典》第172条规定，“行为人没有代理权、超越代理权或者代理权终止后，仍然实施代理行为，相对人有理由相信行为人有代理权的，代理行为有效”。表见代理，本质上也是无权代理，但给相对人以具有代理权的表象，最终由被代理人承担法律后果。职务行为属于有权代理，表见代理属于无权但视同有权代理，法律后果是相同的，都是被代理人承担责任，相对而言，表见代理的法律风险更高，因为往往超出企业的预见性。职务行为的行为人是企业的员工，是“内人”，企业对员工具有一定的了解和约束，而表见代理的行为人，则为企业的“外人”，顶多也只是向其收取一点管理费，往往存在监管缺失的问题。

【法务提示】

(1)合理设计内部承包责任书

企业的初衷是通过内部承包责任书来约束内部承包人，避免内部承包人的行为导致企业的法律风险，但结果弄巧成拙，导致职务行为的产生，加大了企业的法律风险，所以如何设计内部承包责任书就比较关键。例如，建议责任书中不应赋予承包人刻章的权利，不得私自以企业名义从事任何与承包项目相关的活动等。

(2)注重对协议履行的监管

如何设计《内部承包协议》避免职务行为以及避免职务行为的法律风险虽比较关键，但更重要的是涉及对协议履行的监管，而非仅仅收取管理费就放任内部承包人自行管理。实务中，承包协议签订完毕，企业对其放任不管的现象居多，这给了项目承包人以极大的自由，如果这样，那么由此产生的职务行为的法律风险比较高。故建议企业应有专人随时对承包项目进行监督管理，及时发现问题，避免法律风险出现。

(3)将内部承包行为转化为外部合同行为

如上文所言，内部承包行为人的职务行为主要基于两点，一是“内人”为内部员工，二是“内部”，其核心关键是“内人”的问题，但如果相对方不再是员工，而是具有法定资质、经营资格的独立经营实体，则为外部合同行为，能有效防止职务行为的产生。

【法条链接】

《民法典》

第一百七十条 执行法人或者非法人组织工作任务的人员，就其职权范围内的事项,以法人或者非法人组织的名义实施的民事法律行为,对法人或者非法人组织发生效力。

法人或者非法人组织对执行其工作任务的人员职权范围的限制,不得对抗善意相对人。

风险点9-4
工商备案的管理人员发生变更未登记

【案例】

在北京公达有限责任公司诉北京祥和三峡开发公司房地产开发合同纠纷案中,法院裁判:公司的法定代表人依法代表公司对外进行民事活动。法定代表人发生变更的,应当在工商管理部门办理变更登记。公司的法定代表人在对外签订合同时已经被上级单位决定停止职务,但未办理工商变更登记,公司以此主张合同无效的,人民法院不予支持。①

【法理分析】

表见代理产生的原因,主要还是企业管理方面存在缺失,给人具有代理权的表象。所以法律旨在保护善意的交易第三人,以维护交易秩序。否则交易人总是怀疑来人是否具有实质代理权,尽管从形式上看其具有代理权,但若仍需花时间对代理权证伪,则会严重影响交易效率,同时破坏交易秩序。所以,为了交易安全、高效和简便,在相对有过错的"被代理人"和无过错的第三人之间,法律主张让前者承担不利后果。

曾有代理权,因为各种原因现在无代理权,却又以原被代理人名义从事活动,构成表见代理的,主要有以下两种情形:

第一,原有代理权已经停止,但未及时公示或者告知第三人,导致代理权延续的表象。

第二,企业工商备案的管理人员已经停止职务,但未及时办理工商变更登记的。企业工商登记备案的人员主要有公司的股东、法定代表人、董事、监事、经理,如果发生变更了,应及时办理工商登记备案手续,因为企业的工商登记具有公示意义。但如果没有及时办理工商变更登记,很可能会产生表见代理的法律后果。

---

① 参见北京公达有限责任公司诉北京祥和三峡开发公司房地产开发合同纠纷民事判决书,(2009)民提字第76号。

这里特别要指出的是,并非所有企业的工商登记备案发生变化未及时变更登记都构成表见代理。例如,《合伙企业法》规定,有限合伙企业由普通合伙人执行合伙事务,有限合伙人不执行合伙事务,不得对外代表有限合伙企业。故无论有限合伙人变更后工商登记是否及时变更,都不会构成表见代理,因为有限合伙人法定不具有代理权,当然更不可能构成表见代理。

【法务提示】

会在法律上构成表见代理的还有一种情形便是法定代表人发生变更却未登记,这同样可能给企业带来风险。

(1)及时公示或告知第三人代理权变更情形

企业中部门经理、业务经理等人员,直接与交易相对方接洽是常见现象。且大部分交易是连续的业务活动,包括已签订合同的履行,需要专门负责人一直跟踪决策。若是该人调离原岗位、辞职或被辞退等事件发生时,企业应该向相应的第三人以及未来可能潜在的交易相对方通知。若该人在业界具有一定影响,被业界视作该企业当然的一分子,则必要时需要作出公示。

(2)及时变更工商登记

若工商备案的管理人员发生变更,企业应该及时到工商部门提出变更申请。若有必要,该信息也可以其他方式同时公示。切不可因为怠惰而误了大事。

(3)有限合伙人的行为不能代表合伙企业

不能将合伙企业等同于公司,企业与第三人交易时,若对方为有限合伙人,并声称获得授权,建议企业不要轻易相信,因为法律规定,有限合伙人不得参加合伙事务。有限合伙人的变更未登记也不会构成表见代理。

【法条链接】

《民法典》

第一百七十二条　行为人没有代理权、超越代理权或者代理权终止后,仍然实施代理行为,相对人有理由相信行为人有代理权的,代理行为有效。

《公司法》

第十三条　公司法定代表人依照公司章程的规定,由董事长、执行董事或者经理担任,并依法登记。公司法定代表人变更,应当办理变更登记。

《合伙企业法》

第六十八条第一款　有限合伙人不执行合伙事务,不得对外代表有限合伙企业。

风险点 9－5
股东及管理人员身份的行为

【案例】

在武汉雪花秀产业园投资有限公司与赵勇州、东风(十堰)汽车电器有限公司、十堰神州星火工贸有限公司、操振声债权转让合同纠纷案中,最高人民法院认为,雪花秀公司提交的工商登记材料显示,案涉借款事实发生时,操振声是雪花秀公司的股东和管理人员。即使《情况说明》真实、操振声存在私刻公章的行为,其股东兼管理人员的身份足以使人相信其对外以公司名义签字盖章的行为是职务行为,依据《合同法》第49条规定,其行为构成表见代理,雪花秀公司应对其行为承担民事责任。①

【法理分析】

很多企业股东和管理人员身份常常重合,股东便可以利用其管理人员身份从事活动。因其双重身份,更会让第三人信任其获得企业的授权,从而放心地与其签订合同。企业虽主张无授权不担责,但在法律上仍然可能构成表见代理,给企业造成损失。

在表见代理存在的前提下,"人"的代表性大于公章的代表性,即使公章是虚假的、私刻的,合同仍然有效,由企业承担法律后果。本案中,雪花秀公司抗辩称合同上的公章是虚假的,是操振声私刻的,但最高人民法院最终认定,即使这个公章是虚假的,但操振声是雪花秀公司的股东兼管理人员,构成表见代理,公司仍然要承担法律责任。

【法务提示】

(1)公司章程中明确约束股东权利

公司章程被视作公司的宪法,且需要工商登记,即具有公示性。故可以在公司章程中对公司股东权利义务进行明确约定。

---

① 参见武汉雪花秀产业园投资有限公司与赵勇州、东风(十堰)汽车电器有限公司、十堰神州星火工贸有限公司、操振声债权转让合同纠纷再审民事裁定书,(2016)最高法民申917号。

(2)公司章程约定公司重大事项的管理制度

对于公司公章等的使用,可以在公司章程中予以明确,防止出现私刻公章等不良事件。

【法条链接】

《民法典》

第一百七十二条　行为人没有代理权、超越代理权或者代理权终止后,仍然实施代理行为,相对人有理由相信行为人有代理权的,代理行为有效。

《公司法》

第十一条　设立公司必须依法制定公司章程。公司章程对公司、股东、董事、监事、高级管理人员具有约束力。

风险点 9－6
基于先行为而产生的表见代理

【案例】

湖北省工业建筑总承包集团第三建筑工程公司与王传华、张良义买卖合同纠纷案中出现典型的表见代理。最高人民法院认为，首先，在与发包人十堰市林森房地产开发有限公司签订“水岸新都”房地产项目建设施工合同时，张良义是以工建三公司委托代理人身份在承包人栏内签名，并加盖了工建三公司公章，随后十堰市林森房地产开发有限公司(甲方)与工建三公司(乙方)签署的补充协议亦由张良义在乙方栏签名。施工合同履行中，张良义在该工程中全面负责施工，并将办公地点设在项目现场。据此应当认定工建三公司对于张良义以该公司名义开展施工活动予以认可。其次，张良义在与王传华签订《钢材供应合同》后，王传华按约将钢材运送至建设项目施工现场，嗣后结算时，王传华与张良义就供货钢材的结算提货明细表中注明的是“省工建三公司张良义”。因此，虽然张良义以自己的名义与王传华签订了《钢材供应合同》，但基于上述事实，王传华有理由相信张良义的行为代表工建三公司，二审判决据此认定张良义的行为构成表见代理，符合《合同法》第49条的规定。这是典型的因为之前的行为传递了信息导致表见代理的认定。①

【法理分析】

虽未获授权，但由于其在项目或活动中的行为仿佛被企业默认，导致第三人根据这些行为判断其获授权，则企业极可能面临该人员的行为基于先行为而被认定为表见代理的风险。

先行为可能导致的表见代理，实践中主要包括以下三种类型：

一是之前的行为所传递的信息，让相对人有足够的理由认定代理人具有代理权。

---

① 参见湖北省工业建筑总承包集团第三建筑工程公司与王传华、张良义买卖合同纠纷再审民事裁定书，(2015)民申字第2687号。

二是基于之前的委托关系，但在委托关系终止之后未及时通知相对方，未及时收回委托授权材料、空白合同导致对方有理由认为代理关系仍然继续。

三是基于之前的职务行为而产生的，员工离职了未通知相对方，导致对方误认为其具有代理权，比如采购经理离职了，未书面通知供应商，导致已离职的采购经理仍以企业的名义对外签订采购合同，那么该合同的法律后果由企业承担。但如果员工离职后，企业给所有的供应商发过邮件或者通知，告知该员工离职了，那么这种情况下表见代理的“表”字就不能成立了。

还有一种情形，就是明知他人以自己名义从事活动但不作否认的意思表示，尽管该种情形下没有代理权，但不作否认的意思表示，实际就是以默示的方式追认为有权代理，从无权代理转化为有权代理。

【法务提示】

（1）对项目负责人、员工等人员的行为进行规范管理

无论是企业员工还是项目负责人，抑或内部承包人，企业均应该建立管理制度，尤其应该规范其职务行为，防止一些行为向第三人传递错误信息。

（2）委托关系终止应及时通知相对方

基于之前的委托关系，虽该人员获得授权，但在委托关系终止之后应及时通知相对方，及时收回委托授权材料、空白合同，不给相对方留下错误认识的理由。

（3）员工离职通知相对方

独立负责对外事项的员工离职，应及时通知相对方。

【法条链接】

《民法典》

第一百七十二条　行为人没有代理权、超越代理权或者代理权终止后，仍然实施代理行为，相对人有理由相信行为人有代理权的，代理行为有效。

风险点9－7 挂靠行为产生的表见代理

【案例】

在湛江市第一建筑工程公司与白增江租赁合同纠纷案中，最高人民法院认为，梁化同与湛江一建自2009年至2012年存在挂靠关系，其间梁化同曾以湛江一建名义承接了乌斯太工程，湛江一建为此向梁化同出具了授权委托书。此外，梁化同还以湛江一建的名义承建了600mw工程。湛江一建主张梁化同承接600mw工程并未经其授权，属梁化同擅自以其名义所为。但在2012年梁化同退出600mw工程时，湛江一建却将该项目授权给了他人接管。由此证明，即使梁化同以湛江一建名义承建600mw工程属于无权代理，湛江一建事后亦予以追认并对该项目实际行使了管理权，故梁化同与湛江一建对于600mw工程仍构成挂靠关系。案涉《租赁合同》是2010年11月16日梁化同为600mw工程施工而以湛江一建名义与献县鑫兴建材租赁站的白增江所签订，合同内容并不违反法律、行政法规的强制性规定。湛江一建主张《租赁合同》上湛江一建及600mw项目部的印章均系梁化同私刻，不代表其真实意思表示，合同应无效。但因梁化同与湛江一建之间存在挂靠关系，足以使白增江有理由相信印章的真实性以及梁化同得到了湛江一建的授权，故梁化同的行为构成表见代理，其行为后果应由湛江一建承担。这是一起典型的因为包工头的挂靠行为导致被认定为表见代理而由建筑公司承担法律责任的情形，基于挂靠这种特殊的关系而认定为表见代理。①

【法理分析】

所谓挂靠，本质上就是借用他人资质、资格从事经营的行为。被挂靠单位一般因为挂靠收取一定的管理费或挂靠费。根据商事活动的逻辑，既然有利益所在，便无免费的午餐，一旦出现问题，则可能承担法律后果。

从法律逻辑看，既然挂靠人从事的活动以被挂靠人名义，且利用了被挂靠人的资

---

① 参见湛江市第一建筑工程公司与白增江租赁合同纠纷再审民事裁定书，(2015)民申字第3402号。

质，对外彰显的便是被挂靠企业的能力。所以相对人对被挂靠企业的信赖应该受到法律的保护。这便是挂靠行为导致表见代理的根本原因。

这种情形尤其在建设工程施工行业比较常见。建筑企业面临的巨大风险主要包括两项内容，一为因挂靠行为无效而导致的建筑企业承担兜底的全部法律责任，二为因被挂靠人的行为被认定为表见代理而导致的巨大法律责任承担。

【法务提示】

建筑工程业务等特殊业务中，因为需要特殊资质，挂靠行为常有发生，但被挂靠单位却可能因为挂靠人的行为承担表见代理的风险。

只要存在挂靠行为，就难以绝对杜绝风险。因为挂靠所获得的收益，包括非经济收益（可能出于经营活动中的相互往来，甚至仅是人情关系等），必然需要付出代价。但是，企业仍可以有所行动以降低风险。所以识人之明最为关键，主要通过中国人民银行征信系统、各地公共信用信息服务中心（我国有些地区已经设立）等可信机构获取挂靠人的公共信用信息和市场信用信息。

（1）调查挂靠人的公共信用信息

主要通过行政机关、司法机关、公共企业事业单位等调取公共信用信息，准确掌握挂靠人在履行职责、提供服务过程中产生或者获取的社会信用信息。包括通过裁判文书网、被执行人信息公开网等公开渠道了解拟录用人员是否有负债，是否已经被限制高消费，是否被列入失信人黑名单，是否有拒不执行生效法律文书情形，等等。

（2）调查挂靠人的市场信用信息

看挂靠人所在地区是否建立有公共信用信息服务中心，可以根据程序调取市场信用信息，即在生产经营活动中产生、采集或者获取的社会信用信息。包括但不限于：欠缴依法应当缴纳的税款、社会保险费、行政事业性收费、政府性基金的；提供虚假材料、隐瞒真实情况，侵害社会管理秩序和社会公共利益的；适用一般程序作出的行政处罚信息，但违法行为轻微或者主动消除、减轻违法行为危害后果的除外；被监管部门处以市场禁入或者行业禁入的；等等。

（3）发包人调查清楚承包方是否有挂靠行为并约定相关内容

虽然发包人和挂靠人之间没有直接关系，但毕竟是挂靠人实际施工，施工能力、质量、工期主要依赖挂靠人，挂靠行为和发包人存在直接关联。另外，需要与承包人在合同中约定若是出现挂靠行为，则发包人对外承担责任后，可以追究承包人的责任。

（4）加强对挂靠人的管理

需要特别提醒建筑施工企业，仅仅收取管理费而对挂靠的实际施工人不进行管理的表见代理的概率非常高，切忌“刀枪入库，马放南山”，放任挂靠人自行管理，对挂靠项目要同自营项目一样加强管理，甚至比自营项目还要注重管理，管理的着重点应表现在三方面：挂靠人再分包违规收取班组押金、人工工资的发放以及建筑主材的采购价格、采购数量，否则极有可能是获得1%的利润，但承担100%的风险。

【法条链接】

《民法典》

第一百七十二条 行为人没有代理权、超越代理权或者代理权终止后，仍然实施代理行为，相对人有理由相信行为人有代理权的，代理行为有效。

《建筑法》

第六十六条 建筑施工企业转让、出借资质证书或者以其他方式允许他人以本企业的名义承揽工程的，责令改正，没收违法所得，并处罚款，可以责令停业整顿，降低资质等级；情节严重的，吊销资质证书。对因该项承揽工程不符合规定的质量标准造成的损失，建筑施工企业与使用本企业名义的单位或者个人承担连带赔偿责任。

《最高人民法院关于审理建设工程施工合同纠纷案件适用法律问题的解释(一)》

第一条 建设工程施工合同具有下列情形之一的，应当依据民法典第一百五十三条第一款的规定，认定无效：

(一)承包人未取得建筑业企业资质或者超越资质等级的；

(二)没有资质的实际施工人借用有资质的建筑施工企业名义的；

(三)建设工程必须进行招标而未招标或者中标无效的。

承包人因转包、违法分包建设工程与他人签订的建设工程施工合同，应当依据民法典第一百五十三条第一款及第七百九十一条第二款、第三款的规定，认定无效。

第七条 缺乏资质的单位或者个人借用有资质的建筑施工企业名义签订建设工程施工合同，发包人请求出借方与借用方对建设工程质量不合格等因出借资质造成的损失承担连带赔偿责任的，人民法院应予支持。

风险点 9-8
分包行为产生的表见代理

【案例】

在合肥鑫丰建筑安装工程有限公司与青海华瑞物资有限公司、刘建民买卖合同纠纷案中，最高人民法院认为：鑫丰公司承包民和县保障性住房和棚户区改造工程安置房工程后，与刘建民签订《幢号承包责任制合同》，刘建民实际负责鑫丰公司该项目 6 号楼、7 号楼、8 号楼的施工。对此节事实，鑫丰公司无异议。鑫丰公司虽称其与刘建民之间是分包关系，但刘建民个人并无工程建筑的施工资质，鑫丰公司应当知晓刘建民只能以鑫丰公司的名义进行施工。对华瑞公司而言，到工商管理部门核实签章的真实性并非签订合同的必要环节。华瑞公司根据"合同、付款协议以及现场勘查"，已有理由相信刘建民具有鑫丰公司的授权，华瑞公司已尽到谨慎的审查义务。根据《合同法》第 49 条的规定，"行为人没有代理权、超越代理权或者代理权终止后以被代理人名义订立合同，相对人有理由相信行为人有代理权的，该代理行为有效"，刘建民以鑫丰公司 6 号楼、7 号楼、8 号楼项目部的名义签订合同的行为构成表见代理，由此产生的法律后果应由鑫丰公司承担。①

【法理分析】

分包是建设工程中比较常见的现象，施工单位承包了工程之后，将其中的部分楼幢、部位工程分包给分包人施工完成，但如果分包人不具有建设工程施工资质，往往会被认定为表见代理。

上述这个案件的关键在于分包的施工人不具有建筑工程施工资质所以被认定为表见代理，但如果分包人具有资质，则显然不能成立表见代理。实际上，上面挂靠的案件、分包的案件，本质是同一回事，之所以被认定为表见代理，其唯一的原因就是实际

---

① 参见合肥鑫丰建筑安装工程有限公司与青海华瑞物资有限公司、刘建民买卖合同纠纷再审民事裁定书，(2015)民申字第 1620 号。

施工人没有资质,也就是因为借用资质而引起的表见代理,这是建筑施工企业的痛点和难点,也是建设工程领域是表见代理的高发行业的原因。

【法务提示】

企业将项目分包给不同的单位,分包单位必然在分包业务中会有和第三人交易的情形。那么,表见代理的法律风险因此而产生。

(1)确保分包人具有资质

建筑工程的展开,根据国家法律的强制性规定,实际施工人需要具有资质。这是从工程质量、国家特殊行业监管的需要,以保证公共利益。这条红线是任何单位绝不可以触碰的。所以分包活动并不像其他民商事活动具有自由度。承包人分包过程中,务必保证分包人具有相应资质,而不是为了降低成本而找“游击队伍”完成,最终带来更大的成本损失。

(2)监督分包人认真完成分包工作

总承包人才是发包人的合同相对人,一旦工程或合同履行出现问题,就算分包人是有资质的,其行为后果对外依然要由总承包人承担的。故建议总承包人应该派专人负责监督管理分包人的工作,或者抽查进行监督。这样不但可以了解分包工程进度,还可以随时发现问题,起到事中监督、止损的效果。

【法条链接】

《民法典》

第一百七十二条 行为人没有代理权、超越代理权或者代理权终止后,仍然实施代理行为,相对人有理由相信行为人有代理权的,代理行为有效。

《建筑法》

第二十八条 禁止承包单位将其承包的全部建筑工程转包给他人,禁止承包单位将其承包的全部建筑工程肢解以后以分包的名义分别转包给他人。

第二十九条第一款 建筑工程总承包单位可以将承包工程中的部分工程发包给具有相应资质条件的分包单位;但是,除总承包合同中约定的分包外,必须经建设单位认可。施工总承包的,建筑工程主体结构的施工必须由总承包单位自行完成。

第六十七条 承包单位将承包的工程转包的,或者违反本法规定进行分包的,责令改正,没收违法所得,并处罚款,可以责令停业整顿,降低资质等级;情节严重的,吊销资质证书。

《最高人民法院关于审理建设工程施工合同纠纷案件适用法律问题的解释(一)》

第四十三条 实际施工人以转包人、违法分包人为被告起诉的,人民法院应当依法受理。

实际施工人以发包人为被告主张权利的,人民法院应当追加转包人或者违法分包人为本案第三人,在查明发包人欠付转包人或者违法分包人建设工程价款的数额后,判决发包人在欠付建设工程价款范围内对实际施工人承担责任。

风险点9-9
签字真、无盖章或盖假章的合同

【案例】

在天津置信投资发展有限公司、新疆保利天然投资有限公司合资、合作开发房地产合同纠纷案中，最高人民法院认为，只有法定代表人签字而无公司盖章，相对人又不能举证该法定代表人签字代表公司，故该合同效力不及于公司。最高人民法院在民事判决书中写道："置信公司认为，只要《回购股权通知》上蓝宁的签字是真实的，签字时工商登记上记载的保利天然公司的法定代表人是蓝宁，那么即使该通知上没有加盖保利天然公司的公章，蓝宁的签字行为也是履行保利天然公司法定代表人职务的行为，保利天然公司就应当承担相应的后果，而不用考虑签字的地点、场合等等因素。"但是，"蓝宁既是自然人，同时按照置信公司的观点，其签字落款时间即2011年10月6日时是保利天然公司的法定代表人。那么，置信公司必须证明蓝宁签字时是代表保利天然公司，而不是其私下签字，因为保利天然公司根本不知道有这回事。本案的《合作协议书》就是如此，既有法定代表人签字，又加盖有公司印章。《回购股权通知》作为履行《合作协议书》的重要方式，也应当采取同样的方式，至少要有双方公司盖章。如果缺少保利天然公司盖章，那么置信公司就有义务证明蓝宁签字的行为是代表保利天然公司的职务行为，而不是私人行为。恰恰在本案中，置信公司的举证没有达到这样的程度，其就应承担相应的不利后果"。①

【法理分析】

签字真、盖章为假在司法实践中并不鲜见，往往给企业带来较大的损失，因为可能成立职务行为、表见代理。但是，只有签字，无盖章或者盖了假章的合同也有可能被法院认定为效力不及代表人所在的企业。当然，签字、盖章的关系也不能一概而论，更要

---

① 参见天津置信投资发展有限公司、新疆保利天然投资有限公司合资、合作开发房地产合同纠纷再审民事判决书，(2018)最高法民再161号。

从具体的案情出发进行认定。

商事交易中，法定代表人签字并加盖企业公章，是通常的方式。但是，前面我们也提到，在特殊情况下，未加盖公章，只有法定代表人的签字，就算该法定代表人未获授权，仍然有可能成立表见代理。但是，表见代理的构成要件是相对人善意，并有理由相信该人获得授权。上述案例中，《合作协议书》既有法定人签字，又有公司盖章；《回购股权通知》无公司盖章，却未引起重视，说明没有尽到注意义务，不能被认定为善意。

企业作为商事主体，在交易中被赋予较高的注意义务和严格责任。即商事主体是具有专业经营水平的法律主体，其理应对引起风险的事项有能力识别。这也是商事主体行为能力的体现。当其没有尽到注意义务时，便只能自己承担不利后果。

【法务提示】

（1）合同条款中常常会明确“签字和盖章后生效”

在企业对外签订的合同、文件中，应该约定生效条件为签名+盖章，以防止员工单独签字就发生法律效力的情形，以盖章来限制职务行为的度。

表见代理仅是司法中解决争议的一种方式。但企业合同管理，必须防患于未然，故应该规范条款，规范合同操作。当合同条款明确“签字和盖章后生效”后，万一只有签字无盖章，就可以成为抗辩相对方提出的表见代理并要求企业承担责任的诉求。这样便可以防范自己内部工作人员利用职权，构成表见代理给企业带来损失。

（2）务请相对方盖章

企业不仅要加强对自己方合同签字盖章的管理，同时要保证对方既有法定代表人签字，又有盖章。为了保证法定代表人签字时是代表公司的职务行为，在我国法律中，在法定代表人签字的同时，往往要求公司加盖公司印章，以保证二者的统一，防止法定代表人在公司不知情的情况下代表公司作出意思表示。

提醒我国的公司类市场主体，在签订合同时，不管是什么合同，都应当要求对方公司加盖公章。如果对方没有加盖公章，那么应当要求对方加盖，否则，宁愿相信签字人是个人行为，不能代表公司，因为这样的结果极易引发纠纷，而且在诉讼中处于很不利的地位。

【法条链接】

《民法典》

第一百七十二条　行为人没有代理权、超越代理权或者代理权终止后，仍然实施代理行为，相对人有理由相信行为人有代理权的，代理行为有效。

《全国法院民商事审判工作会议纪要》

41.【盖章行为的法律效力】司法实践中，有些公司有意刻制两套甚至多套公章，有的法定代表人或者代理人甚至私刻公章，订立合同时恶意加盖非备案的公章或者假公章，发生纠纷后法人以加盖的是假公章为由否定合同效力的情形并不鲜见。人民法院在审理案件时，应当主要审查签约人于盖章之时有无代表权或者代理权，从而根据代表或者代理的相关规则来确定合同的效力。

法定代表人或者其授权之人在合同上加盖法人公章的行为，表明其是以法人名义签订合同，除《公司法》第16条等法律对其职权有特别规定的情形外，应当由法人承担相应的法律后果。法人以法定代表人事后已无代表权、加盖的是假章、所盖之章与备案公章不一致等为由否定合同效力的，人民法院不予支持。

代理人以被代理人名义签订合同，要取得合法授权。代理人取得合法授权后，以被代理人名义签订的合同，应当由被代理人承担责任。被代理人以代理人事后已无代理权、加盖的是假章、所盖之章与备案公章不一致等为由否定合同效力的，人民法院不予支持。

《最高人民法院对十三届全国人大三次会议第7477号建议的答复》

公司作为个体组织，其表示意思的方式必然要通过特定自然人的签字或盖章才能实现。盖章行为的本质在于表明行为人从事的是职务行为，有代表权或代理权的人盖章确认的合同，对公司具有约束力。因此，对于盖章行为的法律效力不宜进行弱化，但可以进行裁判思路上的指引。最高人民法院发布的《全国法院民商事审判工作会议纪要》对此进行了明确，即应当着重考察盖章之人有无代表权或者代理权来认定合同效力，有代表权或者代理权的人即便加盖的是假公章，也应认定其构成有权代表或者有权代理。即将实施的民法典第四百九十条规定：“当事人采用合同书形式订立合同的，自当事人均签名、盖章或者按指印时合同成立。”该条款是对原合同法第三十二条进行了完善，使按手印与签字、盖章签订合同的方式并列，也成为法定的签订合同的方式。

风险点9－10
代理结束后授权书未收回的表见代理

【案例】

在中十冶集团有限公司、夏鹏举建设工程施工合同纠纷案中，最高人民法院认为："《合同法》第49条规定：'行为人没有代理权、超越代理权或者代理权终止后以被代理人名义订立合同，相对人有理由相信行为人有代理权的，该代理行为有效。'本案各方当事人争议的问题在于，袁官和以中十冶成都分公司名义与夏鹏举签订《S302线通江县城过境公路大房沟隧道工程劳务分包初步协议》以及向夏鹏举收取履约保证金800万元的行为，是否构成表见代理。首先，夏鹏举提供的证据能够证明袁官和具有代理中十冶成都分公司与其签订案涉协议的授权表象。袁官和在与夏鹏举签订案涉协议时向夏鹏举出示的三份材料，中十冶成都分公司中十冶成分司发〔2013〕3号文件证明袁官和是该分公司聘任的副总经理，中十冶成都分公司中十冶成分司发〔2014〕1号文件证明该分公司任命袁官和为四川省通江县S302线县城过境公路建设项目的指挥长，全权负责本项目，《通江县S302线县城过境公路建设项目工程施工内部承包协议书》证明袁官和内部承包该工程。虽然三份材料上中十冶成都分公司的印章与公安局备案印章不一致，但中十冶公司在另案中并未否定其效力，且中十冶公司在本案中虽主张印章是袁官和伪造的，但其没有提供充分证据加以证明。夏鹏举提供的证据能够证明袁官和具有代理中十冶成都分公司与其签订案涉协议的授权表象。其次，中十冶成都分公司有重大过错。中十冶成都分公司与袁官和签订《通江县S302线县城过境公路建设项目工程施工内部承包协议书》是为了规避施工人应具备相应建设资质的法律规定，其有过错。中十冶成都分公司在该项目工程无法开工后，未退还袁官和的保证金，而是决定该保证金退还由袁官和自行想办法。中十冶成都分公司以书面协议解除《通江县S302线县城过境公路建设项目工程施工内部承包协议书》，却放任袁官和持有中十冶成都分公司中十冶成分司发〔2013〕3号文件、中十冶成分司发〔2014〕1号文件，使袁官和具有代理中十冶成都分公司的授权表象，其有过错。中十冶成都分公司作为专业的建设单位，在从业中不遵守法律关于禁止借用建设资质的规定，在企业管理中不规范经营，导致本案纠纷的发生，具有重大过错。再次，夏鹏举有理由相信行为人袁官和有代理权。袁官和在与夏鹏举签订案涉协议上加盖中十冶集团有限公司S302线通江县城过境公路工程项目经理部印章，虽然中十冶公司主张该项目部的印章是伪造的，但其没有提供证据加以证明，夏鹏举依据袁官和持有的三份材料，对袁官和以中十冶成都分公司项目部名义与其签订案涉协议并收取保证金800万元的行为，是对'全权负责项目'权限的通常判断，且工程内容也未超出常识性判断，故夏鹏举与袁官和签订案涉协议并支付保证金800万元是在袁官和有授权表象的情况下，夏鹏举属于善意第三方。综上，袁官和以中十冶成都分公司名义与夏鹏举签订《S302线通江县城过境公路大房沟隧道工程劳务分包初步协议》以及向夏鹏举收取履约保证金800万元的行为，构成表见代理。"①

【法理分析】

曾有代理权，但代理终止后因未及时收回授权书，同样有可能构成表见代理，给企业造成损失。前案是典型的表见代理情形，之所以发生表见代理，是因为被代理人没有做到事毕则代理止，未及时收回代理文件。

前文也曾阐述企业均有比较严格的注意义务，对于建筑企业更是。明知有风险，仍然放任，则风险必生。我国法律不保护躺在权利上睡觉的主体。正因为如此，才会有表见代理制度的存在。虽对承担责任的企业来说，并无完全公平，但法律从来都不可能绝对公平，而是在相关主体之间寻求相对公平。

【法务提示】

(1)一事一毕、一事一授权

建议企业做到一事一毕，一事一授权，授权内容、期限要明确，避免过于宽泛，避免出现"全权代理"等模糊字眼，职务行为结束要及时收回代理文件。必要时要向相对人发函履行告知义务，总之不能让相对人有理由认为代理人仍然有代理权。

(2)驱人之威、建章立制

无权代理、越权代理、表见代理行为的发生本质上是因为企业内部审批机制、企业治理结构的缺失与不规范，正本清源，本质上还是要完善制度，树立威严，从企业的规章制度、劳动合同规范职务行为行使边界，落实分级审批机制。员工无权代理、越权代理、表见代理，代理人可能既触犯了刑法，构成职务侵占罪，民事上对企业也要承担赔偿责任，所以在企业承担了法律后果后，企业可以民刑并进，既追究代理人的职务侵占

---

① 参见中十冶集团有限公司、夏鹏举建设工程施工合同纠纷再审民事判决书，(2019)最高法民再199号。

的刑事责任，又要求其承担损失赔偿的民事责任。

【法条链接】

《民法典》

第一百七十二条　行为人没有代理权、超越代理权或者代理权终止后，仍然实施代理行为，相对人有理由相信行为人有代理权的，代理行为有效。

风险点 9－11
支付工资未以农民工对待

【案例】

某银行将餐厅的劳务承包给某个厨师，银行根据劳务合同约定支付劳务费给厨师。厨师自己又雇用了两个农民工阿姨来洗碗、切菜，平时农民工阿姨的工资都是由厨师个人支付的。若厨师未支付工资给农民工阿姨，则银行在已经按劳务承包合同约定支付了劳务承包费之后，仍有义务向农民工阿姨支付工资，也即产生了双重支付的风险。

【法理分析】

2020 年 5 月 1 日，《保障农民工工资支付条例》开始实施，这是中国第一部保障农民工工资权益的专门性法规。《保障农民工工资支付条例》将保障农民工工资支付提升到新的高度，甚至刑事责任的高度，这是前所未有的。

1. 农民工的范围明确和民事责任

上述案例中涉及的是农民工吗？这是很多人的第一个困惑。一看农民工，传统意识里会想到建筑工地，认为只会对建筑企业产生影响。实际上并不是这样，农民工的概念和外延是宽泛的，不仅对建筑行业会产生影响，实际上对各个行业的劳动用工都会产生影响。而且其突破了劳务合同的相对性，导致了有可能依据劳务分包合同付了一次钱，还有可能要支付农民工工资，产生双重支付。

农民工是对用人单位雇用的农村居民的统称。《保障农民工工资支付条例》第 2 条“本条例所称农民工，是指为用人单位提供劳动的农村居民”，这个概念极为宽泛，只要是给用人单位提供劳动的农村居民都称为农民工，不仅涉及建筑企业、房地产企业、加工制造业，甚至是高大上的金融机构，只要是提供劳动的农村居民，都是农民工，不再局限于以往的建筑、矿山企业，也不局限于职业，哪怕是工程师，也有可能适用《保障农民工工资支付条例》。

用人单位将劳务发包给个人或者不具备劳务用工资质的单位，用人单位需承担用工主体责任。实际上这是突破了合同的相对性，对劳务发包提出了更高的要求。

2. 农民工工资问题的行政法律风险

农民工工资支付风险大部分是民事法律风险。实际上农民工工资问题不仅存在民事法律风险，还存在行政法律风险。

《保障农民工工资支付条例》主要规定了以下几种行政责任：

（1）第 54 条规定，有下列情形之一的，由人力资源社会保障行政部门责令限期改正。逾期不改正的，对单位处 2 万元以上 5 万元以下的罚款，对法定代表人或者主要负责人、直接负责的主管人员和其他直接责任人员处 1 万元以上 3 万元以下的罚款：①以实物、有价证券等形式代替货币支付农民工工资；②未编制工资支付台账并依法保存，或者未向农民工提供工资清单；③扣押或者变相扣押用于支付农民工工资的银行账户所绑定的农民工本人社会保障卡或者银行卡。

（2）第 55 条规定，有下列情形之一的，由人力资源社会保障行政部门、相关行业工程建设主管部门按照职责责令限期改正；逾期不改正的，责令项目停工，并处 5 万元以上 10 万元以下的罚款；情节严重的，给予施工单位限制承接新工程、降低资质等级、吊销资质证书等处罚：①施工总承包单位未按规定开设或者使用农民工工资专用账户；②施工总承包单位未按规定存储工资保证金或者未提供金融机构保函；③施工总承包单位、分包单位未实行劳动用工实名制管理。

（3）第 56 条规定，有下列情形之一的，由人力资源社会保障行政部门、相关行业工程建设主管部门按照职责责令限期改正；逾期不改正的，处 5 万元以上 10 万元以下的罚款：①分包单位未按月考核农民工工作量、编制工资支付表并经农民工本人签字确认；②施工总承包单位未对分包单位劳动用工实施监督管理；③分包单位未配合施工总承包单位对其劳动用工进行监督管理；④施工总承包单位未实行施工现场维权信息公示制度。

（4）第 57 条规定，有下列情形之一的，由人力资源社会保障行政部门、相关行业工程建设主管部门按照职责责令限期改正；逾期不改正的，责令项目停工，并处 5 万元以上 10 万元以下的罚款，①建设单位未依法提供工程款支付担保；②建设单位未按约定及时足额向农民工工资专用账户拨付工程款中的人工费用；③建设单位或者施工总承包单位拒不提供或者无法提供工程施工合同、农民工工资专用账户有关资料。

（5）第 58 条明确，不依法配合人力资源社会保障行政部门查询相关单位金融账户的，由金融监管部门责令改正；拒不改正的，处 2 万元以上 5 万元以下的罚款。

（6）第 59 条规定，政府投资项目政府投资资金不到位拖欠农民工工资的，由人力资源社会保障行政部门报本级人民政府批准，责令限期足额拨付所拖欠的资金；逾期不拨付的,由上一级人民政府人力资源社会保障行政部门约谈直接责任部门和相关监管部门负责人,必要时进行通报,约谈地方人民政府负责人。情节严重的,对地方人民政府及其有关部门负责人、直接负责的主管人员和其他直接责任人员依法依规给予处分。

(7)第60条规定,政府投资项目建设单位未经批准立项建设、擅自扩大建设规模、擅自增加投资概算、未及时拨付工程款等导致拖欠农民工工资的,除依法承担责任外,由人力资源社会保障行政部门、其他有关部门按照职责约谈建设单位负责人,并作为其业绩考核、薪酬分配、评优评先、职务晋升等的重要依据。

(8)第61条规定,对于建设资金不到位、违法违规开工建设的社会投资工程建设项目拖欠农民工工资的,由人力资源社会保障行政部门、其他有关部门按照职责依法对建设单位进行处罚;对建设单位负责人依法依规给予处分。相关部门工作人员未依法履行职责的,由有关机关依法依规给予处分。

(9)第62条规定,县级以上地方人民政府人力资源社会保障、发展改革、财政、公安等部门和相关行业工程建设主管部门工作人员,在履行农民工工资支付监督管理职责过程中滥用职权、玩忽职守、徇私舞弊的,依法依规给予处分;构成犯罪的,依法追究刑事责任。

上述规定可以体现,农民工工资问题的行政责任相当具体明确,规定了用人单位的行政责任,既有责令用人单位改正、处以罚款,甚至降低资质等,也有对用人单位的法定代表人、直接责任人进行处罚。除了用人单位的行政责任以外,还涉及对政府有关部门工作人员的处罚。

3. 农民工工资问题的刑事责任

《刑法》第276条之一规定的"拒不支付劳动报酬罪",是指以转移财产、逃匿等方法逃避支付劳动者的劳动报酬或者有能力支付而不支付劳动者的劳动报酬,数额较大,经政府有关部门责令支付仍不支付的,处3年以下有期徒刑或者拘役,并处或者单处罚金;造成严重后果的,处3年以上7年以下有期徒刑,并处罚金。单位犯前款罪的,对单位判处罚金,并对其直接负责的主管人员和其他直接责任人员,依照前款的规定处罚。有前两款行为,尚未造成严重后果,在提起公诉前支付劳动者的劳动报酬,并依法承担相应赔偿责任的,可以减轻或者免除处罚。《最高人民法院关于审理拒不支付劳动报酬刑事案件适用法律若干问题的解释》规定,"以转移财产、逃匿等方法逃避支付劳动者的劳动报酬"是指以下行为:(1)隐匿财产、恶意清偿、虚构债务、虚假破产、虚假倒闭或者以其他方法转移、处分财产的;(2)逃跑、藏匿的;(3)隐匿、销毁或者篡改账目、职工名册、工资支付记录、考勤记录等与劳动报酬相关的材料的;(4)以其他方法逃避支付劳动报酬的。“数额较大”的认定标准如下：(1)拒不支付一名劳动者3个月以上的劳动报酬且数额在5000元至2万元以上的；(2)拒不支付十名以上劳动者的劳动报酬且数额累计在3万元至10万元以上的。“造成严重后果”的认定标准如下：(1)造成劳动者或者其被赡养人、被扶养人、被抚养人的基本生活受到严重影响、重大疾病无法及时医治或者失学的；(2)对要求支付劳动报酬的劳动者使用暴力或者进行暴力威胁的；(3)造成其他严重后果的。

根据上述规定可以看出，用人单位的刑事责任主要在逃避支付农民工工资责任以及有能力支付而不支付的情形。

【法务提示】

(1)依《保障农民工工资支付条例》规定的工资支付方式向农村居民发放工资，不管雇佣人员是以何种形式承担雇佣单位的工作，因为其身份为农民工，则工资支付方式均应该按照法律规定发放。

(2)关注承包人雇用的农民工的工资支付情况

当用人单位把任务发包或承包给单位内部或外部人员时，若其再雇用农民工，则应该密切关注其工资支付方式。

【法条链接】

《保障农民工工资支付条例》

第二条第二款　本条例所称农民工，是指为用人单位提供劳动的农村居民。

第十九条　用人单位将工作任务发包给个人或者不具备合法经营资格的单位，导致拖欠所招用农民工工资的，依照有关法律规定执行。

用人单位允许个人、不具备合法经营资格或者未取得相应资质的单位以用人单位的名义对外经营，导致拖欠所招用农民工工资的，由用人单位清偿，并可以依法进行追偿。

风险点 9 - 12
被挂靠单位的农民工工资支付

【案例】

项目负责人承接了某项目工程，挂靠在A公司名下施工，项目负责人与A公司签订了项目承包责任制合同，由项目负责人自负盈亏，工资发放是由项目负责人指定一个劳务公司，委托劳务公司发放；工资发放流程是，A公司将工资款汇入劳务公司，劳务公司发到工人，但结果实际上，劳务公司变成项目负责人的提款机，劳务公司根本不核实项目负责人提供的花名册，项目负责人可以随心所欲地制造花名册，劳务公司根据该花名册发放，甚至绝大部分款项直接付到项目负责人妻子的账户，结果导致大部分农民工没有拿到工资款，最终结果是施工总承包兜底式承担付款责任，支付了全部的农民工工资，项目总承包为自己放养式农民工管理付出了代价。

【法理分析】

挂靠人的农民工工资问题会影响被挂靠单位，本质上是表见代理的一个法律后果。用人单位使用农民工当然要承担付款责任，但《保障农民工工资支付条例》还规定了用人单位未直接使用农民工，但仍然要承担付款责任，主要有以下几种情形：

(1)用工单位负有向劳务派遣人员支付工资的责任

用工单位使用个人、不具备合法经营资格的单位或者未依法取得劳务派遣许可证的单位派遣的农民工，拖欠农民工工资的，由用工单位清偿，并可以依法进行追偿。

对于违法劳务派遣产生的农民工，由用工主体承担工资支付责任。

(2)总承包单位对拖欠农民工工资的清偿责任

分包单位拖欠农民工工资的，由施工总承包单位先行清偿，再依法进行追偿。

(3)转包人对农民工工资的清偿责任

工程建设项目转包，拖欠农民工工资的，由施工总承包单位先行清偿，再依法进行追偿。

工程总承包对农民工工资有兜底支付责任，无论分包单位是否具有资质，也无论该分包是合法分包还是违法分包，更无论总包单位是否已经足额支付了分包款项，只要农民工讨薪，总包单位就需要承担先行清偿责任。突破了合同的相对性，对总包单位是巨大的考验。考验的是总包单位的项目管理能力，以往那种甩手掌柜式的分包、肢解式分包、层层分包面临的风险会更大。

【法务提示】

上述三种情形中，第二种、第三种情形是专门针对建筑企业，第一种情形适用于任何企业，该三种情形的产生都是因为管理不当，如何避免该三种情形的发生，考验的是企业的管理智慧，建议做到以下两点：

(1)从源头做起、审查资质

无论是劳务派遣、劳务分包，还是建筑行业的工程分包、转包，要首先审查对方的资质，是否具有劳务派遣资质、劳务分包资质、建筑工程相应施工资质，资质是建设工程行业的核心关键点。

(2)事中监管、避免做甩手掌柜

建设工程分包或者转包之后，总包单位可以脱身于分包、转包工程的施工细节，但绝不能脱身于农民工工资的管理、发放，整个项目的农民工工资的管理、发放应统筹合并处理，如何管理、发放，涉及比较细节的操作模式，将在下文中展开。

【法条链接】

《保障农民工工资支付条例》

第十八条　用工单位使用个人、不具备合法经营资格的单位或者未依法取得劳务派遣许可证的单位派遣的农民工，拖欠农民工工资的，由用工单位清偿，并可以依法进行追偿。

第三十条　分包单位对所招用农民工的实名制管理和工资支付负直接责任。

施工总承包单位对分包单位劳动用工和工资发放等情况进行监督。

分包单位拖欠农民工工资的，由施工总承包单位先行清偿，再依法进行追偿。

工程建设项目转包，拖欠农民工工资的，由施工总承包单位先行清偿，再依法进行追偿。

风险点 9 - 13
农民工工资发放路径错误

【案例】

在欧昌华诉云南豪展劳务分包有限公司确认劳动关系纠纷案中，法院认为，用人单位自用工之日起即与劳动者建立劳动关系。原告等 19 人系由豪展公司指定的班组负责人徐伯华招用，从事的是豪展公司项目工地工作，且在工作过程中接受豪展公司安排的带班人员对其工作进行安排管理和验收，其生活费由豪展公司预支，最终工资也由豪展公司根据原告等 19 人和徐伯华按工程量结算后由徐伯华代发。参照《关于确立劳动关系有关事项的通知》(劳社部发〔2005〕12 号)第 1 条的规定，应认定原告与被告豪展公司之间存在劳动关系，对原告的入职时间和离职时间，因被告豪展公司未提供证据证明，应按原告主张予以支持。工资应当以货币形式按月支付给劳动者本人，不得克扣或者无故拖欠劳动者的工资。对建设领域农民工工资的支付，劳动和社会保障部印发的《建设领域农民工工资支付管理暂行办法》(劳社部发〔2004〕22 号)第 7 条规定："企业应将工资直接发放给农民工本人，严禁发放给'包工头'或其他不具备用工主体资格的组织和个人。"第 8 条规定："企业支付农民工工资应编制工资支付表，如实记录支付单位、支付时间、支付对象、支付数额等工资支付情况，并保存两年以上备查。"第 12 条规定："工程总承包企业不得将工程违反规定发包、分包给不具备用工主体资格的组织和个人，否则应承担清偿拖欠工资连带责任。"被告豪展公司提供的证据不能证明其已将应发给原告的工资全额发放给了原告，故对原告要求支付拖欠工资的诉讼请求，予以支持。①

【法理分析】

上述案例中，被告事实上已经支付过工资，但遗憾的是未直接支付给农民工，而是

① 参见欧昌华诉云南豪展劳务分包有限公司劳动争议纠纷一审民事判决书，(2016)云 0402 民初 1259 号。

通过分包人发放。分包人也无证据证明发放到专门的农民工工资账户。故当农民工被拖欠工资，被告作为总承包人，就负有支付农民工工资的责任。农民工工资支付应符合下列程序：

(1)应以货币形式按周期直接发放给农民工本人

农民工工资应当以货币形式，通过银行转账或者现金支付给农民工本人，不得以实物或者有价证券等其他形式替代。且实行月、周、日、小时工资制的，按照月、周、日、小时为周期支付工资；实行计件工资制的，工资支付周期由双方依法约定。

(2)按书面约定足额支付工资

用人单位应当按照与农民工书面约定或者依法制定的规章制度规定的工资支付周期和具体支付日期足额支付工资。用人单位与农民工书面约定或者依法制定的规章制度规定的具体支付日期，可以在农民工提供劳动的当期或者次期。具体支付日期遇法定节假日或者休息日的，应当在法定节假日或者休息日前支付。

若是用人单位因不可抗力未能在支付日期支付工资的，应当在不可抗力消除后及时支付。

(3)编制农民工工资支付台账

用人单位应当按照工资支付周期编制书面工资支付台账，并至少保存3年。书面工资支付台账应当包括用人单位名称，支付周期，支付日期，支付对象姓名、身份证号码、联系方式，工作时间，应发工资项目及数额，代扣、代缴、扣除项目和数额，实发工资数额，银行，代发工资凭证或者农民工签字等内容。

用人单位向农民工支付工资时，应当提供农民工本人的工资清单。

【法务提示】

农民工工资发放有专门的程序，一旦错误，可能面临再次发放或其他经济损失。

(1)直接向农民工支付工资而非分包人

分包项目非常正常，但却难以保证分包人一定会把工资直接支付给农民工。即便总承包人已经把工资打包给了分包人，也依然要和分包人承担未支付工资的法律责任。所以，不如分包时，就明确由总承包人将农民工工资专门列出，发放到农民工账户上，避免发生损失。

(2)健全农民工实名登记制、规范考勤

建设工程项目往往时间跨度长，涉及农民工人数众多，人员流动频繁，层层分包，分包单位众多，农民工人员的管理尤其重要。笔者接触的很多工地，往往施工总承包实行班组承包责任制，对农民工疏于管理，或者说根本就不管理，连员工的花名册都没有，发工资时全靠班组造册报农民工名单。在总承包施工兜底责任制的情况下，没有实名登记、规范的考勤,对施工总承包来说是风险比较高的。我们经常会碰到某些承包的班组,按班组分包合同,总承包单位的分包款已经全部付清了,但这个班组还出现大量的工人讨薪现象,出现的原因无外乎分包款已经付给班组负责人,班组负责人没有足额支付给农民工;还有一种情况就是班组负责人觉得自己亏,怂恿农民工或者让自己的七大姑八大姨冒充农民工讨薪,这样的方式屡试不爽。所以,劳务分包中,往往会出现低价分包,或者以亏本价来分包,最终通过农民工工资的方式再来催要款项的情况。这种情况下,往往施工总承包单位或者业主单位是很被动的,胜诉的概率很低。因为到底是不是在这个工地上干活的农民工或者到底干了多长时间,如果施工总承包单位或者业主单位不管理或者疏于管理,根本就无法抗辩的。笔者也碰到过几乎职业化的班组负责人,几乎他施工的工地都会出现这样的民工讨薪现象。在这种情况下,实名登记制和规范准确的考勤就显得尤为重要,如果没有,施工总承包单位除了付款也别无良策。

施工总承包单位应当依法与所招用的农民工订立劳动合同并进行用工实名登记,具备条件的行业应当通过相应的管理服务信息平台进行用工实名登记、管理,人脸识别,保持人证合一,未与施工总承包单位或者分包单位订立劳动合同并进行用工实名登记的人员,不得进入项目现场施工。

(3)总承包单位加强对工程项目的监督管理

根据《保障农民工工资支付条例》的规定,施工总承包单位应当在工程项目部配备专职劳资专管员,对分包单位劳动用工实施监督管理,掌握施工现场用工、考勤、工资支付等情况,审核分包单位编制的农民工工资支付表,分包单位应当予以配合。

这里特别指出,要纠正以往的总包管分包、分包管班组、班组管农民工的模式,施工总承包单位要统筹所有分包单位的员工,无论是挂靠还是施工单位自营的,也无论是历经几次分包,更无论是业主直接分包还是施工单位分包,都应该统筹在施工总承包的劳资专员。

【法条链接】

《保障农民工工资支付条例》

第十一条 农民工工资应当以货币形式,通过银行转账或者现金支付给农民工本人,不得以实物或者有价证券等其他形式替代。

第十二条 用人单位应当按照与农民工书面约定或者依法制定的规章制度规定的工资支付周期和具体支付日期足额支付工资。

第十三条 实行月、周、日、小时工资制的,按照月、周、日、小时为周期支付工资;实行计件工资制的,工资支付周期由双方依法约定。

第十四条　用人单位与农民工书面约定或者依法制定的规章制度规定的具体支付日期,可以在农民工提供劳动的当期或者次期。具体支付日期遇法定节假日或者休息日的,应当在法定节假日或者休息日前支付。

用人单位因不可抗力未能在支付日期支付工资的,应当在不可抗力消除后及时支付。

第十五条　用人单位应当按照工资支付周期编制书面工资支付台账,并至少保存3年。

书面工资支付台账应当包括用人单位名称,支付周期,支付日期,支付对象姓名、身份证号码、联系方式,工作时间,应发工资项目及数额,代扣、代缴、扣除项目和数额,实发工资数额,银行代发工资凭证或者农民工签字等内容。

用人单位向农民工支付工资时,应当提供农民工本人的工资清单。

风险点9－14
农民工工资未专款专用

【案例】

在广州咏盛贸易有限公司与广东中信建江集团有限公司(以下简称中信建江公司)、王晓东买卖合同纠纷案[(2020)粤0112执异113号]中,被申请人中信建江公司对法院冻结其名下10个账户的执行行为不服,向法院提出书面异议。异议人中信建江公司的异议请求:解除对中信建江公司名下的10个涉案账户及账户内余额的冻结措施,这些账户均是为特定工程项目开具的专款专用的工人工资账户,账户内的资金均只限专款专用于支付工人工资。中华人民共和国人力资源和社会保障部印发的《建设领域农民工工资支付管理暂行办法》(劳社部发〔2004〕22号)第3条规定:“企业必须严格按照《劳动法》、《工资支付暂行规定》和《最低工资规定》等有关规定支付农民工工资,不得拖欠或克扣。”《最高人民法院关于集中清理拖欠工程款和农民工工资案件的紧急通知》强调,各级人民法院要按照司法为民的要求,高度重视解决建设领域拖欠工程款和农民工工资问题,切实做好涉及工程款和农民工工资案件的执行,保护农民工的合法权益。广东省人力资源和社会保障厅发布的《广东省建设领域工人工资支付分账管理暂行办法》第3条规定:“建设领域的工人工资支付实行专户管理,以银行转账方式支付工资。工程总承包单位和施工单位(包括专业分包和劳务分包,下同)对建设项目工程款中的工人工资与其他款项实行分开银行账户管理,在商业银行设立工人工资支付专用账户用于支付工资。工人工资支付专用账户的开立、使用和管理应按照人民银行相关规定执行。工人工资支付专用账户内的资金除发放工人工资外,不得用于其他用途,不得开通网上银行等电子支付渠道,不得提取现金。”《保障农民工工资支付条例》的出台也是为了保障农民工工资专款专用。故法院查明后认为,除了中信建江公司主张中国银行5250账号不能证明系农民工工资专用账户,其他均为农民工账户。故裁定撤销《协助冻结存款通知书》,解除对异议人广东中信建江集团有限公司9

个农民工工资账户的冻结。①

【法理分析】

农民工工资专款专用，旨在保护农民工工资专用账户管理制度，在工程建设领域实行人工费用与其他工程款分账管理制度，确保工人工资款项专款专用，切实将工资直接从具有资质的企业发放到农民工手里。

实践中，农民工工资发放形式分为两种：

第一种是劳务公司直接发放农民工工资。劳务公司发放的模式又往往分为三类：第一类工资支付形式：劳务公司通过其开户行的基本账户或结算账户将农民工工资直接转入与农民工手机号绑定的农民工工资卡；第二类工资支付形式：劳务公司以现金的形式直接发放到农民工本人手中；第三类工资支付形式：劳务公司将农民工工资支付给班组长（包工头），然后由班组长（包工头）直接以现金形式支付给农民工本人。

第二种是通过农民工工资专用账户直接发放农民工工资。

【法务提示】

（1）健全工资发放机制

健全工资发放机制，专款专用，直接到人。

从实践来看，施工总承包设立农民工工资专户直接发放到农民工个人银行卡是比较理想的方式。根据《保障农民工工资支付条例》第31条的规定，工程建设领域推行分包单位农民工工资委托施工总承包单位代发制度。施工总承包单位应当按照有关规定开设农民工工资专用账户，专项用于支付该工程建设项目农民工工资。开设、使用农民工工资专用账户有关资料应当由施工总承包单位妥善保存备查。施工总承包单位、分包单位应当建立用工管理台账，并保存至工程完工且工资全部结清后至少3年。

（2）不得挪用农民工工资

农民工工资账户受到法律保护。即使是被冻结，农民工工资依然优先受到保护。那么同样，若是被挪用，农民工工资可以追溯。挪用人需要承担返还责任。

同样需要强调的是，对分包单位的农民工，无论是业主直接分包还是施工总承包分包的，整个项目的农民工的工资都应该统筹到施工总承包的农民工工资专户统一发放。

---

① 参见广州咏盛贸易有限公司与广东中信建江集团有限公司、王晓东买卖合同纠纷执行裁定书，（2020）粤0112执异113号。

【法条链接】

《保障农民工工资支付条例》

第二十六条 施工总承包单位应当按照有关规定开设农民工工资专用账户,专项用于支付该工程建设项目农民工工资。

第三十二条 施工总承包单位应当按照有关规定存储工资保证金,专项用于支付为所承包工程提供劳动的农民工被拖欠的工资。

第三十三条 除法律另有规定外,农民工工资专用账户资金和工资保证金不得因支付为本项目提供劳动的农民工工资之外的原因被查封、冻结或者划拨。

风险点 9 – 15
分包款项和农民工工资支付混淆

【案例】

在异议申请人北京市平谷区城市管理委员会与被申请人郴州市汇华建筑劳务有限公司、国都建设(集团)有限公司建设工程施工合同纠纷执行异议案中,异议人北京市平谷区城市管理委员会提出异议请求:(1)请求人民法院依法撤销(2017)湘1003执615号之二执行裁定书;(2)请求人民法院将2018年10月26日从异议人账户扣划的316万元退还,以协助异议人尽快将农民工工资足额发放到农民工手中,保障社会和谐稳定。关于异议人称法院扣划的316万元,是专属"滨河区域环境提升项目"专项资金,根据最高人民法院、中国人民银行《关于对查询、冻结、扣划国库库款有关问题的复函》(银函〔1999〕48号)精神,不应被扣划用于其他项目工程的支付的说法,法院认为:所扣划的款项已由财政局拨付至异议人账户用于支付工程款,不再属于国库库款,不属于不得扣划的范围,故法院对异议人的陈述不予采纳。关于异议人称未支付给国都集团公司的工程款包含农民工工资,应优先支付给农民工,法院认为,农民工工资应开设专项账户优先支付,国都集团公司收到异议人的预付工程款后,未足额优先支付农民工工资,也是异议人未尽到监管责任,故本院对该陈述亦不予采纳。驳回异议人北京市平谷区城市管理委员会的异议请求。[①]

【法理分析】

建设工程分包与农民工工资的支付是既融合又矛盾的关系。分包分为两种,合法分包和违法分包,无论是合法分包还是违法分包,建设工程总包单位对农民工工资都有兜底支付责任。

但两者的区别是如果是违法分包,可能导致分包合同无效,总包单位在承担了付

---

① 参见申请人北京市平谷区城市管理委员会与被申请人郴州市汇华建筑劳务有限公司、国都建设(集团)有限公司建设工程施工合同纠纷执行裁定书,(2019)湘1003执异4号。

款责任之后，不具有追偿权，而合法的分包，总包单位有权依法追偿。分包款项与农民工工资支付是既融合又矛盾的关系，总包单位与分包单位的分包工程款之间适用合同法的约定，遵循平等自愿的原则，也许分包单位有亏损，但不能以亏损为由要求补偿。除了包清工的分包工程，分包款项既包括农民工工资，还包括材料款。因为农民工工资是兜底负责制，所以往往会出现总承包支付了全部的分包款之后，因分包单位欠付农民工工资而需要继续承担付款责任的情况。尽管总包单位可以向分包单位去追偿，但能否追偿成功不能确定。追偿不仅面临实现债权的成本还面临时间成本，所以在订立分包协议时理顺分包款项和农民工的关系至为关键。

【法务提示】

虽然前面说到农民工工资专户不得被冻结，但是当农民工工资与其他资金混淆，即未在专户中的钱，并没有足够的理由被认定为农民工工资，因此难以获得特别保护。为理顺分包款项和农民工工资支付的关系，降低风险，建议做到以下三点：

(1)优先拨付农民工工资或者留足足够的农民工资

分包协议中明确分包款拨付时，优先拨付农民工工资或者留足足够的农民工资，保障了农民工工资之后再支付余款。在拨款的次序上一定首先要将农民工工资摆在首位，第一顺位保障；其次才是建筑工程材料款等其他款项。

(2)明确农民工考勤和工资标准

统筹分包农民工的考勤和工资标准，避免虚报、多报的现象产生。

(3)约定违约责任

确定违约责任，尤其是分包拖欠农民工工资的违约责任。

【法条链接】

《保障农民工工资支付条例》

第三十九条 人力资源社会保障行政部门、相关行业工程建设主管部门和其他有关部门应当按照职责，加强对用人单位与农民工签订劳动合同、工资支付以及工程建设项目实行农民工实名制管理、农民工工资专用账户管理、施工总承包单位代发工资、工资保证金存储、维权信息公示等情况的监督检查，预防和减少拖欠农民工工资行为的发生。

风险点 9－16
流动性差的股权激励

【案例】

在朱义雄与福建龙泰竹家居股份有限公司追索劳动报酬纠纷案中，法院认为，人民法院应当按照当事人自主选择行使的请求权，根据当事人诉争的法律关系的性质，确定相应的案由。股权激励是指上市公司以公司股票为标的，对其董事、高级管理人员及其他员工进行的长期性激励。由中国证券监督管理委员会统一监督和管理。从《关于董事长财务助理的协定》的内容来看，朱义雄作为董事长财务助理能够“参与”公司董事长管理范围内的股权激励，并非直接获得股权的“赠与”。且明确约定，参与股权激励的前提是朱义雄分阶段完成《关于董事长财务助理的协定》约定的 9 项职责及工作目标。股权激励为龙泰公司的自治范畴。是否给付，应当根据朱义雄在龙泰公司是否达到当时给予股权激励的预期目标来确定。根据《福建龙泰竹业股份有限公司股权激励方案》的规定，因辞职、辞退、解雇、退休、离职等原因与公司解除劳动协议关系的人员不属于激励的对象。本案中，龙泰公司已对朱义雄予以辞退，朱义雄不属于激励的对象。因此，龙泰公司并无向朱义雄交付龙泰公司 15 万股的股份的义务。当事人对自己提出的诉讼请求所依据的事实有责任提供证据加以证明。朱义雄亦未能提供相关的证据予以证明，故法院对朱义雄该主张不予采纳。①

【法理分析】

企业重要的资源是人，最核心的资源是高管。很多企业都希望能够激励高管，发挥高管的积极性。但往往高管激励是看起来很美，做起来很难，做得好事半功倍；如果不成功，则事倍功半，最后的结局往往是高管走人，企业重新走老路。激励的方式有很多，很多属于人力资源管理的范畴。

---

① 参见朱义雄与福建龙泰竹家居股份有限公司追索劳动报酬纠纷一审民事判决书，(2018)闽 0703 民初 805 号。

(1)具有流动性的上市公司股权以及具有资本运作前景的企业适宜激励

股权激励是很多企业常用的方式,用此留住人才,或是激励优秀人才发挥更大价值。用于激励的股权,首先应该具有流动性。我国上市公司股票因为能够公开交易,具有较好的流动性,故其股权激励较有意义。此外,具有资本运作前景的企业,因为具有潜在的流动性,也适宜股权激励。对于一般企业来说,股权激励是个看起来很美的东西,让员工尤其是高管从"打工人"到企业的主人翁,但不一定具有实质性奖励意义。很多企业都在推行股权激励,但往往效果不明显,甚至往往会导致相反的法律后果。

(2)具有充分市场竞争力的企业适宜股权激励

并不是所有的行业都适宜股权激励,股权激励应适用于具有充分市场竞争力的行业。因为充分的市场竞争才能体现人才的重要性,如果是垄断型、资源型、资金密集型、劳动力密集型的企业则实现股权激励的意义不大。因为这些类型的企业发展的关键点不在于人才,而在于某种非人才的优势,对于高新科技产业,如智慧行业、互联网、创意等新兴产业,则实行股权激励的意义较大。这也是互联网企业人人持股的原因。如果是劳动密集型产业,则股权激励的意义就不大。因为劳动密集型产业本来就人员流动性很大,铁打的营盘流水的兵,中下层人员的流动,对企业的生产经营不会产生大的影响。

【法务提示】

(1)劳动密集型企业股权激励不如加薪

对于劳动密集型产业,对员工而言,持有一点股权远远比不上加点工资来得实惠。笔者在律师执业过程中,往往会碰到一些第一产业、第二产业的传统行业,企业的老板为了激励员工,也愿意拿出一部分股权激励管理层,但往往应者寥寥,就是因为在员工心目中,这样的行业不具有爆发式增长的可能性,股权价值本来就不高,如果还要员工投入款项缴纳资本,员工更是兴趣寥寥。

(2)创新型企业股权激励具有意义

股权激励模式适用于具有资本运作前景的企业。股权激励模式的关键一点在于股权能够"动"起来,如果股权不具有现实流动性或者流动性预期,则没有实质性意义,所以股权激励的模式适用于已经在资本运作或者具有资本运作预期的企业,如果是根本不具有资本运作可能性的企业,则无论是股权激励还是所谓的虚拟股,都是没有意义的。

【法条链接】

《上市公司股权激励管理办法》

第二条 本办法所称股权激励是指上市公司以本公司股票为标的,对其董事、高级管理人员及其他员工进行的长期性激励。

上市公司以限制性股票、股票期权实行股权激励的，适用本办法；以法律、行政法规允许的其他方式实行股权激励的，参照本办法有关规定执行。

第三条　上市公司实行股权激励，应当符合法律、行政法规、本办法和公司章程的规定，有利于上市公司的持续发展，不得损害上市公司利益。

上市公司的董事、监事和高级管理人员在实行股权激励中应当诚实守信，勤勉尽责，维护公司和全体股东的利益。

风险点 9-17
未实缴的股权激励

【案例】

法院认为,《公司法解释(三)》第13条第2款规定,“公司债权人请求未履行或者未全面履行出资义务的股东在未出资本息范围内对公司债务不能清偿的部分承担补充赔偿责任的,人民法院应予支持”。第19条规定:“有限责任公司的股东未履行或者未全面履行出资义务即转让股权,受让人对此知道或者应当知道,公司请求该股东履行出资义务、受让人对此承担连带责任的,人民法院应予支持;公司债权人依照本规定第十三条第二款向该股东提起诉讼,同时请求前述受让人对此承担连带责任的,人民法院应予支持。受让人根据前款规定承担责任后,向该未履行或者未全面履行出资义务的股东追偿的,人民法院应予支持。但是,当事人另有约定的除外。”在公司法理论上,股东未履行或未全面履行出资义务可进一步细化为股东出资不实、虚假出资、抽逃出资三种情形。本案中,平宇公司通过中介机构虚假增资900万元,待办理完验资手续后,该900万元增资款随即转回中介机构,平宇公司的时任股东并未履行补足该部分增资款的缴纳义务。原审判决据此认定平宇公司的时任股东杨和平等构成抽逃出资,杨和平的抽逃出资额为450万元,符合《最高人民法院关于适用〈中华人民共和国公司法〉若干问题的规定(三)》第12条的规定。平宇公司在增资后,杨和平持有50%的股权,认缴的出资额为500万元,其中450万元股权未履行出资义务。杨和平将其股权中的5%转让给唐建南,却并未对转让价格作出约定,原审判决据此认定受让人唐建南知道或者应当知道出让人杨和平未履行或者未全面履行出资义务即转让股权的情形,并判令其在该5%股权对应的抽逃出资额450万元的范围内与杨和平共同向债权人萍钢公司承担连带责任,不仅符合本案的实际情况,也符合前述司法解释的规定。申请人关于杨和平抽逃出资的行为不构成“未履行或未全面履行出资义务”的申请理由不能成立,本院不予支持。①

① 参见唐建南、江西萍钢实业股份有限公司追偿权纠纷再审审查与审判监督民事裁定书,(2018)最高法民申2986号。

【法理分析】

未实缴的股权是否具有激励价值？在出资认缴制的背景下，实务中可能会出现未实缴股权激励的错位。

笔者在律师执业过程中，经常有企业的高级管理人员来咨询，企业老板为了激励他，要免费赠与其部分股权。碰到这样的问题，笔者总是问他公司的注册资本多少，是否实缴。之所以要问这样的问题，是因为股东不仅意味着权利，更意味着义务，其中最大的义务便是缴纳注册资本的义务。尽管目前的《公司法》规定的是认缴制，企业可以自行确定注册资本的缴纳时间、缴纳金额，但因此股东也在认缴注册资本范围内承担注册资本的缴纳义务。

公司债权人请求未履行或者未全面履行出资义务的股东在未出资本息范围内对公司债务不能清偿的部分承担补充赔偿责任的，人民法院应予支持；未履行或者未全面履行出资义务的股东已经承担上述责任，其他债权人提出相同请求的，人民法院不予支持。

根据《九民纪要》的规定，在注册资本认缴制下，股东依法享有期限利益。债权人以公司不能清偿到期债务为由，请求未届出资期限的股东在未出资范围内对公司不能清偿的债务承担补充赔偿责任的，人民法院不予支持。但是，下列情形除外：(1)公司作为被执行人的案件，人民法院穷尽执行措施无财产可供执行，已具备破产原因，但不申请破产的；(2)在公司债务产生后，公司股东(大)会决议或以其他方式延长股东出资期限的。

根据《公司法解释(三)》第13条第3款的规定，股东在公司设立时未履行或者未全面履行出资义务，依照本条第1款或者第2款提起诉讼的原告，请求公司的发起人与被告股东承担连带责任的，人民法院应予支持；公司的发起人承担责任后，可以向被告股东追偿。

【法务提示】

(1)实缴股权用于激励最为有效

根据上述规定，股东没有缴纳注册资本，在公司不能偿还债务的情况下，股东要在欠缴注册资本的范围内承担连带责任，即使新股东从其他未缴纳出资资本的老股东处受让而来，如被认定新股东对此知道或者应当知道，新股东仍应在欠缴注册资本的范围内承担连带责任。所以在股东激励的情况下，如果高管受让或受赠与的股权未缴纳注册资本、未足额缴纳注册资本，高管可能对这种股权激励的措施是存有疑虑的，因为自己还需要投入资金，担心股权激励反而成为自己的负担，所以股权激励的股权应已经足额缴纳注册资本，否则股权激励的实施将会受到影响。

(2)可用干股激励高管

当然,为了避免高管投入大量的现金,可以采用高管分享公司收益的方式,也就是俗称的干股。干股的好处有三,公司的股东不用稀释公司的股权,高管也不用投入大量的现金缴纳注册资本,高管还可以享受公司的收益分成,这在实践中广泛地应用于非上市公司。但弊端就是,这种干股只是对公司的收益的分成,并不会因此成为公司的股东,不能享受公司资产的升值或者资本市场带来的收益,其所谓的干股,也并不是所谓的股,只是一种从公司层面的业绩分成,并不是一种股权激励措施。

【法条链接】

《最高人民法院关于适用〈中华人民共和国公司法〉若干问题的规定(三)》

第十三条第一、三款 股东未履行或者未全面履行出资义务,公司或者其他股东请求其向公司依法全面履行出资义务的,人民法院应予支持。

股东在公司设立时未履行或者未全面履行出资义务,依照本条第一款或者第二款提起诉讼的原告,请求公司的发起人与被告股东承担连带责任的,人民法院应予支持;公司的发起人承担责任后,可以向被告股东追偿。

第十八条 有限责任公司的股东未履行或者未全面履行出资义务即转让股权,受让人对此知道或者应当知道,公司请求该股东履行出资义务、受让人对此承担连带责任的,人民法院应予支持;公司债权人依照本规定第13条第2款向该股东提起诉讼,同时请求前述受让人对此承担连带责任的,人民法院应予支持。

第十九条 有限责任公司的股东未履行或者未全面履行出资义务即转让股权,受让人对此知道或者应当知道,公司请求该股东履行出资义务、受让人对此承担连带责任的,人民法院应予支持;……

风险点 9－18
激励股权比例考虑不周全

【案例】

江苏省高级人民法院经审理认为：首先，凯莱公司的经营管理已发生严重困难。根据《公司法》第183条和《公司法解释（二）》第1条的规定，判断公司的经营管理是否出现严重困难，应当从公司的股东会、董事会或执行董事及监事会或监事的运行现状进行综合分析。“公司经营管理发生严重困难”的侧重点在于公司管理方面存有严重内部障碍，如股东会机制失灵、无法就公司的经营管理进行决策等，不应片面地理解为公司资金缺乏、严重亏损等经营性困难。本案中，首先，凯莱公司仅有戴小明与林方清两名股东，两人各占50%的股份，凯莱公司章程规定“股东会的决议须经代表二分之一以上表决权的股东通过”，且各方当事人一致认可该“二分之一以上”不包括本数。因此，只要两名股东的意见存有分歧、互不配合，就无法形成有效表决，显然影响公司的运营。凯莱公司已持续4年未召开股东会，无法形成有效股东会决议，也就无法通过股东会决议的方式管理公司，股东会机制已经失灵。执行董事戴小明作为互有矛盾的两名股东之一，其管理公司的行为，已无法贯彻股东会的决议。林方清作为公司监事不能正常行使监事职权，无法发挥监督作用。由于凯莱公司的内部机制已无法正常运行、无法对公司的经营作出决策，即使尚未处于亏损状况，也不能改变该公司的经营管理已发生严重困难的事实。其次，由于凯莱公司的内部运营机制早已失灵，林方清的股东权、监事权长期处于无法行使的状态，其投资凯莱公司的目的无法实现，利益受到重大损失，且凯莱公司的僵局通过其他途径长期无法解决。《公司法解释（二）》第5条明确规定了“当事人不能协商一致使公司存续的，人民法院应当及时判决”。本案中，林方清在提起公司解散诉讼之前，已通过其他途径试图化解与戴小明之间的矛盾，服装城管委会也曾组织双方当事人调解，但双方仍不能达成一致意见。两审法院也基于慎用司法手段强制解散公司的考虑，积极进行调解，但均未成功。此外，林方清持有凯莱公司50%的股份，也符合《公司法》关于提起公司解散诉讼的股东须持有公司10%

以上股份的条件。综上所述,凯莱公司已符合《公司法》及《公司法解释(二)》所规定的股东提起解散公司之诉的条件。江苏省高级人民法院从充分保护股东合法权益,合理规范公司治理结构,促进市场经济健康有序发展的角度出发,依法作出了解散凯莱公司的判决。①

【法理分析】

股权激励重在激励,目的明确,故用于激励的股权应控制在一定比例。否则,若是比例失调,股权激励在法律上本质属于股权转让,可能给公司管理等带来风险。股权比例体现股权的价值和功能,10%、34%、51%、67%是股权设计时需要注意的核心持股比例。

10%以下股权享有的股权权利有:参加股东会及行使表决权,当然如果在公司股权并非分散的情况下,10%以下的股权难以对表决权产生影响,但如果股权比较分散,没有绝对控股股东的情况下,10%以下的股权往往能够扮演关键少数的角色。所以讨论股权的权利,其核心在于股权的持股结构,而非绝对比例。当然《公司法》也规定了一些保护小股东权利的内容,如强制要求公司收回股份诉讼,提起公司高管或者他人损害公司利益诉讼、公司高管损害股东利益诉讼、股东知情权诉讼。司法实践中,小股东行使最多的权利就是股东知情权诉讼。

34%的股权是一个比较尴尬的角色,看起来股权不小,持股超过1/3比例,远比上文讲的10%的股权多很多,但实际权利是尴尬的,其价值主要体现在对抗法律必须要2/3以上通过的决议事项。《公司法》规定必须要2/3以上有股东大会作出修改公司章程、增加或者减少注册资本的决议,以及公司合并、分立、解散或者变更公司形式的决议,看似权利很大,决定公司的生死存亡,实则不然,因为在普通的企业,这些所谓的大事,也不常发生。笔者在执业中曾经碰到某企业的股东结构为49%、51%,49%看起来股权很大,但在51%的强势大股权面前,未参与公司的任何经营管理,最终只能通过股东知情权的方式了解一点公司的经营信息。

51%的股权,股东权利相当宽泛,基本有权决定一切重大事项,当然除了上文讲的必然要2/3股权通过的决议事项。如有权召集股东会会议,召集召开临时股东会,决定公司股东会决议,包括利润分配和亏损弥补方案,提起强制解散公司诉讼等。

67%的股权,就是法律意义上的公司实际控制人,基本有权决定公司的一切重大事项了。

当然讨论股东权利,都是相对的,尤其是小股东的权利,关键在于公司的股权持股

---

① 参见林方清与常熟市凯莱实业有限公司解散纠纷二审民事判决书,(2010)苏商终字第0043号。。

结构，小股东股权的表决权的价值，更多地体现在合纵连横，扮演关键少数。如果股权结构单一，就两个股东，49%与51%，不存在合纵连横，那么49%也只是小股东，其股东实际表决权利与股东结构分散中的10%的小股东实际表决权利并无差异。

【法务提示】

如何设计股权结构，是股权激励的最核心的环节，主要是明确股权激励方案的设计原则。

(1)优化股权激励方案

如何设计好的股权激励方案是鼓励激励机制的核心，好的股权激励方案可以最大限度发挥人的效用，但如果股权激励方案设计不好，反而会导致人员流失，甚至公司的分崩离析。好的股权设计方案，应该是既有利于发挥人的作用，又能使公司高效决策、快速执行，避免陷入公司僵局，最大的忌讳是股权的五五结构，两个股东各持有50%，但只要股东之间发生矛盾，公司就陷入僵局，难以运行，出现如案例中的公司僵局。此外，还要避免股权过于分散，核心人物缺少控制权，企业应该是快速反应部队，企业的核心人物对企业应具有比较强的控制力，如果企业的股权过于分散，大家都一样，光考虑权力的制衡，而不考虑决策及执行的高效性，陷入制衡的困局，缺少一锤定音的力量，这样的股权设计是不利于企业的发展的。当然，股权激励方案应根据企业的实际情况进行，没有放之四海而皆准的模式。

(2)预留空间、确定退出机制

股权分配应是动态的，以便给后续优秀人员留足进步的空间，而对于不能胜任的人员确定退出机制，使股权处于运动状态，发挥最大的效应，激励和约束并存，以便股权存在多次分配的空间，给优秀人员合理的想象的空间。

(3)注重公司的治理结构

股权不仅是一种财产性权利，可以获得相应的经济回报，同时还应有一份参与经营、管理的权利，如果不注重公司的治理结果，股权激励之后还是激励之前一样的一言堂、家长制的模式，员工没有参与度，就难以对企业产生归属感，那么这种股权激励和给员工发点分红之间就难以体现差异性，甚至在员工的价值体系中，还赶不上分红模式。

【法条链接】

《上市公司股权激励管理办法》

第十条 上市公司应当设立激励对象获授权益、行使权益的条件。拟分次授出权益的，应当就每次激励对象获授权益分别设立条件；分期行权的，应当就每次激励对象行使权益分别设立条件。

激励对象为董事、高级管理人员的，上市公司应当设立绩效考核指标作为激励对象行使权益的条件。

第十一条第一款 绩效考核指标应当包括公司业绩指标和激励对象个人绩效指标。相关指标应当客观公开、清晰透明，符合公司的实际情况，有利于促进公司竞争力的提升。

后　记

经过一年多的努力，本书终于完成。书稿的完成是浙江和义观达律师事务所无虑商事团队全体成员努力的结果。

人们对律师可能存在误会，认为律师是一群唯利是图、天天希望别人诉讼的特殊群体。但实际上，本律师团队在法律服务中，常常叹息很多企业的风险本来可以防患于未然。特别希望企业能够降低法律风险，将更多的精力放在保证产品质量、开拓市场之上，希望我国的企业在国际中具有竞争力。如果律师对于企业有价值的话，本团队的律师希望我们能够在企业合同签订、履行以及专项活动中提前介入，发挥专业价值，进行事前和事中预防。我们并不希望事后救火，当然事后救火也在所难免。此时，律师希望当事人有充分的证据能够维护自己的利益。可是，实务中，当事人没有保留证据的意识，诉讼中处于不利状态。我们充分相信当事人所言皆为事实，但法律的公正只能让法院依事实作出判决。很多当事人因此输了官司。

所以，我们希望能为企业做点什么。2020 年 6 月，团队想要把多年律师执业经验形成文字。这个过程中，感谢团队顾问——宁波大学法学院赵意奋教授（也是本所兼职律师）和大家一起讨论大纲。感谢团队的每一位成员，在繁忙的工作之际，形成今天的文字。同时也感谢法律出版社的李群编辑，给本书提供了专业意见。感谢实习生——宁波大学法学院民商法专业硕士研究生张清宇同学为本书完成提供了案例搜集、资料查询、文字校对等帮助。

本书共有九个专题，主要由六位律师完成，分别为：胡松松律师完成专题三到专题六共四个专题的写作；施周律师完成专题九；姚玉芳实习律师完成专题一；冯咪咪律师完成专题二；梁吕晋实习律师完成专题七；胡碧莹律师完成专题八。